BULLETIN

DE LA

SOCIÉTÉ DES SCIENCES

HISTORIQUES & NATURELLES

DE LA CORSE

XIVᵉ ANNÉE

JUILLET-AOUT 1894. — 163ᵉ-164ᵉ FASCICULES.

BASTIA

IMPRIMERIE ET LIBRAIRIE OLLAGNIER

1894.

SOMMAIRE

DES ARTICLES CONTENUS DANS LE PRÉSENT BULLETIN

                                                                Pages

Correspondance du Comité Supérieur siégeant à Bastia (du 2 mars au 1er septembre 1790) publiée par M. l'Abbé LETTERON VIII-198

Pour paraître prochainement :

Journal des deux Campagnes en Corse par les troupes impériales (1731-1732), publié par M. le capitaine E. ESPÉRANDIEU.

Recherches et notes diverses sur l'histoire de l'Eglise en Corse, par Mgr DE LA FOATA, évêque d'Ajaccio.

Correspondance de Sir Gilbert Elliot, Vice-Roi de Corse, avec le Gouvernement Anglais. (Dépêches d'Angleterre). Traduction de M. SÉBASTIEN DE CARAFFA, Avocat.

CORRESPONDANCE DU COMITÉ SUPÉRIEUR

SIÉGEANT A BASTIA

(du 2 Mars au 1ᵉʳ Septembre 1790)

SOCIÉTÉ DES SCIENCES HISTORIQUES ET NATURELLES
DE LA CORSE

CORRESPONDANCE

DU

COMITÉ SUPÉRIEUR

SIÉGEANT A BASTIA

(du 2 Mars au 1er Septembre 1790)

PUBLIÉE

par M. l'Abbé *LETTERON*

PROFESSEUR AU LYCÉE

BASTIA
IMPRIMERIE ET LIBRAIRIE OLLAGNIER

1894

INTRODUCTION

Dès le mois de novembre 1789, il existait à Bastia une Junte, ou Comité, dont les membres avaient été nommés dans les circonstances suivantes. L'organisation de la garde nationale s'était faite sans difficultés à Sartene d'abord, puis à Ajaccio, où personne n'avait osé combattre les efforts patriotiques des Bonaparte et des Peraldi. A Bastia, il y eut quelque résistance. Dans cette ville résidaient le Commandant en chef des troupes, le vicomte de Barrin, les officiers de l'Intendance, le Conseil Supérieur, le régiment du Maine avec son colonel de Rully, c'est-à-dire, un grand nombre d'officiers ou de magistrats, généralement hostiles, Rully surtout, aux institutions nouvelles, qui menaçaient de briser leur carrière ou d'entraver leur fortune. Cependant, sur les réclamations énergiques de plusieurs citoyens, le général de Barrin dut céder, et le podestat fixa au 5 novembre, dans l'église de Saint Jean, l'assemblée où les officiers de la garde nationale devaient être élus. Pendant la séance, des coups de fusil avaient été échangés entre la population et les soldats de Rully, mais grâce au tact et à la modération du Commandant en chef, le calme avait été promptement rétabli. L'assemblée n'avait pas interrompu ses opérations ; seulement, après avoir nommé les officiers de la garde nationale, elle se crut autorisée, eu égard aux circonstances, à nommer une junte où elle ne fit entrer d'ailleurs que des hommes renommés pour leur bon sens, leur savoir et leur patriotisme.

Au mois de février suivant, la junte de Bastia et le colonel de la garde nationale, Cesare Matteo Petriconi, convoquèrent, sur des instructions venues de Paris, une assemblée générale des députés de l'île. Cette assemblée devait s'occuper d'un règlement pour la nomination des municipalités, des mesures à prendre pour sauvegarder la sécurité publique, et de divers autres objets d'une utilité générale. Les députés des pièves se réunirent dans l'église de la Conception le 22 février. Ajaccio ainsi qu'un grand nombre des pièves du Delà des Monts ne s'étaient pas fait représenter ; mais les pièves représentées par leurs députés étant en majorité, l'assemblée décida qu'elle passerait outre et commencerait ses délibérations. Sans rappeler ici les diverses matières dont s'occupa l'assemblée générale, nous dirons seulement qu'à la fin de ses séances, elle nomma une junte ou *Comité Supérieur*, qui devait résider à Bastia, et entra en fonctions dès le 2 mars.

C'est la correspondance de ce Comité que nous publions aujourd'hui. Commencée le 2 mars, elle va jusqu'au 1er septembre, c'est-à-dire jusqu'à la veille du départ des membres du Comité pour l'assemblée électorale d'Orezza (1). Elle comprend un registre relié en parchemin de 60 feuillets, plus

---

(1) Voir les fascicules du *Bulletin* de mars à juin 1894.

un cahier de 28 feuillets non numérotés. Nous avions cru d'abord que la correspondance du Comité se trouvait en entier dans le registre et s'arrêtait par conséquent au 15 juillet ; nous n'avons retrouvé que plus tard le cahier complémentaire (1), ainsi que le registre des délibérations, qui est de beaucoup le plus intéressant et que nous nous proposons de publier plus tard.

En parcourant ces registres, on verra dans quelle situation se trouvait alors la Corse. Si la paix ne fut point troublée dans l'île, le mérite en revient au Comité Supérieur. Dans un temps où le désordre était partout, le Comité remplit à son honneur la difficile mission de calmer les passions frémissantes et d'opérer sans effusion de sang et presque insensiblement, la transition d'un régime de rigueur, quelquefois même de despotisme, à un régime de liberté. Sans doute, il fut obligé de recourir parfois à la force pour faire respecter la loi ou les personnes, mais la résistance ne fut sérieuse nulle part, et lorsque plus tard, à Orezza, l'Assemblée électorale vota au Comité Supérieur des remercîments et des félicitations pour sa sagesse et son patriotisme, ces témoignages n'étaient que l'expression d'une reconnaissance méritée.

La lettre circulaire aux officiers municipaux de l'Ile (p. 4) nous donne d'intéressants renseignements sur l'origine du Comité Supérieur, sur son but et son fonctionnement. Il se composait de 66 membres qui résidaient à Bastia par tiers et

---

(1) Il faut donc lire ainsi la 6° ligne de la première page :
Depuis le 2 mars jusqu'au 1ᵉʳ Septembre 1790.

sans aucune rétribution ; chaque tiers était remplacé tous les quinze jours. Le Comité avait un président permanent, Clément Paoli ; mais celui-ci, à cause de son grand âge, ne pouvait guère s'occuper des affaires ; aussi, chaque quinzaine, le tiers qui entrait en fonctions nommait un second président. Les membres qui n'étaient pas de tour étaient souvent envoyés comme commissaires dans diverses localités de l'île pour y rétablir l'ordre par la persuasion ou par la force, de sorte que l'on peut dire qu'en réalité tous les membres du Comité Supérieur s'occupèrent à la fois des intérêts de leurs concitoyens.

La table qui se trouve à la fin du volume indiquera suffisamment la suite des opérations du Comité. Nous nous réservons de donner sur l'œuvre même de ce corps et sur les événements qui eurent lieu pendant la durée de ses fonctions, des détails plus précis, lorsque nous publierons le registre des délibérations.

(Le registre et le cahier qui contiennent la correspondance du Comité Supérieur font partie du dépôt des archives départementales ; ils sont côtés L 3 et L 4).

L'Abbé LETTERON.

PIÈCES ET DOCUMENTS DIVERS

POUR SERVIR

A L'HISTOIRE DE LA CORSE

pendant l'année 1790

CORRESPONDANCE DU COMITÉ SUPÉRIEUR SIÉGEANT A BASTIA

(DEPUIS LE 2 MARS JUSQU'AU 15 JUILLET 1790)

A Nosseigneurs de l'Assemblée Nationale

Bastia, le 2 mars 1790.

Le comité de la ville de Bastia voyant journellement que les circonstances des affaires devenaient plus importantes, a cru pouvoir écrire une lettre d'invitation à toutes les pièves pour envoyer à Bastia un député, à l'effet de se concerter sur ce qu'il y avait à faire.

Cette réunion opérée, on a bien senti la nécessité de faire un choix de personnes capables de diriger la généralité de l'Isle. On a donc formé un Comité Supérieur destiné particulièrement de veiller à l'exécution de vos décrets, au maintien de la tranquillité publique, au recouvrement des impositions et à la pacification de certaines parties de l'Isle, où l'on a cru reconnaître des dispositions plus prochaines à des insurrections.

Nous avons déjà des commissaires partis pour les lieux où il y avait le plus de nécessité ; nous espérons que le succès répondra à la pureté de vues patriotiques qui nous ont dirigés, et il ne manquera rien à notre satisfaction, si vous voudrez bien approuver en même temps notre formation et notre conduite.

C'est dans cette confiance, Nosseigneurs, que chacun de nous a accepté les fonctions délicates, que nous remplissons déjà, et nous nous croirons trop heureux, si en répondant à la confiance de nos commettants, nous nous concilions l'estime d'une assemblée aussi majestueuse, et d'un monarque aussi digne de commander à des Français libres.

Nous sommes, avec le plus grand respect, etc.

Al Signor Arena

Bastia, li 2 marzo 1790.

Il Comitato Superiore, Signore, non può che applaudire allo zelo ed alla prontezza colla quale V. S. è accorso colla sua truppa nel territorio di Calvi per sostenere quella municipalità e quella guardia nazionale, che, per essersi conformata alla legge, veniva minacciata.

È stato preso l'espediente di nominare due commissari, acciocchè si portino in codesta città per impiegare tutti i mezzi possibili pel ristabilmento del buon ordine.

Questa importante commissione è confidata alli Signori Gentili e Savelli. Li sentimenti di vero patriottismo riuniti all'estensione dei loro lumi, ci fanno credere che per il loro mezzo vedremo cessare quelle turbolenze che hanno già prodotto, e minacciano di produrre i più grandi inconvenienti.

Tocca alli signori ufficiali municipali della città di Calvi, a conoscere sino a quando la sua presenza e quella della sua truppa potrà essere utile e necessaria in codesto territorio, e quando eglino le faranno sentire che la sua dimora diviene inutile in quelle vicinanze, dovrà restituirsi nell'Isola Rossa.

Siamo nella costante persuasione ch'ella si conformerà alle istruzioni del Comitato che sono quelle del pubblico bene.

Siamo con un perfetto attaccamento etc.

Ai Signori Tesorieri provinciali di tutta l'Isola di Corsica.

Bastia, 3 marzo 1790.

Voi troverete qui complicata, Signore, la copia della deliberazione stata presa dall'assemblea generale nella sessione de' 25 dello scaduto febbraio, relativamente agli aggiudicatari debitori.

La morosità di molti e la mala fede di alcuni ha ridotta la cassa della nostra Provincia ad uno stato tale d'indigenza, che non è permesso di supplire alle spese di prima necessità.

È necessario di far conoscere a questi debitori il decreto dell'assemblea ed invitarli a conformarvisi senz'altro indugio. Se non si prestano al riempimento de' proprii doveri, voi dovete immediatamente chiedere man forte per impiegarla contro di essi.

Tanto li comandanti delle truppe regolate, che quello del Reggimento Provinciale o guardia nazionale hanno ordine di darvi la guarnigione necessaria.

Per far meglio conoscere l'armonia che passa fra queste truppe, voi potrete chiedere qualche distaccamento, che sia composto delle truppe dei diversi corpi.

Noi invitiamo qui il vostro zelo per agire con prontezza e

senza riguardi per far rientrare in questa cassa ciò che ci è dovuto, e senza staccarvi da tutte le decisioui che possono essere state emanate dal Sig. Intendente negli affari contenziosi.

Noi prevediamo che gli aggiudicatari faranno delle difficoltà sopra l'annata corrente, e pretenderanno di potersi esimere dal pagamento, sul pretesto che i contribuibili non hanno pagata la sovvenzione.

Questa eccezione non sarebbe vera in fatto. Egli è certissimo che le persone soggette all'imposizione territoriale hanno corrisposto la biada, il vino e molti ancora le castagne, ciò che fa il principale prodotto della Corsica.

La ritrosia al pagamento non si è manifestata in qualche pieve che per l'olio, il bestiame e le castagne, ed in conseguenza gli affittuari non possono esimersi dal corrispondere prontamente almeno la metà del prezzo di quest'annata, e frattanto presentare uno stato dei contribuibili debitori acciò, conformamente alla deliberazione dell'assemblea generale, possano essere costretti a pagare il vigesimo non corrisposto.

Siamo con sincero attaccamento etc.

Lettera circolare alli Signori Uffiziali municipali dell'Isola.

Bastia, 3 marzo 1790.

Il *Comité* di questa città, che ha dato, la prima nella nostra Isola, delle prove luminose di patriottismo e d'amore per la libertà che ci viene offerta, per rimediare ai disordini che già si vedono in qualche parte di essa, per prevenire quelli che ci si minacciano, e per riunire gli amici a travagliar tutti concordemente e costantemente per profittare degli immensi vantaggi che ci presenta la nuova Costituzione, ha invitato nel mese passato, con una lettera circolare, le municipalità di ciascuna pieve a mandare qui un deputato. Vi si è dunque, col concorso della maggior parte delle pievi, tenuta un'assemblea di otto giorni.

In essa primieramente si è trattato di mandare quattro deputati a Parigi per ringraziare l'Assemblea Nazionale e il Re di averci associati alla Francia, e per invitare nel tempo stesso il Sig. Generale De Paoli, che si suppone costì, a restituirsi al più presto con loro in patria, alla cui tranquillità e buon ordine potrà contribuire assai colla sua presenza e coi suoi saggi consigli.

Questi Signori che hanno avuto la generosità d'offrirsi a questo viaggio a proprie spese, partiranno fra pochi giorni, e sono li Signori Luigi Belgodere, Murati, Raffaele Casabianca e Francesco Panattieri, eletti alia pluralità dei suffragi.

Vi si è trattato poi dei mezzi per facilitare la formazione delle milizie e per far pagare il ventesimo agli aggiudicatari e ai popoli stessi, alcuni dei quali vi si sono da tre o quattro mesi mostrati ritrosi.

Finalmente si è fatto uno stabilimento generale, si è formato cioè un *Comité* Superiore che deve pensare a tutto quello che esige il buon ordine e la pubblica tranquillità, fino a che venga convocata una vera assemblea di tutta la Corsica.

Questo corpo è composto di sessanta sei soggetti e sei secretari, sei per ogni giuridizione, da risiedere quà in Bastia a turno, un terzo ogni quindici giorni, e a proprie spese. Egli ha un presidente permanente, eletto da tutta l'assemblea nella persona del Sig. Clemente De Paoli, e siccome questo, sebbene degnissimo per la sua maturità e pei suoi lumi, non può però occuparsi molto, attesa la sua età avanzata, ad ogni turno debbono i membri del *Comité* eleggersi un presidente secondario. Questo *Comité* è ancora obbligato d'aprirsi una corrispondenza coi Sigg. Deputati che abbiamo all'Assemblea Nazionale. È appunto per uniformarsi a quest'articolo, che noi, che siamo del primo turno, indirizziamo a loro Signori la presente lettera per dar loro ragguaglio di tutte queste cose, e per invitarli a communicare e trattare a vicenda con noi, e con quelli che saranno in esercizio dopo di noi, di tutto quello che potrà riguardare la nostra Corsica. Siamo sicuri che loro Signori si presteranno ben volentieri a quest'invito, come quelli che nulla hanno più a cuore che gl'interessi e il maggior bene della nostra comune patria.

Noi per un principio di questo commercio, che deve portarle dei gran vantaggi, gli mettiamo in vista che l'ordine venuto di non rifonder più dalla cassa militare nella civile i soliti ventimila franchi il mese, porta seco dei gran disordini; molte famiglie vanno ad esser desolate, e la giustizia languirà, e non potrà esser più amministrata come conviene. Vedano dunque far, Signori, che in questa parte le cose continuino sul piede antico e che nella nostra assemblea generale si facciano i provvedimenti e stabilimenti necessari. Aspettiamo i loro riscontri, e intanto abbiamo l'onore di protestarci con un perfetto attaccamento, etc.

Ai tre Signori Deputati per la Commissione di Corte.

Bastia, 5 marzo 1790.

La piena confidenza che abbiamo nel loro zelo, è quella che ci ha determinato di dare a loro Signori ed al Sig. abbate Marinetti un'importante commissione.

Abbiamo creduto d'impiegare di preferenza i mezzi di riconciliazione per sopire le turbolenze della città di Corte.

Per quest'oggetto si è creduto necessario che uno dei membri di questo Comitato, e due del Comitato Generale si debbano rendere in quella città con quelle istruzioni che potranno rilevare dalla deliberazione che sarà loro comunicata dal medesimo Sig. abbate Marinetti.

Potranno loro Signori prestar fede a questo degno ecclesiastico sopra qualche istruzione segreta statagli data, e che deve far comune alle Signorie loro. Abbiamo l'onore etc.

Ai Signori Uffiziali municipali del Vescovato.

In seguito della deliberazione, Signori, presa questa mane dal Comitato Superiore, parte un distaccamento di dodici uomini del Reggimento Provinciale per arrestare l'uccisore del nominato La Tour, granadiere al Reggimento du Maine.

Voi dovete, Signori, prestare tutta l'assistenza necessaria, e prendere tutte le precauzioni per assicurare l'arresto di questo assassino. È anche vostro interesse particolare di purgare la vostra comunità dei cattivi soggetti, tanto più che la giustizia ed il Reggimento du Maine richiedono una pronta soddisfazione.

Noi speriamo che farete uso dell'ordinario vostro zelo per corrispondere alle premure del nostro Comitato.

Alli Signori Vincentello Colonna de Leca e Nicolò Rocca di Vico.

Bastia, li 6 marzo 1790.

Dalla lettera, Signori, che vengono di scrivere in data dei 3 del mese corrente a questo Comitato Superiore, noi rileviamo con vero nostro rincrescimento le turbolenze che si sono manifestate in codesta provincia per la leva delle milizie, e tutti i mezzi che s'impiegano o per impedirla o per renderla irregolare. La nostra assemblea generale ha manifestato d'una maniera univoca le sue intenzioni sopra di quest'importante oggetto. Ella ha riguardato come un articolo costituzionale lo stabilimento della guardia nazionale, e per conseguenza non è permesso di combattere questo senza opporsi direttamente alla Costituzione medesima. Non è meno necessario il concorso della maggior parte degl'individui di una comunità, perchè si riconosca in una assemblea l'intenzione di quelli che sono determinati per la leva della milizia. È permesso ad ogni buon patriotto di pretendere ai gradi militari, ma deve assoggettare le sue pretensioni alla libera volontà di quelli che si determinano per la truppa civica.

Ritroveranno loro Signori qui congregate sei lettere per spedirsi sollecitamente ai rispettivi Podestà maggiori delle pievi di codesta provincia. Abbiamo creduto espediente di spedirgliene un esemplare, acciocchè restino istruiti del contenuto delle stesse.

Noi invitiamo qui il loro conosciuto zelo per indurre col loro credito le comunità del loro distretto ad accedere alle deliberazioni dell'assemblea, e sopra tutto a procedere senza indugio alla nominazione dei soggetti che debbono per giro riunirsi a questo nostro Comitato, il di cui principal oggetto è quello del mantenimento della pubblica tranquillità.

In questo momento i buoni patriotti devono mostrarsi disposti a sacrificare le proprie pretensioni, quando da questo sacrificio ne possa ridondare la riunione e la concordia, dalla quale nelle attuali circostanze dipende la comune sicurezza, e la comune prosperità.

Ci lusinghiamo che queste nostre insinuazioni faranno breccia nel cuore de' buoni cittadini, e richiameranno quella calma, della quale codesta provincia abbisogna. Se disgraziatamente fossero inefficaci, questo Comitato Superiore è disposto di spedire costà una commissione di alcuni soggetti per conoscere le ragioni e gli autori del disordine, e per impiegare i mezzi capaci da farlo cessare. Siamo etc.

Lettera Circolare a tutti i Commissari nominati per ogni pieve dell'Isola.

Bastia, li 9 marzo 1790.

Questo Comitato Superiore prevedendo, Signore, che i decreti dell'Assemblea Nazionale, sanzionati da Sua Maestà, per l'elezione della nuova municipalità, possono incontrare qualche difficoltà nell'intelligenza e nell'esecuzione, ha creduto necessario d'accompagnarli con qualche schiarimento, che le augustie del tempo gli hanno permesso, sopra alcuni articoli essenziali.

È necessario di farli conoscere al popolo, e di farli conoscere per l'organo di persone animate da sentimenti di saggezza e di imparzialità.

Persuasi che voi riunite gli uni e gli altri, vi abbiamo incaricati di questa commissione per la vostra pieve.

La vostra commissione si estende ancora a stare in attenzione, perchè le assemblee delle comunità si facciano tranquillamente. Voi siete autorizzato ad accorrere in caso di bisogno con la truppa civica o con la truppa regolata, se il disordine si manifestasse nella città ove trovasi la guarnigione, per mantenere il buon ordine.

Dovrete istruire questo Comitato degl'inconvenienti che potrebbero essersi manifestati nella vostra pieve per questa operazione, e de' mezzi che avete impiegati per farli cessare.

Siamo etc.

A Nosseigneurs de l'Assemblée Nationale.

Bastia, 9 mars 1790.

L'Isle de Corse, à l'instar des autres provinces du Royaume, devant avoir des assemblées particulières et générales pour la formation de l'administration des districts et du département, le Comité Supérieur de cette Isle a pensé qu'il était de la dernière importance de suspendre toute assemblée générale jusqu'à l'arrivée de M. Pascal de Paoli, qui n'est retenu en ce moment que par la rigueur de la saison.

Nous espérons, Nosseigneurs, que cette disposition rencontrera votre approbation ; elle est fondée d'un côté sur la confiance universelle de tous les habitants envers cet ancien général, et de l'autre sur le désir ardent que nous avons d'exécuter vos décrets avec la plus grande ponctualité. Les lumières de notre ancien chef sont le meilleur guide que nous puissions avoir ; il est capable mieux que persone de faire sentir à la multitude tout le prix et tous les avantages de la nouvelle organisation de l'Empire français.

Nous avons l'honneur de joindre ici une expédition de notre déliberation.

Nous sommes etc.

Alli Signori Podestà maggiori delle pievi di Capo Corso.

Bastia, li 10 marzo 1790.

Voi troverete, Signori, qui complicato un estratto della deliberazione che questo Comitato Superiore viene di prendere sopra l'assemblea che avete tenuta in codesta provincia nei giorni scorsi senza esserne autorizzati nè dall'assemblea generale nè da questo Comitato. Voi non dovete ignorare che niuna assemblea può riguardarsi come legittima, se non è approvata da quelli che hanno il diritto di permetterla. Mettetevi in regola, e siate sicuri che troverete in noi tutte le disposizioni favorevoli per sostenere le vostre rimostranze, quando saranno ragionevoli.

Siamo etc.

Alli Signori Padri del Comune della città di Corte.

Bastia, 15 marzo 1790.

Dalla vostra lettera de' 10 del corrente, noi rileviamo, Signori, con un vero rincrescimento che dopo la partenza de' tre commissarj di questo Comitato Superiore si manifestano più vigorose che mai le scissure di questo popolo, e le apparenze minaccevoli delle dolorose conseguenze che possono produrre. Noi difficilmente possiamo persuaderci la distribuzione di munizione e l'invito di gente armata, che si attribuisce al Podestà, almeno che loro Signori non ce ne somministrino delle prove.

Noi non possiamo approvare l'invito che avete fatto al Sig. Arena di venire al vostro soccorso con le truppe civiche. La vostra marcia potrebbe produrre li più grandi inconvenienti, che dobbiamo cercare d'evitare. Li decreti dell'Assemblea Nazionale, accompagnati dai schiarimenti che abbiamo creduto necessarj, non lasciano niente d'equivoco sopra l'elezione della nuova municipalità. Non è possibile che le persone delle quali sospettate, vogliano escludervi dall' assemblea. Questo atto di violenza la renderebbe illegittima, e illegittima qualunque elezione. Deve presiedere nell'Assemblea la sicurezza e la libertà, e se non ci fosse, dovete farlo conoscere, e il Comitato verrà con piacere al soccorso dell'una e dell'altra. Noi v'invitiamo alla pace. Tutte le nostre linee sono dirette a quest'oggetto. Per arrivarvi più facilmente, abbiamo creduto necessario di convocare per il giorno de' 12 del prossimo aprile il Comitato Generale di tutti li deputati delle diverse pievi. Da questa riunione noi speriamo di ritrovare dei mezzi efficaci per restituire a cotesta città ed alle altre comunità quella calma della quella abbisognano.

Siamo etc.

Circolare a tutti le municipalità del di là da' Monti, e ai Membri e Segretari del Comitato Superiore.

Bastia, 16 marzo 1790.

Colla nostra lettera del 9 del mese corrente, noi vi abbiamo istruiti delle principali deliberazioni prese dall'assemblea generale convocata in Bastia i 22 dello scorso febbrajo.

Voi dovete aver rilevato da quella l'erezione di un Comitato Superiore composto di sei soggetti per giurisdizione, due de' quali debbano risiedere per giro in questa capitale. Voi sapete che l'inazione dei tribunali subalterni, perchè mancanti di forze, il disordine delle finanze, la frequenza dei delitti, le acerbe discordie e le ostinate fazioni che l'ambizione e l'aristocrazia cercano d'alimentare in diverse pievi e provincie, e l'apparecchio minaccevole di qualche guerra civile sono le ragioni che hanno determinato questo stabilimento provvisorio, sino alla convocazione dell'assemblea generale del Dipartimento. Deve questo riunire tutte le sue forze fisiche e morali per sostenere l'autorità legittima e per restituirle quella energia e quell'attività che le attuali vicissitudini hanno fatto disparire. Deve procurare con tutti i mezzi possibili la riunione degli spiriti discordanti, le punizione dei delitti e il ristabilimento dell'ordine e della pubblica tranquillità.

I sentimenti patriottici dei quali vi siete in ogni tempo mostrati animati ci fanno credere che avrete già nominato i sei deputati per giurisdizione per riunirsi al nostro Comitato. Se la negligenza di alcuni ufficiali municipali e le insidiose insinuazioni degfi aristocratici le avessero rese infruttuose, noi non possiamo che rinnovarle, e rinnovarle con quel fervore che c'ispirano i pericoli, ai quali crediamo esposta la comune patria.

Se una sola riunione di tutte le municipalità d'una giurisdizione fosse difficile, potranno riunirsi gli ufficiali municipali delle rispettive pievi, e quand'anche questa presentasse delle difficoltà, converrebbe contentarsi della maggior parte, e nominare un deputato per pieve.

Questo nostro Comitato permanente ha riconosciuto la necessità di convocare nel convento d'Orezza, pel giorno dei 12 del prossimo aprile, tutti i membri del Comitato Generale ; la riunione de' loro lumi, del loro zelo, del loro credito e delle loro forze, renderà facile il ritrovamento dei mezzi capaci d'allontanare da noi le disgrazie, dalle quali la Corsica è minacciata. Le deliberazioni che la prudenza, la dignità nazionale e le circostanze suggeriranno, e che saranno adottate da quell'assemblea, ridurranno dentro i limiti del dovere quelli che si dimostrano i più disposti ad allontanarsene.

Noi dunque, cari compatriotti, vi rinnoviamo le nostre invitazioni e le nostre istanze per far eseguire, quando non lo fosse ancora, l'elezione di sei deputati da rendersi al convento d'Orezza pel giorno degli 11 d'aprile prossimo, per riunirsi a quelli del di quà da' monti, affine d'occuparsi del grand'oggetto della pubblica tranquillità.

La patria aspetta da voi questa prova di filiale tenerezza. Ella ha bisogno del vostro zelo, dei vostri lumi.

I generosi sentimenti di libertà e di vero patriottismo, dei quali in tutte le circostanze avete dato le più luminose testimonianze, non vi permettono, Signori, d'abbandonarla nei suoi pericoli, e di restarvene spettatori indifferenti degl'infortuni che le sovrastano.

Noi profittiamo di questa circostanza per assicurarvi di quella vera stima e sincero attaccamento, con cui facciamo professione d'essere, Signori,

Vostri affezionatissimi amici,

Tiburzio Morati, Lorenzo Giubeca, Pievano de Franceschi, Casanova di Venaco, Grimaldi di Niolo, l'Arciprete Sebastiani, l'abbate Marinetti, Galletti di Lucciana, Carlo Angeli, Gaetano Varese, Saverio Matra, l'abbate Buonaccorsi di Balagna, Giuseppe Barbaggi, *Secondo Presidente,* tanto per me che per il Sig. Clemente de Paoli, *Primo Presidente*; l'abbate Falcucci, Poggi, *Segretari.*

Al Sig. Gaffajoli, Commissario della pieve di Serra.

Bastia, 22 marzo 1790.

Le questioni insorte, Signore, in cotesta sua comunità per quello che per parte ed altra vien d'essere rappresentato a questo Comitato Superiore, ed in seguito di ciò, avendo questo istesso Comitato prese le più mature e dovute considerazioni; ha determinato invitarlo di astenersi dall'esercizio di commissario nella detta sola sua comunità, e questo a cagione soltanto d'esimere V. S. da qualche incontro o dissapore che potrebbe succedergli, lasciandogli nelle altre comunità della sua pieve tutto il pieno servizio della commissione affidatagli.

La persona che abbiamo eletto per rimpiazzarlo per la sola sua comunità, è il Sig. Federico Massoni di Chiatra, e commissario di Verde. Questo Signore è un soggetto neutrale, ed assiememente di nostra piena confidenza, onde non potrà riuscire sospetto ad alcun partito.

Puol essere d'altronde, Signore, ben persuaso che questa circostanza non ha scemato in noi quella stima che avevamo, e che tuttavia conserviamo del suo zelo e della sua inclinazione per la comune tranquillità. Sono semplicemente le circostanze che ci hanno indotti a questa piccola variazione, e col solo spirito di conciliare in detta sua comunità quella unione che desideriamo.

Siamo etc.

Al Sig. Commissario della pieve di Patrimonio.

Bastia, 24 marzo 1790.

Non possiamo che lodare, Sig. Merivi, la vostra condotta nella nomina che andava a farsi dei soggetti che dovranno formare la municipalità della comunità di Patrimonio. Questo non fa che assicurarci, che non siamo stati defraudati nella confidenza che abbiamo avuto nella vostra prudenza. Vi esortiamo perciò a continuare nei medesimi principii e agire di concerto coi Signori Uffiziali municipali per riaprire l'assemblea dei cittadini attivi della comunità suddetta di Patrimonio, che siano esattamente osservate le disposizioni dei decreti dell'assemblea, e di procurare col vostro zelo, senza però ledere la libertà, che ci regni la pace, la concordia e l'unione, per quanto sarà possibile ; e siccome sono riusciti valevoli gli uomini armati, che avevate in poco numero con voi, vi autorizziamo di averne quanti ne crederete necessari, perchè possa regnare nella futura assemblea di essa comunità tutto l'ordine e la regolarità. Consulterete egualmente il Sig. Presidente nominato.

Siamo etc.

Alli Signori Uffiziali municipali della Penta.

Bastia, li 24 marzo 1790.

Essendo stato informato il *Comité* Superiore della vendita fatta d'un bue stato rubato da due persone abitanti nella vostra comunità, e volendo impedire ad ogni costo, che ciò più non accada, come pure far indennizare il padrone di detto animale, vi incarica, o Signori, di domandare al comandante del distaccamento che si ritrova alla Porta d'Ampugnani, di darvi manforte, e con questa far arrestare i due ladri del bue, ed il macellaro che l'ha amazzato, ed arrestati che saranno, farli condurre in queste carceri, acciò la giustizia ne prenda conoscenza.

Al Sig. Cacciaguerra,
Commissario della pieve di Bigorno.

Bastia, 24 marzo 1790.

L'assemblea, Signore, della comunità della Scolca deve essere convocata dal corpo municipale che si trova in esercizio conforme alle disposizioni dei decreti dell' Assemblea Nazionale. Procurate, Signor Cacciaguerra, di riunire per quanto sarà possibile i due partiti, affinchè la scelta dei soggetti che devono comporre la nuova municipalità cada sopra di persone veramente degne della confidenza del popolo ; e se, osservate le prescritte formalità, alcuni si rifiutano di rendersi al luogo indicato dall'assemblea, questi perdono la voce attiva nella predetta assemblea. Confidiamo nella vostra prudenza e siamo etc.

Ai Signori Uffiziali municipali di Omessa.

Bastia, li 27 marzo 1790.

Sono state portate, Signori, delle lamente nanti questo Comitato Superiore, che voi prograstinate la pubblicazione dei decreti dell' Assemblea Nazionale per la nuova nomina del corpo municipale.

Questa essenziale trascuratezza, se ciò fosse, vi renderebbe di molto colpevoli e ci costringerebbe alle più imperiose determinazioni per far eseguire le ordinanze della detta augusta Assemblea Nazionale, essendo tale il principale oggetto della nostra istituzione.

In conseguenza v'incarichiamo di fare intimare al primo giorno festivo dopo ricevuta la presente, l'assemblea per la nuova nomina delli municipali e nella maniera che vien prescritta da' suddetti decreti. In caso diverso, sarà incaricato il Sig. Santi, uno dei vostri Padri del Comune, di questa operazione, che, per quello che ci vien riferito, ci sembra più disposto e più di voi inclinato a fare eseguire le determinazioni dell' Assemblea Nazionale.

Siamo etc.

Ai Signori Uffiziali municipali della comunità di Urtaca.

Bastia, 27 marzo 1790.

Non dovete, Signori, indirizzarvi all'Intendenza per far decidere le questioni insorte nella vostra comunità per l'elezione del nuovo corpo municipale. Il *Comité* Superiore di cui non potete ignorare la creazione e la legale sua esistenza, era quel solo tribunale a cui dovevate ricorrere per questi oggetti; ed è tanto vero, che li Signori suddelegati dell'Intendenza ci hanno rinviate le vostre questioni per farvi diritto, conoscendo appunto la competenza loro e la legittima autorità.

Questa è una mancanza di cui vi rimproveriamo attribuendola piuttosto ad una mera ignoranza che a difetto di subordinazione dovutali.

Passando poi alla decisione delle vostre differenze, dopo di aver prese le dovute cognizioni delle medesime, abbiamo deciso quanto in appresso:

Che l'aggiudicatario in questione possa e debba aver voce attiva e passiva, poichè l'articolo XV del decreto dell'Assemblea Nazionale che voi citate, non ha niente di relativo alla circostanza, poichè la sovvenzione che si paga in Corsica è riguardata come imposizione diretta, e non indiretta, come voi pretendete.

Sopra le persone che non hanno finiti totalmente li 25 anni, ancorchè loro mancasse un giorno, queste non possono essere nè elettori nè eligibili.

Per quelli che possiedono de' bestiami, o che hanno un affitto almeno di 30 lire, devono essere considerati cittadini attivi, quando non manchino loro le qualità richieste negli altri articoli dell'organizzazione municipale.

Per le persone impiegate nella milizia, potranno benissimo assistere alle assemblee ed essere elettori; ma qualora fossero eletti a qualche carica municipale, non potranno in un tempo istesso esercitare l'una e l'altra.

Finalmente il Padre del Comune stato rimesso dalla sua carica, siasi in tempo del Sig. Conte di Marbeuf che in altro ancora, siccome queste rigorose espulsioni debbono piuttosto attribuirsi agli effetti dell'antico despotismo, e riguardarle come contrarie alle odierne massime di libertà legale, potrà dunque detto Padre del Comune esser considerato come cittadino attivo e godere di tutte quelle prerogative che gli si competono.

Queste sono, o Signori, le decisioni del Comitato Superiore sopra le vostre annunziate difficoltà, ed alle quali dovrete conformarvi nella nuova nomina del corpo municipale con tutta quella tranquillità che v'incarichiamo di praticare, se vorrete essere riguardati zelanti patriotti ed amatori del pubblico bene.

Siamo con un sincero attaccamento etc.

Al Signor Galletti di Lucciana.

Bastia, 27 marzo 1790.

Ci viene rappresentato, Signor Galletti, da una parte di codesta vostra comunità di Lucciana, che vi siete molto allontanato dalle disposizioni dei decreti dell'Assemblea Nazionale, nell'assemblea ultimamente tenuta per la nomina degli uffiziali municipali. V'incolpano di aver trasandato l'articolo VIII, che ordina che l'assemblea sarà convocata dal corpo municipale, non avendo voi consultato il Sig. Mariotti, primo Padre del Comune; di aver trasandato l'articolo X, che ordina che l'assemblea proceda alla nomina di un presidente e di un segretario, avendoli solo voi nominati; e di aver voluto escludere undici cittadini attivi, che hanno cioè le qualità richieste dall'art. VI del decreto dei 3 febbrajo ultimo scorso. È troppo vantaggiosa l'idea che abbiamo della vostra saviezza per indurci a credere che abbiate così evidentemente trasgredito alle regole; che perciò ce ne renderete subito informati, osservandovi che le dette nullità essendo essenziali, se esistono, vengono di legittima conseguenza annullate tutte le operazioni che sono state fatte nell'assemblea di cotesta comunità di Lucciana. Siamo etc.

Al Sig. Ogliastri,
Commissario della pieve di Nonza.

Bastia, li 27 marzo 1790.

Abbiamo ricevuta, Signore, la vostra lettera in data dei 25 marzo corrente mese, ed abbiamo maturamente considerato quanto in essa ci avete marcato. Si è fatto sentire al Podestà di Olmeta la poca considerazione usata tanto alla vostra qualità di commissario, come alle persone che vi hanno scortato.

V'invitiamo però ad astenervi di presentarvi all'assemblea senza esserne richiesto da quella municipalità e di non oltrepassare la vostra commissione, che si estende soltanto nello stare in attenzione, acciocchè le assemblee della comunità si faccino tranquillamente e senza violenze.

Non dovete accorrervi con truppa, se non si manifestasse qualche disordine, e sempre alla richiesta delli rispettivi uffiziali municipali. Confidiamo adunque nel vostro zelo e nella vostra inclinazione per la pubblica quiete, e siamo con perfetto attaccamento etc.

Ai Signori Uffiziali municipali di Calenzana.

Bastia, li 27 marzo 1790.

Abbiamo ricevuto, Signori, la lettera che ci avete scritta li 25 corrente, dalla quale rileviamo l'inconvenienti occorsi per la formazione delle compagnie civiche, e che questi potranno farsi più grandi, se non vi è qualche riparo, per la nuova nomina municipale che va a farsi in questi giorni.

Questo Comitato avendo di già stabilito il commissario di buon ordine a voi noto, è a questo che dovete ricorrere, acciò esso si presenti nella vostra comunità con quella truppa che crederete necessaria, tanto civica che militare, e che questa potrà richiedere un commissario col comandante di Calvi, ed in questa guisa le violenze potranno arrestarsi, è la tranquillità verrà assicurata nella vostra assemblea.

Siamo con perfetto attaccamento etc.

Al Signor Giantommaso Giuliani, Commissario della pieve di Sant'Andrea.

Bastia, 27 marzo 1790.

Abbiamo ricevuto, Signore, la vostra lettera dei 23 del corrente, dalla quale rileviamo i vostri dubbi sopra i riclami contro di voi avanzati dai Signori Ufficiali municipali di Nessa e Feliceto, nella vostra qualità di commissario da noi nominato per la pieve di Sant'Andrea.

Potete essere ben sicuro che questi riclami non diminuiranno in noi quella confidenza statavi accordata, qualora la vostra condotta non smentisca la nostra aspettativa, lo che siamo ben lontani di credere.

Veniamo di scrivere ai riclamanti contro di voi d'una maniera da non potervi recare il menomo dispiacere; anzi vi confermiamo nel pieno esercizio della commissione affidatavi.

Osserverete però di non oltrepassare l'istruzione della vostra commissione. Voi non dovete presiedere ad alcuna assemblea nè tampoco intervenirvi con truppa, se non che in occasione di qualche disordine, e sempre alla richiesta dei rispettivi uffiziali municipali, lasciando in piena libertà le assemblee medesime. Finalmente v'invitiamo a regolarvi con quella prudenza di cui vi abbiamo riconosciuto capace, e con quel patriottico zelo che avete sempre professato.

Siamo etc.

Ai Signori Uffiziali municipali di Nessa e Feliceto in Balagna.

Bastia, 27 marzo 1790.

Dalla vostra memoria, Signori, indirizzataci, ricaviamo avere voi per sospetto il Signor Giovantommaso Giuliani, commissario da noi nominato per la pieve di Sant'Andrea a vegliare al buon ordine nella prossima nomina delle rispettive municipalità della vostra pieve.

Siete nell'errore, Signori, in credere che il Commissario suddetto abbia altra ingerenza, che quella d'invigilare unitamente agli ufficiali municipali alla tranquillità, e all'unione nelle sudette elezioni.

Questo commissario non deve presiedere alcuna assemblea,

nè tampoco deve accorrervi con truppa, se non che in occasione di qualche insurrezione o disordine, e sempre alla richiesta dei rispettivi ufficiali municipali, per far cessare ogni turbolenza, e far riuscire le assemblee con quella libertà analoga alle disposizioni dei decreti dell'augusta Assemblea Nazionale.

In ciò consiste, Signori, tutta l'autorità dei rispettivi commissari da noi nominati in ciascheduna pieve. Onde pensiamo che non possiate aver alcun sospetto pel commissario della vostra pieve, il quale, come vedete, non ha altra incombenza che mantenere unitamente a voi altri, Signori, la pace e la concordia.

Per queste ragioni dunque stimiamo inutile di nominare altro soggetto come richiedete.

V'invitiamo dunque a tenere le vostre assemblee colla necessaria e dovuta armonia, e in questa guisa non avrete bisogno del concorso del prefato commissario.

Siamo ecc.

A Nosseigneurs de l'Assemblée Nationale de Paris.

Bastia, le 27 mars 1790.

Nous avons l'honneur de vous adresser un mémoire que nous croyons digne de votre attention pour l'importance de l'objet qui y est traité.

L'Isle de Corse, Nosseigneurs, se souviendra à jamais de l'époque mémorable où vous l'avez déclarée partie intégrante de la monarchie française. Tout ce qui nous intéresse, nous nous dirons tous les jours, intéressera donc l'Auguste Assemblée Nationale, et ce sentiment, en alimentant notre confiance, perpétuera jusqu'aux dernières générations la reconnaissance d'un peuple connu par ses longs malheurs, par son amour constant pour la liberté, mais aussi pour son attachement pour ses bienfaiteurs.

Nous sommes etc.

Al Signor Ogliastri,
Commissario della pieve di Nonza.

Bastia, 29 marzo 1890.

Dalla vostra lettera, Signore, che riceviamo in data di questo giorno, abbiamo appreso quanto ci marcate relativamente all'Assemblea tenuta nel paese d'Ogliastro per la nuova nomina del corpo municipale.

Noi pensiamo che le ragioni addotte in detta lettera per parte degli opponenti di quella comunità non essendo contrarie ai decreti dell'Assemblea Nazionale, non vi sia luogo d'annullare quello che è di già fatto nella detta comunità.

Se leggerete attentamente l'ordinanza municipale, troverete l'insussistenza di queste opposizioni, e la giustizia delle nostre deliberazioni, che vi preghiamo di comunicare alli detti opponenti.

Siamo etc.

Alli Signori Uffiziali municipali
della comunità di Moita.

Bastia, 29 marzo 1790.

Vi compiacerete, Signori, d'informare al più presto possibile questo Comitato Superiore delle ragioni che vi hanno indotti a far occupare il forte d'Aleria dalle milizie civiche della vostra comunità, e di avere incaricato di questa commissione il Sig. Luigi Matra.

Le reiterate rappresentanze che vengono a questo nostro tribunale su quest'oggetto sono i motivi che ci portano a domandarvene le più esatte informazioni per procedere con maggior cognizione di causa sopra queste contestazioni, ed in mancanza di che sarà da questo Comitato Superiore provveduto nella maniera che giudicherà più conveniente.

Siamo etc.

A M. le Commandant de la place de S. Florent.

Bastia, le 29 mars 1790.

Par les représentations, Monsieur, qui ont été portées au Comité Supérieur, de la part des Srs Cesari et Leandri, Pères du Commun, nous apprenons que dans la journée et nuit du 26 du courant, il y a eu de fortes alarmes dans la ville de S. Florent.

Le Comité Supérieur, qui a pour principal objet de son institution le maintien du bon ordre et de la tranquillité, se propose d'approfondir cette affaire et reconnaître les auteurs du désordre qui a mis l'alarme parmi les citoyens de ladite ville.

Pour être donc plus amplement instruits, et pouvoir nous occuper de cet objet avec une majeure connaissance de cause, nous vous prions, Monsieur, en votre qualité de commandant de ladite place, de nous faire parvenir au plus tôt possible le détail de ce tumulte.

C'est dans l'assurance, Monsieur, de votre zèle et de votre inclination à la tranquillité publique que nous nous promettons les éclaircissements que nous demandons.

Nous sommes etc.

Alli Signori Uffiziali municipali di Sisco nel Capo Corso.

Bastia, li 30 marzo 1790.

Il Sig. Matteo Mattei, o Signori, viene di presentare una supplica a questo Comitato Superiore richiedendo nella sua qualità d'aggiudicatario della vostra comunità, acciò tutti i debitori della medesima facciano quanto prima al suo scagno una dichiarazione del loro debito.

Non ci possiamo rifusare ad una così giusta domanda; in conseguenza darete degli ordini più precisi a questi debitori, affinchè fra il termine di otto giorni debbano fare la dichiarazione richiesta; costringerli, se abbisognerà, colla forza, ed in caso contrario, il Comitato Superiore si riserva di prendere quelle determinazioni che stimerà le più opportune.

Siamo etc.

Alli Signori Uffiziali municipali del Pianello della pieve di Serra.

Bastia, li 30 marzo 1790.

Sentiamo colla vostra lettera, o Signori, quanto ci riferite relativamente all'essersi fatti leciti vari particolari della vostra comunità di convocare l'assemblea per la nuova nomina del corpo municipale.

Questa stravaganza non puol derivare che dal non esservi stati rimessi direttamente i decreti dell'Assemblea Nazionale, o invece essere capitati in mani di detti particolari.

Il Comitato Superiore adunque è ben lontano d'approvare queste mostruose irregolarità, anzi desidererebbe di conoscere gli autori per farli severamente punire.

Frattanto v'incarica, o Signori, d'annullare qualunque assemblea che si possa essere tenuta a quest'oggetto, e di farne intimare voi medesimi un'altra, essendo voi soli incaricati di simili operazioni.

Siamo etc.

Al Signor Ferrandi, membro del Comité Superiore.

Bastia, 31 marzo 1790.

Le rappresentanze, degnissimo Signor confratello, fatte a questo Comitato Superiore di varie scissure insorte nella pieve d'Alesani, in occasione delle nomine dei corpi municipali, l'hanno determinato a pregarvi d'accorrere in detta pieve, ed usare tutto quello zelo patriottico, onde siete animato, per comporre e sedare le differenze suddette.

Si ripromette anticipatamente questo Superior Comitato della buona riuscita, che ne deriverà dal vostro intervento, e dalle vostre efficaci persuasioni.

Lo stesso Superior Comitato vi autorizza a richiedere un distaccamento di truppa, tutte le volte che lo crederete necessario, ed ingiunge a chi spetterà accordarvelo, ed uniformarsi alle di lui determinazioni.

Siamo etc.

Al Signor Podestà di S. Fiorenzo.

Bastia, 31 marzo 1790.

I Padri del comune della vostra comunità, Signore, si sono lamentati a questo Comitato Superiore, che la notte dei 26 del corrente, sono state violentemente e con somma ammirazione tolte li armi a diversi individui di codesta comunità.

Questo Superior Comitato ha pensato bene d'informare il Sig. La Salle, comandante in codesta piazza, e dopo ricevute le sue rilazioni, ha deliberato che voi vorrete bene far rimettere le armi che sono state tolte a codesti individui, ed a tal effetto vi ordina di eseguire la presente deliberazione, e così facendo darete le prove non meno equivoche del vostro zelo, e dell'attaccamento da cui vi crediamo animato per la tranquillità del vostro paese.

Siamo etc.

Ai Signori Uffiziali municipali di Calvi.

Bastia, 2 aprile 1790.

Per parte del nominato Pietro Perodi sono state fatte replicate rappresentanze a questo Comitato Superiore, e dimandato di essere posto in libertà, offrendosi di dar sigurtà di vivere da cittadino pacifico, e ad ogni ordine di giustizia presentarsi in Bastia.

Questo Superior Comitato ha osservato che la commissione inviata in Calvi trattò costì di questo affare per ridurre il tutto nella più perfetta tranquillità, e fece sperare che voi, Signori, eravate d'intenzione di secondare i nostri sentimenti, che sono che quest'uomo fosse stato posto in libertà, con le sigurezze di sigurtà che convengono, e che frattanto, se aveva mancato alla legge, ne fosse istruito dalla giustizia reale un processo de' pretesi delitti, per essere in seguito pronunciato conforme di giustizia; che sente con dispiacere che queste convenzioni non siano state eseguite, ed ha determinato di rinuovare a voi, Signori, le sue premure, affinchè dobbiate concertare col Sig. Giudice, farle comune la presente e cercare i mezzi più pronti che questo uomo sia posto in libertà.

Abbiamo l'onore etc.

Ai Signori Uffiziali municipali di Guagno.

Bastia, 2 aprile 1790.

L'elezione che avete fatta dei nuovi uffiziali municipali della vostra comunità, non è conforme prescrive il decreto dell'Assemblea Nazionale del mese di decembre 1789; perchè secondo l'articolo XXI, quando nel primo e secondo scrutinio non vi è la pluralità assoluta di suffragj, si deve procedere al terzo, ed allora, in parità di voci è preferito il maggiore d'età; cosicchè vorrete bene convocare nuovamente l'assemblea di tutti i cittadini attivi della vostra comunità, e procedere altra volta all'elezione in conformità dei decreti, e per evitare che non v'insorgano inconvenienze, abbiamo commessa la municipalità di Renno ad intervenire alla detta vostra assemblea per assicurarvi il buon ordine, senza però impedire la libertà de' suffragi, e darne a questi la conoscenza del giorno che avrete indicato.

Siamo etc.

Ai Signori Uffiziali municipali
della comunità di Renno

Bastia, li 2 aprile 1790.

Volendo questo Comitato Superiore impedire i disordini che si temono nella nuova assemblea, che deve tenersi nella comunità di Guagno per l'elezione de' nuovi ufficiali municipali, commettiamo le Signorie Vostre, affinchè si portino in detta comunità il giorno che sarà indicato per la detta assemblea, e vi mantengano il buon ordine, anche con condurvi qualche distaccamento di guardia nazionale, se lo credono necessario per impedire ogni inconveniente, senza però togliere la libertà de' suffragi, ed operare tutto ciò che credono necessario, acciocchè l'elezione riesca nelle regole ed in conformità de' decreti dell'Assemblea Nazionale.

Questo Comitato Superiore confida nel vostro zelo, e nella vostra imparzialità; spera che in questa occasione ne darete le prove di piena soddisfazione.

Siamo etc.

Ai Signori Uffiziali municipali
della comunità di Cardo.

Bastia, 2 aprile 1790.

Dopo una matura riflessione, Signori, delle rappresentanze fatte a questo Superior Comitato dal nominato Domenico Maria Cardi, abitante in codesta comunità, e dopo l'esame dell' arresto concernente l'*hors de cour* contro di lui pronunciato dal Consiglio Superiore,

Questo Superior Comitato ha deciso che la suddetta pronuncia d'*hors de cour* non sia di qualità a infliggere una pena che macchi legalmente il suddetto Domenico Maria Cardi, onde non lo possa privare di tutti i diritti che gli si competono, come cittadino attivo, ed in consequenza potrà godere della confidenza che ha riscossa dalla comunità nell' averlo eletto uffiziale municipale ed esercitarne la carica.

Siamo etc.

A Monsieur Doranville,
Directeur général des postes à Bastia.

Bastia, le 3 avril 1790.

Vous voudrez bien, Monsieur, marquer sur le compte de la Province tous les ports des lettres qui seront adressées au Comité Supérieur ou à ses membres, ce corps représentant actuellement la Province même. Vous produirez vos états chaque quartier, qui vous seront par nos président et secrétaire en exercice arrêtés et ordonnancés.

Al Signor Vicomte de Barin,
comandante in capite.

Bastia, 3 aprile 1790.

Dalla di lei lettera in data de' 31 dello scorso mese, e dalla copia di un altra scritta al Sig. de Gafforj sotto l'istessa data, quale unitamente si è compiaciuta inviare a questo Comitato Superiore, apprendiamo quanto, per aderire alle nostre deliberazioni, viene con la maggior precisione di significare al detto Signore de Gafforj.

La purità de' sentimenti che guidano le operazioni di questa commissione superiore, ben lungi da scostarsi dai decreti dell'Assemblea Nazionale, è diretta anzi a farne eseguire con premura la volontà.

Allontani di grazia, Signor Generale, i dubbii di essere compromesso nel secondare le nostre operazioni, che se non fossero conformi alle intenzioni dell'augusto senato nazionale, saressimo maggiormente di lei compromessi.

Continui dunque la pratica di concorrere con noi al ristabilimento della comune quiete dell'Isola, e si riprometta anticipatamente la soddisfazione di aver cooperato alla perfezione della medesima.

Non manchiamo di occuparci acciocchè la città di Corte non resti sprovvista di un vero corpo legale di municipalità, e nel supposto caso di qualche disordine, la truppa non sia imbarazzata di sapere a chi dirigersi, e debba rimanere nell'inazione in caso di qualunque scissura, che potesse occorrere. Siamo troppo interessati e per dovere e per zelo patriottico a non ritardare una cotanto interessante operazione.

Speriamo, Signor Generale, di non esser obbligati ad impiegare alcun mezzo imperioso per comporre e conciliare le vertenti differenze di quella città; li mezzi blandi e pacifici sono quelli che ci proponiamo di adoprare, avendo sufficientemente stima dei nostri compatriotti e del loro amore al bene della pace, per ripromotterci il più felice successo.

Non abbiamo trascurato d'impiegare il credito di varie persone di merito, acciò procurino intrattenere gli animi alla concordia ed alla tranquillità, fintanto che ci occupiamo dei loro affari, mentre le nostre mire, tanto per quel paese, come per tutta la Corsica, non essendo che sincere, fraterne ed imparziali, non possono a meno d'incontrare la comune sodisfazione.

Abbiamo l'onore etc.

Sottoscritti: Barbaggi, *Decano;* Poggi, *Segretario.*

Al Signor Achille Morati, Colonnello.

Bastia, 6 aprile 1790.

Signore, questo Comitato Superiore viene di essere informato di qualche scandaloso disordine arrivato nella comunità di Pietralba.

Vi prega, Signore, di voler usare del solito vostro conosciuto zelo per la pubblica quiete, ed accorrere quanto prima in detta comunità, e d'accordo con quelli uffiziali municipali riparare alle vie di fatto commesse, ed impedire i maggiori inconvenienti.

Siamo etc.

Alli Signori Uffiziali municipali di Pietralba.

Bastia, 6 aprile 1790.

Vengono fatte, Signori, a questo Comitato Superiore delle doglianze per certi attentati commessi nella vostra comunità da vari particolari, i quali hanno cagionato dei grandissimi scandalosi disordini.

Vi è un decreto dell'Assemblea Nazionale. in cui sono resi risponsabili li stessi uffiziali municipali delle vie di fatto, che possono accadere, qualora non castighino severamente li promotori e fautori.

Questa sorte di persone, o Signori, non merita alcun riguardo, onde il Comitato Superiore v'incarica di riparare quanto prima a dette violenze, far rendere il mal tolto a chi è stato preso, e darci il più pronto ragguaglio su di quest'oggetto, acciò queste turbolenti persone non restino impunite.

Siamo etc.

Al Signor Don Matteo Rongiconi, alla Porta.

Bastia, 7 aprile 1790.

Sono state portate, Signore abbate, delle forti lamente contro la vostra persona a questo Comitato Superiore.

Ci proponiamo di prendere tutte le più esatte informazioni di quest'affare; onde v'ingiungiamo di presentarvi per il giorno 13 del corrente mese al Convento d'Orezza, luogo in cui vi sarà riunito tutto il Comitato, al quale presenterete le vostre ragioni.

Siamo etc.

Sottoscritti: BARBAGGI, *Decano*; POGGI, *Segretario*.

A Monsieur Gautier.

Bastia, 7 avril 1790.

Monsieur Gautier, trésorier général de la province de Corse, payera la somme de cent dix-neuf livres pour frais nécessaires au service du Comité Supérieur, et le présent mandat lui servira d'acquit.

Signés: BARBAGGI, *Doyen*; POGGI, *Secrétaire*.

Alli Signori Uffiziali municipali di Bastia.

Bastia, li 7 aprile 1790.

Fu presentata a questo Comitato Superiore dal Sig. de Petriconi, comandante della guardia nazionale, una lettera in forma di libello, che attacca essenzialmente la formazione delle milizie, del Comitato, ed altri particolari. Presimo l'espediente di fare una deliberazione, di cui vi inviamo un esemplare.

Ci proponiamo di far eseguire questo dopo pranzo la nostra deliberazione e per tal oggetto avendo bisogno di una ventina d'uomini della guardia nazionale, preghiamo loro Signori di volerceli accordare.

Abbiamo l'onore etc.

Sottoscritti: BARBAGGI, *Decano*; POGGI, *Segretario*.

A M. le Comte de la Tour du Pin, Ministre de la Guerre.

Bastia, le 8 avril 1790.

Monsieur le Comte, l'institution du Comité Supérieur de Corse étant essentiellement celle du maintien de la tranquillité publique et d'aller au-devant de tout ce qui peut y contribuer, c'est dans ce principe que nous croyons ne devoir pas nous dispenser d'avoir l'honneur de vous présenter que la nomination pour commissaires en les personnes des Sieurs Ponte et Mattei a causé dans notre pays la plus grande surprise et inquiétude, capable de pouvoir exciter les plus mauvaises et fâcheuses cnséquences.

Nous ne pouvons pas, Monsieur le Comte, vous laisser ignorer que lesdits sieurs Ponte et Mattei ne jouissent pas, à beaucoup près, ni de la confiance, ni de l'estime publique. Nous n'entrerons pas dans les détails qui peuvent les avoir privés de cette précieuse prérogative, à moins que vous l'exigiez, mais nous nous bornons simplement de vous assurer que l'exercice de la charge dont ils viennent d'être honorés pourrait compromettre l'autorité de Sa Majesté et causer les plus grands désordres dans la Corse.

La pureté des sentiments qui nous guident dans toutes nos opérations, est celle qui nous force à vous faire les représentations actuelles, n'ayant certainement pas d'autre motif que l'intérêt de la tranquillité publique à laquelle nous sommes chargés de veiller.

C'est dans ces circonstances, Monsieur le Comte, que nous prenons la liberté de vous proposer, qu'étant nommés à la même charge de commissaires MM. l'évêque de Nebbio et De Petriconi, ces deux personnages, qui unissent aux qualités requises la plus grande confiance de ses compatriotes, pourraient seuls en exercer la charge.

Nous vous supplions donc, Monsieur le Comte, de vouloir exaucer notre demande, en exposant à Sa Majesté nos très humbles représentations. Vous contribuerez infiniment à notre bonheur, et vous nous donnerez les preuves plus convaincantes de vos bonnes dispositions pour notre pays.

Nous sommes, etc.

Al Signor Barin,
comandante le truppe in Corsica.

Bastia, 8 aprile 1890.

Il Comitato Superiore viene d'essere istruito che nell'ultima emozione arrivata in Corte, qualche soldato della truppa che si trovava sull'armi, abbia fatto fuoco contro li cittadini.

Questa violazione di giuramento così solennemente mostrata in faccia alla nazione, è degna della più esemplare punizione.

La truppa non può impiegare le sue forze che alla richiesta degli uffiziali municipali e civili. Qualunque passo contrario ai decreti dell'Assemblea Nazionale la rende responsabile di tutti gli eventi presso della nazione medesima, ed il Comitato Superiore vedrebbe con pena che la guarnigione di Corte conculcasse questi principj.

Noi abbiamo l'onore di prevenirlo, Signor Generale, di questo successo, acciò si compiaccia di far cessare in avvenire simili violenze, facendone punire gli autori, poichè tali cose potrebbero partorire i più gravi disordini fra la truppa e gli abitanti dell'Isola intiera.

Lei deve, Signor Generale, alla sua carica l'estirpazione degli abusi militari, siccome dobbiamo alla nostra la perfetta esecuzione dei decreti dell'Augusto Senato Nazionale, omologati dal Re, e l'intiera tranquillità del nostro paese.

Abbiamo l'onore etc.

Lettera duplicata per li Sigg. Uffiziali municipali dell'Isolaccio e Prunelli di Fiumorbo.

Bastia, 8 aprile 1790.

Il Comitato Superiore, Signori, viene d'essere informato delle vie di fatto che si vogliono commettere da vari abitanti della vostra comunità nel Procojo del Migliacciaro.

V'incarichiamo d'invigilare con esattezza alle operazioni dei vostri abitanti. Voi siete, o Signori, i risponsevoli d'ogni disordine; lo siete per incarico dell'augusta Assemblea Nazionale per mezzo d'un suo decreto, il quale vi rende garanti di ogni inconveniente nella vostra comunità, qualora non provvediate con fortezza ; lo siete poi per dovere particolare alla giustizia, al bene, ed alla tranquillità di cui siete incaricati nella vostra qualità di ufficiali municipali.

Pensate dunque, Signori, a comporre ogni differenza, distruggere ogni fazione, impedire le violenze e prepotenze. Procurate la libertà e godimento dei rispettivi beni de' particolari, e rendetevi degni in fine della vostra onorevole carica.

Questi sono i sentimenti che guidar devono le vostre operazioni ; le turbolenze dovranno finire, la calma sarà ristabilita e i fautori delle discordie dovranno finalmente restare confusi.

Siamo etc.

Al Signor Frediani.

Bastia, 8 aprile 1790.

Abbiamo ricevuto, Signore, la vostra lettera in data de' 27 dello scorso marzo, e dopo di aver attentamente esaminato quanto in essa ci segnate, ci siamo prontamente adoperati ad un provvigionale rimedio.

Veniamo di scrivere alla Comunità d'Isolaccio e Prunelli, significandogli i nostri precisi sentimenti, ai quali speriamo che si conformeranno.

I mezzi blandi e pacifici sono quelli che adoperiamo in primo luogo, come i più proprj e convenevoli ; e qualora questi non hanno effetto, ci portiamo, benchè mal volontieri, ai mezzi imperiosi onde adempire la nostra obbligazione pel mantenimento della quiete di cui siamo incaricati.

Il giorno dodici del corrente sarà tutto il Comitato Superiore riunito in Orezza ; se avrete qualche cosa a rappresentarci, potrete colà indirizzarvi e troverete nelle persone adunate tutte le disposizioni al vero e sincero patriottismo.

Siamo etc.

Al Signor de Gafforj, Maresciallo di Campo Comandante a Corte.

Dal Convento d'Orezza, li 13 aprile 1790.

L'oggetto della riunione di questo Comitato Superiore, Signore, è quello di richiamare alla concordia gli spiriti discordanti e di occuparsi dei mezzi i più efficaci per far disparire gl'inconvenienti dai quali quest'Isola è minacciata. La giusta opinione che quest'assemblea ha del suo zelo e del suo credito l'ha determinata a deliberare nella prima sua sessione d'invitarla a venire a prender parte delle patriottiche sue sollecitudini. Le prove non equivoche che in diverse circostanze ella ha date di vero patriottismo, e quelle che diede in ogni tempo il generale Gafforio, suo padre, ci assicurano delle favorevoli sue disposizioni a concorrere allo stabilimento della pubblica tranquillità. Onorato della presidenza di quest'Assemblea, io riempio con un vero piacere la commissione di annunciarle quest'invito a cui riunisco le particolari mie premure.

Desidero il momento di appalesarle a viva voce quei sentimenti di stima e di rispettoso attaccamento co'quali ho l'onore d'essere etc.

Signés : BARBAGGI, *Presidente* ; SAVELLI, *Segretario*.

Circolare ai Signori Pietro Boccheciampe, Orso Giacomo Fabiani, Gian Bastiano Buttafoco, Cosimo Casalta, Vinciguerra e Dionisio Gavini.

Dal Convento d'Orezza, li 14 aprile 1790.

Il Comitato Generale, Signore, che si è riunito per occuparsi dei mezzi che possono contribuire al ristabilimento dell'ordine e della pubblica tranquillità, ha deliberato nella sessione d'ieri di chiamare a parte delle patriottiche sue sollecitudini alcuni patriotti che col loro zelo e co' loro lumi possano contribuire al riempimento di questa grand'opera. Ella è compresa in questo numero, ed io mi faccio un vero piacere di annunciarglielo.

Io l'invito dunque a rendersi qui con tutta la prontezza possibile. I sentimenti di patriottismo, dai quali la credo animata, mi assicurano che non metterà alcun indugio a secondare le disposizioni di quest'Assemblea.

Sono etc.

BARBAGGI, *Presidente.*

Circolare ai Signori Santini, vescovo di Nebbio, de Petriconi, conte Mattei e Ponte, Commissari de' Distretti, recentemente nominati da Sua Maestà.

Dal Convento d'Orezza, li 15 aprile 1790.

Illustrissimo Signore,

Questo Comitato Superiore e Generale ha deliberato di nominare una commissione per ricevere le riclamazioni che si presentano sopra l'elezione delle nuove municipalità e per suggerire i mezzi più efficaci per provvederci. Noi rendiamo conto al Ministro della Guerra di questa deliberazione, e delle ragioni che ci hanno obbligato di ricorrervi.

Questo non pregiudica ai diritti d'alcuno, e ci somministra la dolce soddisfazione di contribuire al mantenimento di quella tranquillità, della quale l'Assemblea Generale ci ha specialmente incaricati.

Le rimettiamo copia della lettera scritta al Sig. Conte de la Tour du Pin.

Abbiamo l'onore etc.

Signés : BARBAGGI, *Presidente* ; SAVELLI, *Segretario*.

Lettera scritta à M. de la Tour du Pin, Ministro della Guerra.

Dal Convento d'Orezza, li 15 aprile 1790.

Eccellenza,

Sua Maestà avendo nominato colle sue lettere patenti dei sette dello scaduto marzo Mgr Vescovo di Nebbio, ed i Signori De Petriconi, Mattei e Ponte per suoi commissari, per la decisione di tutte le questioni che l'elezioni delle nuove municipalità e le assemblee dei cantoni e del dipartimento potranno presentare, la nominazione dei due ultimi ha provocate le rimostranze di quella parte del nostro Comitato che ritrovavasi residente in Bastia, quelle del Signor Petriconi e quelle dei nostri deputati all'Assemblea Nazionale.

Sebbene questa nostra Assemblea sia lontana dall'aderire alle osservazioni che sono state fatte contro dei Signori Mattei e Ponte, finchè non le veda giuste ad ogni modo, ella conosce che sono abbastanza valevoli per impedire la riunione o almeno il concerto dei quattro commissari sopra le importanti commissioni onde sono stati incaricati.

È vero che le lettere patenti del Re, dopo di avere attribuita a questi quattro commissari una giurisdizione simultanea e collettiva, permettono che possa essere individuale a ciascuno di quelli, quando ne abbiano convenuto fra di essi. Ma non ne avendo fin qui convenuto, e non essendo possibile che ne convengano per ora, la Commissione è sospesa in tutte le sue parti.

Quest'osservazione sarebbe più rigorosa, se si verificasse ciò che si dice comunemente, che Mgr. De Santini, uno dei quattro Commissari, abbia ricusato.

Frattanto, Signor Conte, le questioni, le discordie minacevoli ed i ricorsi sopra le nuove municipalità si vanno moltiplicando, ed esigono un pronto provvedimento.

Incaricati dell'Assemblea Generale convocata in Bastia i 22 dello scorso febbrajo, di vegliare al mantenimento della pubblica tranquillità, e riuniti tutti in questo convento d'Orezza per occuparci congiuntamente d'un così importante oggetto, noi abbiamo conosciuto che quello delle municipalità deve assorbire di preferenza le nostre premure. Qualunque indugio sarebbe pericoloso e renderebbe infruttuose le comuni nostre sollecitudini che sono quelle del mantenimento del buon ordine. Noi sentiamo la necessità d'una gran circospezione nella scelta dei mezzi che debbono impiegarsi. I mezzi imperiosi potrebbero moltiplicare gli scandali; i più blandi potranno esservi i più efficaci.

La commissione confidata a Mgr. vescovo di Nebbio ed ai Signori Petriconi, Mattei e Ponte, è assai spinosa, e può rendersi o pericolosa o inefficace, ancorchè animati dalla miglior volontà. È necessaria, Signor Conte, in queste circostanze una autorità tutelare, collettiva e confidenziale, e questo non è sperabile che quando sarà confidata nelle mani di molti.

Penetrati da questa verità, noi ci siamo creduti nell'obbligo di nominare una commissione di   membri di questa assemblea per sentire tutte le reclamazioni e per suggerire i mezzi per farle cessare. Dovranno alcuni altri portarsi nelle stesse comunità ove le questioni sono più vive per procurare la concordia e la pace.

Queste nostre deliberazioni sollecitate dal pericolo a cui vediamo esposte molte comunità, non sono che provvisionali. Queste cesseranno subito che conosceremo le finali determinazioni di Sua Maestà. La nostra fedeltà alla nazione, alla legge ed al Re sarà sempre intera e senza riserva.

Noi preghiamo l'E. V. di far conoscere a Sua Maestà la purità dei nostri sentimenti.

Abbiamo l'onore etc.

A M. de Barin, Commandant en chef dans l'Isle de Corse.

Dal Convento d'Orezza, li 16 aprile 1790.

Monsieur,

L'objet qui a occupé de préférence les séances du Comité Général est celui de la municipalité, qui présente de tout côté des inconvénients auxquels il est nécessaire de réparer.

Nous avons cru que la Commission de Messieurs l'évêque du Nebbio, Petriconi, Mattei e Ponte ne peut pas être en activité dans le moment, par les raisons que vous trouverez dans la lettre que nous écrivons au ministre de la guerre, dont nous joignons ici copie.

Le bon ordre et la tranquillité publique, à laquelle nous devons veiller, nous oblige d'employer nos soins pour faire disparaître les scandales qui se multiplient tous les jours. Nos ordres ne sont que provisoires, jusqu'à ce que la Commission nommée par le Roy puisse exercer sa jurisdiction, et que les déterminations ultérieures de Sa Majesté nous soient connues.

Le Comité Général se croit en droit de vous instruire, Monsieur, du parti qu'il a adopté, et que le seul amour du bon ordre a provoqué.

Je saisis avec plaisir cette circonstance pour vous assurer des sentiments respectueux avec lesquels j'ai l'honneur d'être etc.

Signé : BARBAGGI, *président du Comité Supérieur.*

Al Signor Santo Dominici,
colonnello delle milizie, a Luri.

Dal Convento d'Orezza, li 16 aprile 1790.

Troverà qui complicata, Signore, una lettera pel Signor Rouvière, direttore della Dogana di codesta provincia; gliela spedisco a sigillo volante, acciochè ne conosca l'oggetto, e dopo letta e sigillata, dovrà rimetterla a chi è diretta.

Ella deve impiegare delle pressanti sollecitudini appresso del Signor Rouvière per indurlo a prestarsi alla dimanda di questo Comitato Superiore, facendogli conoscere quanto poco gli converrebbe d'indisporre col suo rifiuto quest'assemblea.

La sua commissione non si ristringe a questo solo oggetto. Ella deve pressare per mezzo della guardia nazionale gli aggiudicatarj al pagamento di ciò che debbono e farli arrestare in caso di rifiuto. Le milizie che si presteranno a quest'esecuzione saranno pagate coi danari che si esigeranno dai debitori.

Questo stipendio alle truppe non deve essere arbitrario, ma deve essere regolato fra breve. Il denaro deve esser sempre rimesso al tesoriere della provincia.

Ho l'onore di essere etc.

Sottoscritto: BARBAGGI, *presidente del Comitato Generale.*

Al Signor Rouvière, Ricevitore del Demanio, al Capo-Corso.

Dal Convento d'Orezza, li 16 aprile 1790.

Diverse ragioni si riuniscono, Signore, per farci conoscere la necessità di mettere a soldo un certo numero di milizie per far rispettare le leggi e i tribunali, e per far cessare gl'inconvenienti che si manifestano in diverse parti di quest'Isola. La spesa necessaria per lo spendio di questa gente non deve apportare alcun nuovo aggravio al popolo. Il credito nazionale rappresenta un oggetto di cinque cento mila e più lire, ma bisogna costringere gli aggiudicatari al pagamento. Si sono di già dati gli ordini, ma rimarranno senza esecuzione, se non vi è una truppa pagata e rispettata per eseguirli.

Questo Comitato Generale non ha bisogno che d'una imprestanza di cinque o sei mila franchi per pagare gli appuntamenti del primo mese degli stipendiati, giacchè in appresso i pagamenti degli affittuari della sovvenzione somministreranno il bisognevole per provedere a questa ed alle altre spese.

Io dunque, in seguito della deliberazione presa da questo Comitato Generale, vengo a chiederle a titolo d'imprestanza tre mila franchi o cento luigi almeno sopra i prodotti della dogana e del sale che ella percepisce in cotesta provincia del Capo Corso, e che potrà rimettere alle mani del tesoriere della provincia. Quando in questo momento ella non avesse del danaro pubblico, potrebbe anticiparlo del proprio, per rimborsarsene sopra la prima percezione.

Sono etc.

Sottoscritto : BARBAGGI, *presidente*.

Alli Signori Deputati all'Assemblea Nazionale, Hôtel de Strasbourg, rue neuve St-Eustache, à Paris.

Dal Convento d'Orezza, li 17 aprile 1790.

Illustrissimi Signori,

Questo Comitato Generale ha creduto necessario di occuparsi delle contestazioni che si presentano da ogni parte sopra l'elezione delle nuove municipalità di quest'Isola, e di cercare con tutti i mezzi possibili di riparare agli scandali arrivati ed a quelli che giustamente si possono temere.

La Commissione che S. M. ha dato a Mgr. vescovo di Nebbio, ed alli Signori De Petriconi, Mattei e Ponte, non è in questo punto eseguibile, siccome vedrete dalla lettera qui complicata che si scrive al Ministro della guerra.

Conoscendo che qualunque indugio sarebbe pericoloso, noi cerchiamo di apportare dei pronti rimedj agli sconcerti che si presentano, e che ritardati, verrebbero ad aumentarne il numero.

Questo congresso non ha potuto dispensarsi di rappresentare rispettosamente al Sig. Conte de la Tour du Pin quanto spinosa e di difficile riempimento sia la commissione data ai Signori vescovo di Nebbio e compagni. Le contestazioni delle municipalità hanno bisogno di essere decise da una autorità collettiva, tutelare e confidenziale, e sarebbe pericoloso di confidarla nelle mani di uno o di pochi particolari.

L'amore dell'ordine e della tranquillità, da cui quest'Assemblea è animata, ha provocato queste osservazioni. Noi preghiamo loro Signori, quando le trovino ragionevoli, di sostenerle col loro zelo.

Profittiamo volontieri di questa circostanza etc.

Sottoscritto : BARBAGGI, *Presidente*.

Circolare ai Tesorieri delle Provincie.

Dal Convento d'Orezza, li 18 aprile 1790.

È necessario, Signore, che V. E. rimetta prontamente a questo Comitato Superiore uno stato distinto di ciò che devono i rispettivi aggiudicatari della sovvenzione della sua provincia, e riunisca a quello i nomi delle rispettive sigurtà, tanto pel triennio corrente, che per li passati, giacchè la loro morosità ci riduce a segno di non poter nemmeno provvedere alle spese più urgenti.

Mi lusingo che Ella si presterà volontieri a questa dimanda, e che immediatamente mi farà pervenire il conto che si sta aspettando.

Sono etc.

Sottoscritto: BARBAGGI, *Presidente.*

Al Sig. Visconte de Barin.

Dal Convento d'Orezza, li 20 aprile 1790.

Eccellenza,

Sulle rappresentanze state fatte dai deputati della provincia di Vico, che quella giurisdizione è da gran tempo senza un soldato di truppa regolata, con un tribunale esposto al poco rispetto de' suoi ordini, questo Comitato Superiore per decreto dei 18 del corrente, ha arrestato ch'io dovessi pregare vostra Eccellenza, acciò immediatamente dasse gli ordini i più precisi per far avere a quella giurisdizione un distaccamento di truppa francese, per agire di concerto per tutto ciò che riguarda il buon ordine, con la guardia nazionale di questa provincia eretta sotto gli ordini del Sig. Vincentello Colonna da Leca Cristinacce, nominato colonnello generale di quelle milizie.

Aggiungo per quanto è possibile alle preghiere del Comitato Superiore anche le mie particolari, e pieno di rispetto e di stima, ho l'onore di essere etc.

Sottoscritto : ORNANO, *Presidente.*

Al Signor Gafforj, maresciallo di campo, comandante a Corte.

Dal Convento d'Orezza, li 20 aprile 1790.

Questo Comitato Generale, Signore, ha visto con un vero rincrescimento le incolpazioni che, per parte di alcuni di Corte, furono nello scorso mese di marzo fatte a lei, e al Reggimento Salis che trovasi di guarnigione in codesta città. Persuaso dello zelo con cui V. S. riempie li doveri della sua carica e della disciplina che regna in codesto Reggimento, non si è occupato alle rimostranze, che, portate al Comitato residente in Bastia, furono tramandate al Sig. visconte de Barin. In questo momento in cui riuniamo li nostri sforzi e le nostre cure per ricondurre gli spiriti alla concordia, ed alla dimenticanza delle cose passate, sarebbe stato troppo disaggradevole per noi di dover accogliere le lamente degli uni e le giustificazioni degli altri.

Questo congresso invita la sua moderazione e quella del Reggimento Salis a scordarsi di tutto ciò che potrebbe aver provocato il loro risentimento. La testimonianza della propria coscienza, e quella del pubblico, sono delle dolci soddisfazioni per l'anime nobili.

Io la prego di non lasciar ignorare a codesto Reggimento li sentimenti di stima onde questo Comitato è animato per esso.

Frattanto che V. S. acquista ogni giorno de' nuovi diritti alla considerazione ed alla riconoscenza de' suoi concittadini, che mi sia permesso di appalesarle i sentimenti del rispettoso attaccamento coi quali ho l'onore di essere etc.

Sottoscritto : Ornano, *Presidente* ; Savelli, *Segretario* ; Poggi, *Segretario*.

Ai Signori Filippi di Casacconi, pievano Turchini, Gio. Tommaso Arrighi, di giro attuale ; Casanova di Venaco, Angelo Luigi de Petriconi.

Dal Convento di S. Francesco di Corte, li 28 aprile 1790.

Diversi importanti oggetti si riuniscono a fare desiderare ardentemente a questo Comitato Superiore che i Deputati che sono di giro attuale, si rendano a questa residenza per partecipare dei loro lumi e del loro zelo. Io vengo dunque a pregarla di venir qui prontamente per occuparsi assieme coi suoi colleghi dei mezzi che possono contribuire al mantenimento del buon ordine.

Il cattivo tempo non ha permesso di riunirsi prima di questo giorno ; per conseguenza non abbiamo anche proceduto all'elezione del presidente.

Io ho dunque l'onore di sottoscrivere la presente, come decano, ed ho quello d'essere col più rispettoso attaccamento etc.

Sottoscritto : Pievan Pietrini, *Decano*.

Al Sig. Conte de Petriconi,
Colonnello della Guardia Nazionale a Bastia.

Dal Convento di S. Francesco di Corte, li 28 aprile 1790.

Signore,

La dirotta pioggia dei tre giorni precedenti ha ritardato la riunione dei membri di questo Comitato di maniera che in questo dopo pranzo solamente ci è riuscito di assemblarci, ma in numero ancora incompleto, e non sarà che domani o dopo domani che noi avremo il piacere di vedere tutti i nostri confratelli, che son di giro, resi in questa città. Frattanto questo Comitato ha preso in considerazione la lettera di V. S. che contiene la storia della sorpresa della città e fortezza di San Fiorenzo ed altre scritture che sono a quella relative. Noi non possiamo nascondere il vivo rincrescimento sopra questo attentato di cui non conosciamo l'oggetto che potrebbe far disparire le favorevoli disposizioni che per parte dell'Assemblea Nazionale e del Re sono annunciate a quest'Isola. Subito che gli altri deputati saranno qui comparsi, questo importante oggetto sarà quello che occuperà di preferenza tutte le nostre riflessioni.

Ma frattanto scriviamo agli uffiziali municipali di San Fiorenzo, e particolarmente al Sig. Gentile, nostro collega, per essere istruiti di tutte le circostanze che hanno accompagnato questa sorpresa, e delle ragioni e dei mezzi che s'impiegano per sostenerla.

Noi invitiamo lo zelo patriottico, da cui Ella si dimostra animato, a continuare a renderci un conto esatto di tutto ciò che può presentarsi di giorno in giorno che possa meritare l'attenzione sua e quella di questo Comitato Superiore.

Frattanto la preghiamo a manifestarci, con quella franchezza della quale è capace, i mezzi che crede più efficaci per riparare a questo inconveniente, e di non lasciarci ignorare quelli che potrebbero essere accetti alla municipalità ed alla guardia nazionale di codesta città. La conoscenza delle loro opinioni potrà molto influire sopra le nostre determinazioni.

Se le raccomanda la pronta spedizione dell'acclusa lettera pel Sig. Angelo Luigi de Petriconi, suo cugino, e l'invitiamo a riunire alle nostre le sue premure, acciocchè si renda qui prontamente per far il suo giro.

Profittiamo di questa circostanza per assicurarla di quei sentimenti di stima e di attaccamento con quali ci protestiamo etc.

Sottoscritto : P. PIETRINI, *pievano di Cursa, Decano.*

Al Signor Antonio Gentile, maire a S. Fiorenzo.

Corte, li 28 aprile 1790.

Dalla lettera di due uffiziali municipali di codesta città, e da quelle scritteci da diverse altre persone, noi rileviamo con un sensibile rincrescimento la sorpresa tentata ed eseguita di San Fiorenzo e della sua cittadella. Ella deve conoscere tutta l'irregolarità di questa operazione, e tutte le triste conseguenze che può attirare sopra la Corsica.

In un momento in cui non si predica che unione fra noi, che summissione alla legge, che fedeltà alla nazione ed al Re, noi dovremo dunque vedere con indifferenza sorprendere le piazze di guerra, e vederle sorprendere da simplici particolari senz'altro ordine che quello del proprio capriccio?

Questa condotta merita il biasimo dei veri compatriotti, e per conseguenza il suo.

Noi invitiamo il suo zelo a impiegare tutti i mezzi della dolcezza e della persuasione per farla cessare inducendo le milizie forestiere, che si sono stabilite in codesta città, a ritirarsi lasciando la piazza alla guardia della truppa regolata, ed a quella della truppa civica, siccome lo era per l'innanzi, non essendovi alcuna ragione che possa giustificare questa innovazione.

Noi chiediamo qualche schiarimento sincero da codesta municipalità.

La giusta confidenza che abbiamo nel suo credito e nella sua saggezza ci fa sperare che metterà la calma in San Fiorenzo.

Il cattivo tempo, avendo ritardato la riunione dei deputati del Comitato, non ci ha permesso la nomina del Presidente, ed io ho l'onore di sottoscrivere questa lettera come decano ed insieme quello d'assicurarla etc.

Sottoscritto: P. Pietrini, *pievano di Cursa, Decano.*

Ai Signori Uffiziali municipali di San Fiorenzo.

Corte, 28 aprile 1790.

Dalla lettera, amatissimi compatriotti, che i due uffiziali municipali hanno scritta a questo Comitato Superiore noi rileviamo la stessa sorpresa eseguita di San Fiorenzo e della cittadella. Questa notizia ci ha penetrati del più acerbo cordoglio sulla riflessione delle dolorose conseguenze che potrebbe produrre sopra la nostra nazione.

Nel momento in cui siamo vicini a raccogliere i frutti della nostra riunione all'Impero francese, noi vediamo che alcuni fanno quanto possono per allontanarcene.

Questa innovazione esige qualche pronto provvedimento, ma

prima di prenderne alcuno, noi veniamo a chiederne degli chiarimenti.

È necessario di sapere con qual ordine sia stata eseguita la sorpresa della loro città ; quali erano quelli che erano alla testa della milizia che ha eseguita questa sorpresa ; a qual numero si estenda la milizia forestiera che sussiste in San Fiorenzo ;

Se questa milizia è permanente; o se sia rilevata dalle milizie delle comunità vicine ;

Quali sono gli effetti presi nei magazzini del Re.

Noi non tarderemo a farvi conoscere, amati compatriotti, le nostre intenzioni sopra di questo importante oggetto.

Frattanto non possiamo che applaudire al vero zelo che i due uffiziali municipali hanno dimostrato.

La pioggia dirotta di due o tre giorni non ha permesso di riunirci prima di questo dopo pranzo, e non essendoci eletto il presidente, io ho l'onore di sottoscrivermi come decano etc.

Sottoscritto : P. PIETRINI, *pievano di Cursa.*

Ai Signori Uffiziali municipali di Calenzana.

Dal Convento di S. Francesco di Corte, li 28 aprile 1790.

Questo Superior Comitato, Signori, ha effettivamente deliberato nei 13 marzo prossimo passato di richiedere al Sig. Visconte di Barin un distaccamento del Reggimento Provinciale per passare in Nebbio, ed indi nella provincia di Calvi, ma non per restare a posto fisso in Calenzana. La stessa dimanda sarà attualmente rinuovata, ma non possiamo troppo ripromettercì della pronta esecuzione.

Noi possiamo assicurarli che non sarà presa alcuna deliberazione dallo stesso Superior Comitato sulle rappresentanze che potrebbero esserle state fatte, siasi sulla formazione delle milizie in codesta comunità, come su qualunque altro oggetto, come di ragione, e conforme si è sempre stilato.

La dirotta pioggia caduta in queste ultimi giorni non avendo permesso a tutti i membri di questo Comitato, che erano di giro, di rendersi a questa residenza, non è stato anco nominato un presidente, ed io ho l'onore di sottoscrivere etc.

Sottoscritti : P. Pietrini, *Decano* ; Salvini, *Segretario*, in assenza di quelli nominati dall'Assemblea.

Ai Signori Pievan Bonelli, Pievan Oletta, Grimaldi di Caccia e Raffaelli, Commissari del Comitato Generale.

Dal Convento di S. Francesco di Corte, 28 aprile 1790.

Il Sig. Francesco Antonio Costa, figlio del fu Sig. Giovan Costa dei Catteri colpito d'una fucilata in detto villaggio li sei del cadente, rinnova quella stessa memoria presentata in Orezza al General Comitato, dimandando li ordini opportuni per ottenere l'escarcerazione dei Signori Antonio Giudicelli e Giovanni Costa, suoi rispettivi zii e cugini, detenuti con autorità particolare del Sig. Arena nelle carceri dell'Isola Rossa, e la punizione dell'omicida indicato nella persona di Lorenzo Salvatori, col farlo rimettere nelle mani della giustizia ordinaria, invece di vederlo mantenuto in detta città dell'Isola Rossa alla tavola del Sig. Arena.

Unisce il supplicante alla di lui memoria un salvo condotto del Sig. Arena deliberato ai Signori Anton Pietro Giudicelli e Francesco Anton Costa medesimo, di cui troveranno qui acclusa una copia per servir di schiarimento a lor Signori nella commissione, onde sono incaricati dal Comitato Generale.

Noi non possiamo nasconderle l'indignazione, con cui è stato letto da questo Superior Comitato il detto salvo condotto, che avvalora le rappresentanze state fatte contro il dispotismo del Sig. Arena, tutto affatto contrario alla deliberazione presa dal nostro congresso in Orezza li 20 del corrente, in cui lor Signori vengono incaricati di rimettere l'Isola Rossa all'eguaglianza di tutta la Corsica, e far cessare quell'autorità arbitraria ed illegale, che ha provocato e va provocando ogni giorno tanti giusti riclami.

Questo Comitato si lusinga del desiderato fine, mediante la loro persuasione ed i loro lumi, e li prega intanto valersene per impedire che il supplicante Francesco Antonio sia altrimenti molestato dalle persecuzioni del Sig. Arena o suoi aderenti, essendo abbastanza disgrazioso per lui d'aver perduto il proprio padre.

La dirotta pioggia degli ultimi scorsi giorni ha impedito l'arrivo etc; onde ho l'onore etc.

Sottoscritto: P. PIETRINI, *Decano*; VALERJ, *Segretario*.

Al Sig. Grimaldi di Niolo, membro del Comitato Superiore.

Dal Convento di S. Francesco di Corte, li 29 aprile 1790.

Degnissimo Collega,

Qui acclusa troverà copia d'una memoria presentata a questo Superior Comitato dai SS. Versini e Gio: Tommaso Benedetti della comunità della Piana, pieve di Sevinfuori, con cui rappresentano essere stati devastati i proprj beni col diroccamento di muro e taglio d'alberi e vigne da diversi particolari di detto luogo, e ne riclamano la dovuta indennizzazione e la punizione del commesso attentato.

Non è possibile di prendere alcuna deliberazione senza che prima ne siano costatati i fatti.

Dovendosi Ella trasportare a Vico in compagnia dell'Ornano per commissione del General Comitato attribuitale colla deliberazione dei 18 del corrente, noi la preghiamo di passare in detto luogo della Piana ed assicurarsi dell'esposto, visitando i terreni che si dicono devastati, perchè poi, sul conto che le piacerà di renderne con suo processo verbale a questo Comitato Superiore, si possa dal medesimo statuire ciò che di ragione.

Si confida giustamente nel suo patriottico zelo e nella buona volontà con cui si presta in servizio della provincia, nè si dubita punto che non si ricusi di assumersi questa ingerenza, che non sapremmo a chi raccomandare che fosse in istato di meglio di lei riuscirci.

La dirotta pioggia di questi ultimi giorni etc.

Sottoscritti : P. Pietrini, *Decano* ; Salvini, *Segretario*, in assenza etc.

Circolare agli uffiziali municipali delle comunità di Santa Lucia, Omessa, Tralonca, Soveria e Castirla.

Corte, li 3 maggio 1790.

Questo Superior Comitato, Signori, essendo stato principalmente eretto per mantenere la tranquillità ed il buon ordine nella provincia, apprende col più vivo dolore le ostilità che si commettono in diverse pievi, e sopratutto in quella di Fiumorbo, ove sono venuti ai fatti, e vi sono morti degli nemici.

In considerazione di ciò il Comitato Superiore ha bisogno d'una forza per accorrere e reprimere ogni inconveniente, cosicchè ha deliberato di intimare una marcia da diverse comunità.

Voi vedrete di riunire quel numero che potrete maggiore di uomini animati dal vero spirito di patriottismo, e farli immediatamente allestire per essere in istato di trovarsi qui domani mattina a due ore di sole al più tardi, per marciare sotto la condotta d'un membro del nostro Comitato.

Invitateli, Signori, a provvedersi di viveri per due o tre giorni, assicurandoli che al più presto possibile saranno compensate con un giusto emolumento le loro giornate, a tenore de' ruoli che ci saranno presentati dai capi di ciascheduna comunità.

Se mai nella vostra comunità vi regnasse disgraziatamente qualche divisione, e che questa avesse prodotto la formazione di due municipalità e due corpi di milizie, questa prima marcia in sollievo della patria sarà la prova più convincente dell'amore per la medesima, se si dimentica lo spirito di partito e le particolari animosità, e se si agisce di concerto pel comune bene.

Noi confidiamo dunque che vi riunirete, e che senza riguardi vi presterete al nostro invito, per travagliare con noi al ristabilimento del buon ordine.

Siamo etc.

Sottoscritti: DE GIUBEGA, *Presidente*; VALERJ, *Segretario*.

Al Sig. de Gafforj, Maresciallo di campo, comandante in Corsica.

Corte, li 3 maggio 1790.

Eccellenza,

Dalla lettera stata scritta a V. E. da Lorenzo Natali, Podestà di Lugo in Fiumorbo, che ci ha fatto l'onore di comunicarci assieme colle sue osservazioni, e da altre lettere che ci sono state scritte direttamente, noi rileviamo con vero nostro dolore gl'inconvenienti arrivati in Fiumorbo, e quelli che si minacciano fra le pievi di Coasina, Cursa e Castello. Questo Comitato Superiore ha creduto necessario d'intimare una numerosa marcia delle milizie di diverse pievi sotto gli ordini di alcuni membri della nostra commissione.

V. E. deve conoscere tutta la necessità che queste milizie siano provviste di qualche poca munizione, essendo difficile di ottenere che debbano provvedersene a proprie spese. Noi veniamo dunque a pregarla di far deliberare dal magazzino del Re trecento pacchetti di cartucce, che faremo distribuire dai nostri Commissari a misura che il bisogno l'esigerà.

Noi ci lusinghiamo che l'Eccellenza Vostra si presterà volontieri a questa nostra dimanda, la quale non è guidata da altro oggetto che da quello di rendere fruttuosa questa marcia.

Il nostro Comitato incontra volontieri questa occasione per asssicurarla etc.

Sottoscritti : De Giubega, *Presidente*; Valerj, *Segretario*.

Al Sig. Grimaldi di Niolo,
membro del Comitato Generale.

Corte, li 3 maggio 1790.

Amatissimo nostro Collega,

In risposta della vostra lettera del 1º del presente mese, questo Comitato Superiore è determinato di sostituire al Sig. Antonio Ornano, quando le attuali circostanze non gli permettono di riempire la commissione che dovevate eseguire congiuntamente sopra le dimande della pieve di Vico, e le sue contestazioni con la pieve di Cargese, il Sig. Pasquale Benedetti, di Ota. Prima per altro di ammettere questa sostituzione, sarebbe bene di conoscere le finali determinazioni del Sig. Ornano, e se questa conoscenza apportasse una troppo grande dilazione, ella potrebbe procedere al riempimento della sua commissione, se per tutto il giorno de' 15 del mese corrente non si sarà presentato nella provincia di Vico.

La citazione stata spedita contro le persone incolpate del taglio degli alberi della Piana non può mettere alcun ostacolo alla verificazione de' fatti, della quale siete stato incaricato, ancorchè questi pretesi rei compariscano, non è troppo sperabile una sincera confessione del loro delitto e delle circostanze che lo hanno accompagnato.

Incontro con un vero piacere questa circostanza per assicurarvi etc.

Sottoscritti : L. GIUBEGA, *Presidente* ; VALERJ, *Segretario*.

Al Sig. de Barin, Comandante in capo nell'Isola di Corsica.

Corte, 6 maggio 1790.

Eccellenza,

Questo Comitato Superiore è penetrato del più amaro rincrescimento delle sorprese che si tentano e si eseguiscono sopra diverse piazze di Corsica. Quella di Portovecchio, della quale l'Eccellenza Vostra si è degnata di renderli conto, aumenta il suo dolore ed insieme il suo imbarazzo nella scelta de' mezzi capaci di reprimerlo. In questo momento non ne ha trovati di meglio che d'incaricare i Signori Luciano Susini e Chiappe, assessore d'Ajaccio, di rendersi prontamente in quel luogo, per procurare col loro zelo e loro credito la restituzione delle armi e della roba tolta al distaccamento, il buon trattamento de' tre soldati feriti, e la loro sicura scorta sino a Bonifacio. Deve V. E. sentire tutta la necessità che ci è di far conoscere a questo Comitato le intenzioni dell'Assemblea Nazionale, ed insieme quelle del Re sopra gli attentati arrivati, e sopra di quelli che forse si vanno meditando.

Questo corpo si farà un dovere il più sagro di secondarle con tutte le sue forze, ed in questa maniera dimostrare la sua disapprovazione sopra le operazioni capaci di provocare l'indignazione di quella nazione, alla quale quest'Isola ha avuta il vantaggio d'essere incorporata.

I deputati di Vico rinuovano le loro istanze per avere un distaccamento di truppa regolata in quel luogo. Lo scandalo di Portovecchio giustifica il rifiuto che l'E. V. gli ha fatto fin qui. Ad ogni modo, se i più notabili di Vico si obbligano e danno idonea sicurtà in Bastia o in Ajaccio di ben ricevere e di ben trattare la piccola guarnigione che riclamano, si potrebbe soddisfare alle loro premure, senza timore di verun inconveniente.

Abbiamo l'onore etc.

Sottoscritti : GIUBEGA, *Presidente* ; VALERJ, *Segretario*.

Al Signor Gautier,
Tesoriere generale della Provincia.

Corte, 6 maggio 1790.

Dalla vostra lettera, Signore, de' 23 aprile prossimo passato, questo Comitato Superiore rileva le vostre premure di rendervi in Marsiglia per affari interessanti della vostra famiglia, ed insieme quelle di rendere prima della vostra partenza i conti della vostra amministrazione, come Tesorier Generale di questa provincia. Sebbene questo Comitato sia autorizzato ad occuparsi di tutti i mezzi possibili per mantenere il buon ordine, per far rispettare l'autorità legittima, per costringere al pagamento gli aggiudicatari debitori del prezzo dell'affitto della sovvenzione, e per impiegarne una parte al ristabilimento della tranquillità di quest'Isola, egli però non crede che la sua autorità si estenda a ricevere ed arrestare definitivamente i conti dell'amministrazione del Tesoro pubblico.

Questo diritto deve esser riservato alla prossima Assemblea Generale del Dipartimento o alla sua amministrazione. Queste osservazioni, Signore, non sono provocate da altra ragione che quella di non assoggettare il *Comité* alla critica dell'Assemblea dipartimentale, e voi forse ad un doppio rendimento di conti. Del resto dalla sua parte egli è disposto a dimostrarvi in ogni tempo quanto sia soddisfatto del vostro zelo e della vostra integrità. Egli non trova alcun inconveniente che prepariate li vostri conti, e che glieli presentiate quando saranno in regola. Questi saranno esaminati per mezzo di una commissione, ma non saranno arrestati. Questo travaglio non sarà che un travaglio preparativo per dare una conoscenza legale dello stato della nostra cassa ; il travaglio definitivo sarà l'opera della prossima assemblea.

Persuaso questo Comitato Superiore del buon ordine de' vostri conti, non rincontrerà la menoma difficoltà di lasciarvi liberamente partire per Francia, purchè promettiate e diate idonea sicurtà, quando non l'abbiate ancora prestata, di presentarvi personalmente, o per mezzo del vostro procuratore all'assemblea suddetta per il finale rendimento de' vostri conti, di pagare le somme delle quali potreste restar debitore, o per fissare le condizioni al rimborso di quelle delle quali risultareste creditore.

Siate persuaso dell'attaccamento di quel Comitato Superiore per voi ed assieme della stima di quello che ha l'onore di essere etc.

Sottoscritti : GIUBEGA, *Presidente* ; VALERJ, *Segretario*.

Alla Commissione del Comitato Superiore, residente in Bastia.

Corte, 6 maggio 1790.

Amatissimi Colleghi Compatriotti,

Questo Comitato Superiore ha ricevuto la lettera di codesta commissione de' 2 del corrente mese, assieme colle acchiuse scritture, della quale si occupa.

Si sono rinuovate le premure col dispaccio di oggi al Sig. de Barin per un distaccamento di truppe regolate in Vico. Il nuovo scandalo di Portovecchio potrà fortificare le difficoltà rilevate da cotesto generale per aderire a questa dimanda. Noi proponiamo che una promessa solenne dei notabili di quel luogo, ed un'idonea cauzione di ben ricevere e di ben trattare la richiesta guarnigione potrebbe far disparire la ripugnanza che si è ritrovata fin qui.

Abbiamo l'onore etc.

Sottoscritti: GIUBEGA, *Presidente*; VALERJ, *Segretario*.

Al Signor Frediani.

Corte, 6 maggio 1790.

Dalla vostra lettera dei 4 del corrente, Signore, questo Comitato Superiore apprende una minaccevole apparenza de' funesti inconvenienti per codesta pieve, oltre di quelli che sono di già arrivati.

Era di già stata presa la deliberazione di far partire alcuni membri di questo corpo per portarsi sopra del luogo con diversi distaccamenti della guardia nazionale per apportarvi un pronto riparo. La lettera vostra e le altre relazioni arrivate hanno fatto conoscere a questo Comitato la necessità di ampliare la commissione dei nostri deputati, e di dare una più grande estensione alla marcia delle milizie. L'oggetto di questa spedizione è quello d'arrestare i colpevoli, e d'impedire che non siano sostenuti dai loro parenti.

Ci rincresce di vedervi in qualche parte esposto alle attuali turbolenze, dalle quali speriamo che saprete liberarvi coll'ordinaria vostra prudenza.

Siamo etc.

Sottoscritti: GIUBEGA, *Presidente*; VALERJ, *Segretario*.

Al Signor Angeli, membro del Comitato, in commissione a Fiumorbo.

Dal Convento di S. Francesco di Corte, 6 maggio 1790.

Amatissimo Signor Confratello,

La lettera stataci scritta dal Sig. Frediani e le relazioni stateci date a viva voce dai Signori Battesti e Giorgi, hanno determinato questo Comitato Superiore ad intimare una marcia più numerosa di quella che è stata ordinata nella deliberazione di   . La gente armata che trovasi nelle pievi di Orezza, Alesani, Rogna, Niolo, Venaco, Verde e Vallerustie dovrà rendersi al Convento di Piedicorte domenica prossima, e da colà partire coi nuovi commissari nominati che dovranno raggiungerla al destinato luogo delle Case della spiaggia di Ghisoni. Ella deve sospendere ogni sua operazione sino all'arrivo di questa nuova milizia, ammeno che non conosca di poter sicuramente arrestare i criminali, che si sono rifugiati nella casa del Sig. Fraticelli, senza bisogno di altro rinforzo.

I nuovi commissari sono i Signori Belgodere, Benedetti, Tavera e Seta, come meglio rileverà dall'acclusa deliberazione.

Siamo etc.

Sottoscritti: GIUBEGA, *Presidente*; VALERJ, *Segretario*.

Ai Signori de Casabianca e Panattieri, deputati straordinarii alla Corte.

Dal Convento di S. Francesco di Corte, 6 maggio 1790.

Il Congresso Generale d'Orezza trovò necessaria la traslazione della residenza di questo Comitato Superiore da Bastia

n Corte, ove riceviamo la loro lettera dei 20 dello scaduto
aprile.

Noi rileviamo da questa con un vero piacere il loro arrivo
n Parigi, il grazioso accoglimento incontrato appresso di
quelli ai quali debbono presentarsi per il riempimento della
loro commissione, e le favorevoli disposizioni che rincontrano
tanto presso del Re che dell'Assemblea Nazionale per tutto ciò
che può contribuire alla prosperità di questa provincia.

Il glorioso ricevimento del Sig. Generale de Paoli in codesta
capitale, e tutti i contrasegni di stima che riscuote dalle persone della prima sfera giustificano quei sentimenti di rispetto
e di attaccamento che la Corsica ha sempre avuto per ello, e
sarebbe capace di aumentarli, se fossero capaci di aumento.

Noi speriamo che il credito di questo nostro Eroe e lo zelo
dei nostri deputati fisseranno l'epoca della felicità di quest'
isola.

Siamo etc.

Sottoscritti: GIUBEGA, *Presidente*; VALERI, *Segretario*.

Alli Signori Uffiziali municipali della comunità di Rebbia.

Corte, 7 maggio 1790.

Il Comitato Superiore di Corsica, istruito delle scissure
scandalose, che si sono manifestate fra Antonio Mario e Don
Francesco fratelli Poggi della Rebbia di Bozio, ordina alli
medesimi di doversi per domenica mattina, giorno dei nove
del presente mese, presentare personalmente in questa città
per sentire ed eseguire gli ordini che saranno loro ingiunti dal
prefato Comitato. Si ordina agli uffiziali municipali di obbligare li suddetti fratelli Poggi di conformarsi al presente de-

creto, e frattanto d'impiegare il loro zelo, e le loro precauzioni per impedire ogni inconveniente.

Si autorizzano gli stessi uffiziali municipali, in caso che i fratelli suddetti ricusino di prestarsi all'esecuzione del presente decreto, di domandare la manforte della milizia civica della loro comunità, o di altra vicina, per farli condurre qui sotto buon guardia.

Sottoscritti : GIUBEGA, *Presidente* ; VALERI, *Segretario*

Ai Signori Luciano Susini e Chiappe, a Sartene.

Corte, 7 maggio 1790.

Questo Comitato Superiore, Signori, viene di apprendere con vero rincrescimento la sorpresa di Portovecchio, e gl'inconvenienti dalli quali è stata accompagnata. Il piccolo distaccamento che trovasi in quel presidio, consistente in trenta uomini del Reggimento Limousin, è stato attaccato e disarmato. Si contano tre soldati feriti ed uno della guardia nazionale. Il comandante, dopo essersi reso, si è nascosto. Fra gli abitanti di quel luogo, si è manifestata una discordia, che minaccia nuovi scandali.

In queste critiche e dolorose circostanze, noi abbiamo rivolto le nostre mire sopra del loro zelo e del loro credito. Noi veniamo ad invitarli di mettere in azione e l'uno e l'altro, rendendovi sollecitamente a Portovecchio, e colà riparare, per quanto sarà loro possibile, l'arrivato disordine. Bisognerebbe obbligare alla restituzione delle armi tolte alla truppa, prendere delle precauzioni perchè i tre soldati feriti siano ben trattati ed accompagnati sino alla loro compagnia, quando saranno in caso di viaggiare. È necessario di conoscere i veri autori di questa sorpresa, e quali sono le ragioni per cui vi si sono determinati. Se vi rimangono degli effetti del Re e della truppa, conviene farne un inventario e depositarlo nelle mani degli uffiziali municipali. Converrebbe anche prendere nota di quelli che sono stati tolti, e da chi, e costringere alla restizione i detentori. Dopo il riempimento di questa commissione, rimane l'altra che non è meno interessante, che sarà quella d'impiegare tutti quei mezzi che riputeranno più efficaci per allontanarli.

Noi ci lusinghiamo che lor Signori si faranno un vero piacere di secondare con tutto il loro potere le nostre intenzioni che sono quelle del mantenimento del buon ordine e della pubblica tranquillità.

Sono invitati a renderci conto del risultato del loro viaggio e delle loro premure. Frattanto assicuriamo lor Signori del sincero etc.

Sottoscritti : GIUBEGA, *Presidente* ; VALERI, *Segretario*.

Alli Signori Uffiziali municipali di Riventosa.

Corte, 7 maggio 1790.

Sulla rappresentanza, Signori, stata fatta a questo Comitato Superiore degli insulti che Domenico Poli ha fatti al nominato Giulio Matteo Rinieri, usciere di codesta comunità, nel tempo che esercitava le funzioni della sua carica, è stato arrestato che il surriferito Poli debba per il giorno di martedì prossimo alla mattina presentarsi personalmente dinanti questo Comitato per rispondere alla denuncia fatta contro di esso, e per sentire gli ordini che saranno emanati. Frattanto invitano voi altri, Signori, a regolare un processo verbale di questo scandalo arrivato, e di somministrarci le prove che potreste trovare per giustificarlo.

Sottoscritti : GIUBEGA, *Presidente;* VALERI, *Segretario*.

Lettera circolare
a tutte le municipalità del di là da' Monti.

Corte, 10 maggio 1790.

Amatissimi Compatriotti,

Questo Comitato Superiore colla sua lettera de' 16 dello scaduto marzo vi ha invitato a riunirvi ad esso per mezzo de' vostri deputati. Egli vi fece conoscere la necessità della vostra riunione per travagliare di concerto, colla speranza d'un buon successo al ristabilimento della pubblica tranquillità. Noi abbiamo avuto la dolce soddisfazione di vedere al congresso generale d'Orezza un esteso numero di rappresentanti delle giurisdizioni d'Ajaccio e di Vico, e qualcheduno di Sartene che col loro zelo, e coi loro lumi, molto contribuirono alle sue deliberazioni. È vero che una parte di quelli avendo dei mandati limitati ed imperativi che toglievano loro la facoltà di riunirsi a noi, si ristrinsero ad istruire i loro committenti del risultato delle deliberazioni di quelle assemblee, e fecero conoscere le loro favorevoli disposizioni di continuare in quella unione d'amministrazione ed interesse con cui la Corsica è vissuta fin qui.

Il Congresso ricevè coi contrassegni d'un vero piacere quei deputati, che aveano un mandato libero, e li associò al Comitato Superiore. Quelli d'Ajaccio e di Vico hanno già consumato il primo giro, e sono arrivati quelli della seconda provincia, che devono fare il secondo.

Lo stesso Congresso accolse favorevolmente le istanze de' vostri deputati, ed occupato piuttosto del comodo delle vostre che delle provincie cismontane, decretò la traslazione della residenza del Comitato Superiore da Bastia in Corte.

Noi ci siamo lusingati fin qui di veder presto realizzate le speranze che ci furono date dalla riunione generale delle quattro provincie oltramontane, ma col più sensibile nostro rincrescimento siamo istruiti di tutti i mezzi che s'impiegano per spezzare quei legami di fratellanza che cercavamo di stringere per la comune sicurezza.

Noi non ignoriamo le disposizioni che si prendono e gli inviti che si fanno per un'assemblea al Convento della Mezzana per stabilire una giunta, o Comitato distinto e indipendente dal nostro. Se questa separazione s'eseguisce, non v'è dubbio che sarà pregiudicevole alla causa pubblica, ma lo sarà anche di più alle vostre provincie.

La costante risoluzione d'una gran parte delle giurisdizioni d'Ajaccio e di Vico, di restare unite al di qua dai Monti, va a mettere una divisione fra pieve e pieve, e fra comunità e comunità, che rappresenta una disaggradevole prospettiva d'inconvenienti che i buoni patriotti debbono cercare di dissipare. Isolati e separati fra noi, e separati fra di voi, qualunque vostro stabilimento, ancorchè provocato dalle più pure intenzioni, non solamente sarà inefficace, ma pericoloso.

Noi siamo vicini alle nostre assemblee de' cantoni, e non può essere molto lontana l'Assemblea del Dipartimento.

L'erezione d'un nuovo Comitato Superiore separato dal nostro, sconcertando l'armonia de' nostri interessi, potrebbe diminuire il vantaggio, che giustamente possiamo riprometterci dalla nuova Costituzione.

Non è, amatissimi compatriotti, che colla coalizione delle nostre forze, coll'uniformità delle nostre opinioni, e col concorso del nostro zelo, che potremo contribuire alla pubblica felicità. Fate conoscere ai popoli, dei quali godete la confidenza, queste verità e sostenetele con quello spirito energico e patriottico da cui siete animati. Dissipate tutte le disposizioni che tendono allo scioglimento della concordia della nostra Isola, e riguardatele come antipatriottiche. Non ci sia in Corsica che una sola patria ed una sola società, e siate sicuri di ritrovare in questa unione la comune utilità. Animate le pievi che non hanno ancora nominato i suoi rappresentanti ad eleggerli, acciochè vengano a prender parte a quelle cure e sollecitudini che esige da noi il mantenimento del buon ordine.

Questo Comitato incontra con piacere l'occasione di assicurarvi etc.

Sottoscritti: Giubega, *Presidente*; Salvini, *Prosegretario*.

Al Signor de Petriconi, Colonnello della guardia nazionale, a Bastia.

Corte, 14 maggio 1790.

I membri di questo Superior Comitato del turno che ha avuto principio nel giorno dei 12 del corrente, non essendosi potuto anco render tutti a questa residenza, e quelli di essi già pervenutici avendomi invitato ad intervenire alle loro prime sessioni, finchè non arrivano al numero completo, e possino nominare un presidente, devo alla mia età l'onore di presiedere come decano. In questa qualità ho fatto far lettura della lettera da Ella indirizzata al Superior Comitato dei 12 del corrente per istruirlo delle determinazioni di S. M. nella commissione attribuita a V. S. Illustrissima, e a sei altri Signori suoi colleghi, riguardo alle assemblee dei distretti e dipartimento. Questo stesso Superior Comitato desidera che si compiaccia indirizzarle una copia autentica di detta sua commissione per non contrariare in modo alcuno le sue operazioni.

Profitto di questa circostanza per autenticarle i sentimenti etc.

Sottoscritti: Giantommaso Arrighi, *Decano*, Salvini, *Prosegretario*.

Al Sig. Angeli, membro del Comitato Superiore, a Migliacciaro.

Corte, 14 maggio 1790.

Abbiamo ricevute, Signore, due sue lettere. Le notizie che in esse ci dà ci hanno cagionato il più sensibile rammarico. Vorremmo rimediare ai disordini, nei quali si trova codesto paese, ma non possiamo procurarci i mezzi, che sarebbero i soli proprj.

Non abbiamo nè gente nè provvisione. Lei veda di maneggiarsi alla meglio, secondo la sua sagezza. Si faccia colle persone più dabbene, più illuminate, o che hanno maggior influenza sulla moltitudine. Inviti ancora a nome nostro le pievi vicine, o quei soggetti di esse che possono cooperare alla tranquillità. Parli, scongiuri, e minacci ancora, perchè, benchè noi non possiamo soccorrerla, la prudenza porta che lei dissimuli, e cerchi di non scuoprire nè la nostra, nè la sua debolezza. Quando poi lo crederà opportuno, si ritiri egualmente con bella maniera. Ecco i sentimenti de' deputati di questo Comitato, che io, come decano, ho l'onore di palesarle.

Sottoscritti : GIANTOMMASO ARRIGHI ; SALVINI, *Prosegretario*.

A Madame Saint Sauveur, Directrice de la Poste de Corte.

Corte, 14 mai 1790.

Madame Saint Sauveur, directrice de la Poste de Corte, est priée d'affranchir toutes les lettres qui seront adressées à différents particuliers par le Comité supérieur, et qui seront contresignées du côté du cachet par une barre de l'angle inférieur au supérieur, traversant le cachet de gauche à droite et en porter le montant sur le compte de la nation, également que celui de toutes les lettres adressées à MM. les membres dudit Comité Supérieur.

Signés : Giantommaso Arrighi ; Salvini, *Prosecrétaire*.

Alli Sedicenti Uffiziali municipali della Comunità del Monticello, Grandi e compagni.

Corte, 14 maggio 1790.

Sulle rappresentanze state fatte a questo Superiore Comitato, che Ella e i suoi consoci abbino ricusato di eseguire il decreto di questo stesso Comitato dei 3 del corrente, significato li 5 di detto mese da Liccia, usciere reale di Santa Reparata, il medesimo Superior Comitato non potendo persuadersi di questa loro resistenza, desidera di sentire fra il termine di 4 giorni dopo la ricevuta della presente, una giustificazione del loro rifiuto, quando sussista in fatti, per prendere in seguito quelle determinazioni che crederà opportune.

Siamo con un sincero attaccamento etc.

Sottoscritti: Giantommaso Arrighi ; Salvini, *Prosegretario*.

Al Signor Luigi Matra.

Corte, 15 maggio 1790.

Abbiamo ricevuto una sua lettera piena di sentimenti patriotici riguardo alla situazione del Fiumorbo. Questo era un affare che ci cagionava il più gran rammarico tanto più che ci disperavamo quasi di poterlo finire. La generosa offerta che lei viene di farci della sua opera ci rimette in speranza che si arriverà a capo di finire tanti disturbi in quel paese. Dobbiamo aspettarla dai suoi lumi, dal suo credito e dalla forza delle sue milizie. Queste ci erano state richieste dal Sig. Angeli, come assolutamente necessarie per reprimere i contumaci, ma noi non sapevamo dove trovarne. Siamo dunque molto obbligati al suo zelo, e la preghiamo in nome della Patria, che ha bisogno e che la ricompenserà col suo applaudimento, ad impiegarlo tutto in un' occasione che veramente ne richiede di molto. Rimettiamo alla sua sagezza la maniera con cui dovrà condursi; già non possiamo mandarle il distaccamento di Provinciali che dimanda, e lei veda di supplire in altra maniera. Io, come decano, gli manifesto i sentimenti di questi deputati, ed ho l'onore etc.

Sottoscritti: GIANTOMMASO ARRIGHI, *Decano*;
SALVINI, *Segretario*.

Al Sig. Arena, Colonnello delle milizie di Balagna, a l'Isola-Rossa.

Corte, 15 maggio 1790.

Signore,

Veniamo informati che Francesco Valentini del Monticello abbia usato delle violenze all'occasione del matrimonio d'una sua sorella con un certo di Corbara. Queste sono baronate che offendono e la società civile, e la religiosa. Lei veda dunque di far arrestare questo Valentini, e condurre nell'Isola Rossa. Il merito della persona che ci avvisa, ci permette appena di dubitare che costui sia reo delle violenze delle quali è accusato. Per tutti i casi lei prenda un'esatta informazione di questo affare, e ce ne dia il più pronto ragguaglio che potrà affinchè si prendano a tal capo i provvedimenti necessari. È la volontà dei membri di questo Superior Comitato che io, come decano, ho l'onore di manifestarle. Nel tempo stesso protesto etc.

Sottoscritti: ARRIGHI, *Decano*; SALVINI, *Segretario*.

A Mgr d'Aleria, vescovo della diocesi.

Corte, 15 maggio 1790.

In vista della sua riveritissima lettera, e di quella del curato di Monticello ivi racchiusa, abbiamo scritto subito al Sig. Arena, colonnello delle milizie nazionali di Balagna, perchè faccia arrestare e condurre nell'Isola Rossa quel Valentini, che vien accusato d'aver usato delle violenze all'occasione d'una sua sorella con un certo di Corbara. Per una parte non si saprebbe come queste violenze siano arrivate a un grado di irresistibilità per la parte del curato, essendovi presenti delle persone ben rispettabili, come il Sig. Orso Giacomo Fabiani. Comunque sia, l'ordine è dato, e per sapere il netto di quest'affare abbiamo pure incombenzato il Sig. Arena di prenderne e darcene la più esatta informazione. Questa avuta, prenderemo subito i provvedimenti che crederemo più opportuni e più proprii, e per l'affare di cui si tratta e per le circostanze presenti. Ci sarà generalmente a cuore non solo quel che riguarda il buon ordine della società, ma anche quel che richiede la santità della religione, anzi questa in modo più speciale, essendo la religione il gran sostegno delle civili società. È un vero onore per me di poterle, come decano, manifestare questi sentimenti del Comitato Superiore, incaricandola a nome di esso ancora a travagliare, nel grado luminoso in cui Ella è, per la pubblica tranquillità, mi protesto etc.

Sottoscritti: ARRIGHI, *Decano*; SALVINI, *Segretario*.

Al Sig. Giubega, membro del Comitato Superiore.

Corte, 16 maggio 1790.

Degnissimo Collega,

Dalla deliberazione presa riguardo al Sig. Arena, di cui se le ne racchiude copia, apprenderà quanto dispiacciano a questo Comitato le animosità che passano tra questo Signore e lei. A quest'oggetto, e per vedere di soffoggarla, è anche indirizzata questa lettera, che io come decano ho l'onore di scriverle. Bisogna sacrificare qualunque interesse particolare perchè trionfi l'interesse comune ; bisogna passar sopra a tutte queste freddure, che non farebbero che avvilire i suoi talenti, e impiegarli in vece pel maggior vantaggio della comune patria. Bisogna aspirar solo all'amore di questa, e non curarsi del resto. Che c'è finalmente di mezzo fra lei e il Sig. Arena? Un'opinione, una malintesa, un nulla. Si riuniscano dunque di grazia. Il loro esercizio contribuirebbe molto alla comune concordia e tranquillità. Lo diano, che è troppo necessario in questi tempi di tanti disturbi. Spero per parte sua tutta la docilità a queste giuste premure del Superior Comitato ; lei gli darà una soddisfazione che sarà in modo particolare mia, come quello che gliela chiedo a nome suo, e che sono perfettamente etc.

Sottoscritti : GIANTOMMASO D'ARRIGHI, *Decano* ; SALVINI, *Prosegretario*.

Al Sig. Arena, Colonnello della milizia nazionale di Balagna.

Corte, 16 maggio 1790.

Signore,

Se le rimette copia della deliberazione presa da questo Comitato Superiore a suo riguardo. Egli è restato pienamente soddisfatto del conto che lei nella sua memoria, e i quattro Signori Commissari a bocca hanno reso della sua condotta. Le ha già protestato questo suo gradimento nella detta deliberazione, ma glielo protesta nuovamente con la lettera che io, come decano, ho l'onore di scriverle. Veda di confermarlo sempre più nella stima che ha concepita della sua persona, mostrando col fatto quei sentimenti patriottici e giusti, che le ha manifestato in questa sua giustificazione. Bisogna anteporre a tutto, il comune interesse, la gloria e la felicità della nostra Patria e Lei vi impieghi i suoi talenti. Ma questa lettera ha anche un altro oggetto, che è quello di muoverla a perfettamente riconciliarsi col Sig. Giubega. Di grazia passi sopra a delle freddure, e oggetti più importanti e degni veramente della sua attenzione se l'attirino tutta. La Patria ha un vero bisogno, ed è un delitto ogni poco che lascino di pensare a soccorrerla e a sollevarla le persone che lo potrebbero col loro credito e co' loro lumi, e tanto peggio se questo è per cose da nulla. Dia dunque a questo Comitato la soddisfazione che desidera e chiede da Lei, deponendo ogni animosità che potesse avere contro il Sig. Giubega. Con questo darà veramente anche a conoscere che nulla ha più a cuore della pubblica tranquillità, e servirà di stimolo a

tanti altri a cooperarvi, e a procurarla. Spero che Lei corrisponderà a queste giuste premure del Superior Comitato.
Mi protesto etc.

   Sottoscritti: GIANTOMMASO ARRIGHI, *Decano*;
      SALVINI, *Prosegretario*.

Al Signor Visconte de Barin.

          Corte, 17 maggio 1790.

 I fucili che lei ha accordati a qualche particolare, e che sono stati distribuiti con arte nelle pievi di Pino e d'Olmi, vi hanno messi dei disturbi. Noi ne siamo informati per le doglienze che sono state presentate a questo Superior Comitato su tal oggetto. La gelosia si è risvegliata in tutte le comunità di dette pievi, vedendo che la distribuzione ne è stata fatta con parzialità, e che ne sono stati esclusi quelli che non erano considerati come aderenti e partiggiani dei distributori. Eppure questo è un tempo di libertà, la nuova Costituzione non favorisce i privileggi, ma vuol l'eguaglianza. I fucili che si trovano nell'Arsenale di Calvi non debbono essere spesi per le comunità della Balagna che a proporzione della loro popolazione, e a richiesta dei municipali che ne dovessero dare un egual numero a ognuno dei capitani legittimi delle loro comunità. Lei veda dunque di grazia di rimediare in qualche modo agl'inconvenienti che si manifestano su questo particolare nelle pievi d'Olmi e Pino. Uno di questi inconvenienti, che non bisogna dimenticare, è che col solletico ed allettamento di detti fucili si sono fatti staccare dei miliziotti da una compagnia, a cui erano ascritti, per arruolarli sotto un capitano messo pure su contro i capitani della comunità legittimamente eletta, cosa che veramente non può produrre che dei disordini. Se Lei potesse rimettere le cose nello stato primiero, o almeno far consegnare detti fucili nelle mani dei municipali delle rispettive comunità, nelle quali essi sono stati così malamente distribuiti, sarebbe certamente il meglio. Così se ne potrebbe fare nuovamente la distribuzione con regola e con giustizia. In altro caso le preghiamo darne degli effetti a quelli nelle pievi di Pino ed Olmi, che sono stati ingiustamente trascurati nella prima distribuzione. Per far questo come conviene, se la potrebbe sentire coi municipali. Ecco i sentimenti dei deputati di questo Comitato. Io, come presidente, ho l'onore etc.

Sottoscritti: FIESCHI, *Presidente*; SALVINI, *Prosegretario*.

Al Signor Gafforj, Comandante in Corte.

Corte, 19 maggio 1790.

Signore,

Qui accluso le trasmetto l'estratto della deliberazione presa ieri da questo Comitato Superiore, dalla quale rileverà essere stato aggiunto il Sig. abbate Bonaccorsi, membro dello stesso Comitato, alla nomina stata fatta nel congresso d'Orezza colla deliberazione de' 18 dello scorso aprile, nella di lei persona, ed in quella del Sig. Vincentello Colonna Leca per esaminare le controversie insorte fra i cittadini di Corte, e farne il loro rapporto al Comitato. Siamo persuasi che il ritardo per eseguire l'accettata commissione non viene per parte sua, ma solamente dal non essersi reso qui il Sig. Colonna, e sebbene abbiamo notizie che sia per giungere in breve, tuttavia desidereremmo che Ella si occupasse di questa spinosa commissione unitamente al detto Sig. abbate nella costante opinione che, facendo eglino uso di tutto il loro patriottico zelo, debbano molto contribuire a rendere la bramata riconciliazione degli animi dissidenti.

Abbiamo l'onore etc.

Sottoscritti: Fieschi, *Presidente*; Salvini, *Prosegretario*.

Al Signor Vincentello Colonna-Leca di Vico, Colonnello della Guardia Nazionale.

Corte, li 19 maggio 1790.

(Le début est le même que celui de la lettre précédente).., e farne il loro rapporto al Comitato, la di cui premura essendo d'occuparsi prontamente della riconciliazione degli animi dissidenti, invita a quest'effetto i Signori commissari a rendere detto rapporto in tutto li 24 del corrente. Il timore che le sue occupazioni non le permettano di rendersi qui prima di quell'epoca, ha determinato deliberare che in assenza d'uno la commissione possa eseguirsi dagli altri due.

Questo Comitato gradirebbe che essa potesse riunirsi ai suoi colleghi per contribuire colla sua efficacia, e col suo patriottico zelo, in cui ha giustamente confidato il Comitato Generale in Orezza, a rendere la tranquillità in questa città.

Abbiamo l'onore etc.

Sottoscritti: Canonico Fieschi, *Presidente*; Salvini, *Prosegretario*.

Al Signor Visconte de Barin, Comandante generale.

Corte, li 19 maggio 1790.

Eccellenza,

Il Sig. Giubega istruito della lettera che questo Comitato ha avuto l'onore di scrivere a V. E. sotto il giorno 17 del corrente, e delle espressioni che in quella si contengono, relativamente alla distribuzione d'alcuni fucili in diverse comunità delle due pievi d'Olmi e Pino, ha fatto le sue più vive rappresentanze per farci conoscere ch'egli non s'è scostato dalle intenzioni indirizzateglì su di ciò dall'E. V., ponendo in fatto di non aver dispensato alcun fucile che sulla richiesta degli ufficiali municipali delle tre comunità di Cassano, Zilia e Mocale, da esso presentataci, esibendosi di produrre la dimanda di quelli di Lughignano, e di aver consegnato le armi sulla ricevuta dei capitani delle guardie nazionali di dette comunità, che ha asserito conservare presso di se.

Questa esposizione circostanziata, sostenuta dal Sig. Giubega colle prove che ha alla mano, e con quelle che si obbliga di produrre, quali, per quanto egli dice, debbono già essere state rimesse all'E. V., ci conferma sempre più nella buona opinione che abbiamo avuto ed abbiamo di questo nostro degnissimo confratello e savio compatriotto, onde la preghiamo cancellare dalla di lei idea qualunque sinistra impressione potesse averle cagionata la nostra precedente lettera, il di cui principale scopo fu quello di pregare l'E. V., ad accordare ancora alle stesse pievi quella quantità di fucile che potrà maggiore, per minorare la gelosia cagionata in quelli, ai quali non n'è toccato dei primi.

Abbiamo l'onore etc.

Sottoscritti: Fieschi, *Presidente*; Salvini, *Prosegretario*.

Al Signor Arsenio Peretti, procuratore del Comune, ed altri.

Bastia, li 15 aprile 1790.

Riceviamo, amatissimi compatriotti, la vostra lettera de' 22 marzo trascorso, unitamente al processo verbale per l'elezione del corpo municipale della vostra comunità, contro cui intendete di opporvi per le ragioni che adducete.

Siccome la competenza di queste decisioni sono state rimesse a quattro commissari stati nominati da Sua Maestà con lettere patenti, delle quali forse non avrete ancor alcuna cognizione, e tanto più che nel postscritto della vostra lettera ci pregate d'indirizzarvi a qualche tribunale competente per decidere le vostre questioni, perciò abbiamo rimesso il suddetto processo verbale al Sig. Colonnello de Petriconi, uno dei detti quattro commissari, il quale solo trovasi in questa capitale, e gli abbiamo nel tempo stesso data comunicazione della vostra lettera, acciò con maggior conoscenza di causa possi fare quella decisione, che stimerà di giustizia.

Desideriamo, cari compatriotti, altre circostanze, che riguardino la competenza del nostro tribunale onde poter corrispondere alla confidenza che ci avete dimostrato.

Siamo etc.

Sottoscritti : GIANTOMMASO ARRIGHI, POGGI, *segretario*.

Ai Signori Uffiziali municipali
della comunità di....

Bastia, li 16 aprile 1790.

Vengono portate delle lamente a questa commissione del Comitato Superiore per parte della nominata Francesca Dominici contro Francesco Giuliani, ambi di codesta vostra comunità.

Non potete ignorare, Signori, che siete incaricati da un decreto dell'Assemblea Nazionale di far portare indistintamente a tutti gli abitanti quel rispetto che loro compete, e qualora trascuriate questi essenziali doveri, divenite risponsevoli d'ogni disordine che una simile mancanza potrebbe cagionare nella vostra comunità.

Non ci possiamo lusingare che abbiate adempita la vostra obbligazione, qualora questa povera donna ricorre a noi per gl'insulti ricevuti ; non essendo presumibile che se gli aveste fatto accordare una condegna soddisfazione, non si sarebbe indirizzata al nostro tribunale.

V'invitiamo dunque, Signori, a prendere le dovute informazioni di quest'affare, e qualora l'esposto sia sincero, castigare il detrattore della riputazione di detta supplicante.

Siamo etc.

(Sans adresse).

Bastia, 4 maggio 1790.

Siamo informati, Signori, che alcune lettere indirizzate alla municipalità di Vico non sono state fedelmente a quella consegnate, ed in vece possono essere state rimesse ad un'altra pretesa municipalità che colà irregolarmente pure esiste.

Il *Comité* Generale, attesa l'incompatibilità di codesti due tribunali, ed a tenore degl'esposti di ambedue le parti, ha fin dal principio con una deliberazione deciso che la vera e legale municipalità era quella il di cui maire è il Sig. Mercurio Colonna, per essere stata questa ritrovata la più legalmente eletta.

Si compiacerà dunque, Signore, di espressamente ordinare al di lei subalterno incaricato in Vico della corrispondenza, di rimettere con esattezza le lettere alla municipalità di sopra indicata ed ingiungergli di volersi conformare alla decisione del Comitato Superiore.

Siamo etc.

Ai membri del Comitato Superiore, a Corte.

Bastia, 5 maggio 1790.

Amatissimi Confratelli,

Troverete qui accluse varie lettere, conti di tesorieri, processi verbali ed altro, che al tutto vi porgerete quel più pronto rimedio che la vostra prudenza potrà suggerirvi, giacchè per parte nostra nulla di più si può fare.

Osserverete che per gli affari li più interessanti, tutti ricorrono al Signor Clemente, il quale sempre giustamente riguardano come il vero e il primo presidente del nostro Comitato; ma egli non vuol operare che col semplice consiglio, rimettendoci tutte le memorie e i processi verbali, che gli vengono indirizzati, ciò che cagiona una pericolosa dilazione, massimamente quando al disordine accaduto è necessario un pronto rimedio, e che questo vien ritardato coll'inviarvi il tutto a Corte, non potendo di subito da qui provvedervi.

I fatti accaduti in Fiumorbo e Portovecchio sono della maggior considerazione; le differenze insorte in quest'ultimo luogo fra li Signori Rocca Serra e Pietri da una parte, e li Signori Cesari e Quenza dall'altra, meritano tutta l'attenzione del Comitato. Il Sig. Clemente ne prova la maggior inquietudine vedendo tanto ritardo ad impedire le funeste conseguenze.

Cercate addunque d'adoperare con prontezza tutto il vostro zelo e il vostro credito per far pacificare quei partiti. Colle lettere non farete nulla quando non vi spedirete o delle deputazioni di buoni e zelanti patriotti, acciò col loro credito cerchino di conciliare gli animi, o pure non prenderete qualche altro partito che i vostri lumi vi potranno suggerire.

Non devono d'altronde mancarvi in Corte mille mezzi a potere prontamente adoperare ed efficacemente con quelli riuscire. La facilità di poter far presto accorrere ai disordini, i comodi per le spedizioni, le risorse, l'influenze, ed infine vari altri vantaggi che *il punto centrale* vi puol procacciare, il tutto vi deve rendere agevole qualunque impresa riconciliazione.

Questo è quanto il nostro zelo ci spinge a rappresentarvi, lasciandovi nel resto tutta la cura di far ristabilire nell'Isola la quiete e la tranquillità conforme a voi ne corre l'obbligazione, ed a noi quella soltanto di prevenirvene.

Siamo etc.

Sottoscritti : BARBAGGI, *Decano*; POGGI, *Segretario*.

Ai membri del Comitato Superiore, a Corte.

Bastia, 9 maggio 1790.

Amatissimi Confratelli,

Si sono presentati nanti di noi due uffiziali municipali della comunità di Popolasca di Giovellina con una supplica al basso di cui eravi il vostro decreto.

Non abbiamo mancato di fortemente adoperarci onde adempire gl'impulsi della naturale nostra inclinazione in favore dei patriotti, e nel tempo istesso per secondare i vostri desideri, ma le nostre premure sono rimaste infruttuose, quando avendo invitati vari principali mercanti di questa capitale a far l'avanzo del desiderato soccorso, chi ci ha risposto non si ritrovava per ora delle derrate nei magazeni, e chi non poteva farne l'anticipazione senza denaro contante atteso le penuriose attuali circostanze.

Abbiamo portato oltre le nostre mire soffrendo di dover veder partire senza sollievo questi buoni patriotti, e ci siamo fissati su degli aggiudicatari debitori fra i quali abbiamo interpellati quelli che si ritrovano in Bastia che si sono scusati in mille maniere, cosicchè in conclusione nulla hanno coadiuvato alla nostra circostanza.

Percorrendo lo stato di tutti gli aggiudicatari dell'Isola, abbiamo osservato che li Signori Bortolo Arrighi, ed Antonio Gafforj devono qualche somma rivelante. Questi Signori sono costà in Corte, e non dovrebbero difficoltare a soccorrere una loro vicina comunità; ed a voi, amatissimi confratelli, non manca il comodo di poter loro persuadere ed insinuare un atto cotanto generoso, tanto più che detti due Signori essendo persone di credito, non mancheranno o col danaro, o coll'adoperarsi verso li marcanti di codesta città di Corte, nella quale non devono scarseggiarvi dei mezzi per poter in qualche modo supplire a quel tanto che a noi non è potuto riuscire qua in Bastia.

Siamo con un sincero attaccamento etc.

Sottoscritti: BARBAGGI, *Presidente*; POGGI, *Segretario*.

P. S. — Trovarete qui accluso vari scritti, fra quali una circolare di questo vescovo, ed una supplica stataci presentata dal capitolo, sotto della quale vi vedrete marcate le nostre osservazioni, su delle quali vi preghiamo de' vostri riscontri.

Ai Signori Salvini e Boccard, scrivani agli Stagni della nazione.

Bastia, 24 maggio 1790.

Il Comitato Superiore è ben sorpreso, Signori, del vostro ritardo. Si era persuaso di una maggior premura dalla vostra parte, nè mai avrebbe potuto imaginarsi che voi aveste voluto resistere alla deliberazione di cui non ne potete ignorare la piena conoscenza.

Per un soprappiù di riguardo a vostro vantaggio, vi ordina di restituirvi qui con tutta la sollecitudine possibile e di condurre seco voi l'archivio. Qualunque ragione, che potreste addurre arrivando qui senza l'archivio del Comitato non vi sarebbe ammessa.

Nessuno deve e può privarvi dell'archivio, quale deve essere presso di voi siccome quelli a' quali fu confidato. Qualunque ostentazione di violenza non indurrà mai il Comitato a farvi ragione.

Avevate promesso di rendervi a Caccia coll'archivio. Avete mancato a questa promessa con gran sorpresa di quelli Signori che sono qui arrivati. Ciò marca qualche intrigo, per cui la vostra ritrosia si rende sempre più colpevole.

L'oggetto è della maggior premura, e per vederlo secondato il Comitato spedisce un espresso. Pensateci.

Siamo sinceramente, Signori etc.

Sottoscritti: Varese, *Presidente;* Poggi, *Segretario;* Savelli, *Segretario.*

Al Signor Viterbi padre, ed in sua assenza ai di lui figli.

Bastia, 24 maggio 1790.

Il Comitato Superiore, Signore, per qualche affare interessante deve conferirvi le sue intenzioni, ed a tal oggetto vi prega portarvi al più presto possibile in questa città, unitamente al Sig. Lucc'Antonio vostro fratello.

Speriamo che vorrete secondare le saggie determinazioni di questo Comitato, tanto più che non dubitiamo punto dei vostri patriottici sentimenti dei quali vi riconosciamo ripieni.

Siamo col più perfetto attaccamento etc.

Sottoscritti : Varese, *Presidente* ; Poggi, *Segretario* ; Savelli, *Segretario*.

Al Signor Arrighi,
membro del Comitato Superiore.

Bastia, 25 maggio 1790.

È stata comunicata, Signore, una lettera a questo Comitato Superiore dal Sig. Clemente de Paoli, nella quale, oltre le altre domande che avete fate al Sig. Petrignani, vi siete qualificato col titolo di Presidente.

Senza entrare in tanti dettagli, vi significa che il Comitato è stabilito in questa capitale per una solenne deliberazione col concorso di una gran parte dei Signori deputati; che la vostra commissione è finita ed in conseguenza cessar deve il vostro incomodo di più girare nelle rispettive pievi, conforme si vede che praticate, avendo il Comitato medesimo prese delle altre determinazioni per sedare i disordini che possano regnare nell'Isola.

Siamo etc.

Ai Signori Maire e Uffiziali municipali di Bastia.

Bastia, 25 maggio 1790.

Signori,

Dalla qui acclusa deliberazione, conosceranno le disposizioni del Comitato Superiore riguardo lo stabilimento d'un custode in tutte le Dogane di Corsica.

Si sono nominati i soggetti in tutte le rispettive Dogane, ma per quella di questa capitale, se n'è lasciata la nomina alla prudenza del loro corpo, essendo il Comitato Superiore perfettamente persuaso che ci provvederanno nella più opportuna maniera, onde assicurare le pubbliche entrate di detta Dogana. — Abbiamo l'onore etc.

A vari custodi della Dogana.

Bastia, 25 maggio 1790.

Il Comitato Superiore, Signore, vi ha nominato alla custodia e vigilanza della Dogana.

Egli non ha creduto di fissarvi alcun appuntamento. Il Dipartimento sarà quello che prenderà in considerazione il vostro zelo, e le prove di patriottismo, che sarete per dare anche in questa circostanza pel vantaggio della nazione.

Ritroverete acclusa la vostra commissione, in seguito della quale vi metterete prontamente all'esercizio delle vostre funzioni in quella espresse.

Il Comitato Superiore è abbastanza persuaso dell'integrità del Ricevitore.......... per non dover temere ch' egli si debba far un piacere di vedere uno stabilimento, che assicura presentemente, e per quanto sia possibile, gl'interessi della nazione, ai quali esso stesso dev'essere molto attaccato, e che forma il mezzo più efficace per conoscere e provvedere alle contravenzioni.

In caso diverso il Comitato Superior non si troverebbe punto imbarazzato di fargli conoscere i suoi torti.

Vi preghiamo volerci accusare la ricevuta della presente, e di crederci perfettamente etc (1).

A M. le Vicomte de Barin, commandant en chef de l'Isle de Corse, à Bastia.

Bastia, le 25 mai 1790.

Monsieur le Vicomte,

Le Comité Supérieur ne peut pas se dispenser de vous laisser ignorer sa surprise (sic) pour la réponse que vous lui avez faite par la voix de sa députation de hier.

L'assassinat commis dernièrement en la personne du sieur Vincentello Colonna de Sullacarò, les fermentations que cette horrible affaire y occasionnent, les justes réclamations et plaintes d'un père désolé de la mort de son unique fils, portées à notre Comité, nous ont induit à vous demander la main-forte de vingt hommes du Régiment Provincial pour faire arrêter les coupables de ce forfait qui se promènent impunément chez eux, et les remettre entre les mains de la justice.

Vous ne pouvez certainement pas ignorer, Monsieur le Vi-

---

(1) Cette lettre a été adressée:

Al Signor Bruno Odiardi, custode della Dogana dell'Isola Rossa;
Al Signor Virgitti, per quella di Cervione.
Al Signor Gentili, per quella di San Fiorenzo.
Al Signor Abbate Santini, per quella di Rogliano.
Al Signor Domenico Ceccaldi, per quella di Calvi, in data de' 5 agosto 1790.
Li 10 agosto 1790, spedite due lettere con commissione per li Signori Carlo Antonio Campi, e in sua assenza a Giuseppe Antonio Robaglia, per la Dogana d'Ajaccio.
Al Signor Avvocato Brandi, e in sua assenza a Francesco Cavalloni, per la Dogana di Bonifacio.
Al Signor Vincenzo Benedetti, per la Dogana di Bastia, li 31 agosto 1790.

comte, que le principal obiet de l'institution du Comité Supérieur consiste dans le maintien de la tranquillité publique de cette Isle, et vous devez à votre grade l'obligation de protéger un si sage et si intéressant établissemeut, au lieu de le contrarier en refusant la mainforte que l'on vous demande sous le prétexte de n'avoir pas de troupes à donner.

Nous vous réiterons nos plus vives instances à ce sujet. L'affaire est de la majeure considération, et au surplus, nous vous rendons d'avance garant et responsable de tous les fâcheux événements que votre refus pourrait occasionner dans cette partie.

Nous ne pouvons pas aussi vous cacher notre regret de vous avoir constamment trouvé indisposé à nous prêter mainforte, toutes les fois que nous l'avons requise ; c'est ce qui a rendu moins actif notre corps, et qui a le plus contribué au retard de la tranquillité de cette Isle.

D'après la réponse que nous espérons que vous voudrez bien nous faire, et que si vous insistiez à nous refuser cette demande aussi juste et aussi intéressante dans la circonstance, nous envoirions copie de cette lettre à l'Assemblée nationale (sic); c'est auprès de cet Auguste Sénat que nous ferons valoir nos protestations pour ne pas être responsables ou trahir la confiance dont nous avons été honorés par nos commettants.

Nous avons l'honneur d'être etc·

Signés : VARESE, *Président* ; POGGI, *Secrétaire* ; SAVELLI, *Secrétaire*.

Ai Signori Commissari del Re.

Bastia, 26 maggio 1790.

Signori,

Il Comitato Superiore nell' esame dei processi delle due municipalità di Vico, riconobbe fin dal principio per legittimo quello di cui il Sig. Mercurio Colonna è maire.

In seguito di ciò, e perchè fra le dette due municipalità non insorgano dei contrasti, il Comitato Superiore li prega di fare tutti gli addirizzi che la loro commissione troverà necessarj alla municipalità di cui il suddetto Sig. Mercurio Colonna è maire.

Al Sig. Coster, Procuratore Generale a Bastia.

Bastia, 26 maggio 1790.

Il Comitato Superiore, Signore, ha intesa la lettura della lettera del Sig. Dufour, giudice reale di Vico, che si è compiacciuto comunicarci per mezzo del Signor De Petriconi.

Immediatamente si è scritto alli Signori Commissarj del Re, per prevenir ogni disordine minacciato in detta lettera, di dover dirigere tutte le loro spedizioni alla sola municipalità di cui è il maire il Sig. Mercurio Colonna.

Questa è stata la municipalità che fin dal principio il Comitato Superiore ha riconosciuto per legittimo sopra la visura dei processi verbale stategli rimessi.

Abbiamo l'onore etc.

Alli Signori Gio: Paolo Rocca Serra, Pippino Pietri e Sari, membri del corpo municipale di Sartene.

Bastia, 27 maggio 1790.

Il Comitato Superiore v'invita, Signori, di chiedere dalli rispettivi comandanti quella quantità di truppa regolata, che i parenti del fu Sig. Vincentello Colonna vi richiederanno per arrestare gli uccisori dello stesso.

Deve essere l'impegno vostro, o Signori, di usar tutte le sollecitudini, perchè questo delitto non rimanga impunito. Il Comitato Superiore, stabilito principalmente per il pubblico bene e per la conservazione del buon ordine, vede con troppo dispiacere che la poca premura di arrestare i delinquenti sia la causa per cui i delitti si vedono moltiplicare. Conviene perciò di prendere tutte le precauzioni possibili per far conoscere ai delinquenti che, anche nelle attuali circostanze, non sono compatiti, come ciascheduno li crede.

Il Comitato Superiore spera dal vostro patriottismo in questa occasione tutte le dimostrazioni della vostra esattezza e che vorrete conformare le vostre alle intenzioni del Comitato.

Siamo etc.

Alli Signori suddelegati generali dell'intendenza, a Bastia.

Bastia, lì 29 maggio 1790.

Il Comitato Superiore, Signori, con sua sorpresa ha appreso che siano continuati gli appuntamenti alli Signori Blondey, Giulio o Jambart, quando che questi non prestano più alcun' opera nella Dogana di Bastia. Ha determinato perciò, che i detti appuntamenti siano soppressi e sospesi fin da questo momento; che invece sia nominato Gio: Antonio Simeoni attualmente guardia nella Dogana per esercitare in detta Dogana la carica di sotto brigadiere cogli appuntamenti attaccati alla detta crica.

Speriamo che vorranno conformarsi a queste disposizioni

che tendono ad impedire i disordini e prevenire le contravenzioni, che sieguono troppo frequentemente nella detta Dogana.

Siamo etc.

  Sottoscritti : Varese, *Presidente* ; Poggi, *Segretario* ; Savelli, *Segretario*.

Circolare scritta ai Signori Deputati del Comitato Superiore, cioè Agostini, Ferrandini, Nicolai, Raffaelli..... pievano Bonelli..... Giafferri..... Tiberj.

        Bastia, li 30 maggio 1790.

Il secondo turno nel quale cade il vostro servizio è stato in qualche maniera variato, attesa ta trasmigrazione del Comitato da Corte in Bastia.

Non principierà per conseguenza che il giorno di giovedì prossimo tre dell'entrante mese.

Vi prehiamo perciò di non mancare a raggungere sollecitatamente per detto giorno il vostro corpo. Gli affari sono interessanti ed è necessaria la presenza non solo di quelli che devono essere in servizio, ma se fosse possibile anche di quelli che non sono di turno, tanto più che l'arrivo prossimo de' Signori Generali richiederebbe la completazione del corpo.

Il Comitato è ben persuaso della vostra esattezza e del vostro zelo, per non temere di vedersi defraudato nell'aspettativa.

Siamo etc.

  Sottoscritti : Varese, *Presidente* ; Poggi, *Segretario*, Savelli, *Segretario*.

Al Signor Coster a Bastia.

Bastia, 31 maggio 1790.

Il Comitato Superiore, Signore, viene di ricevere delle lamente per parte del Sig. Valerj facendo funzioni di giudice e suddelegato alla Porta d'Ampugnani contro il Sig. Pietro Colle, sedicente prefetto della comunità di Merosaglia, pieve di Rostino.

Il suddetto Sig. Valerj marca d'esser stato scandalosamente insultato, e si propone di far construire un processo nanti il Consiglio Superiore per gli attentati e vie di fatto contro di lui commessi.

Il Comitato, pieno di fiducia nel tribunale a cui si dirige, non che nell'attività ed esattezza del Sig. Procurator Generale, desidererebbe di veder quest'affare seguitato con la maggior celerità e vigore. Il Sig. Valerj è un cittadino decorato d'una pubblica veste, ed è altresi attenente a questo Superior Comitato in qualità di segretario. L'insulto fatto a questo cittadino con le qualità che riunisce rende sempre più grave l'offesa e maggiormente interessa la giustizia ad accordargli una condegna soddisfazione.

Siamo etc.

Sottoscritti: VARESE, *Presidente*; POGGI, *Segretario*.

Alli Signori Uffiziali municipali della Comunità di Bocognano.

Bastia, 1 giugno 1790.

Da una lettera, Signori, stataci comunicata dal Sig. Tavera, uno dei membri di questo Comitato Superiore, apprendiamo l'omicidio seguito nella vostra comunità e la giusta perquisizione dell'assassino, senz'averlo potuto però prendere per essersi rifugiato e nascosto in altri paesi.

Noi vi preveniamo che nelli prossimi giorni partirà da questa città una spedizione di duecento uomini alla testa dei quali vi saranno quattro deputati del Comitato, affine di perseguitare tutti i rei d'omicidj ed altri delitti di qualunque genere e per altri oggetti criminali, onde ristabilire in questa nostra Isola la tranquillità ed il buon ordine di cui tanto abbisogniamo.

V'invitiamo addunque, Signori, di prendere quei più opportuni schiarimenti su dell'assassinio suddetto, e darcene presto ragguaglio acciò possiamo incaricare la suddetta nostra commissione di perseguitare un delinquente così temerario, onde, se sia possibile, non resti impunito.

Crederemmo d'offendere il vostro zelo ed il vostro patriottismo, se ci estendessimo maggiormente a sollecitare per aver tanto le più pronte che le più esatte informazioni di questo reo, persuasi appunto che al par di noi vi starà a cuore di non trascurare oggetti di tanta importanza contro degli scellerati omicidi e perturbatori della società.

Siamo etc.

Sottoscritti : Varese, *Presidente* ; Poggi, *Segretario*.

Ai Signori Uffiziali municipali di Pietralba.

Bastia, 1 giugno 1790.

Sono state portate delle lamente, Signori, a questo Comitato Superiore dagli ufficiali municipali di Canavaggia per attentati commessi da vari particolari della vostra comunità.

Le vie di fatto sono sempre condannevoli, benchè dirette

da qualche principio di ragione, allorchè regnano dei tribunali per far rendere la dovuta giustisia.

Non dovete ignorare, Signori, che per un decreto solenne dell'augusta Assemblea Nazionale gli ufficiali municipali sono risponsevoli d'ogni attentato e violenza commessa contro i cittadini della loro comunità, qualora non vi portino un pronto ed efficace riparo.

Il Comitato Superiore va a spedire fra pochi giorni un corpo numeroso di truppa per reprimer le violenze, costringere tutti i debitori verso la nazione, e perseguitare i male intenzionati e perturbatori della pubblica tranquillità.

È troppo necessaria la vostra presenza nanti del Comitato Superiore per informarlo verbalmente del scandaloso suddetto attentato, onde vi s'ingionge di presentarvi in questa città fra tre giorni dopo la ricevuta della presente, e frattanto a tenore dei suddetti decreti dell'Assemblea Nazionale, vi rende personalmente risponsevoli e garanti d'ogni disordine, che possa arrivare in questo frattempo nella detta vostra comunità, e sino a che il Comitato non vi abbia provveduto.

Siamo etc.

Sottoscritti: Varese, *Presidente*; Poggi, *Segretario*.

Ai Signori Uffiziali municipali di Canavaggia.

Bastia, 1 giugno 1790.

Dalle lamente, Signori, portate a questo Comitato Superiore per mezzo del vostro processo verbale, abbiamo appreso gli attentati stati commessi da vari particolari della comunità di Pietralba nella vostra comarca.

Siamo ben lontani di trascurare affari di tanta importanza, e perciò abbiamo immediatamente ingionto agli ufficiali municipali di Pietralba di trasportarsi fra tre giorni in questa città per renderci conto di simili violenze e vie di fatto enunciate nel vostro processo verbale.

Frattanto vi avvertiamo d'insinuare a tutti gli abitanti della vostra comunità la maggior moderazione e tranquillità sino a che il Comitato abbi prese le dovute informazioni, onde far rendere ai vostri abitanti offesi e danneggiati quella giustizia che loro potrà esser dovuta.

Siamo etc.

Sottoscritti: Varese, *Presidente*; Poggi, *Segretario*.

Al Sig. Cadenol,
Ingegnere ordinario de' ponti ed argini di Corsica.

Bastia, 2 giugno 1790.

Il Comitato Superiore, Signore, deve personalmente conferirvi le sue intenzioni per vari ed interessanti oggetti.

V'ingiunge in conseguenza, dopo la ricevuta della presente, di rendervi in questa città senz'altre dilazioni nè ritardo, poichè qualunque vostra mancanza in contrario indurrà questo Superior Comitato a farvi rigorosamente conoscere la sua autorità per la quale avete fin qui dimostrata poca adesione.

Siamo etc.

Sottoscritti: Varese, *Presidente*; Poggi, *Segretario*.

Al Signor Carlo Angeli,
membro del Comitato Superiore.

Bastia, 2 giugno 1790.

Signor Confratello,

Il Comitato Superiore v'invita di rendervi subito la ricevuta della presente, in questa città per conferirvi degli affari interessanti e nel tempo stesso per essere informato del risultato della commissione di Fiumorbo, di cui siete stato incaricato, e per la quale sono stati portati dei nuovi ricorsi.

Vi si scrisse ultimamente altra lettera, la quale si suppone che non vi sia pervenuta, senza di che verrebbe dubbiosa la vostra adesione agli ordini del Comitato, per i quali, come uno dei membri, dovete dare l'esempio di tutto il rispetto e sommissione.

Siamo etc.

Ai Signori
suddelegati generali dell'Intendenza.

Bastia, 2 giugno 1790.

Abbiamo ricevuto, Signori, la loro lettera in data del 21 dello scorso maggio, dalla quale abbiamo appreso con soddisfazione le saggie loro osservazioni in favore dei nominati Blondey, Giulio e Jambart.

Il Comitato Superiore, dopo d'avere attualmente considerato le suddette osservazioni, pensa nonostante che lo stabilimento del nominato Simeone nella carica di sottobrigadiere della Dogana di Bastia, non possa in modo alcuno nuocere al buon ordine di detta Dogana, e per conseguenza è d'intenzione che senza alcun ritardo venga il detto Simeone installato nella carica di sottobrigadiere.

Abbiamo l'onore etc.

Sottoscritti: Varese, *Presidente*; Poggi, *Segretario*.

Alli Signori suddelegati generali dell'Intendenza, a Bastia.

Bastia, li 4 giugno 1790.

Da una lettera, Signori, ultimamente scritta loro da questo Superior Comitato, gli fu richiesto uno stato generale di tutti i debitori aggiudicatarj in conformità del formolario statogli accluso in detta lettera.

Lor Signori si compiacquero di rispondere che avrebbero immediatamente scritto ai rispettivi Tesorieri Provinciali per aver le dovute informazioni onde poter corrispondere alle intenzioni del Comitato.

Presentemente più che mai diviene indispensabile questo stato per servir di norma alla commissione ambulante che va incessantemente a fare il giro dell'Isola.

Sono per conseguenza pregati di far quanto prima pervenire il detto stato generale alla segreteria di questo Comitato aggiungendovi in quello oltre i nomi de' debitori della sovvenzione e de' Tesorieri rispettivi delle provincie, le sicurtà che gli uni e gli altri hanno indispensabilmente dovuto fornire.

Siamo etc.

Sottoscritti: SAVELLI, *Presidente*; POGGI, *Segretario*.

Al Signor Antonio Gentili, membro del Comitato Superiore a S. Fiorenzo.

Bastia, li 5 giugno 1790.

Amatissimi Signor Confratello,

Il Comitato Superiore viene d'essere istruito che nella comunità di Sorio vi possino succedere dei disordini in occasione dell'assemblea di domani per la creazione del nuovo corpo municipale.

Essendosi occupato dei mezzi più opportuni per andare al riparo dei detti minacciati disordini, ha pensato di stimolare il vostro zelo ben conosciuto al bene ed alla pubblica quiete, pregandovi di trasportarvi in quella comunità dimani mattina in compagnia del Sig. Achille Morati colonnello, e di quella quantità di truppa civica che [giudicherete necessaria, onde colla vostra prudenza cerchiate di conciliare gli animi divisi, e far in sorte acciò non accada alcun inconveniente.

Se mai incontrerete in quella municipalità delle disposizioni di voler prorogare la detta loro assemblea ad altro giorno, potrete accordargli la dilazione che richiederanno, poichè vi sarà sempre più luogo e tempo a procedere l'unione fra i partiti.

Siamo etc.

Sottoscritti : Nobili-Savelli, *Presidente* ; Poggi, *Segretario*.

Alli Signori Uffiziali municipali della comunità di Lento.

Bastia, li 7 giugno 1790.

Il Comitato Superiore, Signori, istruito d'una differenza della comunità di Bigorno riguardo una donna incinta per opera di un certo Giulio Ferreri, ha pensato d'invitarvi acciò impieghiate i vostri buoni uffici unitamente al Sig. Pievano di quella comunità, attesochè gli ufficiali municipali della medema sono alquanto sospetti in questo affare.

Vorrete adunque concertare con il detto Sig. Pievano, ed

impiegare unitamente a lui quei mezzi più convenienti, onde comporre le suddette differenze.

Il Comitato Superiore si persuade che, animati dal vero zelo patriottico, v'indurrete ad occuparvi con tutto il fervore e si ripromette anticipatamente, tanto per mezzo vostro che del detto Sr Pievano, il più felice successo.

Siamo etc.

Sottoscritti : Savelli, *Presidente;* Poggi, *Segretario.*

Ai Signori Uffiziali municipali di Canavaggia.

Bastia, 7 giugno 1790.

Questo Superior Comitato, Signori, crede indispensabile la vostra presenza in questa città per communicarvi le deliberazioni state prese relativamente ai vostri interessi, ed a tenore de' danni sofferti dalla vostra comunità di cui vi siete lagnati.

Vi renderete in conseguenza al più presto possibile nanti di questo Superior Comitato affine di sentire quel tanto che la sua prudenza ha stabilito di conferirvi.

Siamo etc.

Sottoscritti : Savelli, *Presidente;* Poggi, *Segretario.*

Alli Signori Uffiziali municipali della comunità di Cardo.

Bastia, 8 giugno 1790.

Il Comitato Superiore viene d'essere informato, Signori, che vi siano vari particolari della vostra comunità, i quali machinino di voler susurrare una popolare emozione per distruggere qualche edifizio o casa particolare.

I decreti dell'Assemblea Nazionale incaricano personalmente i rispettivi corpi municipali d'invigilare alla sicurezza della vita e delle sostanze dei cittadini, onde le vie di fatto minacciate sarebbero affatto contrarie ai suddetti decreti e renderebbero voi medesimi risponsabili verso della nazione.

Questo Superior Comitato si persuade che vorrete prevenire qualunque disordine all'effetto suddetto; altrimenti userà della sua autorità perchè i decreti dell'augusto Senato Nazionali siano esattamente eseguiti, essendo tale il primo oggetto della sua istituzione.

Siamo etc.

Sottoscritti: Savelli, *Presidente*; Poggi, *Segretario*.

Al Signor Visconte de Barin.

Bastia, li 9 giugno 1790.

Signor Visconte,

È una trista fatalità, è una vera disgrazia, Signore Visconte, che il Comitato Superiore debba incontrare difficoltà, ostacoli e renitenza, ogni qual volta è costretto d'indirizzarsi a lei, e di chiedergli manforte di truppa regolata, onde riparare ai disordini che ogni giorno si manifestano in varie parti dell'Isola.

Sono veramente speciosi i motivi che adduce, per non condescendere alle giuste e troppo necessarie dimande del Comitato Superiore. È quasi incredibile quello che addusse ier mattina sulle prime rappresentanze dei nostri tre deputati, che gli chiesero 60 soldati del Reggimento Provinciale. Non ebbe difficoltà di rispondere che non ci sono questi soldati, che sono in gran parte ammalati, che il Reggimento quasi più non esiste. E sarebbe stato certamente affare finito per il Reggimento, se in quell'istante non fosse stato opportunamente chiamato un uffiziale del medesimo corpo, che diede buone notizie dell'ottima salute de' soldati, e della real esistenza del Reggimento. Ebbe allora, Sig. Visconte, la compiacenza di aderire alle istanze dei deputati, colla condizione però che il Comitato Superiore facesse a lei conoscere che gli uffiziali municipali son quelli che richiedono la truppa, poichè alle loro dimande soltanto intende di accordarle, e non a quelle del Comitato.

A Lei è ben noto, Signor Visconte, che il Comitato Superiore, in virtù della sua istituzione, rappresenta tutte le municipalità di quest'Isola, che riceve i loro ricorsi, provvede ai loro urgenti bisogni, e che in somma veglia, com'è suo preciso dovere, alla pubblica sicurezza e tranquillità. Egli dunque è responsabile a Lei delle spedizioni di truppa, fatte a sua richiesta, siccome Lei è responsabile alla Corsica delle conseguenze che possono procedere dal ritardo di simili spedizioni. Perchè dunque tante condizioni, tante dilazioni ove si tratta del pubblico riposo, ov'è necessario un sollecito provvedimento, ove ogni ritardo può esser funesto? È qualche tempo che il sangue sparso in Sartene grida vendetta pubblica; che è stata a Lei richiesta; che il Comitato l'ha fin ora in vano aspettata, e che tuttavia ritarda con grave scandalo di tutti i buoni, e con fatale incoraggimento dei malvaggi. Non è perciò maraviglia se si commettono dei delitti, se i disordini si moltiplicano.

Il Comitato Superiore non può e non deve rimanere spettatore indolente delle sanguinose e tragiche scene, che accadono nell'Isola, tenta tutt'i mezzi per prevenirle o per porvi rimedio, e quando i mezzi gli son negati, ha il diritto, anzi l'obbligo indispensabile di giustificare la sua condotta in faccia a tutto il popolo che l'ha formato e rivestito della propria autorità e presso l'augusta Assemblea Nazionale. Questo è ciò che gli resta a fare, se continuerà la sua resistenza, Signore Visconte, a tenere il Comitato Superiore nell'inazione e nel doloroso ed unico partito di gemere sulle calamità de' suoi compatriotti. Attende pronta e più categorica risposta alle sue ultime dimande fattegli jeri da' suoi deputati, e osa sperare, Signore Visconte, dalla sua umanità una risoluzione proporzionata ai pubblici bisogni e conforme ai doveri della sua carica.

Abbiamo l'onore etc.

Sottoscritti : Per i rappresentanti del Comitato Superiore, Nobili Savelli, *Presidente* ; Poggi, *Segretario*.

Al Signor Anton Leonardo Monti, di Palasca.

Bastia, 9 giugno 1790.

Vengono fatti dei ricorsi, Signore, a questo Comitato Superiore, riguardo certe differenze, che vertono nella comunità di Olmi e Cappella, per la gravidanza della nominata Nunzia Maria, per il cui affare vi siete altre volte interessato di ricomporre.

La confidenza, che questo Superior Comitato ha nella vostra persona, l'induce a pregarvi, acciò vogliate nuovamente impiegare i vostri buoni uffici, onde indurre le parti a dare un'altra parola, per prevenire ogni disordine che potesse su questo fatto accadere.

Quando mai trovaste della renitenza fra dette parti, vi concerterete col Sig. Giudicelli, prefetto di detta comunità, per arrestare due o tre persone d'ogni partito, e mediante questo mezzo, benchè imperioso, ma necessario nella circostanza, riparare i maggiori inconvenienti.

Riceverete fra pochi giorni due altri manifesti oltre quello che vi si acclude. Finita l'operazione suddetta, vi si prega di disporre, unitamente al detto Sig. Giudicelli, le comunità della pieve di Giussani, nelle quali non si fosse peranche proceduto alla nomina del nuovo corpo municipale, e con tutta la prudenza, di cui vi si conosce ripieno, cercherete di far mettere in esecuzione i decreti dell'augusta Assemblea Nazionale, che da tutti devonsi infinitamente venerare ed eseguire colla più scrupolosa puntualità.

Siamo etc.

Sottoscritti: Nobili Savelli, *Presidente*;
Poggi, *Segretario*.

Agli Uffiziali municipali di Palasca.

Bastia, 9 giugno 1790.

Vi si acclude, Signori, una memoria stata presentata a questo Comitato Superiore, il tenor della quale lo ricaverete dalla medesima.

Si va incessantemente in tutta l'Isola a promulgare un manifesto, ingiungendo a tutti i popoli l'esecuzione dei decreti dell'augusta Assemblea Nazionale per il pagamento delle decime, fino a che vi sia provveduto in altra maniera. Gli ufficiali municipali sono principalmente tenuti all'esecuzione de' detti decreti, ed il Comitato Superiore vede con pena che si conculchino nell'Isola questi principj. Vi s'ingiunge frattanto, Signori, di provvedere alle prepotenze che si minacciano nella vostra comunità verso il Seminario e la mensa vescovile di questa diocesi; ancorchè i particolari avessero delle ragioni per esimersi da questa solita contribuzione, devono ricorrere ai tribunali, e non alle vie di fatto, sempre contrarie al buon ordine, che questo Comitato Superiore è incaricato di mantenere in tutta l'Isola, e che non mancherà in caso diverso di far conoscere la sua autorità verso de' contraventori.

Siamo etc.

Sottoscritti: Savelli, *Presidente*; Poggi, *Segretario*.

Al Signor Giudice Reale di Capocorso.

Bastia, 10 giugno 1790.

Gli si acclude, Signor Giudice, una supplica stata presentata a questo Superior Comitato, in cui il supplicante si lamenta di non averla Lei voluto ricevere nè provvedere alle sue riclamazioni.

Si stenta a credere che abbia negata la giustizia al suddetto supplicante, ma che vi siano invece delle ragioni che abbino potuto opporvisi.

Lo preghiamo di rendere informato il Comitato Superiore di questo fatto, acciò possa prendere quelli espedienti che stimerà più opportuni.

Abbiamo l'onore etc.

Sottoscritti: Nobili Savelli, *Presidente*; Poggi, *Segretario*.

Al Signor Felice Antonio Mannei, prefetto della comunità di Bocognano.

Bastia, 10 giugno 1790.

Il Comitato Superiore, Signore, informato pienamente della vostra prudenza, attività e zelo patriottico, ha pensato incaricarvi di una sua commissione alquanto interessante in codeste parti, per la quale, mediante il vostro mezzo, ne attende il più pronto e felice successo. Vi prega di voler far arrestare un certo Sig. Cadenol ingegnere dei Ponti ed Argini, che dimora nella comunità d'Ucciano, e farlo condurre prigioniere in questa città. Questo è un aristocratico, il quale oltre di aver sparlato contro l'autorità del Superior Comitato, si è dimostrato altresì renitente alli reiterati ordini che ha ricevuti di doversi presentare nanti del medesimo. Quando mai vedeste di non avere forza bastante nella vostra comunità per una tal operazione, potete unirvi col Sig. Prefetto di Bastelica, nel quale il Comitato Superiore ha tutta la confidenza, e con esso lui concertare quei mezzi più secreti ed opportuni in simili occorrenze per la piena esecuzione di quest' affare.

Siamo etc.

Sottoscritti: Nobili-Savelli, *Presidente*; Poggi, *Segretario*.

Al Signor Visconte de Barin.

Bastia, 12 giugno 1790.

Il Comitato Superiore, Signor Visconte, ha sentito con la maggiore sorpresa il tenore della sua lettera.

Dopo di non aver voluto cooperare con noi alla conservazione e ristabilimento del buon ordine in quest'Isola, ciò che ha ritardato ed anche spesso ha traversato il principal oggetto della nostra istituzione, ci sembra troppo strano di sentirci da Lei riclamare la conservazione dei diritti di cittadini, l'osservanza dei decreti dell'augusta Assemblea Nazionale alla quale, e non ad altri, siamo responsabili delle nostre operazioni.

Abbiamo l'onore etc.

Per i rappresentanti del Comitato Superiore di Corsica,
Sottoscritti: Nobili-Savelli, *Presidente*; Poggi, *Segretario*.

Agli Uffiziali municipali della comunità di Calenzana.

Bastia, 12 giugno 1790.

Dalla qui acclusa deliberazione rileverete, Signori, il metodo a cui dovete uniformarvi per lo stabilimento delle vostre guardie nazionali. Vedrete in questo prevedute tutte le difficoltà delle quali ora ne chiedete una decisione per mezzo della vostra lettera de' 6 del corrente mese.

Nella vostra qualità d'ufficiali municipali avete tutto il diritto di reprimere le prepotenze di quei particolari che si dimostrano renitenti ai vostri ordini. È in vostra disposizione la milizia civica; fatevi rispettare, e fate eseguire esattamente i decreti dell'Assemblea Nazionale, poichè ne avete tutto il potere; formate con esattezza i processi verbali, e soffocate assolutamente le idee dei perturbatori della pubblica quiete nella vostra comunità.

Riguardo poi all'ultimo articolo in cui richiedete di farvi essere a parte dei fucili che ritrovansi nell' arsenale di Calvi, questa è una operazione che richiede un maggior tempo, ed il Comitato Superiore va ad occuparsi per avere una generale cognizione di tutte l'armi dei rispettivi arsenali dell' Isola, onde stabilire in seguito quel tanto che la sua saviezza e prudenza saprà suggerirgli, e vi farà parte delle sue risoluzioni.

Siamo etc.

Sottoscritti: Nobili Savelli, *Presidente*;
Poggi, *Segretario*.

Ai Signori abbate Bonaccorsi, Anfriani e Leoni, membri del Comitato Superiore.

Bastia, 12 giugno 1790.

Sono state portate delle lamente, Signori, al nostro Comitato Superiore da vari particolari del Monticello, per mezzo della qui acclusa memoria dalla quale ne ricaverete tutto il contenuto.

La piena confidenza che abbiamo nel vostro zelo è quella che ci ha determinati di pregarvi a voler interporre tutta la vostra attività e buoni uffici, onde rimediare a questi importanti oggetti.

La vostra presenza nella detta comunità del Monticello è troppo necessaria per prendere i dovuti schiarimenti e quelle verificazioni di fatto che possono aggevolarvi allo stabilimento della concordia e dell'unione di quel paese. Vi preghiamo, Signori, d'impiegarvi per qualche tempo per questa interessante operazione. Conosciamo pienamente quanto siete ripieni di buona volontà ed inclinati al pubblico bene per non esitare a credere che vorrete prestarvici prontamente con tutto quel fervore, di cui siete capaci.

Cercate d'impiegare di preferenza tutte le vie di dolcezza e moderazione che sono le più proprie nelle circostanze, e quando mai queste non fossero efficaci, potete chiedere la dovuta e necessaria manforte alle rispetttive guardie nazionali a nome di questo Superior Comitato per reprimere l'ostinazione de' perturbatori della pubblica tranquillità.

Noi confidiamo pienamente ne' vostri lumi e prudenza, e ci ripromettiamo anticipatamente per mezzo vostro del più felice successo per questa commissione.

Siamo etc.

Sottoscritti: NOBILI SAVELLI, *Presidente*;
POGGI, *Segretario*.

Alli Signori Ufficiali municipali di Nonza.

Bastia, 15 giugno 1790.

È stata presentata, Signori, una memoria a questo Superior Comitato per parte del Sig. Silvestro Angeli, richiedendo che tutti i debitori della sovvenzione siano chiamati nanti del vostro tribunale e costretti al pagamento del loro debito.

La suddetta richiesta del Sig. Angeli è stata trovata ragionevole, ed in consequenza farete di subito avvertire dall'usciere della vostra comunità i rispettivi debitori per l'effetto suddetto senza che l'aggiudicatario sia obbligato di procedere alla formalità delle citazioni troppo dispendiosa per i particolari, ed inutile nella circostanza.

Siamo etc.

Sottoscritti : Nobili Savelli, *Presidente* ;
Poggi, *Segretario*.

Al Signor Prefetto della municipalità di Vico.

Bastia, li 15 giugno 1790.

Il Comitato Superiore, Signore, non può che applaudire allo zelo ed alla moderazione, colla quale il vostro corpo municipale s'impiega in tutte le critiche circostanze che gli sopragiungono, atteso i contrasti provati dall'altra pretesa municipalità.

V'invitiamo con tutto ciò a non retrocedere dalla solita

vostra fermezza, nè abbandonare il pieno esercizio delle funzioni municipali, di cui siete incaricati.

Avete, o Signori, tutto il diritto di reprimere le prepotenze dei particolari per cui si dimostrano ritrosi ai vostri ordini, ed intorbidano la quiete della vostra comunità.

È in vostra disposizione la truppa civica, come ben lo sapete; fatevi rispettare e fate eseguire i decreti dell' Assemblea Nazionale, mentre ne avete tutto il potere. Formate con esattezza i processi verbali per tutto quello vi potrà occorrere, e specialmente procedete di subito all'inventario del Convento de' Reverendi Padri della vostra comunità, ed assicuratevi che incontrerete per parte di questo Superior Comitato l'assistenza dovutavi.

Siamo etc.

Sottoscritti : NOBILI SAVELLI, *Presidente* ;
POGGI, *Segretario*.

Alli Signori suddelegati generali dell'Intendenza a Bastia.

Bastia, 15 giugno 1790.

Vi rinviamo, Signori, tutti gli scritti concernenti l'affare del Sig. Avvocato Ciccarelli.

Questo Comitato Superiore, dopo di aver presa cognizione dei suddetti, ha osservato essere questo interesse della competenza del loro tribunale.

L'invita però a render giustizia al suddetto Sig. Avvocato, quale sembra avere tutta la ragione a tenore del suo esposto.

Siamo etc.

Sottoscritti : NOBILI SAVELLI, *Presidente* ;
POGGI, *Segretario*.

Agli Ufficiali municipali di Rutali.

Bastia, 15 giugno 1790.

Il Comitato Superiore, Signori, per rappresentanze fattegli deve comunicarvi le sue intenzioni.

Vorrete in conseguenza al più presto possibile rendervi in questa città e presentarvi nanti del medemo nella casa della nazione, luogo di sua solita audienza, per sentire quanto le occorrerà significarvi.

Siamo etc.

Sottoscritti. Nobili Savelli, *Presidente*;
Poggi, *Segretario*.

Agli Ufficiali municipali di Sisco.

Bastia, 15 giugno 1790.

L'aggiudicatario, o Signori, della vostra comunità ha portato lagnanze nanti di questo Superior Comitato, che molti particolari della medesima difficultano di pagare la solita sovvenzione.

Voi non dovete ignorare che in virtù de' decreti dell' Assemblea Nazionale devonsi continuare i pagamenti di qualunque contribuzione sino al primo dell' anno prossimo venturo; ed in conseguenza siete principalmente incaricati dell' esecuzione de' medesimi.

Togliete dunque all'aggiudicatario suddetto ogni pretesto e costringete i suddetti debitori della sovvenzione al pagamento della medesima.

Siamo etc.

Sottoscritti: Nobili Savelli, *Presidente*;
Poggi, *Segretario*.

A Monsignor Vescovo di Sagona.

Monsignore,   Bastia, 16 giugno 1790.

Il Sig. Vicario Cristinacce, suo diocesano, si è messo in testa di voler sostenere la carica di prefetto d'una pretesa municipalità contro tutti i principj di giustizia.

Il Comitato Superiore sin da due mesi circa, intese le diverse questioni delle due municipalità esistenti in Vico, si fece render conto dei rispettivi processi verbali. Dopo la visura dei medesimi, ritrovando che la municipalità, di cui il Sig. Mercurio Colonna è il prefetto, era la più legalmente formata, decretò che questa dovesse esercitare tutte le funzioni.

Poco contento il Sig. Vicario Cristinacce di questa sua esclusiva, non ha mancato, nè manca di cagionare dei torbidi in quel paese, ad un punto che il Comitato Superiore non può più dispensarsi d'andare al riparo dei disordini che la poca regolare condotta di detto Sig. Cristinacce cagionano in quel paese.

È d'altronde ben sorprendente che un ecclesiastico, un Vicario Generale, sia la pietra dello scandalo in una comunità, quando il di lui carattere dovrebbe inspirargli diversi sentimenti da quelli che pratica contro tutte le buone regole.

Questo Superior Comitato, usando dell'ordinaria sua moderazione, e volendo servirsi di tutti i mezzi pacifici avanti di ricorrere agl'imperiosi, ha stimato opportuno di prevenirlo, Monsignore, affinchè, informato di questi fatti, col suo zelo, co' suoi lumi e colla naturale inclinazione per la pubblica quiete, possa dare gli ordini opportuni a codesto suo Sig. Vicario diocesano, e risparmiare al Comitato Superiore il dispiacere di far conoscere al medesimo Sig. Vicario tutto il peso della sua autorità per la quale ha finora dimostrata poca adesione.

Servirà ancora la presente per dare a Monsignore un vero segno di quel rispetto che gli porta, avanti di rigorosamente incaminarsi contro d'un ecclesiastico suo dipendente.

Abbiamo l'onore etc.

Per i rappresentanti del Comitato Superiore,
Sottoscritti : Nobili Savelli, *Presidente* ; Poggi, *Segretario*.

Al Signor Colonnello De Petriconi, a Bastia.

Bastia, 16 giugno 1790.

Il Comitato Superiore, Signor Colonnello, ha intesa questa mattina la lettura della sua lettera in data di ieri, e lo ringrazia delle di lei cortesi espressioni.

Sebbene vari inconseguenti discorsi, tenuti probabilmente da persone di poco senno, siano pervenuti a cognizione di questo Superior Comitato, egli contuttociò non ha avuto mai il minimo sospetto nè della guardia nazionale, nè della città tutta, in cui pienamente confida, e per la quale, come per lei, conserva tutta la stima possibile.

Abbiamo l'onore etc.

Sottoscritti : Nobili Savelli, *Presidente;* Poggi, *Segretario*.

Al Signor Achille Morati
Colonnello della guardia nazionale del Nebbio.

Bastia, 16 giugno 1790.

Il Comitato Superiore, Signor Colonnello, lo prega d'inviare per il giorno 28 del corrente mese nella comunità della pieve un distaccamento di vent'uomini per assistere e proteggere la libera elezione del nuovo corpo municipale di detta comunità, che sarà fissata nel medesimo giorno.

Per quanto ci è stato rappresentato, il Sig. Biaggini, commissario di questo Superior Comitato e capitano delle guardie nazionali del Nebbio, sarebbe la persona di confidenza in detta comunità, onde desidereressimo, che il medemo fosse il comandante di questo distaccamento, acciò venghi adempita la comune aspettativa per il buon esito di detta assemblea.

Siamo etc.

Sottoscritti: NOBILI SAVELLI, *Presidente*; POGGI, *Segretario*.

Agli Ufficiali Municipali della comunità di Ficaja d'Ampugnani.

Bastia, 16 giugno 1790.

Il Comitato Superiore vi prega, o Signori, di accordare un distaccamento della truppa civica della vostra comunità per proteggere l'esecuzione d'una sentenza della Giustizia Reale della Porta, resa a favore del Sig. Francesco Maria Santini di detto luogo, e contro il nominato Don Matteo Tiberi di Merosaglia.

Vi sono delle ragioni che hanno indotto questo Superior Comitato ad aver ricorso alla vostra comunità invece di quella del medesimo paese di Merosaglia, onde sperando che vorrete secondare le saggie determinazioni che si sono prese in questa circostanza, darete una prova della vostra adesione a questo nostro tribunale.

Siamo etc.

Sottoscritti: NOBILI SAVELLI, *Presidente*; POGGI, *Segretario*.

Agli Ufficiali municipali di Castifao di Caccia.

Bastia, 16 giugno 1790.

Il Comitato Superiore, Signori, vi prega di far sentire al nominato Pietro Pistuccino del paese d'Asco, dimorante nella vostra comunità, di rendersi di subito in questa città, in cui gli si devono comunicare le resoluzioni che sarà per prendere relativamente al suo affare.

Quando mai costui facesse delle difficoltà e si mostrasse renitente agli ordini di questo Superior Comitato, cercate di costringerlo colla forza e fatelo cautamente condurre qua in Bastia.

Siamo etc.

Sottoscritti: Nobili Savelli, *Presidente*; Poggi, *Segretario*.

Agli Ufficiali municipali di Pietralba.

Bastia, 16 giugno 1790.

È stato fissato, Signori, il giorno di lunedì prossimo, venti del corrente mese, per sentire le differenze che vertono fra la vostra comunità e quella di Canavaggia.

Vi s'ingiunge in conseguenza per parte di questo Superior Comitato di volervi presentare il suddetto giorno nanti del medesimo per sentire e sottomettervi a tutti quei provvedimenti, decisioni ed altro che stimerà opportuno di fare nella circostanza. Non dubitiamo punto della vostra adesione, e senza fallo vi aspettiamo all'epoca indicata, essendo stati parimente avvertiti gli ufficiali municipali di Canavaggia a ritrovarvisi.

Siamo etc.

Sottoscritti : Nobili Savelli, *Presidente* ;
Poggi, *Segretario.*

Al Signor Antonio Gentili.

Bastia, li 17 giugno 1790.

Vengono portate delle lagnanze a questo Superior Comitato relativamente ad un disordine arrivato nella comunità della Pieve per certi colpi di fucile tirati prima ad un uomo, e poi ad un bue, che n'è restato ferito, e forse a questa ora morto.

Ci siamo occupati de' mezzi più opportuni per andare al riparo dei maggiori inconvenienti che potessero succedere, ed abbiamo pensato a quest'effetto di stimolare il vostro zelo pregandovi di trasportarvi in detta comunità, affinchè coll'efficacia della vostra moderazione e prudenza cerchiate di comporre queste differenze, e far arrestare il colpevole di questo delitto, che dicesi esser un forastiere.

Confidiamo pienamente etc.

Per i rappresentanti del Comitato Superiore,

Sottoscritti : Nobili Savelli, *Presidente* ;
Poggi, *Segretario.*

Nota. — La presente lettera non è stata inviata per essere stato differentemente provveduto.

Circolare ai deputati del terzo turno.

Bastia, 17 giugno 1790.

Signor Confratello,

Il terzo turno, nel quale cade il vostro servizio, è stato in qualche maniera variato, attesa la trasmigrazione del Comitato da Corte in Bastia. Questo principierà domani 18 del corrente. Vi preghiamo perciò di non mancare a raggiungere sollecitamente il vostro corpo. Gli affari sono interessanti ; è necessaria dunque la presenza non solo di quelli che devono essere di servizio, ma, se fosse possibile, anche di quelli che non sono di turno, tanto più che l'arrivo prossimo dei Signori Generali richiederebbe la completazione del corpo.

Il Comitato è ben persuaso della vostra esattezza, e del vostro zelo per non temere di vedersi defraudato nell'aspettativa.

Siamo etc.

Sottoscritti : SAVELLI, *Presidente* ; POGGI, *Segretario*.

Al Signor Carlo Angeli, di Nonza, membro del Comitato Superiore.

Bastia, 17 giugno 1790.

Il turno in cui cade vostro servizio incomincia domani. Se le vostre occupazioni non vi permettessero di passar qui i quindeci giorni del vostro esercizio e che pensaste di differire a venire, o di cambiare il turno con qualche altro deputato, questo Superior Comitato v'invita a presentarvi senza ritardo nanti del medesimo come particolare accusato, essendogli stato portate delle lagnanze contro di voi.

È dunque del vostro decoro e di quello dello stesso Superior Comitato di cui fate parte, di giustificarvi al più prontamente possibile, onde ci lusinghiamo di vedervi comparire quanto prima.

Siamo etc.

Sottoscritti : Savelli, *Presidente* ; Poggi, *Segretario*.

Ai Signori Ufficiali municipali d'Oletta.

Bastia, 19 giugno 1790.

Siamo stati informati, Signori, per la rappresentanza del Sig. Barbaggi, che nella vostra comunità domani deve prestarsi o rinnovarsi il giuramento civico. Questo giuramento deve essere stato prestato, sia nella formazione della milizia, che nella creazione della nuova municipalità, ed è quasi inutile replicarlo; ma se però, per qualche ragione che ignoriamo, voi stimate farlo replicare, v'ingiungiamo di ordinare che nessuno vi si presenti armato, ammettendo qualunque individuo che ha le qualità richieste per essere cittadino attivo.

Se però voi trovate difficile l'esecuzione di queste condizioni, è meglio che questo giuramento si diferisca fino a che il Comitato Superiore sia informato di tutte le circostanze, ed abbia dato gli ordini opportuni.

Ci rimettiamo d'altronde alla vostra prudenza ad effetto che il tutto passi colla maggiore tranquillità, a tenore dell'obbligo che avete d'invigilare alla pubblica quiete della vostra comunità.

Siamo etc.

Sottoscritti : Belgodere, *Presidente*;
Poggi e Valeri, *Segretari*.

Alli Signori Ufficiali municipali della comunità di Vallecalle, cioè alli soli Padri del Comune.

Bastia, 22 giugno 1790.

Il Sig. Limarola, o Signori, prefetto della vostra comunità, viene di portare delle lagnanze nanti di questo Superior Comitato, che vi fate leciti d'ingerirvi di tutte le amministrazioni municipali senza che ne partecipiate a lui medesimo nella sua qualità di prefetto la benchè minima cosa.

Queste operazioni sarebbero contro tutti i principj di ragione ed affatto opposte ai decreti dell'Assemblea Nazionale, quando il capo della municipalità è quello che deve principalmente essere inteso in tutti gli affari relativi alla comunità, ed il Comitato Superiore vedrebbe con dispiacere che conculcaste questi principj.

Cercate adunque, se ciò è, di correggere la difformità di codeste vostre procedure, conformatevi alle disposizioni generali, se non, in caso diverso, costringerete il Superior Comitato a prendere le dovute risoluzioni contro di voi per li fatti esposti.

Siamo etc.

Sottoscritti: BELGODERE, *Presidente*;
POGGI, BIADELLI e VALERI, *Segretari*.

Agli Ulficiali municipali della comunità di Santo Pietro di Nebbio.

Bastia, 22 giugno 1790.

Il Comitato Superiore, Signori, è venuto in cognizione che diversi Balanini ed altri si siano autorizzati di fare dei guasti ed abusi nel bosco della foresta di Valiglione, situata nel territorio della vostra comunità.

Voi non dovete ignorare i decreti dell'Assemblea Nazionale, che v'ingiungono di vegliare alla conservazione de'beni e proprietà pubbliche e private, e che le une e le altre sono affidate alla vostra protezione. A tal uso vi prescrive di fare uso senza ritardo di tutti i mezzi che riguardano la detta conservazione e che tendono ad impedirgli ulteriori guasti ed abusi, non che a punire coloro che li commetteranno.

Siamo etc.

Sottoscritti : BELGODERE, *Presidente* ;
POGGI, BIADELLI e VALERI, *Segretari*.

Alli Signori Ufficiali municipali di Pietralba.

Bastia, 22 giugno 1790.

Il Comitato Superiore è ben sorpreso, Signori, che non ostante l'avviso di trovarvi il giorno 21 trascorso nanti del medesimo con gli ufficiali municipali di Canavaggia per sentire le deliberazioni che si sarebbero prese sulle vostre questioni, voi abbiate trascurato di presentarvi.

Gli ufficiali municipali di Canavaggia hanno promesso di stare al giudizio di esperti ed hanno a questo effetto nominato Gio : Silvestro ed Ipolito, stimatori pubblici della comunità di Lento. È necessario che voi ne nominiate due fra il termine di due giorni, ed in caso di mancanza, saranno nominati dal Comitato Superiore.

Se i vostri esperti non converranno con quelli nominati della comunità di Canavaggia, li terzi saranno nominati dal Comitato Superiore.

Vi preveniamo che questa perizia deve essere resa dentro

quindici giorni definitivamente nanti quel notaro che di concerto colla comunità di Canavaggia sceglierete.
Siamo etc.

   Sottoscritti : Belgodere, *Presidente* ;
      Poggi, Biadelli e Valeri, *Segretari*.

Agli Ufficiali municipali di Borgo di Marana.

Bastia, 23 giugno 1790.

Fin dal giorno 19 del corrente, Signori, fu scritta lettera da questo Superior Comitato al nominato Gerolimo Polidori detto Fiorino, acciò si trasportasse immediatamente in questa città.

Sembra che costui dimostri poca adesione agli ordini inviatigli, dei quali non può allegarne ignoranza.

Vorrete in conseguenza dare gli ordini più opportuni acciò si renda fra 24 ora nanti di questo Superior Comitato. Altrimenti lo costringerete con la forza.

Siamo etc.

   Sottoscritti : Belgodere, *Presidente* ;
      Poggi, Biadelli e Valeri, *Segretari*.

Alli Signori Suddelegati Generali dell'Intendenza, a Bastia.

Bastia, 23 giugno 1790.

Il Comitato Superiore, Signori, ad oggetto di evitare l'inconvenienti già insorti nelle due comunità di Vico e Poggio di Venaco, le fa sapere che la municipalità legalmente eletta ed approvata in Vico da questo Comitato Superiore, è quella di cui ne è prefetto il Signor Mercurio Colonna, e la municipalità di Venaco, pure legalmente eletta ed approvata, è quella di cui n'è prefetto il *Sig.* Francesco Maria Guglielmi.

Conviene che loro Signori, senz'alcun ritardo, diano gli ordini opportuni ai rispettivi suddelegati di dover riconoscere le dette due municipalità, e di far rimettere agli ufficiali municipali che le rappresentano tutti i decreti dell'Assemblea Nazionale, e tutto ciò che può concernere le dette municipalità.

Siamo etc.

Sottoscritti : Belgodere, *Presidente* ;
Poggi, Biadelli e Valeri, *Segretari*.

Agli Ufficiali municipali di Zuani.

Bastia, 25 giugno 1790.

Il Comitato Superiore, Signori, viene d'essere istruito che al Convento di Zuani vi regnano delli attruppamenti, e quel che più lo sorprende, si è che per parte del vostro corpo municipale non siasi preso alcun espediente per dissiparli, e che non ce ne venghi nemmeno data alcuna notizia.

Ansiosi dunque delle più distinte relazioni di questi fatti tanto contrari ai decreti dell'Assemblea Nazionale, quanto perniciosi alle circostanze, spediamo un espresso per avere tutte le positive cognizioni, acciò in seguito possiamo unitamente ai buoni patriotti inviare all'esterminio di quest'indegni perturbatori, ed abbattere le mal concepite speranze de' perfidi aristocratici, che continuano ad opporsi al bene della Patria.

Corrispondete adunque, amatissimi compatriotti, ai desideri di questo Superior Comitato che sono quelli di mantenere nell'Isola la tranquillità, e godere de' preziosi frutti della nuova Costituzione.

Siamo etc.

Sottoscritti : Belgodere, *Presidente* ;
Poggi e Valeri, *Segretari*.

Al Signor Lepidi.

Bastia, li 25 giugno 1790.

La piena confidenza, Signore, che ha il Comitato Superiore nella vostra persona per il zelo patriottico di cui vi riconosce ripieno, l'induce a pregarvi col mezzo della presente a dargli le più distinte relazioni dell'attruppamento, che dicesi regnare nel Convento di Zuani.

Noi non dubitiamo punto della vostra premura per tuttociò che può contribuire al bene della Patria.

Vediamo con dispiacere che i nemici della libertà cercano tutti i mezzi per riuscire nei loro perfidi disegni, ma i buoni patriotti adoperandosi con noi all'esterminio di queste mal fondate idee, resteranno confuse le loro intenzioni ed avranno il rossore di gemere sotto le calamità di un' eterna disperazione.

Ci lusinghiamo frattanto de' vostri pronti riscontri per il contenuto della presente col ritorno dell'espresso, e siamo etc.

Sottoscritti : Belgodere, *Presidente* ;
Poggi, *Segretario*.

Circolare a tutti i Signori Deputati del Comitato Superiore.

Bastia, 26 giugno 1790.

Signor Confratello,

Colle ultime poste arrivate da Francia, apprendiamo che la partenza da Parigi dei Signori Generali De Paoli e Duca di Biron è fissata per il giorno 20 del corrente mese, e che il loro arrivo in Corsica probabilmente accaderà nei primi giorni dell'entrante luglio. Sembra perciò conveniente che il Comitato Superiore sia intieramente riunito in un'epoca così interessante. Siete pregato in conseguenza di volervi ritrovare in questa città al termine suddetto, affine di concertare anticipatamente quel tanto che si stimerà più convenevoli pel ricevimento dei suddetti Signori Generali.

Siamo etc.

Sottoscritti : BELGODERE, *Presidente* ; POGGI, *Segretario*.

Agli Uffiziali municipali di Zuani.

Bastia, 27 giugno 1790.

Il Comitato Superiore, Signore, ha inteso con dispiacere che il Convento di Zuani sia occupato da una radunanza di molti armati, che mettono in qualche pericolo la pubblica tranquillità, e che per parte vostra non sono state prese quelle resoluzioni ingiunte dai decreti dell'Assemblea Nazionale tendenti a far valere la legge marziale.

Voi non potete nè dovete ignorare un tal fatto, nè li detti decreti che vi mettono nel preciso dovere d'impedire il corso a simili innovazioni perturbative della detta pubblica tranquillità. Vedete dunque senza ulterior ritardo di far uso della detta legge marziale contro detti armati, obbligandoli a ritirarsi con tutta la quiete, ed a separarsi immediatamente.

In caso di resistenza, potrete richiedere man forte dai capi delle guardie nazionali della vostra comunità, e se queste non sono bastanti, dai capi delle guardie delle altre comunità e pievi circonvicine, dando di tutto ciò che farete ed accaderà, contezza a questo Comitato Superiore, che in caso di bisogno si darà anch'esso tutto il moto per ritrovare i mezzi, onde dissipare colla forza la detta radunanza opposta alli detti decreti ed alla pubblica quiete.

Siamo etc.

Sottoscritti : Belgodere, *Presidente* ;
Poggi, Valeri e Biadelli, *Segretari*.

Al Signor Carlo Angeli,
membro del Comitato Superiore.

Bastia, 27 giugno 1790.

Il Comitato Superiore, Signore, vi scrisse fin dal giorno 17 del corrente mese una lettera stata consegnata all'Intendenza, e che sarà stata sicuramente rimessa, alla quale avete dimostrata poca adesione.

Vi rinuova la presente e v'ingiunge di presentarvi di subito in questa città; in caso diverso prenderà le misure opportune per farvi riconoscere la sua autorità, che dimostrate disprezzare.

Siamo etc.

Sottoscritti : Belgodere, *Presidente* ;
Poggi, Valeri, Biadelli, *Segretari*.

Al Signor Arena,
Colonnello della guardia nazionale di Balagna.

Bastia, 26 giugno 1790.

Nella sua lettera, Signor Colonnello, in data de' 22 del corrente abbiamo inteso con piacere il ristabilimento della tranquillità nella pieve di Giussani, ed il Comitato Superiore non puole che testificargliene la sua riconoscenza, sperando che alle di lei dolci e politiche insinuazioni vorranno prestarsi per finire le loro differenze.

Il Sig. Giudice Reale ha risposto alla Commissione che il Comitato gli ha spedito per pregarlo di prolungare di otto giorni il termine per quelli che doveano esser intesi, ch'egli non ha diritto di farlo, ma che è necessario che quelli che sono stati chiamati spediscano una supplica certificata da lei, colla quale dimandino questa dilazione atteso il loro servizio in beneficio della provincia. Egli ha detto di averne scritto anche a lei, e prevenutolo che il Sig. Procuratore del Re non si presserà, benchè il termine sia spirato.

Siamo etc.

Sottoscritti : Belgodere, *Presidente* ;
Poggi, Valeri, Biadelli, *Segretari*.

Circolare ai Signori Deputati del primo turno.

Bastia, 27 giugno 1790.

Il primo turno in cui cade il vostro servizio incomincia venerdì venturo 2 dell'entrante mese di luglio. Vi preveniamo pertanto che l'urgenza degli affari importanti che si presentano a questo Comitato e l'arrivo imminente de' Signori Generali De Paoli e Duca di Biron esigono che vi rendiate in questa capitale il giorno precedente, cioè, giovedì primo luglio prossimo avvenire.

Siamo etc.

Al Signor Prefetto di Bocognano.

Bastia, 28 giugno 1790.

Il Comitato Superiore, Signore, ha intesa questa mattina la lettura della vostra lettera dei 19 del cadente mese responsiva a quella che vi scrisse relativamente all'arresto del Sr Cadenol.

Siccome sappiamo che il medemo è stato imprigionato dalla municipalità d'Ajaccio, e che il Sig. Tavera, membro di questo Superior Comitato è stato incaricato di scrivervi per chiedere dalla detta municipalità d'Ajaccio la consegna dello stesso prigioniere, dopo che avrà subito la pena statagli ingiunta, e per essere in seguito condotto in questa città, ci asteniamo dirvi altra cosa relativamente a quest'affare.

Ci resta soltanto da ringraziarvi per lo zelo in cui vi siete adoperato etc.

Sottoscritti : BELGODERE, *Presidente* ;
POGGI, BIADELLI e VALERI, *Segretari*.

A Monseigneur le Garde des Sceaux, à la Cour.

Bastia, li 29 giugno 1790.

Monseigneur,

Le Comité Supérieur vient d'être instruit d'une requête très avancée du Sr Cattaneo, avocat général, présentée au Conseil Supérieur de cette Isle, de laquelle il a été pris connaissance.

Quoique cette affaire ne soit pas directement de la compétence de notre corps, nous croyons cependant ne devoir pas passer sous silence les méchancetés du Sr Cattaneo, avancées dans ladite requête, qui sont d'autant plus insubsistantes que contraires à la bonne réputation dont jouit M. Coster, procureur général, dans toute la Corse.

Nous nous dispenserons, Monseigneur, de réfuter les méchancetés portées dans ladite requête par le Sr Cattaneo, et nous laisserons au soin de M. Coster de le confondre, ce qui ne lui sera pas difficile de faire. Nous n'entrerons pas non plus dans les détails qui ont fait perdre au Sr Cattaneo la confiance de ses compatriotes. Notre seul but est de vous prévenir contre toutes les accusations qui pourraient surprendre votre religion contre M. Coster, ce digne magistrat, qui pour la conduite régulière de son état, et par son attachement à la nouvelle Constitution, s'est attiré l'amour et l'estime de tous les Corses bons patriotes, et que nous, en notre qualité de représentants de cette Isle, nous croyons devoir lui rendre cette justice.

Nous sommes avec respect etc.

Signés : BELGODERE, *Président* ;
POGGI et BIADELLI, *Secrétaires*.

Ai Signori Ufficiali municipali
della Penta di Casinca.

Bastia, 30 giugno 1790.

Il Comitato Superiore, Signori, sopra l'istanze fatte da Luigi De Sansonetti di questa città di Bastia, tendente ad impedire la violenza che Ignazio Antonio Matteo ha esternato di voler commettere con prendersi a forza il terratico di un chioso situato nella spiaggia di Marana appartenente al Sig. Francesco De Sansonetti di lui fratello, i di cui antenati ne hanno fatto manpresa da cento circa anni, vi ingionge d'intimare immediatamente detto Ignazio Antonio Matteo di non fare simili violenze, e di lasciar prendere pacificamente il detto terratico al detto Sig. De Sansonetti, possessore del detto chioso, sotto le pene ingionte dai decreti dell'Assemblea Nazionale.

Voi non ignorate che la confidenza pubblica rimette alla vostra disposizione la protezione delle proprietà particolari e delle persone, e che è vostro preciso dovere d'impiegare tutti i mezzi per impedire tutti gli ostacoli che fossero apportati alla percezione de' frutti de' beni de' diversi particolari; onde prevaletevi dell'autorità che vi è stata accordata ad oggetto che non possi commettere la detta violenza.

Le farete sentire che, se ha qualche pretensione sopra il detto terratico, la debba far valere nanti il tribunale competente, o che si presenti nanti di questo Comitato, che delibererà quel che sarà di ragione, e di tutto ciò che avrete operato e che accaderà, ne darete pronto avviso a questo Comitato, che prenderà quelle determinazioni che stimerà necessarie.

Siamo etc.

Sottoscritti : BELGODERE, *Presidente*;
POGGI, BIADELLI, *Segretari*.

A Nosseigneurs de l'Assemblée Nationale.

Bastia, 3 juillet 1790.

Nosseigneurs,

Le Comité Supérieur de Corse croirait manquer à ses devoirs les plus sacrés, s'il ne s'empressait de déclarer qu'il ne partage nullement les sentiments des quatre chapitres cathédraux de Bastia, d'Aleria, d'Ajaccio et de Nebbio, exprimés dans l'adhésion à la protestation d'une partie des membres de l'Assemblée Nationale sur le décret du 13 avril.

Il est bien éloigné toutefois de vouloir s'ériger en accusateur de ceux qui l'ont faite. Il reconnaît parmi eux des hommes respectables dont il ne suspecte pas les intentions ; mais tout en rendant justice à la pureté de leurs motifs, il croirait trahir la confiance de ses commettants, s'il se faisoit un seul instant illusion au point de dénaturer dans son esprit une démarche qui présente tous les caractères de l'erreur et de la surprise. Quel inconcevable délire a pu les porter à adhérer à cette protestation ? Est-ce le désir d'apprendre aux peuples à désobéir à la loi ? d'ébranler la confiance qu'il a placée dans ses représentants ? Non, Nosseigneurs, les ministres d'une religion sainte sont incapables de nourrir de semblables pensées. A Dieu ne plaise que nous les en soupçonnions ! Leur ministère n'est absolument qu'un ministère de paix et de persuasion ; ils savent qu'ils doivent l'employer tout entier à faire chérir l'autorité légitime et à faire respecter les lois. Trompés par un zèle peu éclairé, ils ont sans doute été entraînés par la protestation d'une partie de l'Assemblée Nationale qui a allarmé leur piété. Ah ! s'ils avaient lu et pesé mûrement comme nous le décret du 13 avril, ils se seraient facilement convaincus qu'il n'existe dans ce décret un seul mot qui puisse blesser la religion. Ils auraient au contraire vu que l'Assemblée Nationale concilie dans ce décret le respect dû à la Religion avec ce qu'elle devait à la tranquillité publique, et que d'autres expressions auraient probablement amené des troubles.

C'est avec la plus vive douleur, Nosseigneurs, que le Comité Supérieur de Corse a remarqué parmi les signatures de la protestation des membres de l'Assemblée sur le décret du 13 avril, celle de MM. Buttafoco et l'abbé Peretti. Un décret prononcé, une partie des législateurs se croit permis de protester contre et parmi les signatures des députés protestant, se trouve celle de deux députés corses ! Quel inconcevable esprit de vertige les a égarés ? MM. l'abbé Peretti et Buttafoco ont-ils pu se persuader qu'une démarche aussi inconséquente et aussi coupable resterait sans improbation de la part de leurs commettants ? Tandis que l'auguste Assemblée Nationale apprend à la fois à tous les Français et le respect que les lois doivent aux droits de l'homme et celui que les citoyens doivent aux lois, des législateurs osent protester, s'élever et chercher à attenter les décrets prononcés à la majorité des voix, et qui sont, par conséquent, l'expression de la volonté générale, quelle témérité ! quelle audace !

Le peuple corse, Nosseigneurs, dont nous sommes les organes, gémit et gémira toujours que deux de ses députés ayent souscrit un acte qui ne pouvait être destiné dans l'intention de ceux qui l'on fait, qu'à être le signal de l'effroi, à échauffer l'esprit des peuples et à troubler le repos public. C'est en son nom que le Comité Supérieur désavoue MM. l'abbé Peretti et Buttafoco, et qu'il assure que c'est absolument contre le vœu de leurs commettants qu'ils ont signé cette protestation. Les Corses pourraient-ils avoir eu la funeste pensée de s'élever contre un de vos décrets ? Pourraient-ils oublier un seul moment que vous leur avez rendu cette première liberté après laquelle ils ont si longtemps soupiré, et pour laquelle ils ont combattu tant de siècles ? Fiers d'êtres libres et Français, ils bénissent chaque jour, chaque instant l'Assemblée Nationale, et ils ne reçoivent jamais un de vos décrets qu'ils ne le regardent comme un nouveau bienfait ; ils ne cessent de jurer et de protester que la Constitution dont vous les faites jouir est tellement identifiée avec leur existence et leur bonheur qu'ils sont plutôt disposés à sacrifier jusqu'à la dernière goutte de leur sang qu'à l'abandonner.

Fait à Bastia, le 3 juillet 1790.

VARESE, *Président*; POGGI, BIADELLI, *Secrétaires*.

Al Signor Lepidi.

Bastia, 3 luglio 1790.

Il Comitato Superiore, Signore, vi fa sapere che ha deliberato di far evacuare al Sig. Matra il forte d'Aleria, come potrete leggere nella deliberazione fatta li 30 giugno ultimo scorso, che vi si acclude, ed affidato al vostro zelo per la patria, vi autorizza di porre cinque uomini per la guardia del detto forte, pagati a spese della nazione a ragione di soldi sedici di Francia al giorno per ciascuno, ed il capo a soldi venti, e vi resteranno fino a nuovi ordini di questo Comitato.

V'incarica di prendere nota esatta de' mobili ed in quale stato il detto forte si ritrovi da spedirsi a questo Comitato.

Volendo il Sig. de Casabianca entrare e stare nel detto forte co' suoi affittuari e fattori, ne darete l'asilo nel modo che vi sarà richiesto.

Siamo etc.

Sottoscritti : VARESE, *Presidente* ;
POGGI, BIADELLI, *Segretari*.

Alli Signori Bianchi e Versini, membri del Comitato Superiore.

Bastia, 5 luglio 1790.

Amatissimi Confratelli,

Vengono minacciati dei disordini nella comunità di Calcatoggio di codesta vostra provincia, ed a tale oggetto essendoci prontamente dei mezzi i più opportuni per dissiparli, abbiamo pensato di stimolare a tale effetto il vostro zelo pregandovi di trasportarvi in detta comunità affinchè colla vostra moderazione e prudenza cerchiate di comporre le differenze che disturbano la quiete di quel paese. E quando mai questi mezzi pacifici non potessero avere quel buon effetto desiderato, vi autorizziamo a chiedere la dovuta manforte alle rispettive guardie nazionali a nome di questo Comitato Superiore, affine di reprimere i perturbatori e stabilire la tranquillità, facendo arrestare coloro che vi si opponessero.

Confidiamo etc.

Sottoscritti: Varese, *Presidente*; Poggi, *Segretario*.

Ai Signori Commissari del Re.

Bastia, 5 luglio 1790.

Signori,

Li diversi riclami stati fatti al Comitato Superiore sul manifesto pubblicato li 4 giugno prossimo passato, per dar una spiegazione all'articolo secondo del decreto dell'Assemblea Nazionale, concernente diverse disposizioni alle amministrazioni di dipartimento e di distretto, hanno obbligato il detto Superior Comitato a farsi leggere il manifesto, ed ha riconosciuto uno sbaglio in quella parte del medemo, dove dice: « Ed a tale effetto s'ingionge a tutte le municipalità dell'Isola di non ammetterli nel catalogo dei cittadini attivi, » e però m'autorizza, Signori, a dirle che vengono pregate a non fare attenzione al surriferito periodo, o far come se non fosse inscritto in detto manifesto.

Ho l'onore etc.

Sottoscritto: Varese, *Presidente*.

Al Signor Saliceti, deputato dei Comuni all'Assemblea Nazionale di Parigi.

Bastia, 6 luglio 1790.

È una vera disgrazia, Signore, che i buoni patriotti occupati indefessamente, col sagrifizio dei loro comodi e dei proprj interessi, per sostenere la Costituzione a fronte di tante insidie degli aristocratici, per far eseguire i decreti dell'Assemblea Nazionale, e per stabilire la tranquillità nel paese, debbano in ricompensa vedersi criticati e disapprovati.

Permetteteci, Signor Saliceti, con tutta confidenza, un giusto sfogo contro le vostre mal concepite espressioni, tanto nella lettera scritta al Sig. Barbaggi, come in altre a diversi particolari, nelle quali vi siete per fino avanzato a tacciare per *sedicente* il Comitato Superiore.

Se non si conoscesse il vostro patriottismo per le reiterate prove che ne avete date, si sarebbe potuto giustamente dubitare dei vostri sentimenti, e che voleste proteggere i debitori della nazione, giacchè ad altro il nostro manifesto dei 4 giugno non tende che a costringere coloro che si sono impinguati col sudore dei popoli, senza voler soddisfare nè rendere alcun conto della loro pubblica gestione, la di cui morosità ha reso cotanto esausta la cassa, che tutta la società se ne risente con immenso pregiudizio.

D'altronde il vostro consiglio a che il Comitato Superiore non si dovesse più unire, atteso il pieno esercizio in cui ritrovansi i Commissari del Re, non è stato punto approvato, anzi cagione di maggior sorpresa, sul riflesso che questo corpo è stato creato dalla nazione per esistere sino alla formazione del Dipartimento, onde l'arrestarsi ai particolari consigli sarebbe una mera mancanza alla confidenza dei nostri committenti, tanto più che il Sig. Generale de Paoli coll'ultima sua lettera c'invita ad unirci coi detti commissari del Re per concertare il buon ordine delle primarie ed elementari assemblee; anzi possiamo di più assicurarvi che due delli stessi commissari del Re furono presenti alla redazione del manifesto, su di cui si è così precipitosamente e senz'alcuna riflessione inveito.

Dalla lettera ostensibile che riceverete unita alla presente, voi ricaverete i motivi e le ragioni tanto del detto manifesto, come per il sigillo ed altre minuzie, degne piuttosto di un profondo silenzio che di alcun rilievo, per parte sopratutto dei buoni patriotti. Onde speriamo che dopo essere meglio schiarito, renderete giustizia alla purità dei nostri sentimenti, i quali ad altro non tendono che al bene ed alla felicità della patria.

Siamo etc.

Sottoscritti : Varese, *Presidente ;*
Poggi e Biadelli, *Segretari.*

Al Sig. Saliceti, deputato dei Comuni di Corsica, all'Assemblea Nazionale di Parigi.

Bastia, 6 luglio 1790.

La vostra lettera, Signore, del 26 giugno, scritta al Sig. Barbaggi, è stata dal medesimo letta al Comitato Superiore, il quale è rimasto estremamente sorpreso del consiglio che osate dargli di por fine alle sue adunanze, e di sciogliersi totalmente.

Se i membri che lo compongono non ascoltassero che le suggestioni del privato interesse e del comodo personale, avrebbero prima d'ora procurato di accelerarne la dissoluzione totale, mentre si vedono continuamente esposti a soffrire disagi, dispendj ed inquietudini, senza speranza, come pur vi è noto, di ottenere il minimo emolumento. Ma premiati abbastanza dalla generale confidenza che ad essi dimostrano i loro concittadini, e dalla dolce soddisfazione di provvedere con qualche buon successo alla pubblica sicurezza e tranquillità, e di promovere la sollecita esecuzione e l'esatta osservanza dei decreti dell'Augusta Assemblea Nazionale, e d'altronde vedendo le successive e pressanti emergenze della Corsica, si credono nell'obbligo indispensabile di persistere con fermezza e coraggio nel loro impegno, fino alla prossima organizzazione del governo, poichè sciogliendo attualmente il Comitato verrebbero a sciogliere l'unico vincolo, capace di frenare e di reprimere il popolo, e lo getterebbero nell'orribile stato di una specie d'anarchia. Essi però si lusingano che in grazia di tali considerazioni avrete l'equità di riguardare come prematuro il vostro consiglio.

Per ciò che riguarda il manifesto dei 4 giugno, conviene che voi sappiate che fu progettato dal Comitato Superiore, di concerto con alcuni commissarj del Re; che fu promulgato ad oggetto di rendere più sensibile ed efficace il decreto dell'Assemblea Nazionale del venti aprile 1790, al quale decreto è in sostanza conforme; che solamente per una svista furon tolti dal numero di cittadini attivi i pubblici debitori; che il Comitato ha opportunamente modificato un tale eccesso in una lettera scritta ai commissari del Re, e in qualche decreto emanato in favore di alcuni aggiudicatari, e che finalmente quel manifesto, con tutto l'errore che vi si contiene, ha meritato l'approvazione e gli applausi del popolo, che anelava di vedere in qualche modo astringere gli aggiudicatari alla soddisfazione de' loro debiti.

Il Comitato era ben certo che un tal manifesto non avrebbe trovata un'accoglienza tanto favorevole presso i pubblici debitori, ma era ben lontano dal prevedere che potesse dare alcun pretesto ai nemici della nuova Costituzione di calunniare la sincerità delle intenzioni dei buoni patriotti, come voi dite, e di farci perdere la protezione dell'Assemblea Nazionale. Tanto meno poteva prevedere ed attendersi un effetto così funesto per servirsi inavvertentemente di quel sigillo medesimo, di cui si servivano i Stati della nazione Corsa, e di cui egli si guarderà di mai più servirsene in avvenire. Se i nostri nemici non trovano altre armi per offenderci, noi siamo certi di trionfare dalle loro malignità. Non potranno sì facilmente sorprendere la savia accortezza dell'Augusto Senato. In ogni caso, voi avete in questa lettera una guida per riparare i loro colpi, facendo conoscere in occorrenza all'Assemblea Nazionale la verità dei fatti e la sincerità e rettitudine delle nostre intenzioni sempre dirette a render più tenaci e indissolubili quei sacri vincoli che uniscono questa Isola coll'Impero francese.

Siamo etc.

Sottoscritti : Varese, *Pressdente* ;
Poggi e Biadelli, *Segretari*.

A Monsieur le Vicomte de Barin, Commandant en chef les troupes en Corse.

Bastia, 7 juillet 1790.

Le Comité Supérieur, Monsieur, a été très sensible à la marque d'attention que vous avez bien voulu lui témoigner par votre lettre de ce matin, à laquelle était joint un extrait de la lettre du ministère de la guerre, à l'égard du pont d'Ucciani, et il vous prie d'agréer ses plus empressés remerciments.

Il se propose de prendre les mesures les plus convenables

pour que les effets destinés à la construction de ce pont soient garantis d'après votre avis.

Nous avons l'honneur etc.

Signés : VARESE, *Président* ;
POGGI et BIADELLI, *Segretario*.

Agli Ufficiali municipali di Monticello in Balagna.

Bastia, li 7 luglio 1790.

Il Comitato Superiore, Signori, dopo aver letta la relazione de' Signori Leoni, Anfriani e Bonaccorsi, tutti e tre commissari stati eletti per por fine agli inconvenienti che erano insorti nel villaggio di Monticello, ha inteso con sorpresa l'estrema durezza e l'inflessibilità che avete dimostrato coi detti Signori Commissari, che per il loro zelo patriottico, e per la rispettabile commissione di cui erano incaricati, meritano tutta l'attenzione e tutti i riguardi possibili.

Vi fa sapere che l'Antonio Orticoni è comparso nanti questo Comitato ed ha prestato il giuramento d'essere fedele alla nazione, alla legge ed al Re, ed avendo assicurato che non farebbe alcun atto perturbativo 'della pubblica tranquillità, ha deliberato d'ingiungervi a non darle alcuna molestia subito che farà ritorno a sua casa disarmato.

V'ingiunge ancora di sospendere le ulteriori persecuzioni contro gli altri fuggitivi, i quali hanno dichiarato di non voler per ora rientrare nella provincia, nè di portarsi nel loro paese.

La pubblica confidenza ha rimessa in voi la protezione e la sicurezza delle persone componenti la vostra comunità, ed è vostro preciso dovere di non abusarne, se non volete incorrere nelle penali ingiunte dai decreti dell'Assemblea Nazionale.

Vi raccomanda a tal effetto di dar a divedere in avvenire miglior disposizione per la tranquillità del vostro comune, ed una maggior considerazione nell'esercizio delle vostre funzioni.

Siamo etc.

Sottoscritti : VARESE, *Presidente* ;
POGGI e BIADELLI, *Segretari.*

Ai Signori Gio : Batta Girolami e Gio : Matteo Franchi, capitani di Montemaggiore

Bastia, 8 luglio 1790.

Le dimande che fate nella vostra supplica, o Signori, sono state trovate ben giuste e ragionevoli da questo Superior Comitato. Esso perciò le ha approvate e ammesse. Voi siete i soli capitani di Montemaggiore, e niun altro avrà diritto di erigersi in capitano fino alla nuova organizzazione delle milizie. Potreste ancora nominare quel colonnello che vi piacerà. Ricordatevi sempre di star dipendenti dai vostri municipali, e di non servirvi dell'autorità che vi è stata confidata che per la difesa della nazione. Vi si rimette la vostra supplica e il processo della vostra elezione che si è trovato in regola. Questa è la volontà del Comitato Superiore di cui vi facciamo consapevoli.

Siamo etc.

Sottoscritti : VARESE, *Presidente* ; POGGI, *Segretario.*

Al Padre Commissario Visitatore de' Riformati di S. Francesco.

Bastia, 8 luglio 1790.

È stato rappresentato a questo Comitato Superiore che V. P. voglia escludere dalla voce attiva e passiva que' Religiosi che hanno dichiarato di uscire dall'ordine, il che è contrario ai decreti dell'Assemblea Nazionale, la quale mette in piena libertà gl'individui regolari di uscire o restare nel chiostro, mediante la succennata dichiarazione, e trovando dell'ingiustizia sull'asserta ipotesi, ha unanimemente dichiarato e decretato, che Ella nè qualunque altro superiore regolare non può proibire nè escludere dai personali diritti di cui gode e può godere qualunque soggetto religioso avente le qualità richieste dalle loro leggi, finchè professerà l'Istituto e ne addosserà l'abito, perchè questa sarebbe una pena senza colpa. Questo Comitato Superiore si lusinga che Ella si ritratterà da simile idea, qualora l'avesse concepita, e imporrà silenzio a qualunque altro volesse per tal modo o pretesto disturbare le prossime azioni capitolari.

Siamo etc.

Sottoscritti : Varese, *Presidente* ;
Poggi e Biadelli, *Segretari.*

Al Sig. Francesco Mattei, Padre del Comune del Vescovato.

Bastia, 9 luglio 1790.

Il Comitato Superiore, Signore, ha intesa lettura della vostra lettera, e con sommo rammarico apprendiamo il funesto evenimento che ci marcate. Noi siamo decisi di non lasciar impunito un fatto così atroce, ma desideriamo anticipatamente di aver dalla vostra municipalità quei rischiarimenti più opportuni, onde concertare il metodo e la maniera delle spedizioni da farsi per far perseguitare questo assassino.

Osserverete però che detti schiarimenti ci venghino comunicati dalla vostra municipalità intiera e non da un solo membro, e quando mai vi fosse nel vostro corpo qualche persona sospetta o attaccata di attenenza all'assassino suddetto, potreste non farla consapevole di nulla su quest'affare, e concertare solamente con quelli del vostro corpo i quali non siano sospetti.

Attendiamo i pronti vostri riscontri per prendere di subito le deliberazioni necessarie ed opportune, e siamo etc.

Sottoscritti : Varese, *Presidente* ; Poggi, *Segretario*.

Ai Signori Suddelegati dell'Intendenza di Corsica.

Bastia, 10 luglio 1790.

Sulle rappresentanze, Signori, del capitano del bastimento napoletano, che si ritrova carico di sale nel golfo di San Fiorenzo, è stato deliberato da questo Superior Comitato, che il Sig. Antonetti, nella sua qualità di ricevitore de' demani, lascierà liberamente partire detto bastimento, mediante la sicurtà stata offerta nella persona del Sig. Bigani, console generale di S. M. Siciliana, quale dovrà fare prealabilmente nelle dovute forme quel pagamento de' dritti, ai quali potrà esser soggetto il sale di cui è questione.

Si previene loro Signori del suddetto decreto stato reso

nella sestione del 7 luglio anno corrente, affinchè vi si debbano intieramente conformare.

Siamo etc.

Sottoscritti : Varese, *Presidente* ;
Poggi, Biadelli, *Segretari.*

Ai Signori Ufficiali municipali di Pietralba.

Bastia, 10 luglio 1790.

Vengono, Signori, delle nuove lagnanze nanti del Comitato Superiore per parte del Sig. Bernardini, abitante in cotesta vostra comunità ; con gran sorpresa sentiamo che un affare, il quale si credeva già sopito, occasioni invece delle nuove turbolenze e vie di fatto.

Vedete dunque di far cessare questi disordini, facendo non solamente restituire al suddetto Signore Bernardini il restante de' suoi mobili statigli prima di ora violentemente rapiti, ma diffenderlo altresi da ulteriori prepotenze contro la libera percezione de' suoi redditi.

Non potete scusarvi, Signori, di non aver forza sufficiente nella vostra comunità per reprimere le violenze ; i decreti dell'Assemblea Nazionale vi autorizzano di poter anche chiedere man forte dalle comunità più vicine ; onde non potete, nè dovete in modo alcuno trascurare una cotanto interessante e particolare vostra obbligazione, senza potervi esimere, in caso diverso, a tenore de' suddetti decreti, di esser *de proprio* tenuti ai danni ed interessi, a cui per indolenza o trascuraggine vostra potessero soggiacere i particolari di detta vostra comunità.

Speriamo che non mancherete ad un così preciso dovere, ed attendiamo di sentire quanto prima finito quest'affare.

Siamo etc.

Sottoscritti : Varese, *Presidente* ; Poggi, *Segretario.*

Al Signor Achille Murati,
Colonnello della guardia nazionale di Nebbio.

Bastia, li 10 luglio 1790.

È stata fatta lettura, Signor Colonnello, questa mattina della vostra lettera al Comitato Superiore, dalla quale abbiamo appreso l'inconveniente arrivato in Patrimonio, unitamente alle vostre sollecitudini e patriottiche premure col prevenire ulteriori disordini.

Non possiamo che applaudire al vostro zelo con che continuamente vi dimostrate pel bene e per la tranquillità.

Vi preghiamo di continuare cogl'istessi sentimenti e d'esser persuaso che in tutte le circostanze vi si renderà quella pubblica dovuta giustizia che meritate.

Se mai l'affare suddetto avesse qualche altra funesta conseguenza, vi compiacerete subitamente informarcene, acciò possiamo prendere quelle risoluzioni che l'opportunità del caso potrà richiedere.

Siamo etc.

Al Signor Prefetto di Cervione.

Bastia, 12 luglio 1790.

Il nominato Roulle, Signore. usciere della giurisdizione d'Aleria, ha presentato una memoria lagnandosi di varj insulti e prepotenze fattegli del Sig. Poggioli, membro del vostro corpo municipale,

Il Comitato Superiore ha inteso con dispiacere gli attentati fatti ad un impiegato nella vostra giustizia reale, ma molto più è sorpreso di vedere oltraggiato un Francese, in un tempo in cui i Corsi sono trattati in Francia colla maggior distinzione, e questo tanto più da un ufficiale municipale che deve dare tutto il buon esempio nella sua comunità.

Voi troverete acclusa la memoria ch'egli ha presentato, dalla quale rileverete le ragioni che ha avute di lagnarsi. Il Comitato Superiore, persuaso della vostra prudenza e di quella degli altri membri che compongono il vostro corpo municipale, v'incarica d'impedire qualunque disordine o via di fatto ulteriore contro del predetto Roulle, e procurargli tutta quella protezione che la legge accorda a tutti i cittadini.

Confidiamo infinitamente nella vostra saviezza e nel zelo patriottico di cui vi riconosciamo ripieno, per credere che farete cessare tutti i motivi che potrebbero dare a tale oggetto moto ad ulteriori lagnanze.

Siamo etc.

Ai Signori Anfriani e Leoni di Balagna.

Bastia, 13 luglio 1790.

Come vedrete dalla deliberazione che vi racchiudiamo, il Comitato Superiore vi ha nominati, perchè vi trasportiate nell'Algajola, a prendere cognizione dei disordini che ci sono accaduti, e a provvederci nel miglior modo che potrete. Non ritardate un momento ad eseguire la commissione che vi è stata affidata, perchè la cosa è della maggior importanza ed esige attività e prontezza per i nuovi disordini che non senza fondamento si temono vicini ad accadere. Prenderete delle persone neutrali ed imparziali, che vi serviranno di scorta, e dovrete lasciarle in guarnigione all'Algajola, se lo troverete necessario per la tranquillità ed il buon ordine di questa città. Speriamo che giacchè il tesoro pubblico è esausto, non vi mancheranno de' buoni patriotti che si presteranno di buon animo a questo per pochi giorni. Di tutto v'istruirà la detta deliberazione. Aspettiamo dai vostri lumi e dal vostro zelo un felice esito dall'importante affare che il nostro corpo vi ha confidato, e intanto ci protestiamo con sincero attaccamento ecc.

Sottoscritti : VARESE, *Presidente* ;
BIADELLI e VALERJ, *Segretari*.

Alli Signori Ufficiali municipali della pieve di Tallano e della comunità di Santa Lucia.

Bastia, 13 luglio 1790.

Il Comitato Superiore, Signori, ha letta e fatto comunicare la vostra memoria al molto Reverendo Padre Provinciale de' Padri Osservanti, e dopo aver letta le osservazioni di detto Padre Provinciale, ha provisionalmente deliberato di proibire al Procurator del Convento di Tallà di ingerirsi in alcun modo nell'alienazione de' beni appartenenti al detto Convento sotto le pene che in caso di detta alienazione stimerà d'ingiungere. Vi autorizza a farle sentire la presente deliberazione, ed essendo i beni del detto Convento direttamente affidati dalla pubblica confidenza alla vostra protezione, v'invita a vegliare alla conservazione di detti beni e de' mobili addetti al medesimo Convento.

Di tutto ciò che potrà accadere, ne darete avviso a questo Superior Comitato, che si riserva di provvedere in caso di bisogno. — Siamo ecc.

Sottoscritti : VARESE, *Presidente* ;
POGGI e VALERJ, *Segretari*.

Agli Ufficiali municipali di Taglio di Tavagna e Castellare di Casinca.

Bastia, 14 luglio 1790.

Vengono portate delle lagnanze, Signori, nanti di questo Comitato per parte del Sig. Carlo Felice Pietri, tendente a che dalla Signora Maria Maddelena e figli Pietri, si vogliono commettere delle violenze e vie di fatto sopra del terratico di varj terreni dei quali il detto Sig. Carlo Felice ne gode tutto il pacifico possesso.

Voi non potete ignorare che i decreti dell'Assemblea Nazionale rimettono alla vostra cura la protezione delle proprietà pubbliche e particolari, e delle persone medesime; che è vostro preciso dovere di far valere tutti i mezzi tendenti ad assicurare la percezione de'frutti dei beni a coloro che ne sono in possesso, ed a punire quelli che apportano degli ostacoli alla detta percezione.

Dovete dunque impiegare ogni sollecitudine che in simili circostanze puol abbisognare, usando medesimamente della forza, e quando questa vi manchi nella vostra comunità, siete autorizzati dai medesimi decreti di chieder quella manforte necessaria dalle altre comunità più vicine che non possono ricusarvelo, onde reprimere le violenze e gli attentati.

Speriamo che vorrete eseguire quel tanto che viene affidato alla vostra cura, e risparmiare in questo Superiore Comitato di fare degli ulteriori passi contro i perturbatori delle sostanze altrui.

Siamo ecc.

Sottoscritti: VARESE, *Presidente*; POGGI, *Segretario*.

Ai Signori Leoni ed Anfriani.

Bastia, 15 luglio 1790.

Il Comitato Superiore, Signori, essendo stato informato che la municipalità della città di Calvi avea impedito lo sbarco della famiglia Cattaneo, che da questa città ritornava alla sua casa, ha gettato gli occhi sopra di voi per impedire qualunque disordine, che potesse insorgere.

V'invita perciò a trasportarvi in Calvi per indurre quella municipalità a non impedire ulteriormente l'ingresso in quella città alla famiglia Cattaneo, ed a questo effetto vi si acclude la lettera che il Sig. Cannelli ha scritto a questo oggetto.

Speriamo nel vostro patriottico zelo, che non differirete la vostra partenza per calmare e finire questa lagnanza, e nella vostra moderatezza e prudenza, per indurre quegli ufficiali municipali ad agire con la maggior [cautela] in questo momento in cui rinasce l'unione e la pace.

Siamo etc.

Sottoscritti : Varese, *Presidente* ;
Poggi e Valerj, *Segretari.*

Al Signor La Rosata a Bastia.

Bastia, 15 luglio 1790.

Li disordini, Signore, che si sono manifestati nell'Algajola hanno indotto il Comitato Superiore a nominare una commissione nei Signori Leoni ed Anfriani, affine di trasportarsi in quella città per sedare il rumore, e tranquillare i spiriti sediziosi ed inquieti.

Conoscendo ancora il vostro zelo, la vostra prudenza ed il vostro patriottismo, ha egualmente deliberato d'invitarvi a passare in quella città per poter, unitamente ai detti Signori Commissari, ristabilirvi l'unione e la pace; e non potendo per vostri interessi andarvi, scrivere a quelli sopra de' quali potete avere influenza affinchè cerchino tutti i mezzi che la tranquillità vi sia ristabilita.

Siamo etc.

Per li rappresentanti del Comitato Superiore,

Sottoscritti: Varese, *Presidente*;
Poggi e Valerj, *Segretari*.

A Monsignor Santini, Vescovo di Nebbio e Commissario del Re.

Bastia, 19 luglio 1790.

Monsignore,

Sulle scissure insorte nella Comunità della Pieve per l'elezione del corpo municipale, ed essendosi questo Superior Comitato occupato dei mezzi più opportuni onde andare al riparo degl' inconvenienti, ha pensato di stimolare il suo zelo ben conosciuto per la pubblica tranquillità, pregandolo d'interporre tutti quelli espedienti che gli verranno dettati dalla sua saviezza.

Ci lusinghiamo che non riuscirà difficile alla di lei prudenza di conciliare quegli animi divisi e ricondurli alla concordia fino a che non venghino decise dal Dipartimento le loro questioni.

Profittiamo di questa occasione pregandolo altresì di far

sospendere per qualche giorno l'unione della assemblea primaria nella città di Corte, attesi i disordini che colà regnano, e molto più manifestatisi nell'ultima emozione arrivata nel dì 14 del corrente mese. La buona prudenza ci suggerisce d'invitarlo a questa sospensione, persuasi appunto che ancor lei sarà al par di noi penetrato di tale riflessione.

Abbiamo l'onore ecc.

Sottoscritti : Varese, *Presidente ;*
Poggi, Biadelli e Valerj, *Segretari.*

Agli Ufficiali municipali di Bisinchi.

Bastia, li 19 luglio 1790.

Il Reverendo Curato di Pastoreccia, Signori, ha presentata una memoria colla quale si lagna che gl'individui della vostra Comunità rifiutano di pagare le decime che sono state fin quì percepite dal medesimo.

Il decreto dell'Assemblea Nazionale che sopprime le decime, le lascia nello stesso stato finchè questi diritti non siano rimpiazzati, ed il Comitato Superiore, sempre occupato principalmente a far eseguire i suoi decreti, non può vedere senza dispiacere la trascuraggine di quello riguardante le decime.

Noi v'invitiamo pertanto a volere coi mezzi più dolci ed efficaci indurre la vostra Comunità a pagare esattamente le decime tanto al detto Sig. Curato, quanto agli altri che ne hanno diritto, ed in caso che troviate delle difficoltà, obbligherete quelli che mancheranno di pagare, colla forza che la pubblica confidenza vi ha affidata, essendo voi garante dell'inosservanza dei decreti dell'Assemblea Nazionale.

Siamo ecc.

Sottoscritti : Varese, *Presidente ;*
Poggi e Valerj, *Segretari.*

Agli Ufficiali municipali
delle Comunità di Moltifao e Castifao di Caccia, Monticello e Calvi.

Bastia, 20 luglio 1790.

Siete prevenuti, Signori, per parte del Comitato Superiore che porzione della truppa svizzera, che ritrovasi di guarnigione nella città di Corte, deve passare nelle vostre rispettive comunità li dì 23, 24 e 25.

Questa disposizione è in seguito d'una deliberazione di questo Superior Comitato, avendo stimato bene di diminuire la guarnigione in quella città e guarnire i presidi marittimi. Speriamo che vorrete anticipatamente provvedere a tutto ciò che detta truppa potrà aver bisogno, tanto nel suo passaggio che nel suo soggiorno in detta vostra Comunità.

Avrete in oltre cura di provvederla, pagando, del necessario, e d'assisterla, affinchè non venga in modo alcuno inquietata nè molestata.

Siamo ecc.

Sottoscritti: Arrighi, *Presidente*;
Poggi e Valerj, *Segretari*.

Circolare scritta ai seguenti Signori suddelegati, cioè:

Luigi Ciavaldini, di Carcheto; Matteo S. Giovanni, d'Ortiporio; Achille Murati, di Murato; Lepidi, di Zuani; Colonna, di Vico; Mario Peraldi, a Ajaccio; Carlo Murati, di Marana; Bonaccorsi, a Calenzana; Filippo Gabrielli, a

Talavo; Gio: Santo Casta, a Bastelica; Giubega, a Calvi; Antonio Frasseto, a Frasseto; Giacomo Peretti, a Bonifazio; Casabianca, a Venzolasca; Arena, a l'Isola Rossa; Santo Dominici, a Luri; Paolino Colonna, a Bicchisà; Giovanni Peretti, a Olmeto; Gio: Quilico Benedetti, a Piedicorte; Rocca Cesari, a Quenza; Paolo Zerbi, a Bozio; Petriconi, a Bastia; Aiqui, a Santa Maria d'Ornano; Casalta, a Campoloro; Chiarelli, tenente-colonello, a Venaco; Vittini, id., a Poggio di Tavagna; Viterbi, id., a la Penta; Montera, id., a Corte; Marc'Antoni, colonnello, d'Alesani; Angelo Raffini, id., di Moriani; Francischetti, id., di Fiumorbo; Cecco Petrignani, id., d'Ampugnani; Anton Martino Jannettini, id., a Castagneto.

Bastia, 21 luglio 1790.

Il Comitato Superiore, Signori, è nella disposizione di formare una marcia generale per reprimere alcuni spiriti torbidi che inquietano qualche parte dell'Isola.

Siete perciò invitato di tener pronta la truppa del vostro corpo per marciare al primo avviso, ed in seguito delle istruzioni che vi saranno date.

Il Comitato Superiore confida abbastanza nel vostro patriottismo per non dever dubitare di tutto il vostro zelo in questa circostanza tanto importante.

Siamo etc.

Sottoscritti: Arrighi, Presidente;
Poggi e Savelli, Segretari.

Al Sig. Vannier, facente fonzioni di Direttore della posta a lettere, a Bastia.

Bastia, 22 luglio 1790.

Il Comitato Superiore, Signore, trova ingiusti i rimproveri, che alcuni particolari si sono avanzati di fare rapporto alla spedizione delle lettere di Corte, riconoscendo il Sig. Gio: Tomaso Arrighi per colonnello di quella guardia nazionale.

Per tutta vostra soddisfazione, il Comitato Superiore approvando la vostra condotta, v'invita di continuare a riconoscere il detto Sr Arrighi in tutte le vostre spedizioni.

Siamo etc.

Al Signor Saliceti, deputato delle Comuni di Corsica all'Assemblea Nazionale.

Bastia, 24 luglio 1790.

Monsieur,

Il Comitato Superiore era di già informato dello zelo, con cui vi occupate al vantaggio della Patria, ma la viva testimonianza che di voi rende pubblicamente il nostro General de Paoli conferma maggiormente tutta la nazione nella buona opinione che di voi avea concepita fino dal momento, che vi elesse per uno de' suoi rappresentanti.

I sudori che avete sparsi e che spargete per la vostra provincia sono allori che circondano la vostra fronte, ed essa non potrà mai meglio ricompensarli, che con mostrarvene la sua gratitudine.

Riceverete intanto una testimonianza da questo Comitato Superiore, a nome della Patria tutta, che vi riconosce zelantissimo cooperatore de' vantaggi che le vengono accordati dall'Augusta Assemblea Nazionale.

Felice voi, che avete saputo così bene operare! Non si stanchi il vostro coraggio, nè cessate di vegliare al comune bene; tutte le vostre fatiche si ritroveranno compensate dalle marche d'amore e di riconoscenza che ogni buon patriotto vi prodigherà nelle pubbliche e private circostanze.

Abbiamo l'onore etc.

Sottoscritti: ARRIGHI, *Presidente*;
POGGI, BIADELLI e VALERJ, *Segretari*.

Ai Signori Suddelegati Generali dell' Intendenza.

Bastia, 27 luglio 1790.

Il Signor Casella, Signori, avea ottenuta un' ordinanza di nove cento franchi per le pigioni di casa. Questa è restata abbrugiata coll' incendio della sua casa, ed egli trova delle difficoltà per ottenere da voi il doppio della medesima.

Il Comitato Superiore trova giusta la dimanda del Sig. Casella e v' invita ad accordargli un doppio della medesima colle precauzioni che sono necessarie, affinchè questo Signore possa sovvenirsi ne' suoi pressanti bisogni.

Siamo ecc.

Sottoscritti: BARBAGGI, *Decano;*
POGGI, BIADELLI e VALERJ, *Segretari.*

A Monsieur de Barin.

Bastia, 27 juillet 1790.

Le Comité Supérieur, Monsieur, a entendu la lecture de la lettre que vous lui avez fait l'honneur de lui écrire en date du 26 de ce mois à l'égard de M. Gafforj et la réclamation que vous faites de sa détention.

Le bien et la tranquillité publique ont induit le Comité Supérieur à cette démarche et vous devez être convaincu qu'elle est fondée sur des puissants motifs.

Nous avons l'honnèur, etc.

Signés: BARBAGGI, *Doyen;*
POGGI, BIADELLI, *Secrétaires.*

Al Signor Gafforj.

Bastia, 27 luglio 1790.

Il Comitato Superiore, Signore, ha intesa questa mattina la lettura d'una sua lettera senza data. Egli acconsente a che possa imbarcarsi per lasciare i spiriti liberi e non ritornare in Patria se non che dopo la formazione del Dipartimento e totale ristabilimento della pubblica tranquillità, conforme alla sua richiesta.

Siamo ecc.

Sottoscritti: Limperani, *Decano;*
Poggi, Biadelli, Valerj, *Segretari.*

A Monsieur de la Tour du Pin.

Bastia, 27 juillet 1790.

La bienfaisance du Roy s'est déterminée à accorder à la caisse civile de Corse un secours de 20,000 fr. par mois pour suppléer aux dépenses.

Une grande partie de ces fonds n'est pas versée dans cette caisse, tandis que des employés qui se trouvent en France pour leurs affaires personnelles sont fort empressés de toucher leurs appointements sur le trésor royal, et le trésorier de la guerre à Bastia, au lieu de verser le numéraire total dans la caisse civile, lui remet des quittances de l'argent touché en France.

Le Comité Supérieur, frappé de ces abus, se croit obligé de mettre sous vos yeux les inconvénients et les torts que cette disposition porte aux intérêts de la Corse, en vous priant de vouloir bien y remédier.

Vous ne trouverez pas juste, Monsieur, que des employés hors de leur résidence soient préférés à ceux qui travaillent dans le pays et qu'ils manquent du nécessaire, à défaut de ses appointements....

Le Comité Supérieur, Monsieur, vous prie en conséquence de donner vos ordres les plus précis pour la suspension de tout traitement aux employés qui se trouvent éloignés de leur résidence.

Nous avons l'honneur etc.

Signés : Arrighi, *Président* ;
Biadelli, Poggi et Valerj, *Secrétaires*.

Ai Signori Ufficiali municipali di Oletta.

Bastia, 28 luglio 1790.

Il Comitato Superiore, Signori, informato de' disordini che hanno avuto luogo nella loro comunità ha deliberato di spedire tre commissari per sedare i rumori e stabilire la tranquillità.

Siamo altresì informati di un ordine dato a comparire fra un'ora, e siccome la Commissione partirà incessantemente, v'invita il Comitato Superiore a sospendere qualunque procedura fino all' arrivo de' Signori Comissari.

Siamo etc.

Sottoscritti : Arrighi, *Presidente* ;
Poggi e Valerj, *Segretari*.

Agli Ufficiali municipali di Bastia.

Bastia, 29 luglio 1790.

Il Comitato Superiore, Signori, ha delle ragioni per far arrestare il Sig. Cadenol, ingegniere de' ponti ed argini, che è arrivato questa mattina in questa città. Abbiamo per questo bisogno della man forte per farlo condurre nella cittadella, ed a quest' effetto li preghiamo d'accordarcela.
Siamo etc.

Sottoscritti: Arrighi, *Presidente;* Valerj, *Segretario.*

A Monsignor Santini, Commissario del Re.

Bastia, li 30 luglio 1790.

Monsignore,

Il Sig. avvocato Panattieri, incaricato di diversi importanti travagli di questo Comitato Superiore, del quale è membro, ha fatto sentire la necessità di rendersi a Calvi per assistere alle assemblee primarie in quella sua città.

Siccome la mancanza di questo zelante patriotto farebbe nelle circostanze presenti gran torto alla spedizione degli affari del Comitato, ha questo presa la determinazione di scrivergli, Monsignore, per pregarlo di far sospendere in quella città ogni operazione relativa a detta assemblea sino al suo ritorno, che potrà aver luogo verso i dodici dell'entrante, e lusingandosi che Ella si presterà a una dimanda che ha per oggetto il ben pubblico, ha ingaggiato il sudetto Sig. Panattieri a sospendere la sua partenza sino a suoi riscontri, in attenzione de' quali abbiamo l'onore di essere con un sincero attaccamento etc.

Sottoscritti: Arrighi, *Presidente;* Valerj, *Segretario.*

Al Signor Saliceti.

Bastia, 31 luglio 1790.

Amatissimo Compatriotto,

Abbiamo l'onore d'acchiudervi il processo verbale in seguito del quale questo Comitato Superiore fece arrestare il Sig. Gafforj e le permise di passare in Francia. Facciamo un egual indrizzo al Presidente dell'Assemblea Nazionale ed al Ministro della guerra. Abbiamo tropo prove del vostro zelo, della vostra attività e patriottismo per non anticipatamente pensare che appoggiarete con tutte le forze vostre le ragioni che ci hanno determinato ad allontanare un uomo che coi suoi intrighi avrebbe impedite o rese sanguinose le nostre assemblee primarie e dipartimentali. Nel caso che abbiate bisogno di migliori schiarimenti non avete che indicarcelo, che vi si faranno immediatamente passare.

Il Sig. Matra continua a resistere agli ordini del Comitato Superiore e fa persistere i suoi nel forte d'Aleria. In conseguenza faremo passare a voi e all'Assemblea Nazionale i processi verbali che vi sono relativi.

Abbiamo l'onore ecc.

Al Sig. Abbate Cristinacce, vicario generale a Vico.

Bastia, 31 luglio 1790.

È sorprendente, Signore, che quantunque il Comitato Superiore abbia confermata l'elezione di *Maire* nella persona del Sig. Colonna, voi vogliate capricciosamente persistere ad esercitarne le funzioni, disprezzando così gli ordini che avete replicatamente ricevuti.

Volendo per conseguenza conoscere quali siano le ragioni che vi fanno persistere nella vostra opinione, v'ingiunge di presentarvi alla sua sala fra il termine di otto giorni.

La mancanza di comparire meriterebbe un severo castigo, e vi mettereste nel caso di essere perseguitato, se rifiutaste di presentarvi nel termine che vi si assegna.

Siamo ecc.

Sottoscritti : ARRIGHI, *Presidente* ; VALERJ, *Segretario*.

A M. le Comte de La Tour du Pin, ministre de la guerre.

Bastia, 31 juillet 1790.

Monsieur,

Par les procès-verbaux que nous avons l'honneur de vous adresser, vous verrez les raisons qui ont déterminé le Comité Supérieur à faire arrêter M. Gafforj et d'adhérer à la demande qu'il nous a faite de passer en France.

Nous espérons que vous approuverez une opération qui n'a d'autre objet que de ramener l'ordre, la tranquillité et l'union dans le pays, et pour faire procéder librement aux élections primaires et du Département.

Nous sommes etc.

Pour les représentants du Comité Supérieur,

Signés : ARRIGHI, *Président* ; VALERJ, *Secrétaire*.

Al Sig. Paolo Maria Paoli, Procuratore Sindaco all' Algajola.

Bastia, 31 luglio 1790.

Il Comitato Superiore, Signore, ha letta la lettera che gli avete indirizzato. Sente con un vero rincrescimento le irregolarità che dite commesse in Algajola per le assemblee primarie in pregiudicio di molti cittadini e per le quali v'invita ad indirizzarvi ai Signori Commissari del Re ed al Dipartimento, sicuro di ottenerne ogni compimento di giustizia.

Quanto al cambiamento della guarnigione che la vostra municipalità li avea richiesta, trovando giuste le vostre osservazioni, il Comitato ha deciso di lasciar per ora le cose come si ritrovano, salvo a provvedervi, quando vi sarà un cambiamento di guarnigione regolata nel vostro distretto.

Siamo etc.

Sottoscritti : ARRIGHI, *Presidente* ; VALERJ, *Segretario*.

Ai Signori Quenza e Ponte, Commissari del Re.

Bastia, 3 agosto 1790.

Trovandosi i Signori Tavera e Ornano, Signori, in Corte per un importante commissione, e temendo che nelle loro pievi si possa procedere alle assemblee primarie, han fatto sentire al Comitato Superiore la necessità di portarvisi per assisterci. Siccome la presenza dei Signori Ornano e Tavera è troppo necessaria in Corte, il Comitato si è determinato di scriverle, Signori, per pregarli a sospendere nelle loro pievi ogni assemblea relativa all'elezione degli elettori, sino a che non abbino riempito l'oggetto per cui il Comitato li ha colà spediti, ciò che potrà aver luogo verso i quindici dell'andante mese. È di ciò che li preghiamo, ed in attenzione de' suoi riscontri, abbiamo l'onore ecc.

Sottoscritti: ARRIGHI, *Presidente*;
BIADELLI e VALERJ, *Segretari*.

Ai Signori Vescovo di Nebbio e Limperani, Commissari del Re.

Bastia, 3 agosto 1790.

Ritrovandosi i Signori Don Simoni d'Orezza e Grimaldi di Niolo, Signori, in Corte per un'importante commissione, e tenendo ecc. (Lettre conçue dans les mêmes termes que la précédente).

Ai Signori Commissari del Comitato Superiore a Corte.

Bastia, 7 agosto 1790.

Ricevemmo giorni sono la vostra lettera alla quale non si potè di subito rispondere, attesa la multiplicità degli affari, dei quali siamo indifessamente impiegati.

Il dettaglio che ci avete fatto delle vostre osservazioni ed il principio del buon successo che ce ne annunziate, vi rendono sempre più degni della confidenza affidatavi per un'affare di tanta importanza.

Quello però che ci dispiace, si è che non vi siate ancora occupati a far partire il Reggimento Salis, a tenore della vostra istruzione, e conforme alle deliberazioni. Badate bene che qualunque accomodo e riconciliazione fra gli abitanti di codesta città non devono distruggere la determinazione di far evacuare il suddetto Reggimento da Corte, anzi per la presente lettera il Comitato Superiore vi rinnova le sue intenzioni e v'incarica espressamente di farlo di subito partire senz'altro indugio. Questa mattina si è ancora parlato lungamente su quest'articolo ed è stato deliberato di scrivervi all'oggetto suddetto per cui non dubitiamo punto della vostra adesione, conoscendo l'esattezza dei vostri sentimenti.

Le ragioni che ci determinano ad insistere su tale deliberazione sono fortissime, e tuttavia crescono; onde non mancate di corrisponderci colla maggior prontezza da veri e zelanti patriotti, ed all' avuta della presente date immediatamente i vostri ordini in conseguenza.

Osserverete che il Reggimento parta con tutto decoro e rispetto dovuto. Se i loro equipaggi non fossero al caso di seguitare subito per mancanza di carri e vetture, fateli custodire con esattezza, ma che ciò non ritardi la partenza del Reggimento.

Trattenetevi in seguito in codesta città sino a che crediate la vostra presenza necessaria, e regolatevi in ogni cosa secondo che vi verrà suggerito dalla vostra prudenza nella quale pienamente confidiamo.

Siamo ecc.

Sottoscritti: BARBAGGI, *Presidente*.
POGGI e VALERJ, *Segretari*.

A M. de l'Hôpital, lieutenant du Roi à Corte.

Bastia, 7 août 1790.

Le Comité Supérieur, Monsieur, a entendu lecture d'un mémoire que vous avez bien voulu lui envoyer, en date du 6 courant mois. La détermination que nous avons prise pour faire évacuer les troupes réglées de Corte, est appuyée sur des puissants motifs et nous ne pouvons pas nous dispenser de la faire exécuter.

Nous envoyons par ce même courrier des ordres en conséquence à nos commissaires qui se trouvent à Corte et nous nous flattons que vous voudrez bien vous y conformer.

Nous avons l'honneur etc.

Signés : BARBAGGI, *Président*; POGGI, *Secrétaire*.

Ai Suddelegati generali dell'Intendenza.

Bastia, 9 agosto 1790.

Il Comitato Superiore, Signori, essendo informato che dai Geometri dell'Intendenza siasi fatta una carta geografica della Corsica che oltre di denotare la superficie di tutta l'Isola ne dimostra la divisione per Provincie e Pievi, prega lor Signori ordinare ai detti Signori Geometri, ossia al Sig. Vuillet, loro capo, di rimettere a questo Superior Comitato un esemplare della riferita carta che sarà ben consegnato al sig. abate Marinetti, membro del medesimo ed uno degli Elettori di questa capitale.

Siamo ecc.

Sottoscritti: BARBAGGI, *Presidente*; POGGI, *Segretario*.

Al Signor Generale de Paoli.

Bastia, 10 agosto 1790.

Signor Generale,

Sebbene il Sig. Bartolomeo Arrighi non abbia per anche scontata quella condegna punizione dovuta alle sue operazioni, il desiderio però che il Sig. Generale ci fa conoscere per il di lui slargamento dalle prigioni, questo basta per indurci a qualunque indulgenza in suo favore.

Abbiamo l'onore di accludergli una deliberazione, dalla quale rileverà la narrativa della di lui condotta, ed il giusto risentimento del Comitato Superiore verso di un uomo non men stravolto che cattivo patriotto.

Quantunque abbiamo tutto il fondamento di credere che le operazioni del medesimo Sig. Arrighi siano provenute dalle altrui insinuazioni, ciò non ostante, essendo abbassato a servire di vile strumento all'ambizione d'un sconsigliato aristocratico suo preteso Eroe, ed avendo così malamente abusato della carica di prefetto in oppressione della Patria ed in sostegno dell'aristocrazia, si è sempre più reso meritevole della pubblica indignazione.

D'altronde, Signor Generale, l'assicuriamo che qualunque demerito del detto Sig. Arrighi, e qualsivoglia determinazione che possa essere stata presa su tal oggetto, viene sospesa qualora ci ha fatto l'onore di comunicarci i suoi desideri, ai quali in questa, come in ogni altra circostanza, ci faremo sempre un pregio di aderire intieramente.

Siamo ecc.

Sottoscritti: BARBAGGI, *Presidente*; POGGI, *Segretario*.

A M. Barrin, commandant les troupes en Corse, à Bastia.

Bastia, le 10 août 1790.

Le Comité Supérieur, Monsieur, d'après les nouvelles de la réconciliation dans la ville de Corte, la représentation de M. de l'Hôpital et les avis de M. le Général De Paoli, s'est déterminé à suspendre de faire évacuer les troupes de cette ville. Nous avons écrit en conséquence à nos commissaires qui se trouvent à Corte et vous prions de vouloir bien retirer vos ordres en conséquence au Régiment de Salis.

Nous avons l'honneur etc.

Signés : BARBAGGI, *Président* ; POGGI, *Secrétaire*.

Agli Uffiziali vecchi ed ai sedicenti nuovi di Evisa.

Bastia, 10 agosto 1790.

Il Comitato Superiore, Signori, è stato informato de' disordini che sono fin'ora arrivati nella vostra comunità. Vi ordina di portarvi fra otto giorni nanti di esso in questa città, ad oggetto di communicarvi la memoria che gli è stata presentata ad istanza de' Signori Anton Martino Ciaccaldi ed Antonio Benedetto, e per farvi sentire le deliberazioni che stimerà di prendere per assicurare la pubblica tranquillità nel vostro paese.

Ha di che sperare che non vi dipartirete d'ubbidire alla presente per non obligare il Comitato a fare qualche determinazione che potrebbe punirvi.

Sottoscritti : BARBAGGI, *Presidente* ; POGGI, *Segretario*.

Ai Signori Ufficiali Municipali della Piana, provincia di Vico.

Bastia, 12 agosto 1790.

Vengono portate delle lagnanze, Signori, a questo Superior Comitato relativamente a certe condanne state pronunziate dalla vostra municipalità contro vari particolari.

Noi v'invitiamo a procedere con un poco più di moderazione verso dei vostri concittadini, tanto più che non saranno forse cotanto colpevoli, onde meritare le persecuzioni che intendete di far loro soffrire.

I patriotti, Signori, devonsi regolare colle buone maniere, e quantunque possino essere in qualche modo traviati, non si deve ricorrere di subito ai mezzi imperiosi per ricondurli al buon sentiero, ma invece impiegare tutti i mezzi di moderazione, onde farli ravvedere dai loro errori.

Speriamo che vorrete corrispondere alle nostre intenzioni e siamo col più perfetto attaccamento ecc.

Sottoscritti: Barbaggi, *Presidente*; Poggi, *Segretario*.

Al Sig. Ciavaldini, colonnello delle guardie nazionali, a Orezza.

Bastia, 14 agosto 1790.

Avvicinandosi, Signore, l'Assemblea generale di tutti gli elettori dell'Isola in Orezza, ed essendosi il Comitato Superiore occupato per la sala di riunione, ha stimato di pregarvi acciò vi prendiate la pena di far preparare la chiesa dei Padri

Riformati a modo d'anfiteatro con tre ranghi di sedili, e nel fondo, cioè verso l'altare maggiore, far apparecchiare un gran tavolino in qualche eminenza da potersi capire il Presidente, Segretario e Scrutatori, che a poco presso saranno in numero di cinque o sei persone.

Prenderete a tal oggetto le misure che stimarete più convenevoli per il legname ed altro, facendone l'accordo di tutta la spesa con quel maestro che stimarete più discreto, mentre sarà prontamente pagato secondo la verificazione che da voi ne sarà fatta.

Prevenirete il Superiore di detto convento acciò dal momento che gli significarete la presente non riceva più nessun cadavere nella chiesa, e che debba far ripascere con calcina tutte le sepolture all'intorno, affinchè non diano nel tempo dell'Assemblea alcun fetore.

Ingiungerete egualmente al detto Superiore di far evacuare, quanto sia possibile, tutto il convento dai rispettivi Padri, lasciandone semplicemente tre o quattro per il culto divino, ed affinchè il restante del medesimo convento possi essere alla disposizione degli elettori.

Il zelo ed attività di cui vi riconosciamo ripieno ci ha indotto di preferenza ad aver ricorso a voi per l'esecuzione di quanto sopra, sperando che vorrete compiacervi di corrispondere alla confidenza che abbiamo avuto nella vostra persona.

Siamo ecc.

Sottoscritti: BARBAGGI, *Presidente*; POGGI, *Segretario*.

Circolare alli Signori Ufficiali municipali e Comandanti delle guardie nazionali di Corsica.

Bastia, 20 agosto 1790.

L'enormità dei delitti commessi dal nominato Angelo Maria Stefani, detto Tambone, del paese di Carcheto d'Orezza, hanno indotto il Comitato Superiore a fare contro di lui e de' suoi seguaci una spedizione per liberare la Patria da tali pessimi soggetti cotanto nemici della società e della pubblica quiete, con ordine espresso di arrestarli vivi o morti.

Siete perciò invitati, o Signori, ad unirvi alla causa comune dei buoni patriotti, prestando e manforte ed altre necessarie assistenze al capo del distaccamento del Reggimento Provinciale, latore della presente, affinchè le riesca più facile e più pronto l'oggetto della sua missione.

Confidiamo pienamente nel vostro zelo e nell'amore del pubblico bene di cui vi crediamo animati per sperare la maggior adesione alle attuali nostre disposizioni.

Siamo ecc.

Sottoscritti: BARBAGGI, *Presidente*; POGGI, *Segretario*.

Al Signor Vescovo di Sagona.

Bastia, 21 agosto 1790.

Il Comitato Superiore, Signore, ha forti motivi di far punire il canonico Cristinacce di Vico; ha perciò deliberato di pregarlo a dover ammuoverlo dalla carica di vicario generale, per esserne indegno.

Si lusinga che Ella non ritarderà a privarlo delle lettere... di vicariato. — Siamo ecc.

Sottoscritti: BARBAGGI, *Presidente*; BIADELLI, *Segretario*.

Al Signor Generale De Paoli.

Bastia, 23 agosto 1790.

Signor Generale,

Per assicurare la fedeltà dei diritti delle dogane dell'Isola, il Comitato Superiore deliberò di nominare dei custodi che furono indicati dai Deputati delle rispettive giurisdizioni.

Riguardo alla dogana di Bastia, ne fu rimessa la cura alla municipalità medesima e questa stabilì d'inviare giornalmente un soggetto a fine d'invigilare alla percezione del pubblico numerario.

Ci vengono ora fatti dei nuovi riclami contro le frodi e monopoli, che tuttavia si commettono in detta dogana, ed il Comitato Superiore non deve essere spettatore indolente di questa trascuraggine.

Pensiamo di voler immediatamente riparare a detti inconvenienti, e siccome la municipalità di Bastia merita per parte nostra tutta l'attenzione, preghiamo in questo caso il Sig. Generale di voler concertare coi sudetti Signori Ufficiali municipali di questa città tutti quei mezzi più opportuni onde assicurare un interesse di tanta importanza per la nazione.

Abbiamo l'onore ecc.

Sottoscritti : BARBAGGI, *Presidente* ; POGGI, *Segretario*.

Al Signor Arena,
Colonnello della guardia nazionale di Balagna.

Bastia, 24 agosto 1790.

Signor Colonnello,

I torbidi insorti in occasione delle assemblee primarie per l'elezione degli Elettori in Cervione obbligano questo Superior Comitato a fare una spedizione di truppa nazionale in quella parte per assistere ai Signori Commissari del Re nella nuova convocazione di dett'Assemblea, e per farvi regnare il buon ordine e la tranquillità.

Conoscendo il zelo patriottico, di cui siete animato, abbiamo pensato d'incaricarvi di questa commissione, pregandovi di trasportarvi prontamente in Cervione col distaccamento che qua ritrovasi delle vostre guardie nazionali, per l'affetto suddetto.

Siamo ecc.

Sottoscritti : BARBAGGI, *Presidente* ; POGGI, *Segretario*.

Ai Signori Varese e Limperani, commissari del Re, a Cervione.

Bastia, 24 agosto 1790.

Signore,

Il Comitato Superiore viene informato dei torbidi chè si sono manifestati in Cervione all' occasione delle assemblee primarie per l'elezione degli Elettori.

Ha stimato a proposito di spedire in codesta parte un distaccamento di guardia nazionale a loro disposizione per mantenere il buon ordine, allorchè convocheranno una nuova assemblea.

Il Signor Colonnello Arena è stato scelto per questa commissione, il quale viene alla testa di questo distaccamento.

Siamo ecc.

Sottoscritti : BARBAGGI, *Presidente* ; POGGI, *Segretario*.

Alli Signori Ufficiali municipali di Bastia.

Bastia, li 25 agosto 1790.

Signori,

Il Comitato Superiore ha dei motivi per accondescendere alla volontaria partenza del Signor Gio : Battista Cervoni, di

Soveria, pieve di Talcini, quantunque non sia munito del certificato della di lui municipalità; perciò invita loro Signori ad accordargli il passaporto acciò possa imbarcarsi.

Abbiamo l'onore ecc.

Sottoscritti: BARBAGGI, *Presidente*; POGGI, *Segretario*.

Al Signor Colonnello Arena, a Cervione.

Bastia, li 27 agosto 1790.

Il Comitato Superiore, Signor Colonnello, viene d'essere informato dei torbidi nuovamente insorti nella pieve di Rogna, e specialmente nella comunità di Piedicorte, a cagione delle assemblee primarie, per la nomina degli Elettori.

Questi inconvenienti esigono il più pronto riparo per prevenire le funeste conseguenze che potrebbero arrivare, ed a tal oggetto siete pregato di volervi trasportare di subito con la vostra truppa nella suddetta pieve, prendendo quel rinforzo di altre guardie nazionali circonvicine che giudicarete necessario onde impedire qualunque disordine e proteggere la libertà di quelle assemblee.

Se mai conosceste che qualche spirito torbido vi si opponesse, siete autorizzato di arrestarlo e farlo condurre nelle carceri di questa città, lasciandone per il tutto la direzione alla vostra prudenza, unitamente a quella dei Signori Commissari del Re, co' quali vi concerterete.

Siamo ecc.

Sottoscritti: BARBAGGI, *Presidente*; POGGI, *Segretario*.

Al Padre Provinciale de' Cappuccini, a Bastia.

Bastia, li 27 agosto 1790.

Il Comitato Superiore, Padre Provinciale, viene d'essere informato che il Padre Tox, guardiano del Convento del Vescovato, colle sue operazioni e co' suoi discorsi abbia tenuta una condotta poco regolare e disconveniente al carattere d'un vero Religioso.

Ha perciò deliberato d'invitarlo e l'invita a valersi dell'autorità che ha in qualità di Superiore per obbligarlo a fare per soli otto giorni gli esercizi spirituali nel Convento di Bastia ove attualmente ritrovasi, ed intanto non parta dal Convento di questa città sino a nuovi ordini di questo Comitato. Le farà inoltre quella ammonizione paterna che il suo zelo patriottico le saprà suggerire, e l'ingiongerà d'essere nell'avvenire più circospetto e di non ingerirsi nè direttamente nè indirettamente negli affari relativi alla nazione sotto pena d'essere maggiormente punito.

Sottoscritti : BARBAGGI, *Presidente* ; POGGI, *Segretario*.

A M. Barrin, commandant en chef les troupes en Corse, à Bastia.

Bastia, 28 août 1790.

La fermentation, Monsieur, qui s'est manifestée dans la ville de Bonifacio a induit le Comité Supérieur à y envoyer un Commissaire pour calmer les troubles qui y subsistent depuis quelque temps.

M. Varese a été choisi pour cette commission et il se propose de partir ce soir.

Nous nous flattons qu'il parviendra par le moyen de la douceur et de la conciliation à calmer les esprits turbulents, mais au cas que la main forte lui soit nécessaire, nous vous prions, Monsieur, de vouloir bien donner vos ordres au Commandant de la place, pour l'accorder à la réquisition de M. Varese.

Nous avons etc.

Signés: BARBAGGI, *Président*; POGGI, *Secrétaire*.

A M. Gautier, secrétaire.

Bastia, 1er septembre 1790.

Le Comité Supérieur, Monsieur, va s'établir à Orezza où il est obligé de faire bien des dépenses. Il est donc de toute nécessité que vous fassiez un bon pour le restant de l'ordonnance de 7,000 fr. que nous joignons à cette lettre. Nous avons déjà tiré 3,400 fr. sur cette ordonnance; il reste encore 3,600 fr. à payer.

Nous espérons que vous ne ferez pas la moindre difficulté pour ledit bon; il est indispensable de l'avoir aussitôt, et le domestique de la nation est chargé de l'attendre pour nous l'apporter immédiatement, attendu que notre départ est fixé pour demain au soir.

Nous sommes etc.

Signés: BARBAGGI, *Président*; POGGI, *Secrétaire*.

APPENDICE [1]

Commission de Commissaire du Roi pour Matteo Limperani, du 20 avril 1790.

LOUIS,
par la grâce de Dieu, et par la Loi Constitutionnelle de l'Etat,
ROI DES FRANÇAIS :
A notre amé le S. Matteo Limperani, SALUT.

Voulant pourvoir à ce que les Départements et Districts du Royaume, ainsi que les Municipalités, soient incessamment formés et établis de la manière la plus conforme aux Décrets de l'Assemblée Nationale dont Nous avons ordonné l'exécution, Nous croyons devoir nommer des Commissaires qui méritent toute notre confiance et celle des Provinces, pour veiller sur ces opérations importantes, les diriger et les accélérer. A CES CAUSES, connaissant votre capacité, votre zèle et votre sagesse, Nous vous avons nommé, commis et député, vous nommons, commettons et députons, pour, avec le

---

[1] Toutes les pièces qui forment cet Appendice nous ont été communiquées par M. Fernand Limperani. Elles serviront à faire connaître exactement de quels pouvoirs les Commissaires avaient été investis par le Roi.

Sr Evêque de Nebbio et les Srs Petriconi, Mattei, Ponte, Martino Quenza et abbé de Vareze, que nous avons nommés et commis pareillement, prendre sans délai toutes les mesures, et faire toutes les dispositions nécessaires pour la formation et l'établissement du Département de la Corse et des Districts qui en dépendent, faire convoquer les Assemblées pour les élections, faire remplir toutes les conditions et formalités prescrites par les décrets de l'Assemblée Nationale ; veiller sur toutes les opérations, décider provisoirement toutes les difficultés qui pourront s'élever sur lesdits formation et établissement, et généralement faire tout ce que Nous ferions Nous-même pour l'exécution desdits Décrets, comme aussi décider provisoirement toutes les difficultés qui vous seront déférées relativement à l'organisation et établissement des nouvelles Municipalités ; agir et prononcer sur le tout, conjointement avec lesdits Srs Evêque de Nebbio, Petriconi, Mattei, Ponte, Quenza et abbé de Vareze, à la pluralité des voix, ou chacun séparément, suivant que vous en serez convenu avec eux, et que les circonstances se trouveront l'exiger ; et dans les cas où n'étant que deux Commissaires, vos suffrages se trouveraient partagés, prendre celui des autres, soit par écrit, soit à votre première réunion ; le tout, en vous conformant à l'Instruction arrêtée par l'Assemblée Nationale et de Nous approuvée, et à la charge de nous rendre compte de l'exécution des Présentes, notamment des objets sur lesquels vous jugerez qu'il sera nécessaire de prendre nos ordres. A l'effet de quoi Nous vous donnons tout pouvoir et autorité nécessaires sans que la présente Commission puisse vous priver des droits et facultés d'éligibilité dont vous pouvez être susceptible ; MANDONS à tous Tribunaux, Corps administratifs, Municipalités et Officiers civils, qu'en tout ce qui concernera et dépendra de la présente Commission, ils ayent à vous reconnaître et à vous départir toute assistance. En foi de quoi nous avons signé et fait contresigner ces Présentes, auxquelles nous avons fait apposer le Sceau de l'Etat. A Paris, le vingtième jour d'avril, l'an de grâce mil sept cent quatre-vingt-dix et de notre règne le seizième.

LOUIS.

Par le Roi,
LA TOUR DU PIN.

Transcrite, ouï, et ce requérant le Procureur Général du Roi, pour être exécutée selon la forme et teneur, conformément à l'arrêt de ce jour.

Fait au Conseil Supérieur de Bastia, Grand' Chambre d'icelui, le vingt mai mil sept cent quatre-vingt-dix.

MORETTI, *Greffier*.

La Tour du Pin à Matteo Limperani.

A Paris, le 28 avril 1790.

Le Roi, Monsieur, vous a nommé ainsi que M. l'abbé de Varese et M. Martino Quenza pour surveiller, en qualité de ses commissaires, conjointement avec M. l'évêque du Nebbio, M. le comte de Petriconi, M. le comte de Mattei et M. Ponte, les opérations relatives à la formation du département de Corse. Je vous envoie non seulement les lois qui ont rapport à ces opérations, mais encore l'instruction et les documents dont vous avez besoin pour remplir la mission qui vous est confiée.

Cette instruction porte que MM. les Commissaires enverront enregistrer leur commission dans les principales municipalités de leur Département, notamment dans toutes celles qui sont désignées pour être chefs-lieux de district ou de canton. Il serait possible que quelques municipalités exigeassent que vous leur exhibassiez une copie authentique de la vôtre. Alors il serait nécessaire que vous leur en remissiez des copies ou des imprimés que vous feriez collationner par un secrétaire du Roi, ou par un autre officier public. Cette précaution fera cesser toute difficulté à cet égard.

J'ai l'honneur d'être très parfaitement, Monsieur, votre très humble et très obéissant serviteur,

La Tour du Pin.

Paoli a Matteo Limperani.

Ritornano i buoni tempi anche per la nostra povera Patria. La sorte d'essa è ora in mano nostra; questa generosa nazione non può essere meglio disposta a nostro riguardo, ed il Sovrano benefico volontieri concorre con l'Assemblea Nazionale ad adottare ogni mezzo che possa sollevare il nostro paese dall'oppressione finora sofferta. Basta che così si proceda con armonia e moderazione, ed ogn'uno al fine sarà contento del nuovo sistema di governo sotto il quale la Corsica, come tutte le altre Provincie della monarchia sarà governata. Perchè quanto è possibile la missione de' Commissari incontri il gradimento di tutti, Sua Maestà ha benignamente condisceso che alli primi quattro ne siano aggiunti altri tre. Il vostro zelo, intelligenza ed imparzialità ha mosso il vostro compare piucchè ogni altra considerazione della longa non interrotta amicizia, a cooperare perchè voi siate uno di questi, e si è fatto anche garante della savia vostra condotta; ed il Re vuole che direttamente dalla mia mano riceviate il foglio della vostra commissione ed ogni altro documento ed istruzione che vi sono necessari per bene adempire l'oggetto del quale con gli altri vostri colleghi voi siete incombenzato. La buona organizzazione del governo della Patria sta in mano delli commissari; dalla loro buona armonia deve derivarne la pace del Popolo ed una quieta libera elezione delle Persone che saranno prescelte per li diversi impieghi dell'amministrazione del nostro dipartimento. Una volta bene stabilito il governo, la felicità del nostro Popolo è sicura. Se a questa considerazione altra io ne aggiungessi, farei torto all'onoratezza de' vostri sentimenti, non men che alla perspigacia delli vostri lumi.

La libertà della Patria non può reggersi che nella perfetta ed intiera adesione alli decreti dell'Assemblea. Il primo contrassegno di confidenza che il Sovrano ha mostrato per quel che gl'è stato insinuato per la pace del nostro Popolo, si merita tutta la riconoscenza de' buoni Patriotti che meco non hanno altro in vista che il bene della Nazione. Ci sarà quindi aperta strada più larga ad altre più interessanti concessioni.

Il commandante che abbiamo voluto è un amico della libertà, della nazione ed una persona che conosce ben li Corsi. Egli non ha altra incombenza, che sopra la truppa e sopra le fortezze; darà manforte quando ne sarà richiesto legalmente. Ma nel suo particolare vi assisterà in ogni cosa, e col consiglio per procurare li vantaggi della Patria.

Spieghi ora, caro compare, il zelo ed il disinteresse de' buoni Patriotti! Eravamo pronti a versare il sangue per ottenere la libertà. Per consolidarcela ora che l'abbiamo ottenuta, sagrifichiamo all'altare di essa ogni riguardo personale, e sopra le passate vicende ed altrui mala condotta il generoso zelo de Patriotti getti e sparga il velo dell'eterna oblivione.

Le notizie di quel che si passa, le avrete d'altri; io peno troppo a scrivere, perciò finisco di vero cuore abbracciandovi e protestandomi sempre ecc.

PASQUALE DE PAOLI.

Parigi, 1º maggio 1790.

Francesco Casabianca a Matteo Limperani.

Amatissimo Amico,

Il Sig. Console (1) vi ha rinviata la vostra commissione. Io credevo che foste venuto per farla registrare al Consiglio per cominciare a mettervi in attività. Tutte le sere domando delle vostre notizie in casa Cardi... Io credo che fareste bene a venire, perchè a Parigi vorrebbero che metteste più celerità nella Commissione, di cui siete incaricato. La vostra nomina è stata fatta dal nostro Sig. General Paoli, e siete stato assai fortunato perchè le opposizioni si sono estese anche a voi. Il gazettiere di Bastia parlerà dimani della vostra nomina e vi renderà la giustizia che vi è dovuta.....

Francesco Casabianca (2).

Paoli a Matteo Limperani

Reveritissimo Signor Compare,

Conviene che diate principio alla vostra commissione. Scrivo al *Comité* perchè vi faccia invito per unirvi al più presto. Se quelli che furono nominati in Orezza volessero accompagnarvi, tanto meglio, non avrebbero voce deliberativa. Ma la vostra prudenza farà che non vi sia mai bisogno di venir a scrutini. Voi, caro compare, sarete col vostro buon umore quello che farete regnare la buon armonia e farete

---

(1) Oliviero Cardi, conseil d'Espagne à Bastia, gendre de Matteo Limperani et beau-frère de Francesco Casabianca.

(2) Conseiller au consul supérieur, cousin germain de Luzio Casabianca qui fut ensuite membre de la Convention et mourut à Aboukir.

star lontane le scartate di quelli che avessero alle occasioni un zelo troppo ardente. Se ne accadessero, mene risento da vero contro di voi al mio arrivo in Patria. Mi pianto per tre mesi con la labarda in casa vostra, e vi divoro l'ossa come altre volte era solito fare. Sarò presto in viaggio. Qui hanno per noi le migliori disposizioni. Se Varese non arriva in tempo, non importa.

PASQUALE DE PAOLI.

Parigi, 18 maggio 1790.

Saliceti a Galeazzi

Parigi, 23 maggio 1790.

Carissimo Amico,

.... A quest'ora dovete avere già ricevuta quella che vi ho scritto all'occasione che si è spedita la commissione del Sig. Matteo Limperani.

.... Il General Paoli e il Duca di Biron partiranno per rendersi in Corsica fra pochi giorni, ma non possiamo ancora precisamente sapere il giorno della loro partenza. Se il nostro Generale avesse avuta la minima ambizione per se medesimo, io ho l'onore di assicurarvi che le offerte che li sono state fatte erano capaci di tentare anche i più disinteressati; ma egli crede che la sua gloria e la sua reputazione sarebbe stata compromessa. Penso esattamente come lui ed alla sua piazza ardisco di dire che avrei fatto altrettanto.

Il Duca di Biron è un galantuomo. Egli è sinceramente nostro amico, e credo che i Corsi ne saranno contenti, tanto più che il militare non avrà alcuna influenza sul governo del paese. Al loro arrivo, crederei di potervi assicurare che il maresciallo Laudon rientrerà nel suo niente. Tutti quelli che aspettano le spallette ne stiano allegri.

Voi mi dite che i miei amici nelle prossime future elezioni

mi desiderebbero in Corsica; anche io avrei voluto trovarmici, ma come fare? Non si può essere per tutto. Non c'è gran cosa a calcolare sul popolo corso, perchè è diretto piuttosto da un detestabile spirito di partito che da un impulso patriottico; ad ogni modo spero che ad onta degl'intrighi, che già prevedo, i buoni cittadini trionferanno. Ciò che però m'inquieta sono i disordini che potrebbero accadere nelle assemblee primarie, ma non si passa dall'oppressione alla libertà senza convulsione. I commissari del Re dovrebbero impiegare tutti i mezzi per evitare le cattive conseguenze che potrebbero accadere. Uno, a mio credere, sarebbe quello di pubblicare precedentemente che sarà proibito ad ogni cittadino di presentarsi alle assemblee con armi, dichiarando nulle tutte quelle elezioni che sarebbero fatte in luogo dove ci concorreranno degli armati, e potranno, penso, prendere sopra di loro di privar di voce attiva tutti quelli che contraverranno al loro ordine. Potranno ancora domandare la manforte tanto alla truppa regolata che alle guardie nazionali per far rientrare nell'ordine tutti quelli che se ne scosteranno.

I Commissari del Re dovrebbero cominciare il loro travaglio prima dell'arrivo del generale, giacchè l'Assemblea del Dipartimento richiede molte operazioni preliminari. Il Sig. Matteo farebbe bene di riunirsi li suoi confratelli in Corte o in quell'altro luogo che crederanno conveniente, per concertare il travaglio di cui dovranno occuparsi. Non hanno un minuto a perdere. L'abbé Varese è partito da qui giorni sono.

In luogo di Tavagna e Moriani avete nel distretto Vallerustie, di cui sarete contento. Se io fossi stato in Corsica, anche io avrei preteso a qualche impiego, ma essendo assente, avrei torto. Non me ne curo perchè il resto vada bene. Presentate i miei complimenti ecc.

SALICETI.

TABLE

1790.

2 Mars. — Lettre à l'Assemblée nationale pour lui annoncer la formation du Comité supérieur et lui demander son approbation . . . . Pages   1

2 Mars. — A Arena. Le Comité supérieur le félicite d'avoir secouru la municipalité et la garde nationale de Calvi, et lui annonce l'envoi des commissaires Gentili et Savelli. .   2-3

3 Mars. — Aux Trésoriers provinciaux. Le Comité supérieur les invite à prendre des mesures pour faire payer les adjudicataires débiteurs de la nation   3-4

3 Mars. — Aux municipalités de l'île, pour leur rendre compte des opérations de la dernière Assemblée générale, c'est-à-dire, invitation au général Paoli de hâter son retour, envoi de quatre députés à Paris, formation des gardes nationales, formation, composition et fonctionnement du Comité supérieur . . . .   4 à 6

4 Mars. — A la Commission de Corte. Le Comité supérieur lui annonce l'envoi d'instructions particulières   6

4 Mars. — Aux officiers municipaux de Vescovato. Le Comité supérieur leur annonce l'envoi d'un détachement pour arrêter le meurtrier d'un grenadier français   7

6 Mars. — Instructions à Colonna de Leca et à Niccolò Rocca de Vico pour la formation de la garde nationale . . .   7 à 9

9 Mars. — Instructions à tous les Commissaires des pièves pour le même objet   9

9 Mars. — A l'Assemblée nationale. Le Comité supérieur l'informe qu'il a cru devoir suspendre toute assemblée générale jusqu'à l'arrivée du général Paoli . . . . Pages 10

10 Mars. — Blâme aux Podestats majeurs du Cap-Corse pour avoir tenu une assemblée sans autorisation . . . . .

15 Mars. — Aux Pères du Commun de Corte, sur les discordes qui existent dans cette ville, et sur les élections municipales qui doivent s'y faire 11-12

16 Mars. — Aux municipalités du Delà des Monts. Exposition des raisons qui ont nécessité l'établissement d'un Comité supérieur. Invitation à envoyer des députés à l'assemblée d'Orezza pour le 11 avril. . . . . 12 à 14

22 Mars. — A Gaffajoli, commissaire de la piève de Serra. Le Comité supérieur l'invite à ne plus exercer ses pouvoirs de commissaire, mais dans sa propre commune seulement . 14-15

24 Mars. — Félicitations au commissaire de la piève de Patrimonio, Merivi. 15-16

24 Mars. — Aux officiers municipaux de la Penta. Le Comité supérieur les charge de faire arrêter des voleurs . . . 16

24 Mars. — A Cacciaguerra, commissaire de la piève de Bigorno. Le Comité supérieur lui recommande de concilier les deux partis dans la commune de Scolca, pour les élections municipales qui vont avoir lieu. 16-17

27 Mars. — Aux officiers municipaux d'Omessa. Blâme pour leur retard à faire les nouvelles élections municipales. . 17

27 Mars. — Aux officiers municipaux d'Urtaca. Réponse sur diverses matières 18-19

27 Mars. — A Galletti, de Lucciana. Blâme pour plusieurs irrégularités 19-20

27 Mars. — A Ogliastri, commissaire de la piève de Nonza. Instruction sur la conduite à tenir vis-à-vis du Podestat d'Olmeta 20

27 Mars. — Aux officiers municipaux de Calenzana. Le Comité supérieur les invite à s'adresser au commissaire qui vient d'être nommé 21

27 Mars. — A Giantommaso Giuliani, commissaire de la piève de Sant' Andrea, relativement à une plainte faite contre lui par les officiers municipaux de Nessa et Feliceto . . . 21-22

27 Mars. — Aux officiers municipaux de Nessa et Feliceto sur le même objet. 22-23

27 Mars. — A l'Assemblée nationale. Le Comité supérieur lui annonce l'envoi d'un mémoire et la remercie de sa bienveillance . . . . Pages 23-24

29 Mars. — A Ogliastri, commissaire de la piève de Nonza. Instructions sur la conduite à tenir à Ogliastro pour les élections municipales. 24

29 Mars. — Aux officiers municipaux de Moïta. Blâme pour avoir fait occuper le fort d'Aleria par Luigi Matra . . . 24-25

29 Mars. — Au commandant de la place de Saint-Florent. Le Comité supérieur demande renseignements sur les troubles survenus dans cette ville. 25

30 Mars. — Aux officiers municipaux de Sisco. Instructions relatives au paiement de la subvention 26

30 Mars. — Aux officiers municipaux de Pianello. Blâme pour avoir fait, sans autorisation, les élections municipales. Annulation des élections. 26-27

31 Mars. — A Ferrandi, membre du Comité. Le Comité supérieur le charge d'une mission dans la piève d'Alesani . . 27

31 Mars. — Au Podestat de Saint-Florent. Le Comité supérieur lui enjoint de faire rendre les armes à plusieurs personnes auxquelles elles ont été enlevées. 28

2 Avril. — Aux officiers municipaux de Calvi pour que le nommé Pietro Perodi soit remis en liberté 28-29

2 Avril. — Aux officiers municipaux de Guagno. Blâme pour irrégularités dans les élections municipales. Le Comité supérieur ordonne que les élections seront recommencées sous la surveillance de la municipalité de Renno . . . 29

2 Avril. — Aux officiers municipaux de Renno. Le Comité supérieur les charge de surveiller les élections de Guagno. 30

2 Avril. — Aux officiers municipaux de Cardo. Le Comité supérieur décide que le nommé Domenico Maria Cardi conservera ses droits comme citoyen actif 30-31

3 Avril. — Au général de Barin. Le Comité supérieur l'engage à joindre ses efforts aux siens pour rétablir la paix dans l'île ; il va s'occuper de former la municipalité de Corte . . . 31 à 33

6 Avril. — Au colonel Achille Morati. Le Comité supérieur le charge d'une mission à Pietralba 33

6 Avril. — Aux officiers municipaux de Pietralba. Le Comité supérieur les charge de rétablir l'ordre dans la commune. 33-34

7 Avril. — A Don Matteo Rongiconi de la Porta. Le Comité

supérieur l'invite à se présenter au couvent d'Orezza devant
le Comité . . . . Page   34

7 Avril. — Aux officiers municipaux de Bastia. Le Comité
supérieur leur envoie une délibération au sujet d'un libelle
attaquant la formation de la Garde nationale, le Comité
supérieur, etc.   35

8 Avril. — Au comte de la Tour du Pin, ministre de la guerre.
Le Comité supérieur se plaint de la nomination des sieurs
Ponte et Mattei, comme commissaires   35-36

8 Avril. — Au général de Barin. Le Comité supérieur l'informe
que des soldats ont fait feu sur des habitants de Corte, et
l'invite à punir les coupables.   36-37

8 Avril. — Aux officiers municipaux d'Isolaccio et Prunelli. Le
Comité supérieur les charge d'empêcher l'occupation du
Procojo de Migliacciaro   37-38

8 Avril. — A Frediani. Lettre sur le même objet   38

13 Avril. — A Gafforj, maréchal de camp. Le Comité supérieur
l'invite à venir prendre part aux délibérations du Congrès
d'Orezza   39

14 Avril. — Circulaire à divers pour les inviter à se rendre au
Congrès d'Orezza   39-40

15 Avril. — Circulaire aux Commissaires du Roi. Le Comité
supérieur les informe qu'il a nommé une Commission
chargée de recevoir les réclamations relatives aux élections
municipales   40

15 Avril. — A Arsenio Peretti. Le Conseil supérieur le renvoie
au commissaire du roi pour son opposition à l'élection de
la municipalité.   80-81

15 Avril. — A M. de la Tour du Pin, ministre de la guerre.
Le Comité l'informe que les commissaires du roi, ne pouvant s'entendre pour exercer leurs fonctions, il a été
nommé une commission spéciale pour les remplacer . .   41 à 43

16 Avril. — Au général de Barin. Le Comité supérieur l'informe que le premier soin du Comité général est la formation des municipalités et que les commissaires du Roi ne
peuvent, pour le moment, exercer leurs fonctions . . .   43

16 Avril. — A Santo Dominici, colonel des gardes nationales.
Le Comité supérieur l'invite à s'entremettre auprès du sieur
Rouvière pour un prêt d'argent, et à faire payer au plus
tôt les adjudicataires   44

16 Avril. — Au S. Rouvière, receveur des domaines. Le Comité supérieur demande à lui emprunter 3.000 francs sur le produit des douanes . . . . Page   45

17 Avril. — Aux députés corses à l'Assemblée Nationale. Le Comité supérieur les informe que les Commissaires royaux ne peuvent exercer leurs fonctions, comme il a été écrit au ministre de la guerre.   46

18 Avril. — Circulaire aux Trésoriers des provinces. Le Comité supérieur leur envoie un état des sommes dues par les adjudicataires   47

20 Avril. — Au général de Barin. Le Comité supérieur le prie d'envoyer un détachement de troupes françaises dans la province de Vico   47-48

20 Avril. — Au général Gafforj. Le Comité supérieur l'informe que des plaintes ont été faites contre lui et contre le régiment Salis par quelques habitants de Corte.   48-49

28 Avril. — A divers membres du Comité supérieur, en tournée, pour qu'ils se rendent à Corte   49

28 Avril. — Au colonel de Petriconi. Lettre relative à la surprise de la ville et de la citadelle de Saint-Florent . . .   50-51

28 Avril. — A Antonio Gentile, maire de Saint-Florent. Lettre sur le même sujet.   51

28 Avril. — Aux officiers municipaux de Saint-Florent. Lettre sur le même sujet.   52-53

28 Avril. — Aux officiers municipaux de Calenzana. Lettre sur l'envoi d'un détachement de troupes.   53-54

29 Avril. — Lettre à plusieurs commissaires sur la détention de quelques personnes et le despotisme d'Arena . . .   55

29 Avril. — A Grimaldi, de Niolo. Le Conseil supérieur le charge d'une enquête sur des dégâts commis à Piana . .   55-56

3 Mai. — Circulaire à plusieurs communes pour fournir des détachements de gardes nationales   56-57

3 Mai. — Au général Gafforj. Le Conseil supérieur l'invite à approvisionner les troupes requises dans la lettre précédente.   59

3 Mai. — A Grimaldi, de Niolo. Lettre relative aux différends entre Vico et Cargese.   59

4 Mai. — Sans adresse. Le Conseil supérieur déclare que la vraie municipalité de Vico, est celle dont Mercurio Colonna est maire   82

5 Mai. — Aux membres du Comité supérieur à Corte. Le

— 188 —

Comité supérieur les invite à ne plus laisser envoyer la correspondance générale à Bastia, à Clément Paoli, et les prie de faire cesser les troubles du Fiumorbo et de Portovecchio. . . . . Pages	83-84
6 Mai. — Au général de Barin. Lettre relative à la surprise de Portovecchio	60
6 Mai. — Au S. Gautier, trésorier général. Le Comité supérieur l'informe qu'il se reconnaît incompétent pour arrêter les comptes de la trésorerie	61-62
6 Mai. — A la commission du Comité supérieur, résidant à Bastia. Lettre sur les affaires de Vico et de Portovecchio .	62
6 Mai. — A Frediani. Lettre sur les troubles du Fiumorbo .	63
6 Mai. — A Angeli, commissaire dans le Fiumorbo. Le Comité supérieur l'informe de la marche des gardes nationales des pièves voisines.	64
6 Mai. — A Casabianca et Panattieri, députés extraordinaires à la Cour. Le Comité supérieur les remercie des informations qu'ils lui ont envoyées	65
7 Mai. — Aux officiers municipaux de la Rebbia. Lettre pour qu'il soit enjoint aux frères Poggi de comparaître devant le Comité supérieur	65-66
7 Mai. — Aux SS. Susini et Chiappe, à Sartene. Le Comité supérieur les charge de faire une enquête sur la surprise de Portovecchio	66-67
7 Mai. — Aux officiers municipaux de Riventosa. Ordre pour Domenico Poli de se présenter devant le Comité supérieur.	67
9 Mai. — Aux membres du Comité supérieur, à Corte. Le Comité supérieur les informe qu'il ne peut rien faire pour secourir les habitants de Popolasca	84-85
10 Mai. — Circulaire aux municipalité du Delà des Monts. Le Comité supérieur se plaint des tentatives de scission, et invite à l'union les dites municipalités	68 à 70
14 Mai. — A Petriconi, colonel de la garde nationale. Le Comité supérieur lui accuse réception de la lettre par laquelle il a annoncé que le Roi avait nommé sept commissaires .	70
14 Mai. — A Angeli, membre du Comité. Le Comité supérieur lui fait part de ses propres embarras et lui indique une ligne de conduite	71
14 Mai. — A Mme de Saint-Sauveur, directrice de la poste de Corte. Lettre relative à l'affranchissement des lettres . .	71-72

14 Mai. — Aux officiers municipaux de Monticello. Blâme pour leur désobéissance. . . . . Page 72

15 Mai. — A Luigi Matra. Le Comité supérieur accepte son concours pour mettre fin aux troubles du Fiumorbo. . . 72-73

15 Mai. — A Arena, colonel des gardes nationales de Balagne. Le Comité supérieur le charge de faire arrêter un nommé Valentini qui a usé de violence à l'occasion d'un mariage. 73-74

15 Mai. — Lettre à l'évêque d'Aleria sur le même sujet . . 74-75

16 Mai. — A Giubega. Lettre pour le réconcilier avec Arena . 75

16 Mai. — A Arena. Lettre pour le réconcilier avec Giubega . 76-77

17 Mai. — Au général de Barin. Lettre sur la répartition des fusils en Balagne 77-78

19 Mai. — A Gafforj, maréchal de camp. Le Comité supérieur l'invite à faire une enquête sur les troubles de Corte . . 78-79

19 Mai. — A Vincentello Colonna Leca. Lettre écrite pour le même objet 79

19 Mai. — Au général de Barin. Lettre relative à la distribution des fusils en Balagne 79-80

24 Mai. — Aux SS. Salvini et Boccard. Le Comité supérieur les invite à apporter avec eux les archives du Comité . . 85-86

24 Mai. — Au S. Viterbi, père. Le Comité supérieur l'invite à se présenter devant lui 86-87

25 Mai. — Au S. Arrighi, membre du Comité supérieur. Le Comité supérieur lui annonce que ses pouvoirs de commissaire ont pris fin 87

25 Mai. — A la municipalité de Bastia. Le Comité supérieur l'informe qu'il lui laisse la nomination d'un employé des douanes. 87-88

25 Mai. — A divers gardes de la douane. Le Comité supérieur leur envoie leur commission 88-89

25 Mai. — Au général de Barin. Le Comité supérieur se plaint de n'être pas secondé par lui dans les efforts qu'il fait pour rétablir la paix. 89-90

26 Mai. — Aux Commissaires du roi. Le Comité supérieur leur annonce qu'il ne reconnaît pour maire de Vico que Mercurio Colonna 91

26 Mai. — Au S. Coster, procureur général. Lettre sur le même objet 91

27 Mai. — A la municipalité de Sartene. Le Comité supérieur l'invite à faire arrêter l'assassin de Vincentello Colonna . 91-92

29 Mai. — Aux subdélégués généraux de l'Intendance, à Bastia. Lettre relative aux appointements et à la nomination de quelques employés des douanes . . . . . . Pages 92-93

30 Mai. — A divers membres du Comité supérieur. Le Comité supérieur les invite à venir exercer leurs fonctions à Bastia. 93

31 Mai. — Au S. Coster, procureur général. Le Comité supérieur le prie de prendre en considération une plainte déposée par le S. Valerj. 94

1 Juin. — A la municipalité de Bocognano. Le Comité supérieur l'informe qu'une troupe de 200 hommes va partir pour châtier les assassins. 94-95

1 Juin. — Aux officiers municipaux de Pietralba. Le Comité supérieur les informe qu'une plainte a été déposée contre plusieurs habitants de leur commune par les officiers municipaux de Canavaggia 95-96

1 Juin. — Aux officiers municipaux de Canavaggia. Lettre sur le même objet. 97

2 Juin. — Au S. Cadenol, ingénieur des ponts et chaussées. Le Comité supérieur l'invite à se présenter devant lui . . 97

2 Juin. — Au S. Carlo Angeli. Le Comité supérieur l'invite à se rendre aussitôt à Bastia 97-98

2 Juin. — Aux subdélégués généraux de l'Intendance. Lettre concernant divers employés des douanes 98

4 Juin. — Aux mêmes. Le Comité supérieur leur demande un état général de tous les adjudicataires débiteurs. . . 99

5 Juin. — Au S. Antonio Gentili. Le Comité supérieur l'invite à aller surveiller avec une force armée les élections municipales de Sorio 99-100

7 Juin. — Aux officiers municipaux de Canavaggia. Le Comité supérieur les invite à se présenter devant lui 101

8 Juin. — Aux officiers municipaux de Cardo. Le Comité supérieur les invite à veiller au maintien de l'ordre dans cette commune 101-102

9 Juin. — Au général de Barin. Le Comité supérieur se plaint de n'être pas secondé par lui dans l'œuvre de pacification qu'il a entreprise . . . . 102 à 104

9 Juin. — Au S. Anton Leonardo Monti. Le Comité supérieur l'invite à apaiser les troubles de Palasca. 104-105

9 Juin. — Aux officiers municipaux de Palasca. Le Comité supérieur les invite à faire opérer le paiement des dîmes , 105

10 Juin. — Au juge royal du Cap-Corse. Lettre relative à un prétendu déni de justice . . . . Page 106

10 Juin. — Au S. Antonio Maurizi, maire de Bocognano. Le Comité supérieur le charge de faire arrêter le S. Cadenol, ingénieur des ponts et chaussées. 106-107

12 Juin. — Au général de Barin. Plainte sur sa conduite . . 107

12 Juin. — Aux officiers municipaux de Calenzana. Le Comité supérieur leur envoie des instructions pour la formation de la garde nationale. 108

12 Juin. — A divers membres du Comité supérieur. Le Comité supérieur les charge de rétablir la concorde dans la commune de Monticello 109

15 Juin. — Aux officiers municipaux de Nonza. Lettre relative au paiement de la subvention. 110

15 Juin. — Au maire de Vico. Le Comité supérieur l'engage à persévérer dans sa fermeté 110-111

15 Juin. — Aux officiers municipaux de Rutali. Le Comité supérieur les invite à se présenter devant lui 112

15 Juin. — Aux officiers municipaux de Sisco. Lettre relative au paiement de la subvention. 112

16 Juin. — A l'évêque de Sagone. Le Comité supérieur l'invite à prendre des mesures contre le vicaire Cristinacce, auteur de troubles à Vico. 113-114

16 Juin. — Au colonel Petriconi. Le Comité supérieur l'assure de sa confiance. 114

16 Juin. — A Achille Murati. Le Comité supérieur le charge d'aller surveiller avec une force armée les élections municipales de la Pieve. 114-115

16 Juin. — Aux officiers municipaux de Ficaja. Le Comité supérieur leur demande un détachement de la garde nationale pour l'exécution d'une sentence. 115

16 Juin. — Aux officiers municipaux de Castifao. Le Comité supérieur leur envoie un ordre de comparution pour Pietro Pistuccine 116

16 Juin. — Aux officiers municipaux de Pietralba. Le Comité supérieur les invite à se présenter devant lui pour le règlement de leurs différends avec la commune de Canavaggia . 116

17 Juin. — A Antonio Gentili. Le Comité supérieur l'invite à se rendre à la Pieve pour y régler des différends . . . 117

17 Juin. — Circulaire aux députés du troisième tour. Le Co-

mité supérieur les invite à ne pas manquer de se rendre à
leur poste . . . . Page 118

17 Juin. — A Carlo Angeli. Le Comité supérieur l'invite à se
présenter devant lui 118-119

19 Juin. — Aux officiers municipaux d'Oletta. Lettre sur la
prestation du serment civique 119

22 Juin. — Aux Pères de la commune de Vallecalle. Leur
communique une plainte du maire Limarola contre eux . 120

22 Juin. — Aux officiers municipaux de Santo Pietro. Le Comité supérieur leur enjoint d'empêcher les dégâts sur le
territoire de leur commune 120 121

22 Juin. — Aux officiers municipaux de Pietralba. Lettre relative
aux différends de cette commune avec celle de Canavaggia. 121-122

23 Juin. — Aux subdélégués généraux de l'Intendance. Le Comité supérieur les informe que le seul maire de Vico est
Mercurio Colonna, et celui de Venaco, Francesco Maria
Guglielmi 122-123

25 Juin. — Aux officiers municipaux de Zuani. Lettre relative
aux attroupements du couvent de Zuani 123-124

25 Juin. — Au S. Lepidi. Lettre relative au même objet . . 124

26 Juin. — Circulaire aux membres du Comité supérieur pour
les informer de l'arrivée prochaine de Paoli et du duc de
Biron 125

27 Juin. — Aux officiers municipaux de Zuani. Le Comité
supérieur les invite à faire usage de la loi martiale contre
les attroupements du couvent de Zuani 125-126

27 Juin. — Au S. Carlo Angeli. Le Comité supérieur lui enjoint
encore une fois de se présenter devant lui 126

27 Juin. — A Arena. Le Comité supérieur remercie Arena de
son concours pour le rétablissement de l'ordre dans la
pière de Giussani 127

27 Juin. — Circulaire aux membres du Comité supérieur du
premier tour pour les inviter à se rendre à leur poste . . 127 128

28 Juin. — Au maire de Bocognano. Lettre relative à l'arrestation du S. Cadenol 128

29 Juin. — Au garde des sceaux. Lettre relative à une requête
de Cataneo, avocat général, contre Coster, procureur général. 128-129

30 Juin. — Aux officiers municipaux de la Penta. Le Comité
supérieur les invite à faire respecter les propriétés du S.
Francesco de Sansonetti 129-130

3 Juillet. — A l'Assemblée Nationale. Lettre pour se plaindre de la conduite de Buttafoco et de Peretti. . . . Pages 130 à 132

3 Juillet. — Au S. Lepidi. Le Comité supérieur les charge de mettre une garnison de cinq hommes dans le fort d'Aleria. 133

5 Juillet. — Aux SS. Bianchi et Versini. Le Comité supérieur le charge de rétablir l'ordre dans la commune de Calcatoggio. 133-134

5 Juillet. — Aux commissaires du Roi. Lettre indiquant une correction à faire dans le texte d'un manifeste 134

6 Juillet. — A Saliceti, député de l'Assemblée Nationale. Le Comité supérieur se plaint d'être critiqué et désapprouvé par lui 135-136

6 Juillet. — Au même. Lettre sur le même objet. Le Comité supérieur y explique et justifie sa conduite . . . . . 136 à 138

7 Juillet. — Au général de Barin. Lettre relative au pont d'Ucciani 138

7 Juillet. — Aux officiers municipaux de Monticello. Le Comité supérieur leur fait diverses observations sur leur conduite. 139-140

8 Juillet. — Aux SS. Battista Girolami et Matteo Franchi. Le Comité supérieur les confirme dans leur nomination de capitaines de la garde nationale 140

8 Juillet. — Au P. Visiteur des Réformés de S. François. Le Comité supérieur lui signifie qu'il ne peut enlever aux religieux leur droit de voix active et passive 141

9 Juillet. — A Francesco Mattei, père de la commune à Vescovato. Lettre relative à la poursuite d'un assassin. . . 141-142

10 Juillet. — Aux subdélégués de l'Intendance. Lettre autorisant le départ d'un bâtiment napolitain 142-143

10 Juillet. — Aux officiers municipaux de Pietralba. Le Comité supérieur les invite à faire cesser les violences qui se commettent dans la commune. 143

10 Juillet. — A Achille Murati. Le Conseil le félicite de son zèle patriotique 144

12 Juillet. — Au maire de Cervione. Le Comité supérieur l'invite à faire respecter un Français employé au tribunal qui a été insulté 145

13 Juillet. — Aux SS. Anfriani et Leoni. Le Comité supérieur les charge d'aller rétablir l'ordre à l'Algajola. 145-146

13 Juillet. — Aux officiers municipaux de Santa Lucia (Tallano). Le Comité supérieur les informe qu'il a défendu au

Provincial des Observantins de s'ingérer dans l'aliénation des biens du couvent de Tallà . . . . . Page 146

14 Juillet. Aux officiers municipaux de Taglio et de Castellare. Le Comité supérieur les invite à faire respecter les propriétés. 147

15 Juillet. — Aux SS. Leoni et Anfriani. Le Comité supérieur les invite à se rendre à Calvi pour protéger le débarquement de la famille Cattaneo 148

15 Juillet. — A S. La Rosata. Le Comité supérieur l'invite à faire son possible pour apaiser les troubles de l'Algajola . 148-149

19 Juillet. — A Mgr Santini, commissaire du roi. Le Comité supérieur lui demande d'apaiser les discordes de la commune de la Pieve, et de retarder l'assemblée primaire de Corte 149-150

19 Juillet. — Aux officiers municipaux de Bisinchi. Le Comité supérieur les invite à faire payer les dîmes 150

20 Juillet. — Aux officiers municipaux de Moltifao, Castifao, Monticello et Calvi. Le Comité supérieur les informe du passage prochain des Suisses en garnison à Corte 151

21 Juillet. — Circulaire annonçant une marche générale pour réprimer les troubles. 152

22 Juillet. — Au S. Vannier, directeur intérimaire des postes. Le Comité supérieur l'informe que le colonel de la garde nationale de Corte est Tomaso Arrighi 152-153

24 Juillet. — Au S. Saliceti, député. Le Comité supérieur le remercie de son zèle pour les intérêts de la patrie . . . 153

27 Juillet. — Au général de Barin. Le Comité supérieur l'informe qu'il a eu de bonnes raisons pour arrêter Gafforj . 154

27 Juillet. — Au S. Gafforj. Le Comité supérieur l'autorise à s'embarquer. 155

27 Juillet. — A Monsieur de la Tour du Pin. Le Comité supérieur lui présente des observations sur l'emploi des fonds accordés à la caisse civile. 155-156

28 Juillet. — Aux officiers municipaux d'Oletta. Le Comité supérieur les informe qu'il envoie dans leur commune trois commissaires 156

29 Juillet. — Aux officiers municipaux de Bastia. Le Comité supérieur leur demande main forte pour faire conduire l'ingénieur Cadenol dans la citadelle 157

30 Juillet. — A Mgr Santini, commissaire du Roi. Le Comité supérieur lui demande de retarder la réunion des assemblées primaires à Calvi . . . . Page 157

31 Juillet. — Au S. Saliceti, député. Le Comité supérieur l'informe de l'arrestation de Gafforj. 158

31 Juillet. — A l'abbé Cristinacce, vicaire général à Vico. Le Comité supérieur l'invite à se présenter devant lui, pour rendre compte de sa conduite 159

31 Juillet. — A Monsieur de la Tour du Pin. Le Comité supérieur l'informe de l'arrestation de Gafforj 159

31 Juillet. — Au S. Paolo Maria Paoli, procureur syndic de l'Algajola. Le Comité supérieur l'invite à s'adresser aux commissaires du Roi pour les irrégularités commises dans les assemblées primaires. 160

3 Août. — Aux SS. Quenza et Ponte, Santini, Limperani, commissaires du Roi. Le Comité supérieur leur demande de retarder les élections primaires dans plusieurs piève . 160-161

7 Août. — Aux commissaires du Comité supérieur en mission à Corte. Le Comité supérieur les invite à presser le départ du régiment Salis. 161-162

7 Août. — A M. de l'Hôpital, lieutenant du Roi à Corte. Le Comité supérieur l'informe que le départ de Corte du régiment Salis est nécessaire 163

9 Août. — Aux subdélégués de l'Intendance. Le Comité supérieur leur demande un exemplaire de la carte de la Corse qui vient d'être dressée 163

10 Août. — Au général Paoli. Le Comité supérieur l'informe qu'à sa considération Bartolomeo Arrighi sera élargi . . 164

10 Août. — Au général de Barin. Le Comité supérieur l'informe que le régiment Salis sera maintenu à Corte. . . 165

12 Août. — Aux officiers municipaux de Piana. Le Comité supérieur les invite à montrer plus de modération envers leurs administrés. 166

14 Août. — Au S. Ciavaldini, colonel des gardes nationales à Orezza. Le Comité supérieur l'invite à faire préparer le couvent d'Orezza pour la réunion de l'Assemblée électorale. 166-167

20 Août. — Circulaire aux officiers municipaux et aux commandants des gardes nationales de la Corse. Le Comité supérieur les invite à prêter main forte au Régiment provincial contre les bandits. 167-168

21 Août. — A Mgr l'évêque de Sagone. Le Comité supérieur

l'invite à retirer au chanoine Cristinacce ses pouvoirs de
vicaire général. . . . . Page 168
23 Août. — Au général Paoli. Le Comité supérieur l'engage à
prendre des mesures pour empêcher les fraudes qui se
commettent à la douane de Bastia 168-169
24 Août. — Au S. Arena. Le Comité supérieur le charge
d'aller surveiller avec un détachement de gardes nationales
les assemblées primaires de Cervione 169-170
24 Août. — Aux SS. Varese et Limperani, commissaires du
Roi, à Cervione. Le Comité supérieur les informe de l'arrivée prochaine d'Arena 170
25 Août. — Aux officiers municipaux de Bastia. Le Comité supérieur les invite à accorder un passeport à J.-B. Cervoni
pour qu'il s'embarque. 170-171
27 Août. — Au S. Arena à Cervione. Le Comité supérieur l'invite à aller réprimer les troubles survenus dans la piève de
Rogna 171
27 Août. — Au P. Provincial des Capucins, à Bastia. Le Comité supérieur lui fait des observations sur la conduite du
P. Tox. 172
28 Août. — Au général de Barin. Le Comité supérieur lui demande son appui pour calmer les troubles de Bonifacio. . 172-173
1 Septembre. — A M. Gautier, secrétaire. Le Comité supérieur lui demande un bon de 3.600 fr. pour les dépenses
qu'il sera obligé de faire à Orezza 173

APPENDICE

20 Avril. — Commission de commissaire du Roi délivrée à
Matteo Limperani. . . . . 175 à 177
28 Avril. — La Tour du Pin à Matteo Limperani 177-178
1 Mai. — Paoli à Matteo Limperani. 178-179
15 Mai. — Francesco Casabianca à Matteo Limperani . . . 180
18 Mai. — Paoli à Matteo Limperani. 180-181
23 Mai. — Saliceti à Galeazzi. 181-182

BULLETIN

DE LA

SOCIÉTÉ DES SCIENCES

HISTORIQUES & NATURELLES

DE LA CORSE

XVIIe ANNÉE

JUILLET-AOUT-SEPTEMBRE 1897.
199e-200e-201e FASCICULES

BASTIA
IMPRIMERIE ET LIBRAIRIE OLLAGNIER
1898.

CORRESPONDANCE DU COMITÉ SUPÉRIEUR

SIÉGEANT A BASTIA

(du 2 Mars au 7 Septembre 1790)

SOCIÉTÉ DES SCIENCES HISTORIQUES ET NATURELLES
DE LA CORSE

CORRESPONDANCE

DU

COMITÉ SUPÉRIEUR

SIÉGEANT A BASTIA

(du 2 Mars au 7 Septembre 1790)

PUBLIÉE

par M. l'Abbé **LETTERON**

PROFESSEUR AU LYCÉE

BASTIA

IMPRIMERIE ET LIBRAIRIE OLLAGNIER

1898

PRÉFACE

En publiant au mois de Juillet 1894 la correspondance du Comité Supérieur, nous avons donné quelques explications sur l'origine de ce Comité, sur sa constitution, sur les services qu'il rendit à l'ordre public dans un temps où l'anarchie menaçait de tout envahir. La publication du présent registre fera ressortir davantage encore l'importance de son rôle ; ou n'aura qu'à parcourir la table des matières, et l'on verra de combien d'affaires le Comité Supérieur eut à s'occuper, combien de questions il eut à résoudre et qu'il résolut presque toujours en recourant aux voies de la conciliation, rarement en employant la force.

L'année 1790 fut l'une des plus fécondes en événements, et aussi, comme il arrive presque toujours aux époques de transition, l'une des plus troublées. L'Assemblée Nationale ayant subordonné l'autorité militaire à l'autorité civile, ce fut le Comité Supérieur surtout qui dut veiller au maintien de l'ordre en envoyant dans les communes remuantes, avec des Commissaires pris dans son sein, des détachements militaires demandés au général de Barrin, ou des corps de milices nationales qu'il levait lui-même. L'élection des municipalités avait occasionné des désordres dans beaucoup d'endroits ; plusieurs villages et même des villes, Corte par exemple, avaient élu une double municipalité, et chacune d'elles pretendait avoir été légitimement nommée ; il fallait examiner les faits, reconnaître les droits, légitimer l'autorité de l'une des deux municipalités et au besoin invalider les deux élections. D'autres municipalités, cédant aux suggestions des amis de Buttafoco et de Peretti hostiles au Conseil Supérieur, retardaient l'élection des gardes nationales ; il fallait stimuler leur zèle et au besoin menacer leur lenteur. Les officiers de la douane, profitant du désarroi général, négligeaient la comptabilité ou montraient pour certains particuliers des complaisances déplacées ; il fallait les surveiller et au besoin les remplacer. Nous ne parlons pas d'une foule d'autres questions secondaires sur lesquelles le Comité Supérieur dut porter son attention, et qu'il paraît avoir résolues à la satisfaction générale.

Nous devons ajouter pourtant que ses adversaires lui reprochaient, outre l'illégalité de sa formation (illégalité qui, malgré les services rendus, n'était pas contestable), ses complaisances serviles envers Paoli ; ils prétendaient qu'en plusieurs circonstances, notamment dans l'affaire Gaffori, le Comité Supérieur n'avait mis sans réserve son autorité au service de Paoli, qu'afin de permettre au général de satisfaire de vieilles rancunes.

Les lecteurs qui voudront se faire une idée exacte et complète du rôle important que joua le Comité Supérieur dans les événements de 1790, devront se reporter au XIVe

livre des *Osservazioni Storiche* de l'Abbé Rossi, et surtout au beau travail que vient de publier sur la jeunesse de Napoléon M. Arthur Chuquet, professeur au Collège de France. — (V. Jeunesse de Napoléon. — Armand Colin, Paris. — Vol. II, Ch. 8e, Bastia). Nous leur assurons qu'ils ne sauraient trouver nulle part un livre dont la lecture soit plus instructive et plus entraînante.

(Le registre qui contient les délibérations du Comité Supérieur fait partie du dépôt des Archives Départementales; il est coté L. 5).

L'Abbé LETTERON.

Comme nous n'aurons peut-être plus occasion avant longtemps de nous occuper du Comité Supérieur, nous croyons à propos, afin de compléter les documents relatifs à son histoire, de rapporter ici quelques délibérations prises par le congrès qui forma le Comité. M. Chuquet va nous apprendre ce que fut ce congrès :

« Un Comité municipal, composé de notables choisis par la commune, s'était formé à Bastia après l'insurrection du 5 novembre. Malgré le décret de la Constituante qui défendait les convocations de provinces ou d'états, le comité bastiais invita au mois de février toutes les pièves à déléguer chacune un de leurs membres à un congrès. Ce congrès se tint à Bastia dans l'église de la Conception durant huit jours, du 22 février au 1er mars. Il eut pour président Petriconi et pour secrétaires Laurent Giubega, le parrain de Napoléon, et Louis Benedetti, assesseur du juge royal de Bastia. La plupart des pièves du Deçà des monts avaient élu leurs mandataires. Un seul du Delà des monts se présenta. Le congrès passa outre. Il décida d'envoyer à Paris, tant pour remercier l'Assemblée nationale et le roi que pour hâter le retour de Paoli, quatre députés, Louis Belgodere, Paul

Morati, Raphaël Casabianca et Panattieri. Il délibéra sur les moyens de faciliter la levée des milices et arrêta la formation d'un Comité Supérieur qui siégerait à Bastia, et aurait charge de veiller à l'exécution des décrets, au maintien de l'ordre public et au recouvrement des impositions. »

ESTRATTO
DALLE DELIBERAZIONI DELL'ASSEMBLEA GENERALE
CONVOCATA IN BASTIA IL 22 FEBBRAIO 1790.

Sessione del 24 febbraio 1790.

Il Sig. Panattieri, deputato della città di Calvi, ha detto che i disordini da' quali noi vediamo minacciata la Patria, ci debbono far conoscere di quanta utilità potrebbe esserci la presenza del Sig. Generale de Paoli;

Ch'egli potrebbe col suo credito, co' suoi lumi, e co' suoi consigli far disparire tutte quelle turbolenze, che si manifestano in quest'Isola;

Che sarebbe bene di riunire le nostre istanze e le nostre preghiere per invitarlo a rendersi sollecitamente alla Patria, la quale le ha sempre conservato quei medesimi sentimenti di stima e d'amore, che a questo titolo avea acquistati.

Dopo di che la materia messa in deliberazione, la mozione del Sig. Panattieri è stata unanimamente applaudita colle espressioni le meno equivoche e dimostranti il vivo desiderio di vedere restituito alla Corsica quell'Eroe, di cui ha avuto l'infortunio di essere priva per lo spazio di ventun'anno; che lo zelo da cui si è mostrato in ogni tempo animato verso della Patria, quello che hanno dimostrato i Signori Giacinto Paoli e Clemente, il primo di lui padre, e il secondo di lui fratello, le fanno sperare che rinuncierà volentieri a quella tranquillità ed a quei commodi dei quali godeva sotto il clima anglicano per venire al suo soccorso in un tempo in cui ha un vero bisogno della sua saggezza e de' suoi lumi.

Che per meglio contestare i sentimenti di quest'Assemblea, la Deputazione incaricata di felicitare e complimentare l'Assemblea Nazionale, e manifestare co' più sinceri ringraziamenti la sua adesione ai decreti Costituzionali, sarà specialmente incaricata di pregare il Sig. de Paoli di gradire l'invitazione de' suoi Patriotti di venire prontamente a consolarli colla sua presenza.

P. C. CESARE DE PETRICONI, *presidente.*
GIUBEGA, BENEDETTI, *segretarj.*

Del detto giorno 24 febbraio 1790.

Il Sig. Presidente ha detto che molte ragioni si riuniscono per provocare il nostro rispetto, e la nostra riconoscenza verso dell'Assemblea Nazionale. Ella ha consumata in pochi mesi con una saggezza e con una costanza superiore ad ogni espressione una Costituzione che assicura per sempre la libertà della Francia. Ella ha rivendicati alla società quei preziosi diritti, de' quali era quasi perduta la conoscenza. Tutte le distinzioni nocevoli al pubblico bene sono soppresse; l'amministrazione sarà semplice, ed un Governo tutelare è quello che deve reggere il gran Regno di cui facciamo parte.

« Voi non ignorate la nostra associazione all'Impero Francese. Voi vedete i nostri buoni Patriotti, che le dolorose vicissitudini de' tempi passati aveano allontanati da noi, restituiti alla Patria. È neeessario che facciamo conoscere i sentimenti, dai quali siamo animati. »

Dopo di che l'Assemblea deliberando ha arrestato che felicita l'Assemblea Nazionale della grande opera della nuova Costituzione;

Che dichiara solennemente la sua intiera adesione a tutti i di lei decreti e deliberazioni rivestiti della reale sanzione, e quelli accetta colla promessa e giuramento di farli eseguire senza pregiudizio di quelle rimostranze, che la prima Assemblea dipartimentale crederà necessarie;

Dichiara di riguardare come nemici della Patria e rei di lesa nazione tutti quelli che vorranno opporsi all'esecuzione de' suddetti decreti;

Che manifesta il trasporto della sua più viva gioia per la solenne dichiarazione del 30 novembre scaduto, colla quale la Corsica viene dichiarata parte integrante dell'Impero Francese, ed appalesa il suo piacere sopra la ripatriazione di quei cittadini, che le rovine dell'antica libertà aveano allontanati da noi;

Che per manifestare di una maniera solenne li sentimenti, onde questa nazione è giustamente penetrata verso dell'augusta Assemblea Nazionale, sarà eletta e nominata una deputazione composta di quattro soggetti, ai quali si riunirà il Sig. Generale de Paoli, quali presenteranno all'augusto Senato il tributo del rispetto e della gratitudine della Corsica;

Che i medesimi sentimenti di ossequio, di venerazione e di riconoscenza saranno presentati a Sua Maestà per essersi degnata di sanzionare il decreto della riunione di quest'isola alla Nazione Francese; che questa riunione ha calmate le comuni sollecitudini, vedendosi stretta per sempre a quell'Impero;

Che ritrovandosi in Parigi il Sig. Generale de Paoli, è pregato di riunirsi a questa deputazione, e di esserne il capo.
Ed è stata la presente deliberazione sottoscritta.

CESARE DE PETRICONI, *presidente*,
GIUBEGA, BENEDETTI, *segretarj*.

Del detto giorno 24 febbraio 1790.

Per parte del Sig. Mancini, deputato della Pieve di Talcini, è stato detto che nella città di Corti regna uno spirito di divisione e di partito, che ha prodotto degli inconvenienti, e ne fa temere de' maggiori; che la sorgente di queste scissure è la diversità di opinioni sopra la leva della truppa civica, che il Podestà di quella città cerca d'impedire;

Che sarebbe bene di prendere in considerazione questo importante oggetto, e d'impiegare qualche mezzo potente per far dissipare quelle turbolenze, che si manifestano non solo in Corti, ma in altre parti della Corsica per la stessa ragione.

Dopo di che l'Assemblea deliberando ha arrestato che tanto il Podestà che i Padri del Comune di Corte saranno chiamati con una lettera del Sig. Presidente a presentarsi immediatamente alla Sede dell'Assemblea, per rendere un conto esatto dei motivi che alimentano le discordie di quella città, per concertare i mezzi che saranno reputati più efficaci per farle cessare.

Frattanto per parte di qualche deputato è stato osservato, che sarebbe necessario di disingannare una parte del popolo o per meglio dire, quelli che cercano di sedurlo per impedire lo stabilimento della Guardia Nazionale; che tutte le leggi pubblicate dopo la convocazione dell'Assemblea Nazionale suppongono l'esistenza di questa truppa, che l'impedire la leva, è lo stesso che opporsi alla Costituzione; che però si debbano considerare come rei di lesa nazione, tutti quelli che si oppongono alla sua esecuzione.

Dopo di che l'Assemblea deliberando ha arrestato che si faccia conoscere al popolo, che lo stabilimento della Guardia Nazionale è uno stabilimento costituzionale; che non è permesso ad alcuno di opporsi senza violare le leggi state già pubblicate sopra quest'oggetto, ed il Comitato che dovrà stabilirsi, dovrà far cessare tutti gli ostacoli, che possono impedirlo.

Dichiara l'Assemblea che la diversità delle opinioni che possono rincontrarsi nelle comunità non potranno in modo alcuno impedire la leva della Guardia Nazionale, ancorchè il maggior numero degli individui fossero di diversa opinione.

CESARE DE PETRICONI, presidente.
GIUBEGA, BENEDETTI, <i>segretari</i>.</div>

Sessione del 25 febbraio 1790.

Alle ore nove della mattina.

Il Sig. de Petriconi Presidente, e li Signori Deputati delle rispettive Pievi essendosi resi alla Sala dell'Assemblea;

Per parte di qualche deputato è stato osservato, che essendosi nella Sessione d'ieri arrestato di nominare ed eleggere una deputazione per gli oggetti che sono in quella espressi, rimane da fissare il numero dei deputati da nominarsi, e deliberare se debbano riempire a proprie spese o alle spese della Provincia la loro deputazione, ed in appresso procedere alla nominazione dei Deputati suddetti.

Dopo di che, la materia presa in considerazione, è stato

arrestato che li Deputati saranno quattro, e che questa deputazione sarà eseguita a loro spese. Dopo la quale deliberazione essendosi offerti per questa deputazione li Signori Paolo Murati, Giuseppe Santelli, Gio. Battista Guasco, Gio. Battista Galeazzini, Giordani, Francesco Benedetto Panattieri, Francesco Grimaldi, Raffaelle Casabianca, Franceschetti, Alessandrini, Manfredi, Orazio Quenza;

In appresso essendosi proceduto all'elezione dei Deputati per mezzo dello scrutinio, quello aperto ed esaminato, si è ritrovato che:

Il Sig. Murati ha rapportato voti favorevoli 81. — Il Sig. Santelli 21. — Il Sig. Guasco 34. — Il Sig. Gio. Battista Galeazzini 18. — Il Sig. Belgodere 42. — Il Sig. Giordani 7. — Il Sig. Panattieri 44. — Il Sig. Grimaldi 13. — Il Sig. Casabianca 47. — Il Sig. Franceschetti 31. — Il Signor Alessandrini 10. — Il Sig. Manfredi 8. — Il Sig. Orazio Quenza 2.

Onde la pluralità de' suffragi è stata a favore dei Signori Paolo Murati, Raffaele Casabianca, Francesco Benedetto Panattieri e Luigi Belgodere.

Che però i predetti Signori Murati, Belgodere, Casabianca e Panattieri sono stati eletti e nominati, siccome la presente Assemblea li nomina ed elegge per deputati per rendersi in Parigi e riempire in tutte le sue parti la commissione, della quale sono stati incaricati. Qual elezione e nominazione i prefati Signori Murati, Casabianca, Panattieri e Belgodere hanno accettata coi sentimenti della più viva riconoscenza, ed hanno promesso di conformarsi a quanto dall'Assemblea è stato deliberato.

Ed è stata la presente deliberazione sottoscritta.

Cesare de Petriconi, presidente.
Benedetti, Giubega, segretarj.

(Arch. nat., carton K. 686).

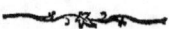

REGISTRO

DELLE

DELIBERAZIONI DEL COMITATO SUPERIORE

DI CORSICA

Sessione de' 2 marzo 1790.

Oggi due del mese di marzo mille settecento novanta, alle ore quattro della sera, nella sala della nazione, in Bastia;

Il Sig. Varese, e assente il Sig. Galletti per la giurisdizione di Bastia; il Sig. Barbaggi ed il Sig. Tiburzio Morati per la giurisdizione di Nebbio; il Sig. Giubega ed il Sig. Abbate Buonaccorsi per la giurisdizione di Calvi e Balagna; il Sig. Matra ed il Sig. Gigli per la giurisdizione d'Aleria; il Sig. Franceschi, pievano di Canari, ed il Sig. Angeli, in luogo del Sig. Dottor Caraccioli, per la giurisdizione di Capocorso; il Sig. Arciprete Sebastiani, e assente il Sig. Giordani per la giurisdizione della Porta d'Ampugnani; il Sig. Casanova ed il Sig. Grimaldi, in luogo del Sig. Natali, per la giurisdizione di Corte, tutti detti Signori membri del Comitato Superiore eletto e nominato dell'Assemblea Generale per il mantenimento del buon ordine e pubblica tranquillità, e riempirne le funzioni del primo giro, essendosi resi nella detta sala della nazione, luogo destinato per la loro riunione, assistiti dalli Signori Poggi, Segretario di giro, e del Sig. Savelli, Segretario in assenza del Sig. Abbate Falcucci, il Sig. Tiburzio Morati, come il più decano, ha detto che crede necessario, prima di procedere ad alcuna deliberazione, di dover eleggere e nominare un secondo Presidente, e che debba sempre sussistere per primo Presidente il Sig. Clemente de Paoli, secondo la deliberazione dell'Assemblea Generale del primo marzo, e che questa elezione dovrebbe farsi per il mezzo dello scrutinio. Dopo di che avendo proceduto all'elezione suddetta, l'unanimità de' suffragi è caduta nella persona del Sig. Giuseppe Barbaggi; che però resta nominato ed eletto per Presidente in secondo il Sig. Barbaggi, come quello che ha riportato l'unanimità dei suffragi, per godere di quelli diritti e prerogative, dei quali goder deve un secondo Presidente della Commissione Superiore, quale nominazione ed elezione è stata accettata dal prefato Signor Barbaggi, dopo d'avere manifestati i sentimenti della sua rispettosa riconoscenza per la scelta onde vien di essere onorato. Ed è stata la presente deliberazione sottoscritta da tutti li deliberanti.

Carlo Angeli; Sebastiani; Giuseppe Barbaggi; Franceschi, *Pievano*; Gigli; Matra; Varese; Grimaldi; *l'abbate* Buonaccorsi; Casanova; Morati, *decano*; Savelli, *Segretario*.

Del detto giorno due marzo 1790.

Il Sig. Presidente, dopo d'aver preso luogo, ha detto che il buon ordine di tutte l'operazioni esige il segreto; che questa necessità si manifesta vie più nelle operazioni delle quali questo Comitato trovasi incaricato; che però crede che li soggetti che lo compongono, debbano prestare il giuramento di non divulgare nè propalare le proposizioni o discussioni che vi saranno fatte nelle deliberazioni da prendersi, nè di rivelare le opinioni o sentimenti che saranno espressi ed adottati tanto dai rispettivi membri personalmente, che dal Comitato in generale, osservando tutte le leggi esattamente del segreto, nè da quelle scostarsi in modo alcuno; quale proposizione essendo unanimemente stata adottata, essi Signori Deputati qua presenti e segretari hanno promesso e giurato, come promettono e giurano, cioè li secolari alzando la mano e gli ecclesiastici portando la mano al petto, di conservare il segreto nella forma prescritta e nella proposizione suddetta, ed è stata la presente sottoscritta come sopra.

CARLO ANGELI; SEBASTIANI ; GIUSEPPE BARBAGGI; FRANCESCHI, *Pievano;* GIGLI; MATRA ; VARESE ; GRIMALDI ; *l'abbate* BUONACCORSI ; CASANOVA ; MORATI, *decano ;* SAVELLI, *Segretario.*

Del detto giorno due marzo 1790.

Il Signor Presidente ha proposto in seguito che uno degli oggetti che deve occuparci di preferenza, sono le turbolenze che si sono manifestate nella città di Calvi, state espresse e dettagliate in un processo verbale spedito da quella municipalità e letto all'Assemblea Generale nella sessione d'jeri ; che le cose sono ridotte ad un punto che esige un pronto rimedio, e per conoscere il più efficace, è tutt'affatto necessario ritrovarsi sopra del luogo per avere quelli schiarimenti e quelle verificazioni di fatto, che possono dimostrare fin dove giunge la contravenzione dell'ordine, contro della quale non cessano di reclamare li municipali di quella città; che una Commissione di due soggetti animati da sentimenti pacifici ed imparziali potrebbe riempire un così importante oggetto, che quando questa proposizione piaccia al Comitato, si potrebbe procedere alla nomina di due Commissari con quelle istruzioni che si riputerà conveniente di regolare.

Dopo di che, la materia posta in deliberazione, deliberando, è stato arrestato che siano nominati due soggetti per la proposta Commissione, ed avendo proceduto alla suddetta nominazione, l'unanimità dei suffragi si è trovata a favore dei Signori Antonio Gentili e Giuseppe Ottavio Savelli, ambidue membri del Comitato.

In appresso avendo proceduto all'istruzione colla quale detti Signori Gentili e Savelli dovranno riempire la loro commissione, è stato arrestato: 1º che si renderanno prontamente nella città di Calvi, procurando in ogni loro operazione di dimostrare tutto lo spirito d'imparzialità ed indifferenza; 2º prenderanno un'esatta informazione delle turbolenze attuali, e le ragioni che l'hanno provocate, quali ne sono gli autori, ed esaminare quali possino essere i mezzi più efficaci per farle cessare; 3º s'impiegheranno di preferenza tutte le vie della dolcezza e moderazione per stabilire in Calvi la tranquillità per quanto sarà compatibile colle circostanze che si manifesteranno, e per conservare i diritti e l'autorità della Municipalità, concertandosi tanto col comandante della piazza che con la Municipalità, e con quei notabili che possono contribuire allo stabilimento dell'ordine; 4º se li due Commissari riconosceranno che vi siano in Calvi delle persone le quali abbino veramente mancato alla legge, l'obbligheranno di presentarsi nanti di questo Comitato, ed in tale caso chiederanno man forte tanto alla Guardia nazionale di Calvi, quanto alla truppa regolata di detta città, e se qualcuno dei supposti rei preferisse d'imbarcarsi per terra ferma colla promessa e sicurtà di non ritornare senza il compiacimento degli ufficiali municipali di Calvi, e fra un certo discreto tempo da regolarsi ad arbitrio di detti Signori Commissari; nel resto il Comitato persuaso dello zelo e dei lumi delli suddetti Signori Commissari, se ne rapporta alla loro saviezza.

Per ultimo è stato arrestato che se gli ufficiali municipali di Calvi riconosceranno inutile, o non necessaria la presenza del Signor Arena e della sua truppa nel territorio Calvese e nei postamenti occupati, li due Signori Commissari ordineranno al detto Signor Arena di ritirarsi, ed a quest'oggetto sarà data una lettera del Comitato alli Signori Commissari diretta al Signor Arena per farne uso nel caso suddetto; dopo di che il Signor Presidente ha detto che il Comitato si unirà tutti i giorni nello stesso luogo alle nove della mattina.

BARBAGGI, *presidente;* POGGI, *segretario;*
SAVELLI, *segretario.*

Sessione del giorno 3 marzo 1790.
(*Alla mattina*).

Alle ore nove della mattina, li 3 marzo 1790, nella sala della nazione, in Bastia, essendosi radunati li medesimi membri d'jeri, ed il Signor abbate Marinetti per il Signor Galletti, il Signor Presidente ha detto che sarebbe convenevole di dover fare una circolare prevenendo i popoli dell'elezione del Comitato Superiore e delle sue Commissioni, ed esortando le giurisdizioni del di là da' Monti a nominare ciascheduna sei deputati in conformità della deliberazione dell'Assemblea Generale nella sessione di . . . . della quale ne sarà transmessa copia.

Posta la pratica in deliberazione, tutti li deliberanti hanno unanimemente aderito a questa proposizione.

BARBAGGI, *presidente;* POGGI, *segretario;*
SAVELLI, *segretario.*

Del detto giorno 3 marzo 1790.

Il Signor Presidente ha detto che viene d'esser presentata a questo Comitato una supplica dalla parte dei Signori Gambini ed Arrighi, ufficiali municipali della città di Corte, colla quale richiedono da questa Commissione un rimedio ai disordini che esistono in quella città, dai quali da lungo tempo, si dice, che quel popolo si ritrova oppresso; che niente è più giusto e più ragionevole che d'occuparsi d'un così importante oggetto, e liberare i cittadini dall'oppressione; che bisognerebbe in primo luogo esaminare quali sono i mezzi che debbono mettersi in opera e quali sono quelli che possono assicurarne il buon successo; che i mezzi della riconciliazione e pacificazione sembra che debbano essere i primi ad adottarsi; che l'espediente preso per la città di Calvi nella sessione d'jeri, potrebbe convenire per la città di Corte; che la spedizione di due o tre zelanti soggetti animati da uno spirito di riconciliazione e di buon ordine, potrebbe far dissipare tutti gl'inconvenienti che si presentano; che non sarà che dopo d'avere riconosciuto l'inutilità dei mezzi blandi e pacifici che si ricorrerà ai mezzi imperiosi.

Dopo di che, messa la materia in deliberazione, è stato unanimemente arrestato che sia nominata una Commissione di tre soggetti composta d'un membro dell'attuale Comitato, che ne sarà il Presidente, e di due altri membri del Comitato Generale, quali dovranno al più presto possibile portarsi in

Corte, e colà esaminare il vero stato delle turbolenze esistenti, ed impiegare tutte le vie della dolcezza e moderazione per farle cessare per mezzo d'una generale riconciliazione, e quando vedessero inutili i loro buoni uffici e persuasioni, dovrà instruire il Comitato delle ragioni e difficoltà che s'oppongono al ristabilimento del buon ordine, far conoscere gli autori del disordine, e suggerire i mezzi che riputerà i più potenti per restituire alla città di Corte la tranquillità. Ed in seguito essendosi proceduto alla nomina dei tre soggetti, l'unanimità dei suffragi si è ritrovata a favore del Signor Abbate Marinetti, membro dell'attuale Comitato, e dei Signori Matteo Limperani e Carlo Grimaldi, membri del Comitato Generale, quali riuniti dovranno rendersi in Corte per riempire la commissione suddetta, e che copia della presente deliberazione sarà data alli tre Signori Deputati per loro istruzione. In oltre il Comitato ha deliberato che li suddetti Signori Commissari obbligheranno il Signor Podestà di Corte a conformarsi alla deliberazione dell'Assemblea Generale nella sessione del 1º marzo corrente, colla quale gli è stato ingiunto di presentarsi a questo Comitato, e quando ricusasse di conformarvisi, solleciteranno la man forte per costringerlo, ed a questo oggetto dovrà procurarsi le lettere necessarie del Signor Visconte de Barrin acciò che il comandante di Corte debba prestarsi alla loro domanda.

BARBAGGI, presidente; POGGI, segretario;
SAVELLI, segretario.

Sessione del 4 marzo 1790.

(Alla mattina).

Il Signor Presidente e li Signori Deputati del Comitato Superiore essendosi resi alla sala di riunione, il Signor Presidente ha detto che non sarebbe possibile di mettere in attività questo corpo e di assicurare le sue deliberazioni se mancassero i mezzi per farle conoscere e farle eseguire; che bisogna spedire degli espressi, avere qualche volta delle scorte, pagare il porto delle lettere, far stampare i decreti dell'Assemblea, e forse quelli dell'istesso Comitato; che questi ed altri oggetti che possono presentarsi, fanno conoscere l'indispensabile bisogno di qualche denaro per provvedervi; che questo denaro dovrebbe prendersi sopra il beneficio della sovvenzione. Ma la morosità degli aggiudicatari nel riempimento delle loro obbligazioni ha resa di maniera esausta la cassa provinciale, che non può supplire nè meno alle spese le più urgenti, che la deliberazione presa dall'Assemblea di costringere gli affittuari debitori, e le precauzioni prese dal Comitato per accelerarne l'esecuzione debbono far sperare che cesserà fra breve lo stato d'indigenza in cui ritrovasi la cassa della nazione; che ad ogni modo le spese enunciate non potendosi differire senza restare nell'inazione, conviene d'occuparsi della scelta di qualche mezzo provvisorio per soddisfarle; che invita il zelo de' Signori Deputati, di conoscere, di esaminare e di arrestare quello che può essere il più pronto e 'l più sicuro.

Dopo di che, essendosi intesa l'opinione di diversi Signori Deputati, la materia messa in deliberazione, è stato unanimemente arrestato che provvisoriamente il Tesoriere della cassa civile, o quello che in sua assenza ne riempie le funzioni, dovrà provvedere coi fondi dell'istessa cassa alle spese che da questo Comitato Superiore saranno dichiarate urgenti e necessarie per l'esecuzione delle sue deliberazioni e di quelle dell'Assemblea Generale di quest'Isola, quali spese saranno rimborsate alla predetta cassa civile col denaro della sovvenzione e sopra il beneficio di quella; che il Tesoriere suddetto per suo discarico non potrà fare alcun pagamento per gli oggetti di sopra indicati che col mandato sottoscritto dal Presidente e da uno dei due Segretari. Per ultimo è stato arrestato che copia della presente deliberazione sarà rimessa al Tesoriere della suddetta cassa civile o al suo sostituto, acciocchè vi si debba conformare.

BARBAGGI, *presidente;* POGGI, *segretario;*
SAVELLI, *segretario.*

Sessione del 5 marzo 1790.

(alla mattina).

Il Signor Presidente e li Signori Deputati del Comitato Superiore essendosi resi alla sala di riunione, si sono presentati a questo Comitato li Signori Giulio Francesco Martelli, Podestà, Simon Brandi Romani e Bonaventura Ottavi, procuratori eletti e nominati dalla Comunità di Ghisoni, della Pieve di Castello in vigore del loro mandato de' 28 dello scaduto febraro, estratto dal Signor Germano Peretti, cancelliere di quella Parrocchia. Quali Procuratori dopo d'aver fatto conoscere che il motivo per cui non sono concorsi alla nominazione del Deputato che dovea assistere all'Assemblea convocata dal Comitato di Bastia, è perchè non è stata a loro notizia la lettera di convocazione, hanno dichiarato d'aderire alle deliberazioni prese dall'Assemblea Generale, ed a quelle conformarsi intieramente subito che saranno alla loro conoscenza; che frattanto sottopongono all'esame del Comitato Superiore un articolo interessante, che è quello delle milizie civiche; che essendosi convocata in quella Comunità il giorno dei 28 dello scorso febraro un'Assemblea sopra di quest'oggetto, una parte del popolo convenne sopra la necessità di questo stabilimento, ed in conseguenza nominò tre compagnie e gli ufficiali che devono comandarle; che un'altra parte del popolo non ha preso alcun partito decisivo, ma riceverà con rispetto le determinazioni di questo Comitato Superiore. Dopo di che essendosi ritirati essi Signori Procuratori ed alcuni notabili dell'istessa Comunità, che con quelli si erano presentati, il Signor Presidente avendo invitato i membri del Comitato a prendere in considerazione le rimostranze de'surriferiti Signori Martelli, Romani ed Ottavi;

La materia posta in deliberazione, è stato arrestato di dimostrare la soddisfazione di questo Comitato Superiore ai rappresentanti della Comunità di Ghisoni, per la loro adesione e sommissione ai decreti dell'Assemblea; che in ordine alle milizie, sussisteranno le tre Compagnie e gli ufficiali nominati per comandarle, purchè ciascheduna Compagnia sia composta almeno di cinquant'uomini, e che non possano esservi più di quattro ufficiali per ciascuna, cioè un capitano in primo, altro capitano in secondo, un tenente in primo, ed un sottotenente; che siccome, oltre le compagnie nominate rimane un egual numero e forse maggiore di uomini capaci alle armi che non sono in quelle compresi, subito che si devono ridurre in soli cinquanta uomini per cadauna, così si dichiara che sarà permesso, sotto la presidenza dei Signori Municipali, di aumentare il numero delle compagnie per quanto importa la popolazione di Ghisoni, composte del prescritto numero di cinquant'uomini, invitando tanto le milizie fatte che quelle da farsi, di procedere per quanto è possibile a questa operazione con armonia e concordia.

BARBAGGI, *presidente*; POGGI, *segretario*;
SAVELLI, *segretario*.

Sessione del 6 marzo 1790.

(Alla mattina).

Il Signor Presidente e li Signori Deputati descritti e nominati nella prima sessione, e con essi il Signor Simone Galletti, uno de membri del Comitato che era assente nei giorni precedenti, dopo che esso Signor Galletti ha prestato il giuramento di secretezza, in conformità del decreto dei due del mese corrente, e che il Signor Abbate Falcucci, essendosi presentato per prender seggio della sua piazza di segretario, ha prestato il medesimo giuramento, il Signor Presidente ha detto, che viene di ricevere una lettera dei Signori Vincentello Colonna da Leca e Niccolò Rocca, ambi di Vico, diretta a questo Comitato, in data dei tre del mese corrente, colla quale rendono conto delle turbolenze manifestatesi in quella Provincia per la leva della milizia, e di tutti i mezzi che s'impiegano o per impedirla o per renderla irregolare; che diviene necessario di prendere qualche espediente per andare al riparo di quel disordine che s'annuncia in quelle pievi. Dopo di che essendosi proceduto alla lettura dell'enunciata lettera, ed essendosi intese l'opinioni di diversi deputati, è stato deliberato che si rendano manifesti a essi Signori Colonna e Rocca i decreti presi dall'Assemblea relativamente alle milizie ed a tutti gli altri oggetti, invitandoli a conformarvisi e ad impiegare il loro credito perchè siano ricevuti ed eseguiti; che si debba far loro conoscere quanto in questa circostanza sia necessaria l'unione e la concordia; che agli istessi si debbano spedire le lettere dirette ai Podestà maggiori ed ufficiali municipali, acciò che si acceleri la loro riunione per l'elezione dei sei soggetti che debbono riunirsi per giro a questo Comitato. In seguito di che essendo stata formata la lettera, e quella letta, è stata approvata e spedita. Per ultimo il Comitato si riserva di spedire in quella Provincia una Commissione di tre soggetti, quando le successive notizie ne dimostrassero la necessità.

BARBAGGI, *presidente;* POGGI, *segretario;*
SAVELLI, *segretario.*

Del detto giorno 6 marzo 1790.

Il Signor Presidente ha detto che l'esecuzione dei decreti dell'Assemblea Nazionale, relativi all'elezione della nuova municipalità, potrebbero presentare delle grandi difficoltà tanto in ordine alla loro intelligenza, che alla loro esecuzione; che bisognerebbe occuparsi dei mezzi che possono essere reputati i più potenti per andare al riparo degl'inconvenienti che potrebbero presentarsi per l'una e per l'altra ragione; che quest'oggetto interessantissimo, e nelle attuali critiche circostanze, merita tutta l'attenzione del Comitato.

Dopo di che, posta la materia in deliberazione, essendosi intese le osservazioni dei Deputati diversi, è stato arrestato che il Signor Giubega esaminerà attentamente tutte le deliberazioni dell'Assemblea nazionale che concernono l'elezione degli ufficiali municipali, e farà le sue osservazioni sopra quegli articoli che crederà possino meritare qualche schiarimento, e queste osservazioni saranno presentate al Comitato acciò possa prendere le deliberazioni che crederà utili e necessarie per farle conoscere alle rispettive comunità. In oltre è stato deliberato che sarà eletto e nominato un deputato per ogni Pieve, a' quali saranno comunicati gli schiarimenti fissati dal Comitato per farne uso nel caso di bisogno; e li stessi Commissari dovranno presentarsi a quelle Assemblee, ove la loro presenza sarà reputata necessaria per il mantenimento del buon ordine e per la libertà dei suffragi, facendosi scortare da qualche distaccamento di Guardia nazionale, ma di diversa comunità da quella alla quale dovranno assistere.

BARBAGGI, *presidente*; POGGI, *segretario*;
L'Abbate FALCUCCI, *segretario*.

Del detto giorno 6 marzo 1790.

Si è presentato alla sala dell'Assemblea del Comitato Superiore il Signor Conte de Petriconi, colonnello della Guardia nazionale, quale ha detto di aver ricevuta lettera dal Signor Saint-Martin, maggiore del Reggimento du Maine, dei 3 del mese corrente, e con questa manifesta la sua sorpresa perchè non si prenda [misura] contro di un certo abitante del Vescovato, che ha servito nel Reggimento Provinciale, ma che n'è stato congedato con cartoccio giallo, quale ha assassinato il nominato La Tour, granatiere del detto Reggimento du Maine, il giorno dei 25 dello scaduto febraro, e che niente sarebbe più giusto che di far arrestare questo assassino per dare una giusta soddisfazione tanto alla giustizia che al corpo suddetto.

Dopo di che, posta la materia in deliberazione, è stato arrestato che si spedisca questa notte un distaccamento di dodeci soldati con un sargente del Reggimento Provinciale per arrestare il surriferito uccisore; ma per assicurarsi di questa spedizione, sarà consegnata al comandante del distaccamento una lettera per gli Ufficiali Municipali del Vescovato, acciocchè prestino tutta l'assistenza necessaria per assicurare l'arresto di questo criminale, e frattanto il Signor Conte de Petriconi, colonnello della Guardia nazionale, è pregato di chiedere dal Signor Visconte de Barrin il distaccamento suddetto a cui il Signor Maggiore del Reggimento du Maine potrà riunire un distaccamento di sei uomini della sua truppa, se lo crederà necessario.

BARBAGGI, *presidente;* POGGI, *segretario;*
l'abbate FALCUCCI, *segretario.*

Del detto giorno 6 marzo 1790.
(*Alle ore quattro del dopo pranzo*).

Vista la lettera scritta dal Signor Giubega in data dei 3 del mese corrente al Signor Intendente relativamente alla solita anticipazione per la pipiniera di Calvi, intese l'osservazioni d'esso Signor Giubega, dopo d'avere invitati i Signori Deputati a manifestare la loro opinione,

La materia messa in deliberazione, è stato alla pluralità dei suffragi deliberato che sino alla convocazione della prossima Assemblea Generale, il trattamento e le condizioni della pipiniera suddetta continueranno nello stato con cui sono state fin qui riempite.

BARBAGGI, *presidente;* POGGI, *segretario;*
l'abbate FALCUCCI, *segretario.*

Sessione del giorno 7 marzo 1790.
(*Alle ore quattro del dopo pranzo*).

Il Signor Presidente e li Signori Deputati del Comitato Superiore, assenti il Signor Matra ed il Signor pievano Franceschi di Canari, essendosi resi alla solita sala di riunione, il Signor Presidente ha detto che gli è stato rappresentato che il Signor Lebel, direttore di questa Dogana di Bastia, non riempie colla dovuta esattezza i doveri della sua carica; che ha accordato ed accorda a coloro che introducono delle mercanzie in questa città, delle dilazioni al pagamento che rifluiscono in pregiudicio della cassa civile, perchè molti dei debitori o non possono o non vogliono pagare; che ritiene appresso di sè il denaro che esige per l'istessi diritti ciò che nelle attuali circostanze aumenta la miseria della medesima cassa; che sarebbe necessario di raccogliere tutti gli schiarimenti sopra di questo importante oggetto, e quando sussistano l'incolpazioni che si fanno a questo direttore, prendere tutte quelle deliberazioni che saranno necessarie per assicurare il denaro pubblico. In appresso essendo stata presa in considerazione la pratica, è stato arrestato che li Signori Subdelegati generali di Corsica saranno invitati d'istruire questo Comitato Superiore sopra la condotta, esattezza ed integrità del Signor Lebel, acciocchè dopo del loro rapporto e delle altre informazioni che il Signor Presidente è invitato di raccogliere, si possa con conoscenza di causa prendere quel partito che sarà reputato il più espediente.

BARBAGGI, *presidente;* POGGI, *segretario;*
l'abbate FALCUCCI, *segretario.*

Del detto giorno 7 marzo 1790.

(*Alle ore quattro del dopo pranzo*).

Il Signor Varese, uno dei membri del Comitato, ha detto che sebbene vi sia tutto il motivo di lusingarsi, che il Signor Generale de Paoli non tarderà a rendersi in Corsica, attese l'istanze premurose stategli fatte tanto dalle rispettive Comunità che dall'Assemblea generale di quest'Isola, ad ogni modo potrebbe essere che non si restituisse in patria che dopo la convocazione dell'Assemblea del Dipartimento; che questa tardanza del suo ritorno sarebbe infinitamente pregiudicevole a quest'Isola, perchè resterebbe priva dei suoi lumi e dei suoi consigli in un momento in cui ne ha un vero bisogno; che sarebbe necessario d'occuparsi di qualche mezzo, che potesse assicurare la Corsica della presenza del Signor Generale de Paoli al momento della riunione generale dei Deputati delle respettive pievi o cantoni.

Dopo di che, essendosi intese le osservazioni dei diversi Signori Deputati, e presa in considerazione la mozione suddetta, è stato unanimemente arrestato, che l'augusta Assemblea Nazionale sarà rispettosamente supplicata per parte di questo Comitato Superiore di Corsica, e per mezzo dei Deputati di quest'Isola, di dare gli ordini li più pronti perchè la convocazione generale di questo Dipartimento sia differita sino al ritorno del Signor Generale de Paoli. È stato inoltre deliberato che copia della presente deliberazione sarà inviata al Signor Presidente dell'augusta Assemblea Nazionale, e pregato per mezzo d'una lettera, di sostenere la petizione del Comitato Superiore.

BARBAGGI, *presidente;* POGGI, *segretario;*
L'Abbate FALCUCCI, *segretario.*

Sessione dell' 8 marzo 1790.

(*Alle ore nove della mattina*).

Il Signor Presidente e li Signori Deputati del Comitato Superiore essendosi resi nella solita sala di riunione, il Signor Presidente ha detto che si presenta il Signor Eugenio Giordani, uno dei membri del Comitato che era assente nei giorni precedenti, il quale richiede di prendere tutte le sue funzioni, prima delle quali ha prestato il giuramento presscritto ed arrestato nella sessione dei due del corrente mese; ed in seguito il detto Signor Presidente ha detto non esservi luogo in questa mattina ad alcuna deliberazione.

BARBAGGI, *presidente;* POGGI, *segretario.*

Del detto giorno 8 marzo 1790.
(Alla mattina).

Immediatamente e prima dello scioglimento dell'Assemblea, il Signor Presidente ha ricevuta lettera del Signor de Petriconi, colonnello comandante della Guardia nazionale di Bastia, colla quale viene istruito che nello scalo del Vallinco ci sono due bastimenti carichi di grano, disposti a portarlo in terraferma; che questa esportazione, oltre d'essere contraria alla legge pubblicata che la proibisce, va ad aumentare la penuria delle biade e ad esporre i popoli a tutte quelle disgrazie che ne ridondano dalla mancanza delle sussistenze; che sarebbe necessario d'impedire prontamente la partenza di questi bastimenti e prendere delle precauzioni per impedire ogni estrazione per terraferma di queste derrate di prima necessità, delle quali la Corsica non ha niente di superfluo in questo momento, ma ne ha bisogno per arrivare alla nuova raccolta.

Dopo di che, messa la materia in deliberazione, è stato arrestato unanimemente che il Signor Visconte de Barrin sarà pregato per mezzo d'una copia o sia estratto della presente

mento di sei o sette uomini del Reggimento Provinciale, che non siano sospetti alle parti collitiganti, e questo distaccamento sia sotto i suoi ordini immediati; e frattanto per il bene della pace, nè il Signor de Casabianca, nè il Signor Matra non potranno abitare in detto forte, nè avere in quello alcuna ingerenza, il tutto senza pregiudicio delle ragioni rispettive; che in ordine alla domanda del fattore del Signor de Casabianca sopra le derrate e mobili che asserisce essergli stati presi, dovrà dirigere le sue azioni dinanti il Giudice competente.

BARBAGGI, *presidente;* POGGI, *segretario;* l'abbate FALCUCCI, *segretario.*

Sessione del 10 marzo 1790.

(*Alle ore nove della mattina*).

Il Signor Presidente e li Signori Deputati del Comitato Superiore essendosi resi nella solita sala di riunione, il Signor Presidente ha detto che viene di ricevere lettera dei Signori Ufficiali municipali di Santa Reparata, diretta a questo Comitato Superiore, in data dei 7 marzo mese corrente, colla quale espongono i motivi per li quali non hanno potuto fin qui aderire alle deliberazioni di questo Comitato Superiore relativamente alla consegna dei Signori fratelli Fabiani, detenuti nelle carceri dell'Isola Rossa, ed insieme le ragioni che hanno d'aver per sospetto il Tribunale ed il luogo di Rogliano, ove questi prigionieri dovevano essere trasmessi, e colla stessa lettera richiedono che questa Commissione Superiore impieghi i suoi uffici presso del Superior Consiglio, perchè il processo contro di questi supposti rei sia costruito nella giurisdizione di Calvi da quei graduati che possono essere creduti imparziali ; che conviene di prendere qualche deliberazione sopra d'una così importante rimostranza.

Dopo di che, posta la pratica in deliberazione, è stato arrestato unanimemente che il Superior Consiglio sarà, per mezzo dei Signori Matra e Abbate Buonaccorsi, membri di questo Comitato Superiore, pregato di prendere in considerazione la lettera di essi Signori Ufficiali Municipali di Santa Reparata, e di aderire alla loro dimanda, e nominare dei graduati indifferenti che debbano occuparsi della costruzione del processo dei detti Signori fratelli Fabiani nella propria loro Giurisdizione di Calvi.

BARBAGGI, *presidente;* POGGI, *segretario ;*
l'abbate FALCUCCI, *segretario.*

Del detto giorno 10 marzo 1790.
(*Alla mattina*).

Il Signor Presidente ha detto che il Signor Belgodere de Bagnaja ha presentata una memoria a questo Comitato Superiore colla quale richiede che sia cancellata e soppressa una lettera che dai Signori Deputati dei Dodeci fu, sotto il giorno dei 22 settembre 1777, scritta ai Signori Commissari del Re in risposta della loro lettera dei 14 dello stesso mese relativamente al discorso pronunciato dal prefato Signor Belgodere alla chiusura dei Stati dell'anno suddetto; che prima di procedere ad alcuna deliberazione sarebbe necessario di prendere in considerazione tanto il discorso di esso Signor Belgodere che la lettera di essi Signori Deputati dei Dodeci per conoscere fin dove questo Comitato Superiore possa prestarsi all'instanza del dimandante.

Dopo di che, essendosi intese le diverse opinioni dei Signori Deputati, è stato in appresso unanimemente arrestato, che tanto il discorso pronunciato da esso Signor Belgodere quanto la lettera scritta dai Signori Deputati dei Dodeci, resteranno soppresse, e che la presente deliberazione sarà trascritta sul registro delle corrispondenze ed in margine della lettera suddetta, e notificata al medesimo Signor Belgodere.

BARBAGGI, *presidente*; POGGI, *segretario*;
l'abbate FALCUCCI, *segretario*.

Sessione dell'11 marzo 1790.

(Alle ore nove della mattina).

Il Signor Presidente e li Signori Deputati del Comitato Superiore essendosi resi nella solita sala di riunione, dopo d'essersi occupati di vari affari, non è stato luogo per questa mattina ad alcuna deliberazione.

BARBAGGI, *presidente*; POGGI, *segretario*;
l'abbate FALCUCCI, *segretario*.

Sessione del 12 marzo 1790.

(Alle ore nove della mattina).

Il Signor Presidente e li Signori Deputati del Comitato Superiore essendosi resi nella solita sala di riunione, il Signor Presidente ha detto che il nuovo decreto dell'Assemblea Nazionale sanzionato da S. M. relativo agli ordini religiosi deve far sentire tutta la necessità che ci è di sollecitare l'esecuzione d'un altro decreto precedente che prescrive a tutti li superiori dei Religiosi di fare una dichiarazione di tutti li beni mobili e stabili; che bisogna prendere delle deliberazioni per assicurare la sincerità di questa dichiarazione e per evitare qualunque frode o soppressione che potrebbe esservi nella manifestazione dei beni mobili; che la proibizione dei voti religiosi e le pensioni fissate a quelli religiosi che vogliono ritirarsi, deve fra breve rendere deserti la maggior parte dei conventi; che quest'abbandono dei conventi deve risvegliare le pretensioni delle diverse comunità che hanno contribuito alla costruzione, all'intrattenimento di quelli per appropriare almeno alle rispettive parrocchie li mobili sacri, e queste pretensioni potrebbero produrre degl'inconvenienti, che converrebbe prendere qualche espediente per accelerare l'ordinata dichiarazione e per rivestirla di qualche solennità perchè si faccia con esattezza, e perchè li mobili dichiarati rimangano in mani sicure.

Dopo di che, essendosi presa in considerazione la mozione del Signor Presidente, e la materia messa in deliberazione, è stato arrestato che il Prefetto e gli Ufficiali municipali che concorrono al mantenimento dei rispettivi conventi, unitamente al Procuratore, o sia Sindaco del Convento medesimo procederanno in presenza del Guardiano o Superiore, del Vicario e del Sagrestano, all'inventario di tutti li beni mobili, tanto appartenenti al servizio divino che all'uso e comodo delle famiglie religiose, senz'eccezione. Si potrà solamente escludere da questo inventario ciò che riguarda il vestiario dei religiosi; che quest'inventario sarà sottoscritto da tutte le persone che debbono assistervi; che l'originale resterà appresso il Cancelliere o sia Segretario della Comunità, e una copia sarà rimessa al Sindaco del Convento ed altre copie rimesse al Giudice della Giurisdizione; che tutti li mobili inventariati continueranno a restare nel Convento, e consegnati al Guardiano, Vicario e Sagrestano, colla promessa di ben custodirli, e di non disporne in modo alcuno, e secondo le deliberazioni che saranno prese dall'Assemblea Nazionale, ossia dall'Assemblea del Dipartimento. Sarà permesso a tutte le comunità che crederanno avere interesse nell'inventario d'averne una copia. Ed è stata la presente deliberazione sottoscritta.

BARBAGGI, *presidente* ; POGGI, *segretario* ;
l'abbate FALCUCCI, *segretario*.

Sessione del 13 marzo 1790.

(Alle ore nove della mattina).

Il Signor Presidente e li Signori Deputati del Comitato Superiore, essendosi riuniti nella solita sala, il Signor Varese, uno dei membri del Comitato, ha detto che la voce comune annuncia che il Reggimento du Maine che trovasi di guarnigione in questa città, deve partire senza esserne destinato alcun'altro per rimpiazzarlo ; che questa notizia ha provocato l'inquietudini non solamente degli abitanti di questa capitale, ma anche di quelli dell'interiore ; che dalla sua partenza ne deducono l'allarmante conseguenza che la Francia sia nella disposizione di abbandonare quest'Isola, perchè volendola conservare, non pare possibile che voglia lasciare questa città e questa fortezza senza veruna guarnigione.

Dopo di che, posta la materia in deliberazione, ed essendosi intese le diverse opinioni dei Signori Deputati, è stato unanimemente deliberato di fare rispettosamente conoscere a Sua Maestà ed all'Assemblea Nazionale quanto grave pregiudicio la partenza del Reggimento du Maine, se non fosse rilevato da qualche altro, apporterebbe tanto agli abitanti della città che a quelli di tutti i vicini distretti, giacchè mancherebbero d'ogni mezzo per locare le loro case e consumare le loro derrate, e non si vedrebbe più alcuna circolazione di numerario; che l'aumento del Reggimento Provinciale, che viene annunciato, non potrebbe riparare ad un danno così visibile perchè oltre che questo sarebbe distribuito in tutta la Corsica, la sua consumazione non potrebbe valutarsi con quella della truppa regolata; che quell'aumentazione del Reggimento suddetto non sarebbe nè utile nè necessaria, anzi incontrerebbe la disapprovazione della Corsica per tutti gl'inconvenienti che dovrebbe rappresentare, e dei quali si riserva il Comitato di dirigere una memoria particolare; che ciò che potrebbe convenire alle attuali circostanze, sarebbe la formazione di venti compagnie sciolte di cinquanta uomini cadauna, tirate dalle diverse città e distretti, incaricata della polizia interiore, ed anche del servizio nelle piazze ove saranno postate di concerto colla truppa regolata.

È stato finalmente arrestato, che il Signor Visconte de Barrin sarà pregato per mezzo de' Signori Varese e pievano de Franceschi, membri di quel Comitato, di riunire i suoi buoni uffici e le sue osservazioni alle respettive rimostranze di quel Comitato Superiore, ed a quelle di questa città di Bastia.

BARBAGGI, *presidente*; POGGI, *segretario*;
l'abbate FALCUCCI, *segretario*.

Del detto giorno 13 marzo 1790.
(Al dopo pranzo).

Il Signor Presidente ha detto che li disordini che si manifestano, e li delitti che si commettono nelle diverse Giurisdi-

che possa nel tempo stesso servire di regola alle altre comunità nelle quali si sono manifestate o potranno manifestarsi simili controversie.

In appresso essendosi intese le opinioni di diversi membri del Comitato, sono stati arrestati gli articoli seguenti:

Art. 1. — I capitani ed ufficiali delle dieci compagnie, che si dicono nominati dall'Assemblea della Comunità di Calenzana, dovranno dentro il termine d'otto giorni, dal giorno della pubblicazione del presente decreto, presentare agli Ufficiali municipali di quella, ed a due notabili che saranno confidenti alle parti, gli uomini che vorranno liberamente arruolarsi nelle rispettive compagnie.

Art. 2. — Si formerà un ruolo distinto per compagnia che dovrà sottoscriversi da quelli istessi che vorranno liberamente arruolarsi in presenza della municipalità e dei due notabili, e per quelli che non sapranno scrivere, sottoscriverà uno degli Ufficiali municipali che sarà nominato per quest'oggetto.

Art. 3. — Chi non potrà o non vorrà presentarsi personalmente dinanzi la municipalità e notabili per arruolarsi, non potrà essere inscritto nel ruolo della milizia.

Art. 4. — Chi sarà inscritto nel ruolo d'una compagnia, non sarà più ricevuto per essere inscritto in un'altra.

Art. 5. — Le compagnie non potranno essere nè più basse nè più numerose di cinquanta uomini, e quando saranno complete, non sarà permesso di ricevere altro arruolamento.

Art. 6. — Saranno riputati atti alle armi, e come tali potranno essere arruolati nelle compagnie civiche, quelli che avranno sedici anni finiti. Saranno esclusi però li stroppiati, gl'infermi e vecchi, e tutti quelli che sono visibilmente incapaci di servire.

Art. 7. — Il ruolo di ciascuna compagnia dovrà essere

sottoscritto dagli Ufficiali municipali, dai due notabili e dal Cancelliere o Segretario della Comunità.

Art. 8. — Quei capitani ed ufficiali nominati dall'Assemblea della Comunità di Calenzana, che non avranno potuto completare le rispettive compagnie, non saranno riconosciuti.

Art. 9. — Dovranno presentarsi dopo gli otto giorni alla stessa municipalità e notabili, e nella maniera prescritta negli articoli 1, 2, 3 e 4 quei capitani ed ufficiali che hanno formato la loro milizia indipendentemente dalla nomina dell'Assemblea, e potranno anche presentarsi quelli che saranno in caso di formare qualche compagnia.

Art. 10. — Quelli che avranno presentato un numero di uomini atti alle armi, necessario per la formazione delle compagnie, secondo l'articolo 5, saranno riconosciuti e faranno parte della milizia civica.

Art. 11. — Non sarà permesso ad alcuno d'arruolare per la formazione delle rispettive compagnie quelli che hanno il loro domicilio in una diversa pieve o comunità.

Art. 12. — Dopo che le compagnie saranno formate nella maniera prescritta, tutti gli ufficiali dovranno riunirsi per nominare quelli dello stato maggiore.

Art. 13. — Sebbene nell'articolo 5º sia stato fissato che le compagnie civiche non possino essere nè più basse, nè più numerose di cinquanta uomini, da questa regola resteranno escluse le piccole comunità che non avranno un numero sufficiente di persone atte alle armi per completare la loro compagnia, o che mancheranno d'alcuni uomini per la formazione di due; che quelle dovranno presentare il loro ruolo al Comitato Superiore per farlo approvare.

Barbaggi, *presidente;* Poggi, *segretario;*
l'abbate Falcucci, *segretario.*

Sessione del 16 marzo 1790.

(Alle ore nove della mattina).

Il Signor Presidente e li Signori Deputati essendosi riuniti nella solita sala, il Signor presidente ha detto, che sotto il giorno del 10 corrente marzo, fu da questo Comitato Superiore presa la deliberazione riguardo ai Signori fratelli Fabiani, alla quale si abbia la dovuta relazione; che le rimostranze posteriori per parte dei detti Signori Fabiani hanno fatto conoscere tutti gl'inconvenienti che ne potrebbe ridondare, se la procedura fosse fatta nella giurisdizione di Calvi; che in quel conflitto di rimostranze fu fatto decreto sotto della memoria del Signor Leoni, a nome di detti Signori Fabiani, con cui fu dichiarato che quel Comitato se ne riporterà alla prudenza della Corte; che in appresso il Superior Consiglio ha arrestato che li due Signori fratelli Fabiani, li quali ritrovansi nelle prigioni dell'Isola Rossa; saranno trasportati per mare in queste carceri di Bastia, che il Giudice Reale di questa Giurisdizione è stato incaricato per la costruzione del processo; che in seguito di quell'arresto fu scritta lettera alli Signori Ufficiali municipali di Santa Reparata, invitandoli a sottomettersi, e a non opporre la menoma resistenza alla sua esecuzione; che bisognava ubbidire all'autorità legittima, e che quel Comitato era nell'obbligo indispensabile di farla rispettare; che non essendo questa deliberazione stata portata sul Registro nel giorno che fu emanata, diviene necessario che si supplisca a quella dimenticanza, acciocchè apparisca in ogni tempo quale è stata l'intenzione di questo Comitato Superiore.

Inteso l'avviso dei Signori Deputati, è stato unanimemente arrestato che la detta deliberazione sarà trascritta su del Registro in data di questo giorno.

BARBAGGI, *presidente ;* POGGI, *segretario ;*
l'abbate FALCUCCI, *segretario.*

Del detto giorno 16 marzo 1790.
(*Alla mattina*).

Il Signor Presidente ha detto che, essendosi dimandati dei distaccamenti militari al Signor Visconte de Barrin, ad oggetto di marciare per le diverse Giurisdizioni dell'Isola, e servir di man forte, ed accorrere a tutti i bisogni, era necessario di nominare dei Commissari per ogni pieve i quali di concerto colle rispettive municipalità, metterebbero in moto li suddetti distaccamenti ad impedire i disordini, ad arrestare tutti quelli che li cagionerebbero o che fossero colpevoli d'altri delitti; che in questa qualità poteasi nominare quei medesimi membri che compongono questo Comitato Superiore, nominare poi quelli di quelle pievi che non hanno.

La materia posta in deliberazione, è stato unanimemente deliberato che serviranno in qualità di Commissari tutti i rispettivi membri di questo Comitato Superiore, li quali durante il loro servizio, o per cagione d'incomodo, verranno rimpiazzati da quei medesimi Commissari nominati ad assistere alle Assemblee da farsi per le nuove municipalità ; che ne saranno nominati in tutte quelle pievi che non hanno alcun deputato nel medesimo Comitato ; che le loro funzioni saranno quelle di disporre dei suddetti distaccamenti secondo l'urgenza dei casi di concerto colle rispettive municipalità, per invigilare al buon ordine, per impedire ogni turbolenza e per far arrestare i colpevoli che la cagionassero; e successivamente per le pievi che non hanno Deputati, sono stati nominati, cioè, per la pieve di Rostino, il Signor Francesco Saliceti; per la pieve di Canale, il Signor Luciano Grimaldi; per la pieve di Rogna, il Signor Gio. Quilico Benedetti; per la pieve di Castello, il Signor Dottor Grazietti; per quella di Patrimonio, il Signor Carlo Felice Leandri; per quella d'Oletta, il Signor Giuseppe Antonio Piazza; per quella d'Olmi, attesa la rinuncia del Signor abbate Buonaccorsi, il Signor Paolo Giovanni Albertini; per quella di Sant'Andrea, il Signor Filippo Filippi; per quella di Tuani, il Signor Agostino Filippi.

È stato in oltre arrestato, che copia della presente deliberazione sarà inviata al Signor Visconte de Barrin, con cui vien pregato di dare gli ordini opportuni ai rispettivi capi dei distaccamenti suddetti, perchè riconoscano li Signori Commissari.

BARBAGGI, *presidente*; POGGI, *segretario*;
l'abbate FALCUCCI, *segretario*.

17 e 18 marzo. Non vi è stata alcuna riunione.

Sessione del 19 marzo 1790.

(*Dopo pranzo*).

Il Signor Presidente essendosi reso alla solita sala di riunione, ha detto essersi presentati li Signori Deputati del Comitato Superiore destinati per servire al secondo turno, cioè il Signor Abbate Marinetti ed il Signor Pietro Francesco Agostini, per la Giurisdizione di Bastia; per quella di Nebbio, il Signor Antonio Gentili, ed in luogo del Signor pievano Bonelli, il Signor Giuseppe Barbaggi; per quella di Balagna non sono ancora oggi giorno arrivati; per quella di Capo Corso, il Signor Rocco Nicolai, ed assente il Signor Domenico Maria Ferrandini; per quella d'Ampugnani, il Signor Matteo Limperani ed il Signor Carlo Francesco Giafferri; per quella d'Aleria, il Signor Marco Antonio Ferrandi ed assente il Signor Angelo Felice Tiberi; per quella di Corte, il Signor Francesco Raffaelli ed assente il Signor Gio. Paolo Natali, ed il Signor Giorgio Cesari, segretario di turno; ai quali primieramente gli è stato proposto dal Signor Presidente di prestare il giuramento prescritto nella sessione del 2 marzo, del quale ne è stata fatta lettura, e dopo che detti Signori hanno prestato il giuramento suddetto, cioè il detto Signor abbate Marinetti portando la mano al petto, e tutti gli altri con alzar la mano, hanno preso luogo nell'Assemblea. In seguito esso Sig. Presidente, ha detto che essendo spirati li quindici giorni della sua presidenza, conveniva di procedere alla nomina di un nuovo Presidente, per conformarsi alla deliberazione dell'Assemblea generale. Dopo di che, avendo proceduto all'elezione suddetta l'unanimità dei suffragi è caduta nella persona del Signor Antonio Gentile, come quello che ha riportato tutti i suffragi per godere di quei diritti e prerogative che goder deve un secondo Presidente della Commissione Superiore; quale nomina ed elezione è stata accettata dal detto Signor Gentile dopo d'aver manifestato i sentimenti della sua rispettosa gratitudine per la scelta onde vien d'essere onorato, ed è stata la presente deliberazione sottoscritta da tutti i deliberanti.

BARBAGGI, *presidente;* POGGI, *segretario;*
CESARI, *segretario.*

Sessione del 20 marzo 1790.

(Alla mattina).

Il Signor Presidente e li Signori Deputati essendosi resi alla solita sala di riunione, il Signor Presidente ha detto che essendo insorte delle difficoltà nella comunità di Vallecalle fra il Signor Podestà e li Signori Padri del Comune di detta parrocchia, per avere detto Signor Podestà intimata l'Assemblea per la nuova elezione del corpo municipale senza averne consultato con li detti Padri del Comune conforme gli correva l'obbligo, ciò che risulta dalla propria confessione del detto Signor Podestà; che questa irregolarità è contraria alle disposizioni dei decreti dell'Assemblea Nazionale, e che in conseguenza la detta Assemblea intimata dal solo Podestà non possa sussistere; che questo finalmente potrebbe far insorgere in quella comunità qualche disordine fra gli abitanti, onde converrebbe prendere la più matura considerazione.

Dopo di che, posta la materia in deliberazione, ed intesi gli avvisi de' Signori Deputati, è stato unanimemente arrestato che l'Assemblea intimata dal Signor Podestà di Vallecalle sia dichiarata nulla per essere stata irregolarmente convocata e contraria ai decreti dell'Assemblea Nazionale; che il detto Signor Podestà sarà tenuto di unirsi e concertare con li due Padri del Comune per una nuova convocazione, e per quel giorno che la prudenza del detto corpo municipale giudicherà più comodo, e che copia della presente deliberazione sarà inviata alla municipalità di Vallecalle, acciò vi si debba conformare.

GENTILE, *presidente*; POGGI, *segretario*.

Il 21 marzo non vi è stata alcuna riunione.

Sessione del 22 marzo 1790.
(Alla mattina).

Li Signori Deputati essendosi resi nella solita sala di riunione, assente il Signor Presidente, al luogo del quale avendo preseduto il Sig. Matteo Limperani come il più avanzato d'età, ed essendosi occupati di vari affari, non vi è seguita alcuna deliberazione.

LIMPERANI, *decano;* POGGI, *segretario.*

Sessione del 23 marzo 1790.
(Alla mattina).

Il Signor Presidente e li Signori Deputati essendosi resi nella solita sala di riunione, si è presentato il Signor Domenico Maria Ferrandini, membro del Comitato Superiore, il quale richiede di prendere le sue funzioni per il secondo turno, prima delle quali ha prestato il giuramento prescritto ed arrestato nella sessione del due marzo mese corrente; ed in seguito, dopo che l'Assemblea si è occupata di vari affari, il Signor Presidente ha detto non esservi luogo ad alcuna deliberazione.

GENTILE, *presidente;* POGGI, *segretario.*

Sessione del 24 marzo 1790.
(Alla mattina).

Il Signor Presidente e li Signori Deputati essendosi resi nella solita sala di riunione, il Signor Presidente ha presentata una lettera dei Signori Ufficiali municipali di Santa Reparata, li quali dopo di avere dichiarato la loro esatta sommissione ed ubbidienza tanto ai decreti del Consiglio Superiore, quanto alle disposizioni di questo Comitato Superiore, si esibiscono pronti di far la consegna dei Signori fratelli Fabiani, che ritrovansi prigionieri nelle carceri dell'Isola Rossa, subito che li verrà presentato l'arresto del Consiglio Superiore; che desidererebbero in oltre, che alla costruzione del processo di detti Signori Fabiani, vi fossero aggiunti due soggetti di questo istesso Comitato Superiore, acciò la procedura riesca colla più esatta giustizia ed imparzialità.

Posta la materia in deliberazione, ed intese le diverse opinioni dei Signori Deputati, è stato unanimemente arrestato di venire alla nomina di due soggetti, li quali dovranno assistere alla procedura dei Signori fratelli Fabiani appresso questo seggio reale di Bastia, subito che la medesima sarà principiata; ed avendo proceduto alla nomina suddetta, l'unanimità dei suffragi è caduta nei Signori Varese ed abbate Marinetti. È stato in oltre arrestato che il Signor Presidente inviterà il Signor Procuratore Generale, acciò si compiaccia far significare l'arresto del Consiglio Superiore ai Signori Ufficiali municipali di Santa Reparata, affinchè i due supposti rei possino essere trasportati nelle carceri di questa città.

GENTILE, *presidente*; POGGI, *segretario.*

25 marzo. Non vi è stata alcuna riunione.

Sessione del 26 marzo 1790.
(Alla mattina).

Il Signor Presidente e li Signori Deputati essendosi resi nella solita sala di riunione, si è presentato il Signor Varese ed il Signor Gio. Paolo Natali, il primo per continuare il turno del Signor Pietro Francesco Agostini, il quale ha dovuto partire per suoi interessanti particolari affari; il secondo richiedendo di prendere le sue funzioni di deputato a questo Comitato Superiore per il secondo turno, prima di che hanno ambedue detti Signori prestato il giuramento prescritto ed arrestato nella sessione del 2 corrente marzo, hanno preso luogo nell'Assemblea, ed in seguito dopo essersi l'Assemblea suddetta occupata su di vari affari, non vi è stato luogo ad alcuna deliberazione.

GENTILE, *presidente;* POGGI, *segretario.*

Sessione del 27 marzo 1790.
(Alla mattina).

Il Signor Presidente e li Signori Deputati essendosi resi alla solita sala di riunione, il Signor Presidente viene di dire all'Assemblea che la voce pubblica annuncia che si ammovono dalla casa della nazione vari mobili appartenenti alla nazione istessa; che questo oggetto merita la più pronta risoluzione per parte del Comitato Superiore, il quale è principalmente tenuto d'invigilare agl'interessi della provincia.

Posto la pratica in deliberazione, ed intese l'opinioni dei diversi Signori Deputati, è stato unanimemente deliberato che il Cancelliere *in capite* della provincia o la persona che lo rappresenta nella di lui assenza, darà quanto prima l'inventario esatto contenente tutti gli effetti mobili in qualunque luogo esistenti, e che appartengono alla Provincia, e frattanto che non si proceda ad alcuna esportazione di qual si sia mobile.

Ha in oltre deliberato che dal medesimo Signor Cancelliere *in capite* o da chi per esso, sarà rimesso a questo Comitato Superiore colla maggior prontezza, un estratto di tutte le deliberazioni d'ordine dei Signori Deputati dei Dodeci, che concernono l'estrazione dei denari della cassa della Provincia per qual si voglia oggetto di spesa, e che copia della presente deliberazione sarà rimessa al detto Signor Cancelliere *in capite*, o a chi lo rappresenta, acciò vi si debba conformare.

GENTILE, *presidente;* POGGI, *segretario*.

28 marzo. Non vi è stato alcuna riunione.

Sessione del 29 marzo 1790.
(Alla mattina).

Il Signor Presidente e li Signori Deputati essendosi resi nel luogo solito, si sono occupati su di vari oggetti di somma importanza, ma non vi è stata occasione ad alcuna deliberazione.

Sessione del 30 marzo 1790.

(*Alla mattina*).

Il Signor Presidente colli Signori Deputati essendosi resi alla solita sala di riunione, il Signor Presidente ha detto che questo Comitato Superiore dovrebbe occuparsi ad un pronto ed efficace rimedio per li disordini già da gran tempo insorti nella città di Corte, e che giornalmente si aumentano con gravissimo pregiudizio della pubblica quiete, e con uno scandalo universale di tutta l'Isola;

Che la memoria presentata dal Signor abbate Montera e Signor Gio. Tommaso Arrighi, fanno sempre più divedere l'urgente bisogno d'occuparsi d'un affare tanto interessante;

Che il Podestà di Corte fu accusato all'Assemblea Generale tenutasi ultimamente in questa città dalli due Padri del Comune e da altri notabili di Corte, come preteso autore dei torbidi che vi regnano, e reo di varie azioni illegali, e che avendogli l'Assemblea suddetta ordinato di presentarsi a giustificarsi dalle imputazioni stategli fatte, non volle punto ubbidire;

Che questo Comitato Superiore vedendo sempre più i disordini accrescersi, e volendo primieramente impiegare tutti i mezzi blandi e pacifici, spedì in Corte ultimamente una deputazione di tre dei suoi membri con istruzioni unicamente tendenti a ristabilire la pace in quel paese, ed indurre il Podestà a prestare volontariamente l'obbedienza dovuta all'Autorità legittima, assicurandolo che non avrebbe incontrato alcun castigo, ma solo una dolce paterna ammonizione;

Che per facilitare il desiderato effetto di questa Commissione, fu invitato il Signor Visconte de Barrin a scrivere una lettera al comandante della guarnigione di Corte ed ordinargli di dar man forte alli tre Commissari colà spediti, qualora il bisogno lo richiedesse; quali Commissari dal canto loro hanno adempito la Commissione con tutto il patriottico zelo e colle più dolci e ragionevoli maniere; ma che non essendosi compiaciuto il suddetto Signor de Barrin di prestarsi intieramente alle intenzioni del Comitato Superiore, avendo soltanto ordinato freddamente a quel Comandante di uniformarsi alla legge, ciò produsse il poco effetto che se ne doveva aspettare, mentre il Comandante non si diede la minima pena d'insinuare al suddetto Podestà l'adempimento del suo dovere, onde libero dal timore d'essere costretto colla forza ricusò di dare veruna soddisfazione al Comitato, il quale ha sofferto il rammarico d'essersi inutilmente compromesso, poichè il processo verbale da esso Podestà spedito al Comitato medesimo, e la lettera da esso scritta al Signor abbate Marinetti, uno dei membri della Commissione suddetta, non iscusano punto la di lei disubbidienza.

Che detto Podestà credendosi per ciò sicuro dell'impunità, si fa sempre più lecito di commettere alterazioni più scandalose e condannevoli, mentre senza l'intervento dei due Padri del Comune ha convocata l'Assemblea per l'elezione della nuova municipalità, alla quale ha proceduto malgrado la mancanza d'una parte numerosa dei cittadini, ed in luogo differente da quello ove sono sempre stati soliti di convocare le Assemblee della comunità;

Che in vicinanza di detta Assemblea vi erano delle persone armate come pure le case circonvicine, e con tal apparato di forza ed impedimento di libertà tanto contraria ai decreti dell'Assemblea Nazionale, si è fatto confermare prefetto della sua pretesa municipalità;

Che li due Padri del Comune vedendosi esclusi, e non legalmente ricercati per detta Assemblea, vedendo un simile apparato di forza, e vedendo tutte le porte della detta chiesa chiuse ad esclusione di quella che è in faccia alla casa di detto Podestà, si sono uniti in altro luogo con una buona parte di cittadini attivi, consistente nel numero di cento quaranta circa, ed ivi hanno formata un'altra municipalità;

Che queste due municipalità sono mostruose ed incompatibili in una sola città, onde il Comitato Superiore non dovrebbe dispensarsi di prendere le misure le più efficaci ed opportune per distruggere questo scandalo, essendo quello uno dei principali oggetti della sua instituzione;

Che per esaminare pacificamente quanto sia possibile, e rendere un'esatta giustizia su di questo così interessante affare, sarebbe necessario che nessuna delle due municipalità avesse alcuna speranza di essere assistita dalle truppe, che ritrovansi a Corte, e da chi le comanda, sino alle decisioni interine di questo Comitato Superiore, incaricato per il buon ordine e per la pubblica quiete di tutta l'Isola, per poi dal medesimo farne parte all'augusta Assemblea Nazionale, ed aspettarne da quella l'oracolo.

Quindi posta la materia in deliberazione, e dopo la più matura considerazione, è stato unanimemente arrestato che il Signor Visconte de Barrin sarà invitato di dar prontamente gli ordini più chiari e precisi a chi comanda le truppe in Corte, acciò non sia data alcuna assistenza alle due municipalità, nè si faccia alcun conto di qualunque domanda che l'una e l'altra potessero farle, senza riconoscerle in conto alcuno, e che fino a tanto che siano decise le loro differenze, le dette truppe non si mescolino punto negli affari di quel popolo, osservando un'esattissima neutralità, e lasciando ogni cosa sull'antico piede; far ritirare li corpi di guardia e le sentinelle dai luoghi ove non erano solite di stare per l'avanti, ed abbandonare le fortificazioni posteriormente fatte, perchè offendono l'onore della provincia.

È stato altresì arrestato che se quelli ordini non saranno dati ed eseguiti nella forma richiesta, di protestare tanto al

Signor Visconte de Barrin che a qualunque altra persona che vi si opporrà, che saranno risponsabili al Comitato Superiore ed all'Assemblea Nazionale di tutti i disordini e vie di fatto che potrebbero accadere, e che copia della presente deliberazione sarà rimessa al Signor Visconte de Barrin, comandante *in capite* di quest'Isola, invitandolo ad accusarne la recezione; a quell'effetto sono stati nominati ed incaricati li Signori Gentile, attuale presidente, e Dottor Ferrandi, ambedue membri di questo Comitato Superiore.

GENTILE, *presidente;* POGGI, *segretario.*

Sessione del 31 marzo 1790.

(Alla mattina).

Il Signor Presidente e li Signori Deputati essendosi resi nella solita sala di riunione, il Signor Presidente ha detto che il Signor de Petriconi, comandante della Guardia nazionale di Bastia, Nebbio ed altri, viene di presentare una lettera anonima, ricevuta d'Ajaccio, coll'indirizzo: « *Alli Eccellentissimi Signori del Comitato e milizia della città di Bastia, nell'Isola di Corsica, a Bastia;* » Che questa lettera deve esser composta da qualche nemico di questa provincia, e tende ad offendere il decoro, l'onore, la stima e l'amor patriottico di questo Comitato Superiore, della milizia e di qualche particolare che si sono dimostrati con affetto e con l'attaccamento il più sensibile per il bene dell'intiera provincia;

Che la detta lettera non ha altro fine che di fomentare li disordini, li torbidi e la rivoluzione, e nel tempo istesso di proteggere l'entusiasmo aristocratico e li nemici della libertà;

Che questo Comitato Superiore e la milizia avendo per

oggetto di far eseguire i decreti dell'augusto Senato Nazionale, di mantenere la libertà che ci viene accordata, e di sostenere il buon ordine e la pubblica tranquillità, dovrebbe occuparsi a distruggere i nemici del riposo pubblico, far rientrare ciascuno nel retto sentiere, e nel caso d'ostinazione perseguitare gli ostinati come nemici della patria e rei di lesa Nazione.

Che non conoscendosi l'autore di questa lettera sediziosa e turbolenta, sarebbe necessario di farne una pubblica riparazione e riservarsi a maggiori ulteriori persecuzioni, nel caso che l'autore potesse essere conosciuto, ed a quest'effetto invitare i buoni e zelanti patriotti d'Ajaccio e della Rocca a prendere tutte le più esatte informazioni per rincontrarlo.

Dopo di che, la materia posta in deliberazione, e tutto il Comitato Superiore avendo manifestato il più vivo rammarico di vedere qualcuno dei suoi concittadini traviati, ha unanimemente arrestato che l'originale di questa lettera sarà deposto e conservato in questo segretariato per farne col tempo quell'uso che il caso potrà presentare;

Che una copia di questa lettera, in pena, biasimo e disonore dell'autore, sarà bruciata nella piazza di Corte di questa città ed in faccia alla casa della nazione, dopo un giro della trombetta, per le mani dell'esecutore dall'alta giustizia, che a quest'oggetto sarà richiesto al Signor Procuratore Generale del Consiglio Superiore per mezzo d'una copia della presente deliberazione; che la medesima deliberazione sarà altresì stampata, e ne saranno spediti diversi esemplari nelle giurisdizioni di Bastia, d'Ajaccio, di Sartene, ed in altri luoghi ove si giudicherà necessario, per esser pubblicata ed affissa.

GENTILE, *presidente*; POGGI, *segretario*.

Sessione del 31 marzo 1790.

(Al dopo pranzo).

Il Signor Presidente ha detto che avendo questo Comitato Superiore di già deliberato d'unirsi con tutti i membri che lo compongono il giorno dei dodeci del prossimo mese d'aprile nella pieve d'Orezza, ed essendone state inviate e spedite a quest'oggetto le lettere circolari, sarebbe necessario di statuire ciò che meglio convenga tanto per le spese del trasporto della Segreteria quanto per la chiusura e riunione di questo Corpo Superiore.

Posta la materia in deliberazione, è stato arrestato che questo Comitato Superiore rimanerà chiuso fino alli dodeci del prossimo mese d'aprile; che in quel giorno si riuniranno al Convento d'Orezza, ed in questo frattempo quei soggetti che resteranno in questa città provvederanno provvigionalmente agli affari che potrebbero presentarsi e che non meriterebbero dilazione;

Che in quanto alle spese del trasporto e di quelle che potranno essere colà necessarie, sarà autorizzato il Signor Presidente ed il Signor Segretario di farsi avanzare dal Signor Gautier, tesoriere della cassa della Provincia, e sopra i denari di quella, una somma di franchi cento sotto la condizione di produrre uno stato esatto di tutta la spesa per poter riconoscere l'avanzo o l'insufficienza delle spese, quale stato sarà arrestato nella riunione suddetta d'Orezza.

Ed è stata la presente deliberazione sottoscritta da tutti i membri presenti di questo Superior Comitato.

LIMPERANI; DE GIAFFERRI; NATALI; RAFFAELLI; NICOLAI; VARESE; MARC'ANTONIO FERRANDI; FERRANDINI; BARBAGGI; MARINETTI; GENTILE, *presidente;* POGGI, *segretario.*

Sessione straordinaria del 10 aprile 1790.

(Alle ore quattro del dopo pranzo).

Il Signor Decano avendo uniti li membri del Comitato Superiore nella sua casa, viene d'esporre che le circostanze attuali esigerebbero di lasciare in questa capitale, siasi per l'esecuzione di qualunque deliberazione che l'Assemblea del Comitato Superiore potrebbe prendere in Orezza, come per avere nel luogo della solita sua residenza stabilita per deliberazione in Bastia, un certo numero di rappresentanti, onde potere in ogni caso far eseguire le sue deliberazioni.

Quindi, posta la materia in deliberazione si è stabilito che resterà in Bastia una Commissione intermediaria, composta dei Signori Varese, abbate Marinetti, Cagnano, pievano de Franceschi e Angelo Luigi Petriconi, deputati del Comitato, e dei Signori Poggi e Biadelli, segretari, affine di ricevere tutti li pacchetti tanto provenienti da Francia che dall'Isola; provvedere provvigionalmente a quello che sarà di più premuroso, dandone parte immediatamente del tutto all'Assemblea d'Orezza durante la sua riunione.

BARBAGGI, *decano*; POGGI, *Segretario.*

PROCESSO VERBALE
DELL'ASSEMBLEA DEL COMITATO SUPERIORE

convocata nel Convento d'Orezza per il giorno dei dodeci del corrente mese di aprile mille settecento novanta, conformemente alla deliberazione dello stesso Comitato in data dei trent'uno marzo scaduto.

Convocati e radunati in questo Convento li Signori Matteo Limperani, Arciprete Sebastiani, Giordani, Filippi, Giafferri, D. Simoni, deputati della giurisdizione della Porta; li Signori Grimaldi e Galletti, deputati della giurisdizione di Bastia, assenti li Signori Varese, abbate Marinetti, Cagnano ed Agostini; li Signori Barbaggi e Gentili, deputati della giurisdizione di Nebbio, assenti li Signori Tiburzio Murati, Angelo Luigi Petriconi, pievano Oletta e pievano Bonelli; li Signori Saverio Matra, Ferrandi, Tiberi, pievano Pietrini e Giuseppe Maria Gigli, deputati della giurisdizione d'Aleria; li Signori Giubega, abbate Bonaccorsi, Savelli, Leoni e Renucci, deputati della giurisdizione di Balagna, assente il Signor Colonna Anfriani figlio; li Signori Grimaldi e Raffaelli, deputati della giurisdizione di Corte, assenti li Signori pievano Turchini, Natali, Arrighi e Casanova; il Signor Angeli, deputato della giurisdizione di Capocorso, assenti li Signori pievano Franceschi, abbate Caraccioli, Ferrandini, Dominici e Nicolai; quali Signori deputati dopo aver preso seggio, per parte del Signor Limperani, decano, è stato osservato che l'assenza di alcuni deputati deriva dall'essersi rimasta in Bastia una Deputazione, o sia Commissione di questo medesimo corpo per l'esecuzione de' suoi ordini. In appresso per parte del medesimo Signor decano è stato proposto che, essendosi presentati alcuni deputati della provincia di Vico, d'Ajaccio e di Sartene, rimane di riconoscere i loro poteri e deliberare se debbano essere ammessi alla rappresentanza delle rispettive provincie. Dopo di che li Signori Lodovico Belgodere e Domenico Antonio Versini, presentato il processo verbale della loro nominazione fatta dalla Municipalità di diverse comunità della giurisdizione di Vico, sotto il giorno cinque del mese corrente, ed essendo quello stato letto e considerato, è stato riconosciuto che li Signori Belgodere e Versini debbano essere legittimamente ricevuti come membri di questo Comitato, tanto per la presente Assemblea che per li loro rispettivi giri nel seguito.

Inoltre è stato osservato che, sebbene siano sei li deputati stati nominati in detta giurisdizione, soli due sono stati presentati a quest'Assemblea, sulla credenza che due solamente fossero stati invitati; che perciò per non pregiudicare i diritti di quella giurisdizione, ritrovandosi qui il Signor Vincentello Colonna, deputato supplementario della medesima giurisdizione, sarà lo stesso ammesso e ricevuto finchè gli altri deputati principali saranno assenti, siccome sarà ugualmente ammesso e ricevuto il Signor Anton Francesco Benedetti, quantunque deputato nominato dalla sola comunità di Ota, della pieve di Sorrinfuori, giurisdizione di Vico, senza pregiudicio però degli altri deputati principali di quella giurisdizione, eletti e nominati nell'Assemblea di Vico il cinque corrente tanto per la presente Assemblea che per i rispettivi loro giri.

In appresso essendosi proceduto all'esame dei processi

verbali presentati dalli Signori Anton Santo Tavera, deputato della Pieve di Celavo; Antonio Ornano, deputato della pieve di Ornano, e Filippo Gabrielli, deputato della pieve di Talavo, e questi essendo stati ritrovati legittimamente costituiti, sono stati per conseguenza li medesimi Signori Tavera, Ornano e Gabrielli ricevuti ed ammessi come deputati della giurisdizione d'Ajaccio per assistere alla presente Assemblea, e per essere ai loro giri membri del Comitato Superiore. Riguardo poi al processo verbale presentato dal Signor Nicodemo Sarrola, della comunità di Sarrola, pieve della Mezzana, provincia d'Ajaccio, essendosi ritrovato che la sua elezione è stata fatta da due sole comunità delle cinque componenti la detta pieve, è stato dichiarato che la sua ammissione debba esser provvisoria, e senza pregiudicio degli altri deputati, che potrebbero essere stati nominati nella detta pieve.

Successivamente, essendosi proceduto alla riconoscenza del processo verbale presentato dal Signor Antonio Casanova, deputato della sola Comunità di Zicavo, della pieve di Talavo, è stato osservato che, essendo stato ammesso il Signor Gabrielli per deputato legittimo della detta pieve, non sarebbe possibile di ricevere due deputati della medesima pieve; ma non avendo ancora la giurisdizione d'Ajaccio il numero completo de' suoi rappresentanti, il Signor Casanova suddetto sarà ammesso provvisoriamente e fintanto che il numero sia completo.

In appresso si è proceduto all'esame del processo verbale presentato dal Signor Giulio Cesare Ottaviani, deputato della pieve di Viggiano, giurisdizione di Sartene, ed essendosi quello ritrovato nelle debite forme, è stato lo stesso Signor Ottaviani ricevuto ed ammesso come deputato legittimo della detta giurisdizione.

Dopo di che il Signor Limperani, decano, ha detto che conviene di procedere all'elezione di un presidente di questo Comitato Generale, e la sua proposizione essendo stata presa in considerazione, il Signor Barbaggi è stato unanimemente eletto per presidente da durare cinque giorni, ed a rinnovarsi alla fine di quelli; qual Signor Presidente avendo preso seggio, ha detto che il principal oggetto di questa convocazione è quello di riunire gli spiriti discordenti; che sebbene tutti i membri di questo Comitato siano animati dai migliori sentimenti per cercare tutti i mezzi possibili per questa riunione, ad ogni modo sarebbe utile e necessario d'invitare alcuni zelanti patriotti, che potrebbero più contribuirvi; che egli si astiene di venire ad alcuna nomina personale e che ne abbandona la scelta al Comitato.

Dopo di che, la materia messa in deliberazione, e dopo di essersi intese le osservazioni di diversi deputati, è stato unanimemente arrestato che il Signor Francesco de Gafforj sarà invitato a riunirsi a quest'Assemblea per travagliare di concerto a questa riunione; che lo stesso invito sarà fatto ad alcuni soggetti che il Signor Presidente unitamente alli Signori Ornano, Versini, Giubega, Savelli, Gentili e Limperani crederanno utili e necessari per il riempimento di un così importante oggetto.

Ed è stata la presente deliberazione sottoscritta dal Signor Presidente e Segretario.

BARBAGGI, *presidente;* SAVELLI, *segretario.*

Del detto giorno 13 aprile 1790.

Il Signor Giubega, uno de' membri, ha proposto che tutte le operazioni del Comitato Superiore saranno inutili, finchè non abbia dei mezzi coattivi per farle eseguire; che l'esperienza dimostra che le deliberazioni prese sin quì per indurre gli aggiudicatari a pagare gli arretrati rimangono senza esecuzione; che perciò crederebbe egli necessario di formare un corpo di truppa pagata dipendente dagli ordini del Comitato per far eseguire tutto ciò che lo stesso potrà determinare per arrestare i delinquenti, per far rispettare le autorità legittime, per ridurre gli aggiudicatari al pagamento delle somme che devono, per far eseguire i decreti dell'Assemblea Nazionale, e mantenere il buon ordine e la tranquillità in tutta l'Isola;

Che non c'è alcuno che non debba conoscere la necessità della formazione di questo corpo, ma che si presentano delle difficoltà per stipendiarlo; che queste difficoltà però ben considerate non sono che passaggiere e finchè non siano fatte le prime riscossioni, giacchè li crediti nazionali liquidi sono tali e tanti che senza apportare il menomo aggravio alla nazione, si potrebbe provvedere a questo stabilimento;

Che quest'oggetto è della più grande importanza, giacchè se il Comitato manca di forze, tutto il suo zelo resterà infruttuoso; gl'inconvenienti si andranno moltiplicando, i delitti resteranno impuniti e le leggi senza esecuzione.

Dopo di che la mozione del detto Signor Giubega essendo stata presa in considerazione, il Comitato Superiore deliberando ha arrestato che sia nominata una Commissione di un deputato per giurisdizione, acciocchè debba esaminare se sia utile e necessaria la leva di questa truppa, ed in caso che sia trovata necessaria, che debba proporre i mezzi che crederà i più efficaci ed i più pronti per poterla stipendiare senza che produca alcun nuovo carico a questa provincia.

In appresso essendosi proceduto alla nominazione dei soggetti che dovranno comporre la Commissione suddetta; per la giurisdizione di Bastia è stato nominato il Signor Grimaldi di Caccia; per quella di Nebbio il Signor Gentili; per quella di Corte il Signor Raffaelli; per quella di Balagna il Signor Savelli; per il Capocorso il Signor Angeli; per la Porta il Signor Arciprete Sebastiani; per Aleria il Signor Ferrandi;

per Ajaccio il Signor Tavera; per Vico il Signor Belgodere; per Sartene il Signor Ottaviani.

E la presente deliberazione è stata sottoscritta dal Signor Presidente e Segretario, dopo della quale la sessione è stata rimandata alle quattro dopo mezzo giorno.

BARBAGGI, *presidente ;* SAVELLI, *segretario.*

Del detto giorno 13 aprile 1790.
(*Alle ore quattro della sera*).

Li Signori Deputati del Comitato generale descritti e nominati nel processo di questa mane, essendosi riuniti nella sala dell'Assemblea, il Signor Presidente ha detto che si presentano da diverse parti delle rimostranze sopra l'elezione degli ufficiali municipali, che non c'è alcuno che ignori quante turbolenze quest'operazione abbia prodotte, e quelle che giustamente si possa temere di vedere insorgere; che quest'oggetto merita tutta l'attenzione del Comitato Superiore, e per procedere cautamente sarebbe necessario di nominare una Commissione di alcuni soggetti, alla quale saranno tramandate tutte le memorie relative a quest'oggetto, acciò debba manifestare successivamente e distintamente la sua opinione sopra le questioni che si presentano e suggerire i mezzi che riputerà i più potenti per farle finire tranquillamente.

Dopo di che, la materia presa in considerazione, il Comitato generale applaudendo alla proposizione del Signor Presidente, ha nominato e nomina li Signori Benedetti, Colonna, pievano Bonelli, Matra, abbate Bonaccorsi e Grimaldi di Niolo, quali unitamente comporranno la proposta Commissione per esaminare e riferire sopra le memorie che saranno presentate relativamente alle municipalità.

E la presente deliberazione è stata sottoscritta dal Signor Presidente e Segretario; dopo della quale l'Assemblea è stata sciolta e la sessione rimandata a dimani alle ore nove della mattina.

BARBAGGI, *presidente*; SAVELLI, *segretario*; LUPORSI, *segretario*.

Sessione del 14 aprile 1790.
(Alle ore nove della mattina).

Il Signor Presidente e li Signori Deputati del Comitato Superiore essendosi resi alla sala dell'Assemblea, si sono a questo presentati li Signori Bonaparte, Masseria, Pozzodiborgo, Benielli, Seta, Bruni ed abbate Coti, come procuratori della giurisdizione d'Ajaccio, e li Signori Sobrini, Bettini e Bianchi, come procuratori della giurisdizione di Vico; il Signor Paolo Agostino Colonna, deputato della giurisdizione di Sartene. Dopo che questi hanno presentati i rispettivi loro mandati, e quelli presi in considerazione, è stato osservato da qualche membro dell'Assemblea che questo numeroso e simultaneo concorso di Deputati presentatisi questa mane, oltre di quelli che sono stati già ammessi, e degli altri che, essendo stati nominati, si credono in diritto di presentarsi, non corrisponde pure alla lettera invitatoria del Comitato Superiore dei 16 marzo scaduto, colla quale le giurisdizioni oltremontane sono pregate di eleggere sei soli deputati per ciascuna giurisdizione, siccome sono stati eletti nelle giurisdizioni cismontane;

Che questa differenza nel numero de' rappresentanti farebbe disparire quella uguaglianza e quella proporzione che è necessaria di conservare fra le provincie del di quà e quelle del di là da' Monti.

Per parte dei Signori Bonaparte e Pozzodiborgo è stato detto che la multiplicità de' deputati della loro giurisdizione procede delle diverse Assemblee in quella tenute, e dalle opinioni sopra il dovere o non dovere prestarsi all'invito del Comitato suddetto; che ad ogni modo soli deputati legittimi debbono considerarsi quelli che sono stati nominati dall'Assemblea d'Ajaccio, giacchè quelli nominati particolarmente da qualche comunità e pieve non meritano il nome di rappresentanti legittimi.

Per parte del Signor Belgodere, Deputato di Vico, e del Signor Benielli, Deputato della pieve di Bastelica, è stato osservato che li veri deputati e legittimi rappresentanti debbono considerarsi quelli che sono stati eletti nelle rispettive giurisdizioni o pievi, giacchè quest'elezione è quella prescritta dalla lettera del Comitato Superiore; che la convocazione dell'Assemblea d'Ajaccio è stata riguardata da molti come opposta alla lettera invitatoria del suddetto Comitato, e molti zelanti patriotti hanno creduto di non doverci intervenire, ed hanno concluso perchè siano solamente ricevuti quei deputati che sono stati nominati dalle rispettive pievi e giurisdizioni.

Dopo di che, essendosi messa la materia in deliberazione ed intese le opinioni di diversi membri dell'Assemblea, è stato arrestato che per ora e senza tirare a conseguenza per l'avvenire, saranno ammessi indistintamente tutti li deputati eletti e nominati nell'Assemblea d'Ajaccio, che quelli nominati nelle rispettive pievi e giurisdizioni del di là da' Monti, giacchè tutti sono animati dai sentimenti di vero patriottismo; ma che in ordine al numero dei soggetti, che dovranno restare incorporati al Comitato a fare il servizio per giro, quando le provincie oltremontane convengano di unirsi ed incorporarsi a questo Comitato, il numero dei rappresentanti dovrà essere eguale a quello delle rispettive giurisdizioni del di quà da' Monti.

Ed è stata la presente deliberazione sottoscritta, e la sessione rinviata alle quattro della sera.

BARBAGGI, *presidente;* SAVELLI, *segretario;*
LUPORSI, *segretario.*

Sessione del detto giorno 14 aprile 1790.

(Alle ore quattro della sera).

Il Signor Presidente e li Signori Deputati descritti tanto nel processo di apertura che nella sessione di questa mane essendosi resi alla sala dell'Assemblea, il Signor arciprete Sebastiani, membro di questo Comitato Generale, ha detto che gli Ufficiali municipali della Comunità della Porta presentarono ieri una memoria concernente l'elezione delle loro Municipalità e dell'ordine dato per quelle, dal Signor de Petriconi; che è necessario di osservare che Sua Maestà, colle sue lettere patenti dei sette dello scaduto marzo ha nominati Monsignor Vescovo di Nebbio e li Signori Petriconi, Mattei e Ponte per suoi Commissari per decidere prontamente e congiuntamente le questioni tanto relative alle Municipalità che alle prossime assemblee de' Cantoni e del Dipartimento; che essendo state fatte per parte del Comitato residente a Bastia che del Signor Petriconi delle osservazioni contro de' Signori Ponte e Mattei, e sentendosi che Mons. Santini ricusa la sua commissione, non è possibile che li quattro Commissari possano riunirsi per decidere le controversie rimesse al loro giudicio; che sebbene li quattro Commissari possano convenire fra di essi di rendere personale la giurisdizione che hanno collettivamente, non avendo convenuto nè potendo per ora convenire sopra questo articolo, la commissione è sospesa, e non è possibile di riconoscere in un solo individuo l'autorità stata attribuita ai quattro Commissari;

Che frattanto moltiplicandosi da ogni parte gl'inconvenienti ed il disordine per l'elezione delle nuove municipalità, è necessario di apportare un pronto rimedio provvigionale, e questo nelle attuali circostanze non può essere somministrato che da questo Comitato Generale, giacchè tutti gli altri corpi e tribunali sono in una vera inazione;

Che bisogna anche osservare che le questioni che si presentano sopra delle municipalità sono tali e tante, e sono così spinose e così minaccevoli che difficilmente e pacificamente potrebbero decidersi da ciascuno de' quattro Commissari, nè dai quattro riuniti insieme;

Che bisogna osservare ancora che questa Commissione sarà di più difficile riempimento per le discordie e le dissensioni che presenteranno le Assemblee dei cantoni e del dipartimento; che per decisione di queste è necessaria un'autorità tutelare collettiva e confidenziale, applicata con prudenza alle diverse circostanze, e questa non sarebbe sperabile nella Commissione nominata;

Che converrebbe rappresentare rispettosamente queste istesse osservazioni al ministro della guerra, acciocchè le faccia valere presso di Sua Maestà colla sicurezza dell'intera nostra sommissione alla sua volontà subito che sarà conosciuta.

In appresso essendosi intese le riflessioni di alcuni membri di questo Comitato, è stato deliberato che il Comitato Generale senza approvare le osservazioni state fatte contro de' Signori Mattei e Ponte finchè non le vede giustificate, continuerà a dare provvisoriamente li provvedimenti necessari alle questioni delle nuove municipalità; che sarà reso conto al ministro della guerra di questa deliberazione e delle ragioni che l'hanno provocata; che si scriverà medesimamente una lettera a ciascuno dei quattro Commissari per istruirli di quest'istessa deliberazione, ed altra lettera ai Signori Deputati di questa provincia all'Assemblea Nazionale, perchè col loro zelo giustifichino e sostengano la determinazione che viene d'esser presa.

Che frattanto sulle rimostranze del Signor Arciprete, essendosi intese le riflessioni di alcuni membri, che hanno fatto conoscere gl'inconvenienti che potrebbero arrivare nella comunità della Porta, quando prima di domenica, giorno destinato per l'Assemblea, non fossero prese delle misure valevoli alla conciliazione dei due opposti partiti;

Il Comitato Generale ha deliberato che li Signori Vincentello Colonna, Lodovico Belgodere, Francesco Grimaldi-Benedetti ed Angeli, membri di questo Comitato, si renderanno nel luogo della Porta per assistere all'Assemblea di quella comunità e per vegliar al mantenimento del buon ordine ed all'esecuzione dei regolamenti dell'Assemblea Nazionale, senza punto ledere la libertà dei suffragi;

Che il Signor Ciavaldini, colonnello della Guardia Nazionale di questa pieve d'Orezza, darà ai Commissari quella scorta e man forte che richiederanno; che l'Assemblea della Porta dovrà conformarsi agli ordini ed alle istruzioni di quelli a preferenza di qualunque altro. E frattanto essi Signori Commissari sono esortati di cercare con tutti li mezzi possibili di ricondurre alla concordia gli abitanti della predetta comunità. Frattanto sarà precedentemente mandato ordine in quella comunità che non possano riceversi forestieri armati nel giorno dell'Assemblea, e di licenziarli quando ce ne fossero.

Ed è stata la presente sottoscritta, e la sessione rimandata alle ore nove della mattina seguente.

BARBAGGI, *presidente* ; SAVELLI, *segretario.*

Sessione del 15 aprile 1790.
(Alle ore nove della mattina).

Il Signor Presidente e li Signori Deputati nominati e descritti nella sessione precedente, essendosi resi alla sala dell'Assemblea, il Signor Presidente ha detto che nella precedente sessione dei 13 del corrente mese fu nominata una Commissione per esaminare se fosse necessario di mettere a soldo un corpo di truppa civica per il mantenimento del buon ordine e della tranquillità, e quando se ne conoscesse la necessità, sino a qual numero poteva estendersi; e quali potessero essere i mezzi di sopportare questa spesa, senza che ne costasse alcun nuovo aggravio alla nazione;

Che l'Assemblea bramerebbe di sapere il resultato delle osservazioni della Commissione suddetta per poter procedere a quelle deliberazioni che reputerà le più convenienti. Il Signor Arciprete Sebastiani, membro della Commissione, ha detto che quella ha conosciuta tutta la necessità che c'è di stipendiare un corpo di milizie, che non è possibile che il Comitato Generale possa far rispettare le sue deliberazioni, se non c'è una truppa stipendiata per farle eseguire;

Che sebbene la Guardia Nazionale sia piena di zelo, ad ogni modo non è sperabile di avere da questa un servizio lungo, esatto e regolato; che la massima parte de' fucilieri arruolati alle milizie, vivendo col travaglio delle sue mani, non può allontanarsi dalla sua casa, senza essere indennizzata della perdita delle sue giornate; che spesso la milizia civica non può nemmeno prestar man forte nella propria Comunità, perchè essendovi nella maggior parte delle parrocchie uno spirito di divisione e di partito, sarebbe pericoloso di mettere nelle mani dell'uno l'esecuzione degli ordini contro dell'altro; che questa guardia stipendiata diviene sempre più necessaria se una parte del Comitato Generale dovesse essere ambulante per accorrere ove il bisogno lo chiama, o se dovesse spedire de'Commissari per impedire li disordini che si manifestano in diverse comunità per l'elezione delle nuove municipalità; che la necessità si manifesta sempre più, se si considera il pessimo stato delle finanze nazionali derivante dalla morosità e mala fede della massima parte degli aggiudicatari della sovvenzione, debitori di cinquecento e più mila lire; che per costringerli alla soddisfazione del loro debito, o almeno al pagamento di qualche parte, è necessario di arrestare non solamente li principali debitori, ma le sicurtà; e per questo arresto conviene di avere truppa sicura sopra della quale si possa contare; che in ordine alla truppa, si potrebbe ristringere per ora a trecento uomini, cioè duegento del di quà, e cento del di là da' Monti; che non converrebbe di arruolare questi uomini nella medesima pieve o provincia, ma dovrebbero prendersi nelle diverse provincie, tirandone un certo numero per ogni reggimento della Guardia Nazionale, ma da quei reggimenti che sono stati e che meritano di essere riconosciuti; che la difficoltà che si presenta è quella di avere il danaro per stipendiare questa milizia, ma questa difficoltà non è che passeggiera, e tutto al più di trenta o quaranta giorni, e questa deve sparire subito che gli aggiudicatari incominceranno a pagare il loro debito; che frattanto si potrebbe chiedere qualche imprestanza dai Direttori delle Dogane da rimborsarsi co' primi danari che si esigeranno dai debitori nazionali.

In appresso, essendo prese in considerazione le osservazioni della Commissione, e dopo di aver intese le riflessioni di alcuni membri del Comitato Generale, è stato deliberato come in appresso:

Che si riconosce come utile e necessaria la leva di trecento uomini della Guardia nazionale per arrestare i criminali, per far rispettare le leggi e l'autorità legittima, e per far eseguire i decreti della nuova costituzione e le deliberazioni del Comitato Generale; che lo stipendio di questi fucilieri sarà regolato a diciotto franchi al mese; che questa truppa pagata sarà agli ordini del Comitato Generale e delle Municipalità ove questo crederà di portarla; che per evitare tutte le controversie che potrebbero insorgere nella scelta di questa truppa che dovrà formare il corpo suddetto, li rispettivi membri del Comitato che in avvenire dovranno fare la loro residenza per quindici giorni, saranno autorizzati a scegliere un numero proporzionato di fucilieri che condurranno seco per fare quindici-giorni di servizio;

Che la spesa di questa milizia non dovrà produrre alcun aggravio al popolo, ma dovrà prendersi sopra l'esazione del credito nazionale; che frattanto per provvedere alle spese del primo e secondo mese, li direttori delle dogane e gl'incaricati della vendita del sale dovranno fare un imprestito di dodici mila franchi sopra il prodotto dei diritti domaniali, da ripartirsi l'imprestanza con quella proporzione che il Signor Presidente troverà conveniente, colla sicurezza di restituirli col primo danaro che si esigerà dagli aggiudicatari;

Che li capi della Guardia Nazionale saranno incaricati di sollecitare per mezzo della milizia gli aggiudicatari debitori al pagamento, e di farli arrestare in caso di rifiuto; che le milizie che saranno impiegate per quest'oggetto, saranno pagate colla proporzione fissata di sopra, e col danaro che sarà riscosso dai debitori; che il danaro che verrà esatto, dovrà versarsi a mani de' rispettivi tesorieri della provincia, e questi non potranno disporne senza un mandato del Comitato.

Per parte del Signor Buonaparte, Pozzodiborgo, Bianchi, abbate Coti, Battini, Sobrini, Colonna d'Istria, Seta, Ottaviani, Casanova e Bruni, precedenti dall'Assemblea d'Ajaccio è stato dichiarato che colle deliberazioni che vengono di es-

In appresso essendosi presa in considerazione la memoria dei due PP. del Comune della comunità di Monticello, giurisdizione di Balagna; quella di Piedicroce, Carcheto, Carpineto, della pieve d'Orezza; di Coggia, della giurisdizione di Vico; di Tralonca e di Omessa, giurisdizione di Corte, e quella di San Fiorenzo; dopo d'aver intese le osservazioni di alcuni dei Signori Deputati sopra ciascheduna delle memorie suddette, e dopo di essersi occupati dei mezzi co' quali si possa provvedere al provvedimento di tutte le altre, è stato deliberato che tutte le contestazioni e reclamazioni che si sono presentate e che si presenteranno sopra l'elezione delle municipalità, saranno portate direttamente al Comitato Superiore, che si troverà in esercizio per essere decise provvisoriamente. Quando le reclamazioni e ricorsi poi avranno di bisogno di schiarimento, e della verificazione de' fatti, il Comitato Generale nominerà due dei membri del Comitato, che si troveranno nelle rispettive provincie, acciocchè debbano portarsi nella Comunità ove vien disputata la legittimità, ed in quella impiegare il loro zelo per procurare la riconciliazione fra le parti dissidenti, e quando le loro insinuazioni fossero inefficaci, prendere le più sicure e sincere informazioni, regolarne un processo verbale e manifestare allo stesso Comitato Superiore il loro sentimento;

Che siccome questo importante oggetto delle municipalità esige de' provvedimenti solleciti, il Comitato Generale che sarà in esercizio, sarà fissato in un luogo centrale e comodo a tutte le province della Corsica; che per questa residenza sarà scelta la città di Corte; che una porzione dei giovani che sono occupati allo scagno della nazione, di cui il Signor Giubega ha la direzione, sarà obbligata di prestare il suo servizio appresso del Comitato Superiore; che il servizio e giro de' membri del Comitato continuerà ad essere di quindici giorni;

Che dovrà esservi in Bastia una Commissione di tre soggetti, membri del Comitato Generale, per conservare la corrispondenza del Comitato Superiore, e dipendente da quello; che quando il Comitato Superiore sarà residente in Corte ed a quello saranno riuniti li rispettivi proporzionati deputati del di là da' monti, sarà determinato se debba esservi in quella parte oltremontana un'altra Commissione, ed in qual luogo dovrà essere stabilita.

Ed è stata la presente deliberazione sottoscritta.

SAVELLI, *segretario*; CESARI, *segretario*.

Del detto giorno 16 aprile 1790.

(*Alle ore nove della mattina*).

Il Comitato Generale, intese le rimostranze fatte dal Signor Fabiani, della comunità di Calenzana, colle quali ha fatto conoscere che nella detta comunità potrà esservi l'idea di escluderlo dall'Assemblea della nuova municipalità, per aver egli sopra di sè un *hors de Cour* pronunciato dal Consiglio Superiore sopra un processo che punto non riguarda la sua persona, non avendo egli commesso nè stato complice del delitto causale su del quale s'aggira detto processo, il Comitato Generale, dopo di aver intese le osservazioni di alcuni membri, ha decretato che il Signor Fabiani ricorrente, subito che riunisca le qualità necessarie richieste dai regolamenti dell'Assemblea Nazionale sanzionati da Sua Maestà, dovrà essere ammesso e ricevuto all'Assemblea della sua comunità di Calenzana come cittadino attivo, e così come elettore ed eligibile, nonostante l'asserto decreto di *hors de Cour*.

È ordinato in seguito agli Ufficiali municipali di doversi intieramente conformare al presente decreto.

Ed è stata la presente sottoscritta, e la multiplicità degli oggetti non avendo dato luogo ad altre deliberazioni, la sessione è stata rimandata alle quattro della sera.

BARBAGGI, *presidente ;* SAVELLI, *segretario ;*
CESARI, *segretario.*

Del detto giorno 16 aprile 1790
(*Alle ore quattro della sera*).

Sulle rappresentanze dei due antichi PP. del Comune del Monticello, li quali asserendo delle nullità e delle violenze accadute in quel popolo per l'elezione della nuova municipalità, richiedono da questo Comitato un provvedimento per evitare tutti gli inconvenienti che possono insorgere; dopo di aver intesa la relazione della Commissione all'esame della quale erano state rinviate per decreto al basso della loro supplica le loro rappresentanze, ed intesa la deliberazione presa in seguito da questo Comitato, sono stati eletti li Signori Savelli ed abbate Bonaccorsi, membri di questo Comitato, per trasportarsi nella comunità di Monticello per constatare i fatti esposti e formarne processo, sul quale sarà deciso dalla residenza ordinaria di questo Comitato ciò che sarà di ragione, quando la mediazione pacifica di questi Signori Deputati non fosse valevole a conciliare amichevolmente le contestazioni di quella comunità.

Ed è stata la presente sottoscritta, e la sessione rimandata alle nove della mattina seguente.

BARBAGGI, *presidente ;* SAVELLI, *segretario ;*
CESARI, *segretario.*

Sessione del 17 aprile 1790.

(Alle ore nove della mattina).

Il Signor Presidente e li Signori Deputati essendosi resi alla sala dell'Assemblea, il Signor Belgodere, uno dei membri, ha detto che avendo l'Assemblea sulli reclami della comunità della Porta d'Ampugnani, fatta una Commissione di vari soggetti per trasportarsi in quel luogo per riconoscere le contestazioni insorte, ed assistere all'Assemblea di quella comunità, sarebbe necessario di sospendere per questo momento l'esecuzione della Commissione suddetta, giacchè c'è tutto il motivo di lusingarsi che per la mediazione di alcuni soggetti zelanti e pacifici possa aver luogo un' amichevole desiderata composizione; che quando poi questa mediazione non riuscisse, che in quel caso la detta Commissione debba avere il suo effetto.

Dopo di che, essendosi presa in considerazione la mozione del Signor Belgodere, è stata unanimemente applaudita; ed è stato arrestato che frattanto debba essere avvisata la comunità della Porta di non procedere ad alcuna Assemblea per l'elezione della nuova municipalità fino a' nuovi ordini del Comitato Generale, restando sino a quel tempo le cose nello stesso stato in cui si trovano.

Ed è stata la presente sottoscritta, e la sessione rimandata alle quattro della sera.

BARBAGGI, *presidente;* SAVELLI, *segretario;*
CESARI, *segretario.*

Sessione del 17 aprile 1790.

(Alle ore quattro della sera).

Il Signor Presidente e Deputati essendosi resi alla sala dell'Assemblea, si sono occupati sopra vari oggetti importanti, che non hanno dato luogo ad alcuna deliberazione, per il che la sessione è stata rimandata alle dieci della mattina seguente.

Sessione del 18 aprile 1790.

(Alle dieci della mattina).

Li Signori Deputati del Comitato Generale essendosi resi alla sala dell'Assemblea, il Signor Barbaggi ha detto che, avendo egli cessato di essere presidente, conviene di procedere all'elezione del nuovo.

Dopo di che, essendosi proceduto alla nominazione, l'unanimità dei suffragi è stata per il Signor Antonio Ornano, che però resta lo stesso nominato ed eletto, siccome la presente Assemblea lo nomina ed elegge per suo Presidente per il fissato termine di giorni cinque per godere di tutti li diritti e prerogative inerenti alla detta carica.

Ed è stata la presente sottoscritta dal Signor Limperani decano, e segretari.

LIMPERANI, *decano.*

Del detto giorno 18 aprile 1790.

Il Signor Ornano, presidente, avendo preso seggio, per parte dei Rappresentanti della provincia di Vico è stato detto che lo stabilimento della colonia greca nel luogo di Cargese ha già prodotto degl'inconvenienti e delle insurrezioni nei tempi passati, e ne ha prodotti anche recentemente coll'apparenza di renderne delle nuove;

Che questa fermentazione deriva dalla troppo vasta assegnazione di territorio fatta alla detta colonia con vero pregiudicio degli abitanti di alcune comunità di quella giurisdizione, quali erano nel possesso e godimento della maggior parte di quello;

Che le terre delle quali sarebbero per ora contente le dette comunità, sarebbero quelle incominciando dal Gargalo dell'Albitro grosso e montando per Acqua ad arrivare alla testa di Paomia, e dalla testa di Paomia seguitando per Serra fino a Bubio, con tutto il cantone del Capizzolo per arrivare alla Valle dell'oro, cioè da strada in giù;

Che in oltre hanno rappresentato che la loro giurisdizione è l'unica che si trovi senza guarnigione, ciò che produce, oltre di altri particolari inconvenienti, anche il poco rispetto di quel tribunale; che perciò hanno medesimamente richiesto che da questo Comitato Generale sia pregato il Signor Generale de Barrin di mandare un distaccamento e truppa regolata per restare di guarnigione nel luogo del seggio, ed agire di concerto colla guardia nazionale per tutto ciò che riguarda il buon ordine nella giurisdizione.

Dopo di che essendosi presa in considerazione la rappresentanza dei Signori Deputati di Vico è stato deliberato che li Signori Ornano e Grimaldi di Niolo, membri di questo Comitato, si trasporteranno nel luogo per comporre amichevolmente le contestazioni di quelle comunità colla detta colonia fino a che l'augusta Assemblea Nazionale, alla quale sono state già portate le rappresentanze, non abbia fatto pervenire i migliori regolamenti, ed in tutti i casi prenderanno quegli espedienti che crederanno più necessari per evitare gl'inconvenienti dai quali la colonia è minacciata, invitandoli poi a render conto al Comitato Generale del risultato della loro commissione;

Che in quanto al richiesto distaccamento, il Comitato Generale trovandone giusta la dimanda, s'incarica di scriverne prontamente al Signor Generale de Barrin.

Ed è stata la presente sottoscritta e la sessione rimandata alle quattro della sera.

ORNANO, *presidente;* SAVELLI, *segretario;*
LUPORSI, *segretario;* CESARI, *segretario.*

Del detto giorno 18 aprile 1790.

(*Alle quattro della sera*).

Il Signor Presidente e li Signori Deputati del Comitato Generale descritti e nominati nelle precedenti sessioni, essendosi resi alla sala dell'Assemblea, si sono presentati li Signori Arrighi, Casanova, Varese, pievano Oletta, abbate Marinetti, Cagnano, membri di questo Comitato, e dopo che hanno preso seggio, il Signor Barbaggi ha detto che uno dei principali oggetti che deve occupar quest'Assemblea esser deve quello di andare al riparo delle discordie manifestatesi in Corte sopra l'elezione della nuova municipalità; che le parti stesse discordanti dimostrano una giusta confidenza nel Signor Colonna-Leca e nel Signor Gafforio, maresciallo di campo, e comandante di quella città;

Che si potrebbero nominare questi Signori per assumere ed esaminare questa controversia, e manifestare sopra di quella il loro sentimento.

Dopo di che è stato deliberato che li Signori Gafforio e Leca sentiranno le parti che sono in opposizione, raccoglieranno tutti li schiarimenti necessari per regolarne processo verbale per farlo pervenire al Comitato Superiore colla manifestazione del loro sentimento.

ORNANO, presidente; SAVELLI, segretario;
LUPORSI, segretario.

Continuazione della sessione del 18 aprile 1790.

Il Signor Presidente ha detto che nella sessione dei 15 fu da questo Comitato presa la deliberazione di fare la levata di trecento uomini, cioè duecento di quà e cento di là da'monti da pagarsi nella maniera che vedesi espressa in detta sessione.

Che nella sessione di ieri essendo stato fissato che la residenza del Comitato debba essere nella città di Corte come luogo centrale ed il più comodo a tutte le provincie, sparisce non già intieramente, ma in qualche parte, il bisogno della leva di un corpo così numeroso che rappresenta un oggetto di spesa considerevole;

Che si potrebbe prendere un'altra volta in considerazione questa materia concludendo ciò che è necessario pel mantenimento della pubblica tranquillità con ciò che conviene allo stato attuale della cassa nazionale.

Sopra di che essendo intese le riflessioni di diversi deputati sopra la mozione del Signor Grimaldi di Niolo, è stato deliberato che non ci sarà per ora alcuna leva di truppa, ma solamente ciaschedun membro che sarà in servizio, condurrà seco due uomini, che saranno pagati a spese della nazione a soldi sedici il giorno.

Per parte dei Signori Varese, abbate Marinetti e Cagnano, deputati della giurisdizione di Bastia, è stato osservato che rilevando da questa deliberazione che sia di già stato deliberato di trasferire in Corte la residenza del Comitato Generale, non possono dispensarsi di opporvisi perchè contraria alle deliberazioni dell'Assemblea di Bastia, dalla quale questo Comitato Generale riconosce la sua elezione e la sua autorità, e per conseguenza protestano di nullità.

Ed è stata la presente sottoscritta e la sessione continuata.

    ORNANO, *presidente;* POGGI, *segretario;* SAVELLI, *segretario;* BIADELLI, *segretario;* CESARI, *segretario;* VALERI, *segretario;* LUPORSI, *segretario.*

Continuazione della sessione del 18 aprile 1790.

Sulle rappresentanze fatte dal corpo municipale e Consiglio Generale della Comunità di Corbara, in Balagna, contro l'insurrezione del piccolo villaggio di Pigna, il quale avendo sempre fatto un istesso corpo ed un istessa comunità colla Corbara, ha creduto presentemente di potersi separare da quella procedendo alla formazione di una municipalità in detto villaggio, vice parrocchia di Corbara, la quale oltre le irregolarità e nullità, potrebbe esser produttrice di molti disordini ed inconvenienti, non che di perturbare quella quiete ed unione fra il popolo di Corbara e gli abitanti di Pigna per li seguiti che non dovrebbero necessariamente avvenire ;

Il Comitato Generale, intese le osservazioni de' diversi membri, e vista l'opposizione in regola fatta dalla municipalità di Corbara, ha decretato che la memoria presentata dalla detta municipalità e Consiglio sia comunicata a chi si dice capo della supposta municipalità di Pigna per potervi fare le loro risposte, e quelle far pervenire fra otto giorni dopo la significazione del presente e comunicazione di detta memoria nanti la residenza del Comitato Generale, dal quale sarà fatto diritto ; che frattanto non si possa proceder ad alcuna innovazione, nè la sedicente municipalità di Pigna esercitare alcuna funzione.

Et è stata la presente sottoscritta e la sessione continuata.

ORNANO, *presidente ;* SAVELLI, *segretario ;*
LUPORSI, *segretario ;* CESARI, *segretario.*

Continuazione della sessione del 18 aprile 1790.

Per parte di alcuni Signori Deputati è stato osservato che la riunione di questo Comitato Generale non produrrà quel buon effetto che se ne dovea aspettare, se si lasciano sussistere gl'inconvenienti che si manifestano.

Che sono concorsi a questo Convento molti uomini armati di diverse comunità e provincie, fra' quali regnando uno spirito di divisione si annunciano dei funesti avvenimenti ;

Che bisogna prendere qualche risoluzione vigorosa per far cessare questi attruppamenti che tolgono a questo Congresso la sicurezza e la tranquillità senza della quale non è possibile nè di proseguire nè di consumare l'incominciato travaglio ;

Che conviene con un ordine positivo far partire la gente che ci circonda, la quale possa essere animata da sentimenti patriottici; ad ogni modo la loro riunione è sempre pericolosa; che il Congresso non ha bisogno di altra guardia che il distaccamento provinciale; che questo basta per la polizia e per il buon ordine.

Dopo di che essendosi presa in considerazione la mozione suddetta, il Comitato Generale ha concordemente decretato, che non sarà permesso ad alcuna persona di presentarsi armata in questo Convento nè nella piazza di quello e vicinanze;

Che è ingiunto a tutti quelli che [vi] si trovano presentemente di ritirarsi prontamente; che li Signori generale Gafforio, Saverio Matra, Matteo Limperani, arciprete Sebastiani veglieranno e daranno gli ordini necessari per l'esecuzione del presente decreto; quali Signori deputati di concerto col Signor Ciavaldini, colonnello nella milizia di questa pieve, riuniranno al distaccamento provinciale un proporzionato distaccamento della Guardia Nazionale di detta pieve.

Ed è stata la presente sottoscritta, e la sessione rimandata per la continuazione alle nove nella mattina seguente.

Ornano, presidente; Savelli, segretario;
Luporsi, segretario; Cesari, segretario.

Sessione del 19 aprile 1790.

(Alle nove della mattina).

Il Signor Presidente e Deputati essendosi resi alla sala dell'Assemblea, il Signor Giubega, uno dei membri, dopo di aver recitato un sensatissimo discorso, ha concluso con proporre all'Assemblea che il miglior temperamento da prendersi sulla particolarità delle contestazioni e rappresentanze che riguardano la città di Corte, tanto contro il reggimento Salis, che contro il Signor Gaffori sarebbe stato quello di fare una deputazione di alcuni membri di questo Congresso, i quali unitamente avrebbero conciliato una lettera da scriversi a nome di quest'Assemblea al Signor Gaffori, in soddisfazione del detto reggimento e di qualunque altra particolarità che abbia potuto riguardare il Signor Gaffori con altri cittadini di Corte, e formare qualunque altro progetto che si fosse.

Dopo di che essendo stata unanimemente applaudita la mozione del detto Signor Giubega, sono stati nominati li Signori Giubega, Varese, Savelli, Pozzodiborgo, arciprete Sebastiani per riunirsi al più presto possibile nella formazione di detta lettera, riportandone la lettura all'Assemblea per essere sottoscritta dal Signor Presidente e da' Signori Segretari, ed occuparsi ad altri oggetti che crederanno valevoli al miglior esito di quest'Assemblea ed alla miglior conciliazione dell'Isola, e che il discorso del Signor Giubega sarà stampato a spese della nazione.

ORNANO, *presidente;* POGGI, *segretario;*
CESARI, *segretario;* VALERI, *segretario.*

Del detto giorno 19 aprile 1790.

Il Signor Presidente ha detto che crederebbe assai bene che quelli medesimi soggetti stati deputati alla conciliazione della lettera da scriversi al Signor Gaffori si occupassero sopra altri progetti da proporsi all'Assemblea, che crederebbero più potenti e più adatti alla maggior riunione dell'Isola e far avere a quest'Assemblea l'esito più aspettato.

Dopo di che, la mozione presa in considerazione, è stato

deliberato che unitamente alli Signori Giubega, Savelli, Varese, Pozzidiborgo ed arciprete Sebastiani si unirebbero li Signori Gaffori, Boccheciampe, Arrighi, Matteo Limperani, Cosimo Casalta, Gian Quilico Casabianca, Gentili, Barbaggi, Versini e Bonaparte per occuparsi a progettare all'Assemblea tutto ciò che il loro zelo e saviezza troverà più efficace a far avere a quest'Assemblea il fine più desiderato alla quiete ed alla riunione dell'Isola; e la presente è stata sottoscritta.

Ornano, presidente; Poggi, segretario;
Luporsi, segretario; Valeri, segretario.

Sessione del 20 aprile 1790.
(Alle ore nove della mattina).

Il Signor Presidente e li Signori Deputati essendosi resi nella suddetta sala dell'Assemblea, il Signor Presidente ha fatto leggere una lettera del Signor conte Petriconi, colla quale espone l'insurrezioni che sono avvenute in Bastia fra i cittadini ed il Reggimento du Maine a cagione degl'inconvenienti causati dall'arrivo del colonnello del detto Reggimento, e perciò prega che il Comitato Superiore si trasporti in quella capitale per conciliarne l'effervescenze;

Dopo di che, presa in considerazione la rappresentanza del prefato Signor de Petriconi, ha deputati i Signori Barbaggi, Varese, Gentili, abbate Marinetti, Cagnano, Niccolò Rocca, Colonna da Leca, pievano Oletta, pievano de Franceschi e li Signori Poggi e Biadelli, segretari, li quali col loro zelo e con la loro efficacia s'impiegheranno alla conciliazione di tutto ciò che ha potuto sconcertare i cittadini di Bastia col Reggimento du Maine, ed in caso che la loro mediazione non fosse valevole, o che i fatti richiedessero maggiori provvedimenti, detti Signori prendendo esatta cognizione di tutte le circostanze, ne daranno parte al Comitato Generale, il quale provvederà secondo che farà di bisogno.

ORNANO, *presidente;* POGGI, *segretario;* BIADELLI, *segretario;* VALERI, *segretario;* LUPORSI, *segretario;* SAVELLI, *segretario;* CESARI, *segretario.*

Del detto giorno 20 aprile 1790.
(*Continuazione della sessione*).

Il Comitato Generale occupato alla conciliazione di tutti gli spiriti, non è voluto rientrare alla ricognizione delle rappresentanze fatte a quest'Assemblea dal Signor Capitan Colonna Ceccaldi contro gli esposti fatti a questo capitano dagli ufficiali municipali della comunità della Porta;

Che invece ha decretato che i detti esposti siano lacerati nella pubblica Assemblea, e che sia scritto dal Signor Presidente di quest'Assemblea al Signor Visconte de Barrin per la giustificazione del detto Signor Capitan Ceccaldi, e perchè sia rimesso nel suo postamento della Porta, fino a che altri bisogni non lo richiamino altrove.

ORNANO, *presidente;* POGGI, *segretario;* BIADELLI, *segretario;* VALERI, *segretario;* CESARI, *segretario.*

Del detto giorno 20 aprile 1790.
(*Continuazione della sessione*).

Li Signori Deputati essendosi resi alla sala dell'Assemblea, li Signori Boccard e Salvini hanno presentata una memoria colla quale hanno richiesta la considerazione dell'Assemblea per li loro travagli fatti al servizio di questo Comitato Generale, tanto più essendo stati obbligati di essere fuori della città di Bastia e star al seguito del Comitato, la rappresentanza essendo stata presa in considerazione, il Comitato Generale ha determinato che dalla cassa della nazione siano accordati sul mandato del Presidente di questo Comitato cento franchi per cadauno alli Signori Boccard e Salvini, e questi per li servizi prestati al seguito del detto Comitato.

ORNANO, <i>presidente</i>; POGGI, <i>segretario</i>;
LUPORSI, <i>segretario</i>; VALERI, <i>segretario</i>.

Sessione del detto giorno 20 aprile 1790.
(*Alle ore tre della sera*).

Il Signor Presidente e li Signori Deputati essendosi resi alla sala dell'Assemblea, sono state lette delle memorie e fatte delle rappresentanze contro del Signor Arena.

Queste hanno fatto un movimento in alcuni membri dell'Assemblea ed hanno conosciuto necessario qualche provvedimento, perchè questo Comitato colla ricognizione de' fatti possa procedere a quel che stimerà più a proposito.

Dopo di che essendosi presa in considerazione la materia riguardante il particolare delle lagnanze contro il Signor Arena ed intese le osservazioni di alcuni membri, il Comitato Generale ha deputati li Signori pievano Bonelli, Raffaelli, pievano Oletta e Grimaldi di Caccia, i quali si trasporteranno all'Isola Rossa per conciliare col Signor Arena tutto ciò che crederanno necessario perchè nell'Isola Rossa vi sia l'uguaglianza che in tutte le altre parti della Corsica, tanto per l'esecuzione de' decreti dell'augusta Assemblea Nazionale che per le deliberazioni del Comitato Generale, e per tutto altro che può fare la riunione generale e comune; che quando poi la mediazione di questi soggetti non fosse valevole, che loro debbano informarsi di tutti i fatti che riguardano tanto il particolare che il comune di quello è stato rappresentato contro del Signor Arena per poi sul loro rapporto essere stabilito da questo Comitato Generale ciò che sarà di ragione.

ORNANO, *presidente*; POGGI, *segretario*; VALERI, *segretario*.

Continuazione della sessione del 20 aprile 1790.

Il Signor Gaffori, maresciallo di campo e comandante in Corte, ha detto ch'egli si crede nell'obbligo d'istruire questo Comitato Generale delle disposizioni che con suo dolore ha dovuto osservare in alcuni abitanti di quella città, di voler sorprendere la cittadella, impadronirsi de' magazzini ne' quali si conservano gli effetti del Re, di manomettere la polveriera ed usare altri attentati che li doveri della sua carica e la confidenza della quale è stato onorato da Sua Maestà l'hanno obbligato ad una vigilanza continua e senza intermittenza per allontanarli; che da sua parte non cesserà di continuare la sua attenzione, ma che desidererebbe di vederla secondata e sostenuta da questo Comitato Generale, che deve essere impegnato a far conoscere che se questo popolo è stato riunito al popolo francese, merita di esserlo. Sopra della mozione del Signor Gaffori essendosi intese le osservazioni di diversi deputati, è stato deliberato che riguarderà sempre con indignazione tutti gli attentati che potrebbero dimostrare dell'insubordinazione e mancanza di sommissione alla Costituzione ed al Re; che disapprova altamente quelli che sono stati esposti dal Signor Gaffori ed applaudisce allo zelo con cui ha cercato di reprimerli; che fa espressa proibizione a qualunque persona di rinnovarli sotto la più rigorosa punizione ed ordina che il presente decreto sarà letto e pubblicato nella città di Corte, e che il *Comité* dovrà vegliare alla sua esecuzione (1).

Ornano, *presidente ;* Valeri, *segretario ;*
Luporsi, *segretario.*

Continuazione della sessione del 20 aprile 1790.

Il Sig. Presidente e li Signori Deputati essendosi resi alla sala dell'Assemblea, il Signor Belgodere, uno dei membri di questo Comitato Generale, ha detto che il principal oggetto di questo Congresso essendo stato quello di conciliare gli spiriti dissidenti, il Comitato Generale perciò avea invitati diversi compatriotti per unirsi allo stesso e travagliare di concerto per tutto ciò che concerne il buon ordine e la pubblica tran-

---

(1) Cette délibération a été biffée dans l'original. Une note des secrétaires avertit qu'elle a été annulée par une autre délibération de ce jour.

quillità; che questa riunione seguita, ognuno anticipatamente è persuaso che ne debba produrre i migliori effetti possibili; ma per dare una riprova più convincente al popolo di questa universale riconciliazione e degli effetti salutari che se ne attendono, egli ha fatto la mozione seguente:

Che tanto i rappresentanti del popolo delle diverse provincie ugualmente che gl'invitati a questo Comitato Generale debbano prestare, uno dopo l'altro, nelle mani del Signor Presidente alla presenza del Santissimo Sacramento esposto, un giuramento solenne nei termini seguenti:

« Io giuro di mantenere e difendere con tutto il mio po-
» tere la Costituzione del Regno, essere fedele alla nazione,
» alla legge ed al Re. Nanti l'Ente Supremo sull'altare della
» patria, giuro di concorrere con tutte le mie forze, col vero
» sacrificio del mio particolare interesse, al mantenimento
» del buon ordine e della tranquillità, di soffocare qualunque
» spirito di partito, d'inviolabilmente conservare una reci-
» proca fratellanza con tutti i miei concittadini, di persegui-
» tare li nemici e li perturbatori della libertà e della pub-
» blica quiete, li traditori della patria e li violatori del
» presente giuramento; »

Che finita la presente solenne cerimonia dai Signori componenti il Comitato Generale, alla presenza del SS. Sacramento esposto nella Chiesa di questo Convento, si dovrebbe cantare il *Te Deum* e dare atto al pubblico di questa riunione colla sottoscrizione dei rappresentanti e notabili delle provincie, per far conoscere al popolo che finalmente si è ristabilita la pace, l'unione e la concordia degli animi fra tutti i cittadini, e che non ci resta che di attendere tranquillamente per la nostra felicità i decreti dell'augusta Assemblea Nazionale, l'esecuzione de' quali è particolarmente affidata a tutti i corpi amministrativi; che questa deliberazione potrebbe essere impressa per mandarne copia in tutte le rispettive comunità dell'Isola, acciò in contrassegno d'una confederazione e riunione perpetua di tutti i cittadini fosse prestato il giuramento di sopra espresso, e cantato il *Te Deum* in tutte le comunità.

La mozione del detto Signor Belgodere presa nella più seria considerazione essendo stata da tutti unanimemente applaudita, il Comitato Generale ha decretato che la presente deliberazione sarà stampata e mandatone copia in tutte le comunità dell'Isola, in ciascuna delle quali otto giorni dopo la recezione, sarà prestato a mani del parroco ed alla presenza del SS. Sacramento esposto il presente giuramento colla ripetizione delle stesse parole, e cantato solennemente il *Te Deum*, e che la presente deliberazione sia la chiusura della presente Assemblea.

Gian Quilico de Casabianca — Giacomo Nicoroso Poli — Giuseppe Nobili Savelli — Antonio Gentile — Il conte de Casabianca — Simone Salelli — Cangione Sangiovanni — Cecco Petrignani Scata — Abbate Luigi Coti — Ferrandi — Giuseppe Maria Gigli — Pasquale Antonio de Benedetti — Abbate Guglielmo Battini — Albertini, pievano di Moita — Giulio Cesare Ottaviani — Nicolò Rocca — Pozzodiborgo — Gio. Sebastiano Buttafuoco — Colonna de Leca — Oletta, pievano d'Olmeta. — Francesco Subrini. — Paolo Pietrini, pievano di Costa (?) — Limperani — Leoni — Bianchi — Eugenio Giordani — Carlo Grimaldi di Castifao — Carlo d'Angeli — Antonio Casanova — Angelo Matteo Marcantoni — Boccheciampe — Gio. Matteo Poli — D. Antonio Matra — Domenico Antonio Versini — Colonna d'Istria — Abbate Giuseppe Maria Bonaccorsi — Giuseppe Maria Seta — Marc'Ariosto Luigi de Benielli — Marinetti — Bruni — Colonna d'Istria — Cosimo Casalta — Luigi Ciavaldini — Rocco Nicolai — Antonsanti Tavera — Emanuelli — Dongiacomo de Albertini —

Belgodere di Belgodere — Antonio Francesco de Benenedetti — Dionisio Gavini — Pietro Colle — Giantommaso d'Arrighi — Grimaldi da Niolo — Raffaelli — Saverio de Matra — Orso Giacomo Fabbiani — Pievano Franceschi — Giacomo Antonio Filippi — Ambrogio Cristofini — Giuseppe Matteo Donsimoni — Alessandro Vinciguerra — Nicodemo Sarrola — Domenico Maria Ferrandini — Giacinto Arciprete Sebastiani — Gianfrancesco Raffalli — Paolo Battista Forli (?) — Gabrielli — Gafforj — Buonaparte — Barbaggi — de Casanova — Filippo Masseria.

> ORNANO, *presidente;* POGGI, *segretario;* BIADELLI, *segretario;* CESARI, *segretario;* SAVELLI, *segretario;* LUPORSI, *segretario;* VALERI, *segretario.*

Mille settecento novanta li ventotto aprile
(Al dopo pranzo).

Nel Convento di S. Francesco della città di Corte.

In esecuzione del decreto del Congresso Generale in Orezza li 16 aprile, con cui fu ordinato che il Comitato Superiore dovesse trasferire la sua residenza da Bastia in questa città di Corte, si sono qui radunati li Signori Lorenzo Giubega, arciprete Sebastiani, pievano Pietrini, Carlo Angeli, Saverio Matra, Giuseppe Maria Seta, Anton Santo Tavera, si sono resi a questo Convento per esercitare le loro funzioni; ma siccome il cattivo tempo non ha permesso la riunione degli altri deputati, essi Signori deputati prenominati hanno convenuto di sospendere per ora l'elezione del presidente, finchè sia aumentato il numero dei membri di questo corpo; e frattanto, per non mettere ritardo agli affari più urgenti, hanno convenuto che la sottoscrizione delle deliberazioni o lettere da spedirsi saranno sottoscritte a vicenda dai due più decani, e che saranno spedite delle lettere invitatorie ai deputati che sono di giro, di rendersi senz'altro indugio a questa residenza.

In appresso essendosi proceduto alla lettura di una lettera

del Signor de Petriconi, comandante delle milizie di Bastia, dei due Padri del Comune della città di San Fiorenzo e della deposizione e dichiarazione fatta da uno di questi relativamente alla sorpresa di quella città e della sua cittadella, li Signori Deputati qui radunati, conoscendo tutta l'importanza di quest'oggetto, hanno creduto necessario che prima di prendere alcun partito decisivo sopra di questo, di aspettare che siano arrivati i Deputati che mancano, o almeno una parte di quelli, e frattanto hanno arrestato che si scriva lettera responsiva tanto al prefato Signor de Petriconi che alla municipalità di San Fiorenzo, e nel tempo stesso scriver lettera al Signor Antonio Gentili, membro di questo Comitato e attuale prefetto di quella città, per far cessare gl'inconvenienti che si sono manifestati nella città suddetta, e somministrare tutti i lumi e schiarimenti che possono contribuire a far conoscere gli autori di questa intrapresa e le ragioni per le quali vi si sono determinati; ciò che è stato eseguito come apparisce dal Registro della Corrispondenza.

Ed è stato arrestato che le tre lettere di sopra indicate saranno sottoscritte dal Signor pievano Pietrini, come uno dei due decani.

Giubega, decano; Valeri, segretario.

Sessione del 29 aprile 1790.

(*Alle ore nove della mattina*).

Li Signori Deputati del Comitato Superiore descritti e nominati nella sessione d'ieri, dopo essersi resi alla sala dell'Assemblea, è stata presentata per parte di alcuni abitanti della Comunità della Piana una memoria contro degli attuali

Ufficiali municipali di quella Comunità, e di diversi altri, per il taglio e devastazione eseguita sopra degli alberi e vigna di essi ricorrenti. Che però il Comitato Superiore ha decretato che le persone accusate e denunciate saranno citate a comparire davanti questo Comitato Superiore fra il termine di giorni quattro dal giorno della citazione per rispondere alle accusazioni contro di essi fatte, e per sentire gli ordini e provvedimenti che questo Comitato giudicherà giusto e conveniente di prendere. Inoltre è stato arrestato che il Signor Francesco Grimaldi di Niolo, uno dei membri del Comitato Generale, spedito dal Congresso d'Orezza nella provincia di Vico, dovrà rendersi nella detta Comunità della Piana e colà esaminare e riconoscere i fatti che sono stati esposti e raccogliere tutti gli schiarimenti possibili per conoscere sino a qual grado di prova arrivino le rappresentazioni state fatte, e di tutto regolare processo verbale per rimetterlo, assieme con le sue osservazioni, a questo Comitato. Che tanto ecc.

PIETRINI, *decano*; VALERI, *segretario*.

Del detto giorno 29 aprile 1790.

Per parte del Signor Francesco Antonio Costa dei Catari, della giurisdizione di Calvi, è stato rappresentato che Lorenzo Salvatori, quale nel giorno dei 6 del mese cadente uccise con un colpo di fucile il Signor Giovanni suo padre, si è rifugiato all'Isola Rossa, ove convive col Signor Arena; ed a questa rappresentanza ha riunito un salvocondotto concesso dal prelato Signor Arena ai Signori Anton Pietro Giudicelli e ad esso ricorrente Francesco Antonio Costa del suddetto villaggio in data dei 19 di questo stesso mese, con cui ha preteso di mostrare l'autorità dispotica della quale fa uso esso Signor Arena.

Il Comitato Superiore avanti di far dritto sopra le rappresentanze di esso Signor Costa, ha decretato che sarà reso conto ai quattro Commissari che dal Congresso d'Orezza sono stati spediti in Balagna, del contenuto nella suddetta memoria, invitandoli a far cessare gl'inconvenienti che hanno incitati, e vanno incitando tante reclamazioni.

PIETRINI, *decano;* VALERI, *segretario.*

Sessione del 30 aprile 1790.

(*Alle ore nove della mattina*).

I Signori Deputati del Comitato Superiore e con essi il Signor Francesco Casanova, essendosi resi alla solita sala dell'Assemblea, per parte di alcuni di essi è stato osservato che mancano li deputati della Giurisdizione di Vico, e che il Signor Antonio Francesco Benedetti potrebbe essere ammesso e ricevuto per uno di quelli che la pieve di Sevinfuori ha nominati; che la detta pieve è composta di sole due Comunità, Otta e Piana; che la municipalità di Otta avendo in seguito della lettera convocatoria del Comitato Superiore invitato quella della Piana di riunirsi per l'elezione dei Deputati, non volle quella accedere a questa nominazione, ed invece andò a riunirsi con altre Comunità di diversa pieve, ciò che non era permesso, a meno che la convocazione non fosse dell'intiera provincia, o della maggior parte di quella; che la municipalità di quella di Otta elesse e nominò esso Signor Benedetti per deputato, e questa nomina dovrebbe esser riconosciuta per legittima, tanto più che il Signor Benedetti è stato ammesso e ricevuto con questa qualità nel Congresso generale d'Orezza.

In appresso essendo stata esaminata la proposizione, è stato decretato che il Signor Benedetti sarà ammesso e ricevuto provvisionalmente come Deputato della pieve di Sevinfuori, e come tale farà parte del presente Comitato Superiore; che sarà ingiunto ed ordinato alla municipalità della Piana di riunirsi prontamente a quella di Otta ed in questa Comunità come il luogo solito in cui sono sempre state convocate le assemblee di quella pieve, procedere alla nominazione di un deputato per unirsi a questo Comitato Superiore, e quando la municipalità della Piana ricusi questa unione, il Signor Benedetti continuerà nell'esercizio dell'attuale sua deputazione.

Giubega, decano; Valeri, segretario.

Sessione del 1° maggio 1790.
(Alle dieci della mattina).

Li Signori Deputati del Comitato Superiore essendosi resi alla sala dell'Assemblea, è stata loro presentata una memoria per parte degli ufficiali della Guardia Nazionale di questa città con la quale rinnovano l'istanza fatta sino dal giorno dei 28 dello scaduto aprile per essere ammessi alla Guardia di questo Comitato; sopra della quale essendosi intesi gli avvisi e le opinioni di diversi Deputati, è stato decretato che prima di prendere una deliberazione positiva sopra la domanda suddetta, sia nominata una commissione di tre soggetti per impiegare tutti i mezzi pacifici e di riconciliazione per calmare le discordie che si sono manifestate in questa città sopra la leva delle milizie, e ridurlo, se fosse possibile, all'armonia ed alla concordia; e sono stati nominati per questa Commissione li Signori pievano Pietrini, Lorenzo Giubega e Anton Santo Tavera, con incarico alli medesimi di dovere per il giorno di lunedì prossimo instruire questo Comitato Superiore del risultato delle loro operazioni, dopo il quale rapporto, il Comitato prenderà quelle deliberazioni che crederà più giuste e più prudenti.

GIUBEGA, *decano;* VALERI, *segretario.*

Sessione del 3 maggio 1790.

(Alle ore nove della mattina).

I Signori Deputati del Comitato Superiore descritti e nominati nella sessione precedente, a' quali si sono riuniti li Signori Gian Tommaso Arrighi, Belgodere e Filippi, essendosi resi alla sala dell'Assemblea, alcuni de' Signori Deputati hanno fatto osservare che sarebbe bene di procedere all'elezione del presidente, la quale non è stata eseguita per il poco numero dei Deputati, e che questa elezione dovesse farsi per mezzo dello scrutinio, e dovrebbe durare fino alla rinnovazione del nuovo giro. Dopo di che essendosi presa in considerazione la mozione suddetta, ed essendosi distribuito a ciascuno dei Deputati un biglietto, essendo quelli in appresso stati aperti e letti dai Signori arciprete Sebastiani ed Angeli scrutatori nominati, si sono ritrovati voti sette favorevoli al Signor Giubega, e voti cinque a favore del Signor Belgodere; che però resta nominato ed eletto, siccome la presente Assemblea nomina ed elegge per presidente di questo Comitato Superiore, esso Signor Giubega, per godere de' diritti e prerogative inerenti alla detta carica, duratura fino alla rinnovazione del nuovo turno. Che tanto ecc.

Giubega, *presidente* ; Valeri, *segretario*.

Sessione del 4 maggio 1790.

(*Alle ore nove della mattina*).

Il Signor Presidente ed i Signori Deputati, ai quali si è aggiunto il Signor Angiolo Luigi Petriconi, Deputato della provincia di Nebbio, essendo stati instruiti che nel Fiumorbo siano recentemente arrivati degli omicidi e degli scandali, e che se ne minaccino degli altri, se non si occorre con mezzi potenti e vigorosi ad un pronto riparo, dopo di essersi intesi i pareri di diversi membri, è stato decretato ciò che segue:

Art. 1. — Sarà intimata una marcia di s..... soldati della Guardia Nazionale, e questi saranno tirati dalle comunità di Soveria, Santa Lucia, Omessa, Castirla ed altre.

Art. 2. — Questa truppa marcierà sotto gli ordini d'una Commissione del Comitato Generale, che sarà composta dei Signori Ferrandi, Marcantoni, Donsimoni e Carlo Angeli, della quale quest'ultimo, come membro attuale del *Comité*, sarà presidente.

Art. 3. — I quattro Commissari nominati dovranno riunirsi alle case della spiaggia di Ghisoni, e colà concertare le loro operazioni.

Art. 4. — La loro prima premura sarà quella d'informarsi dei disordini arrivati, e di quelli che si temono nella pieve di Fiumorbo, quali ne sieno gli autori, e quali sono le loro forze.

Art. 5. — Dovranno far cessare tutte le ostilità, impiegando di preferenza tutti i mezzi di dolcezza e di moderazione; ma se questi non saranno efficaci, impiegheranno quelli della forza. Se quella che vien loro confidata attualmente non sarà sufficiente, sono autorizzati a intimare la marcia di quelle milizie civiche, che le circostanze renderanno necessarie.

Art. 6. — Dovranno fare arrestare i colpevoli e farli condurre sotto buona guardia nelle prigioni vicine di Cervione.

Art. 7. — Le munizioni da guerra che saranno confidate alla Commissione non saranno distribuite ai fucilieri che in caso di bisogno, e quelle che non saranno distribuite, saranno riportate in questo Convento.

Art. 8. — I Commissari eletti non arrivando al tempo e luogo indicato, è autorizzato il Signor Angeli, presidente, a continuare la sua marcia per eseguire le sue istruzioni.

Art. 9. — Se nella sua marcia trova delle Comunità divise per l'elezione dei nuovi Ufficiali Municipali, è autorizzato il detto Signor Commissario presidente a cercare i mezzi di comporre le divisioni e sedare i partiti.

Art. 10. — Sarà inoltre autorizzato il detto Signor Commissario presidente di dare quegli ordini e quei provvedimenti che stimerà necessari, e che le circostanze potranno esigere, sia per la riscossione delle sovvenzioni, elezioni dei nuovi municipali, alloggio di truppe, o altri oggetti non preveduti, che potrebbero presentarsi; rimettendo al suo zelo, prudenza ed attività di prendere quelle misure che il caso esigerà.

Giubega, *presidente*; Valeri, *segretario*.

Continuazione della sessione del 3 maggio 1790. [1]

Il Signor Presidente e li Signori Deputati continuando la loro sessione, il Signor Belgodere, membro del Comitato, ha detto che essendosi già proceduto all'elezione del presidente ed essendo per conseguenza legalmente organizzato questo Superior Comitato, converrebbe che manifestasse i sentimenti della sua stima al Signor Gaffori, maresciallo di campo, ed insieme felicitarlo sopra la sua nominazione di comandante in secondo dell'Isola di Corsica. Dopo di che, la materia messa in deliberazione, è stato decretato che il Signor pievano Pietrini, Seta e Belgodere, membri di questo Comitato, si renderanno presso del Signor Gaffori per anticipargli i sentimenti di vera stima, onde questo corpo è animato per esso, ed insieme la vera soddisfazione con la quale ha visto che Sua Maestà abbia distinto la sua persona col confidargli il comando in secondo di quest'Isola; che il prefato Signor Gaffori sarà invitato a volere dalla sua parte secondare le disposizioni di questo *Comité* che sono quelle di stabilire il buon ordine e la pubblica tranquillità.

GIUBEGA, *presidente*; VALERI, *segretario*.

---

[1] Cette délibération a été biffée dans l'original. Une note des secrétaires avertit qu'elle a été annulée par une autre délibération du 27 mai.

Sessione del 5 maggio 1790.

(*Alle ore nove della mattina*).

Il Signor Presidente e li Signori Deputati essendosi resi alla sala dell'Assemblea, il Signor Presidente ha detto che nel giorno d'ieri fu comunicata al Signor Belgodere, membro di questo Comitato, la memoria stata presentata dal Signor Francesco Versini della Piana, sopra l'elezione della nuova municipalità di quella Comunità, ed insieme alcune altre scritture con le quali il ricorrente ha preteso di mostrare la nullità di questa nominazione, e sarebbe necessario di sentire il risultato delle sue osservazioni, ed insieme quelle del Signor Benedetti, commissario delegato per assistere alle Assemblee della pieve di Sevinfuori, acciò si possa prendere una decisione sopra le istanze di esso Signor Versini.

In appresso essendosi inteso a voce il rapporto del Signor Belgodere, ed insieme le osservazioni del Signor Benedetti, dopo aver presa in considerazione la memoria suddetta e i fatti che l'accompagnano, il Comitato Superiore deliberando ha decretato che debba considerarsi come nulla ed illegale l'Assemblea tenuta nella comunità della Piana nel giorno de' 4 aprile, e l'elezione della municipalità in quella stata fatta.

Ordina agli ufficiali municipali che erano in esercizio prima di questa nulla elezione, di convocare una nuova Assemblea di tutti gl'individui attivi per procedere alla nominazione della nuova municipalità con conformarsi intieramente ai decreti dell'Assemblea Nazionale.

Resta incaricato il Signor Benedetti, Commissario delegato

dal *Comité* Superiore, di assistere alla detta Assemblea per il mantenimento del buon ordine e della tranquillità, senza ledere in modo alcuno la libertà de' suffragi. Che tanto ecc.

Giubega, *presidente;* Valeri, *segretario.*

Sessione del detto giorno 5 maggio 1790.
(*Alle ore quattro della sera*).

Il Signor Presidente e li Signori Deputati del Comitato Superiore, dopo di avere riconosciuto conveniente di tenere le sue sessioni nella sala della Giustizia reale di questa città, essendosi resi in quella, è stata fatta lettura d'una lettera del Signor Frediani, che contiene il dettaglio degl'inconvenienti arrivati in Fiumorbo, e che giustamente si possono temere. Intese l'opinioni di diversi deputati, e la materia posta in deliberazione, è stato arrestato, cioè:

Art. 1. — Intimare una marcia generale di tutti gli uomini armati di Orezza, Niolo, Bastelica, Bocognano, Alesani, Venaco, Verde, Bozio, Vallerustie, per trovarsi li nove del corrente al Convento di Piedicorte a mezzogiorno.

Art. 2. — La marcia suddetta sarà comandata dai Signori Belgodere, Tavera, Seta e Benedetti, che si trovano al suddetto Convento di Piedicorte. Partiranno da colà lunedì mattina e dovranno riunirsi al Signor Angeli ed agli altri membri del Comitato, che sono stati proposti ed invitati, cioè, li Signori Ferrandi, Donsimoni e Marcantoni, e tutti insieme formeranno una Giunta sotto nome di Giunta di guerra. Il Presidente sarà scelto e nominato dai detti Commissari.

Art. 3. — Tutti i deputati di questo corpo, che saranno distaccati con Commissione nell'interiore dell'Isola, Città,

Presidi o qualunque altro luogo, essendo Commissari di Giunta di guerra, potranno, volendo, vestire un'uniforme che denoti la libertà e la riunione de' tre ordini in un solo, cioè, abito turchino con mostre rosse, fodera bianca e gallone d'oro al vestito e sott'abito bianco (1). Quest'abito si potrà vestire in tutt'altra occasione, fuori che nel tempo della residenza al Comitato.

Art. 4. — In quelle provincie dove vi sarà della brava gioventù che a costo di qualunque spesa o strapazzo voglia offrire i suoi servizi immediati al Comitato, potrà vestire la stessa uniforme, ma con una sola mezza spalletta; e questa gioventù sarà scritta sopra un ruolo, che sarà intitolato: « Registro patriottico dei volontari, al servizio del Comitato » e godranno del rango di ufficiali volontari, al seguito del Comitato, e di tutti i ranghi e prerogative d'ufficiali. Ed a questo effetto saranno spedite dal Comitato Superiore le commissioni a quelli che si faranno inscrivere sul registro.

Art. 5. — Sarà reso conto di questa determinazione al Signor Angeli affinchè sospenda ogni sua operazione sino all'arrivo di questa nuova Commissione, a meno che non gli riesca di avere pacificamente i rei.

Art. 6. — Si autorizzano li Signori Giovan Tommaso Arrighi ed arciprete Sebastiani di cercare in nome del Comitato un'imprestanza di cinquanta luigi per provvedere alle spese urgenti di questa spedizione per rimborsarli coi primi denari che rientreranno a mani del Tesoriere di questa Provincia, con facoltà di obbligare gl'istessi individui che compongono l'attuale Comitato.

Art. 7. — Nel resto il *Comité* se ne rapporta all'istruzione data al Signor Angeli, quale sarà comune a tutta la Commissione.

GIUBEGA, *presidente*; VALERI, *segretario*.

---

(1) Une première rédaction, qui a été biffée, portait: *abito rosso, con mostre turchine, colletto bianco, spallette d'argento di stato maggiore e sott'abito bianco.*

Sessione del 7 maggio 1790.

(*Alle ore nove della mattina*).

Il Signor Presidente e li Signori Deputati essendosi resi alla sala dell'Assemblea, il Presidente ha detto che questo Comitato non riempirà gli oggetti de' quali deve occuparsi, che le sue premure saranno inutili, li suoi ordini senza esecuzione, finchè mancherà di mezzi per provvedere alle spese le più urgenti; che bisogna, pagare li pedoni, bisogna pagare li fucilieri che sono al seguito de' Deputati; che bisogna, quando marciano per servizio pubblico li deputati, provvederli di cavalcature per il loro equipaggio e per le loro provviste; che spesso nelle marcie lunghe e di molti giorni, siccome è quella stata intimata in Fiumorbo, non è possibile che le milizie possano sostenersi à proprie spese e senza un soccorso pubblico. La maggior parte de' fucilieri, ancorchè animati dalla miglior volontà, sono forzati di retrocedere senza poter arrivare al luogo a cui sono stati destinati;

Che l'Assemblea Generale di Bastia, il Comitato Superiore, il Congresso Generale d'Orezza, penetrati da questa verità, hanno deliberato di costringere gli aggiudicatari della sovvenzione che devono circa un mezzo milione; ma tutte queste savie deliberazioni rimangono senza esecuzione e gl'inconvenienti si moltiplicano, giacchè non si può nemmeno provvedere alle spese le più urgenti, siccome sono quelle delle nutrici de' fanciulli esposti;

Che dovrebbesi prendere delle determinazioni vigorose per procurare l'esigenza di una parte di questo credito nazionale e con questa provvedere agli oggetti più importanti, senza de' quali la riunione di questo Corpo sarà molto dispendiosa per gl'individui che lo compongono, e di poca utilità alla causa pubblica,

In appresso, essendosi intese le opinioni di vari deputati, e la pratica posta in deliberazione, è stato decretato come in appresso; cioè :

Art. 1. — Che debbano nominarsi dei Commissari nelle rispettive provincie, autorizzati di chiedere dai debitori nazionali ciò che devono : in caso di morosità mettere delle milizie nelle loro case a spese di quelli, e farli arrestare e condurre in questo Castello di Corte.

Art. 2. — Non potendo pagare intieramente il loro debito, li Commissari rispettivi si contenteranno di qualche porzione di quello, purchè non sia minore della quarta parte, almeno che non concorrano delle ragioni potenti per indurli a contentarsi per ora d'una minor parte, purchè promettano di portare il resto, e si presentino a questo Comitato per avere qualche dilazione.

Art. 3. — Se le sicurtà saranno credute più o egualmente solvibili del principal debitore, sarà in libertà al Commissario di costringerli di preferenza del principal debitore.

Art. 4. — Gli aggiudicatari debitori che pagheranno qualche porzione del debito, e che solleciteranno qualche dilazione del resto, dovranno far esaminare la loro dimanda dal Commissario incaricato dell'esigenza, e questi dovrà manifestare il suo sentimento.

Art. 5. — Il danaro dovrà essere versato a mani de' rispettivi tesorieri delle provincie, almeno che il Comitato Superiore non abbia in qualche provincia delle ragioni particolari per farlo corrispondere direttamente al Commissario o al Tesoriere di Corte.

Art. 6. — In seguito delle deliberazioni dell'Assemblea Generale di Bastia, li tesorieri rispettivi delle provincie non potranno fare alcun pagamento de' danari che perverranno alle loro mani, senza un mandato del *Comité*, e facendo diversamente, non gli sarà tenuto conto de' pagamenti.

Art. 7. — Li rispettivi Commissari sono autorizzati a valersi delle milizie per costringere li debitori al pagamento, e bisognando, potranno mettere a soldo una porzione di quelle per l'esecuzione della loro Commissione, e queste potranno esser prese nel luogo che gli sembrerà più comodo. La paga sarà quella fissata dal Congresso d'Orezza, cioè soldi sedici il giorno ogni soldato di milizia, venti il caporale e ventiquattro il sargente, tutto moneta di Francia, ed il danaro per questa spesa sarà preso sopra quello che sarà esatto.

Art. 8. — I Commissari istruiranno sollecitamente il Comitato sì de' danari che saranno corrisposti a mani de' rispettivi tesorieri che delle persone arrestate.

Art. 9. — Li capi delle milizie civiche saranno obbligati di dare ai Commissari tutta la man forte della quale avran di bisogno.

Art. 10. — Se li Commissari crederanno in qualche circostanza la loro presenza necessaria per l'esigenza di qualche somma considerevole, potranno portarsi sopra del luogo.

Art. 11. — Sarà rimessa a mani de' rispettivi Commissari nota del debito degli aggiudicatari della loro provincia.

Art. 12. — Le spese della guarnigione saranno a carico degli aggiudicatari, a meno che il Comitato Superiore non trovi delle ragioni per discaricarli in parte o in tutto.

Art. 13. — L'eccezioni che saranno rilevate per parte degli aggiudicatari debitori per esimersi dalla metà del prezzo della seconda annata per non aver percepito il vigesimo dei prodotti che sogliono pagarsi dopo il mese di settembre, saranno prese in considerazione dai Commissari, e dovranno esaminarle e conoscerle fin dove siano fondate, e sopra di quelle manifesteranno il loro avviso al Comitato Superiore, acciò possa provvedervi.

Art. 14. — Gli aggiudicatari debitori che avranno ordinanza del Signor Intendente di sospensione di pagamento fino alla prima Assemblea generale, saranno obbligati a presentarsi dinanti questo Comitato coll'ordinanza medesima, e con tutte le scritture che crederanno necessarie per dimostrarne la giustizia e la necessità.

Art. 15. — I Commissari saranno autorizzati a costringere ancora quei tesorieri che dal confronto delle ricevute degli aggiudicatari col tesoriere, si troverà che non avranno intieramente versate al Tesoriere Generale le somme che gli sono state pagate.

Art. 16. — I Commissari che sono stati scelti per questa riscossione sono: per la provincia di Bastia, i Signori arciprete Sebastiani, Giacomo Antonio Filippi e Sebastiano Valeri; per Capocorso, Carlo Angeli e Ferrandini; per Nebbio, Angelo Luigi de Petriconi ed Antonio Gentili; per la provincia di Calvi, Lorenzo Giubega; per quella di Balagna, Belgodere; per la provincia di Corte, i Signori Giovan Tommaso Arrighi e Francesco Grimaldi; per la provincia d'Aleria, i Signori Ferrandi e Tiberi; per la provincia di Vico, Benedetti e Versini; per quella d'Ajaccio Tavera, Seta e Antonio Ornano.

Art. 17. — I Commissari incaricati dell'esigenza saranno obbligati di far delle spese per il riempimento della loro commissione; presenteranno uno stato dettagliato al Comitato Superiore per ordinarne il rimborso.

Giubega, *presidente;* Valeri, *segretario.*

Sessione dell' 8 maggio 1790 (1).

(Alle nove della mattina).

Il Signor Presidente e li Signori Deputati del Comitato Superiore essendosi resi alla sala dell'Assemblea, il Signor Presidente ha detto che l'Assemblea Generale di Bastia, dopo aver conosciuta l'assoluta necessità dello stabilimento di questo Comitato per il mantenimento del buon ordine e della pubblica tranquillità, deliberò che li Deputati che far doveano parte di questo corpo dovessero esercitare gratis le loro funzioni. La ragione che determinò questo servizio gratuito fu la persuasione che dovesse essere di poca durata, di maniera che la comune opinione era che a questo giorno fosse di già convocata la generale Assemblea, epoca alla quale cessar dovea l'autorità confidata a questo tribunale; che presentemente diverse ragioni si riuniscono a far credere che la convocazione dell'Assemblea del dipartimento non è così prossima siccome si credeva; che tutti li membri del Comitato hanno di già riempito il primo loro turno, e fra pochi giorni dovrà cominciare il secondo;

Che sarebbe difficile di sostenere per più lungo tempo quella riunione, e sostenerla interamente, e dimostrano abbastanza il loro zelo onde sono animati, quando sacrificano le loro pene, li loro incomodi, viaggi ed applicazione alla causa pubblica, ma difficilmente possono estendere il loro sacrificio alla spesa onde ritrovansi gravati nel loro soggiorno in Corte;

---

(1) Cette délibération a été biffée dans l'original. Une note des secrétaires avertit qu'elle a été annulée par une autre délibération du 27 mai.

Che niente sarebbe più giusto che fissare qualche cosa a titolo di gratificazione o di appuntamenti ai deputati che saranno in esercizio, da prendersi sopra il danaro dovuto dagli aggiudicatari.

In appresso essendosi intese le opinioni di diversi deputati, il Comitato, deliberando, ha decretato come in appresso, cioè:

Che li deputati del Comitato che entreranno in esercizio dopo di questo giro, goderanno dell'onorario di franchi quattro il giorno per ciascuno per il tempo del loro servizio; questo trattamento non comincierà che dal giorno del servizio attuale, di maniera che li deputati che arriveranno dopo il lasso di qualche giorno del loro turno non potranno pretenderlo, che dal giorno del loro servizio.

Saranno ancora pagati delle spese di viaggio e ritorno alla ragione di quattro franchi per giorno, secondo la maggiore e minore lontananza, a ragione di venti miglia per giorno.

Li deputati delle rispettive giurisdizioni che si trovano in esercizio, non dovranno partire finchè non siano arrivati quelli che devono rilevarli, e frattanto continueranno a godere di quel trattamento che avrebbero dovuto godere i loro successori.

Li deputati del Comitato Generale che saranno incaricati di qualche commissione nella propria parrocchia o pieve, dovranno riempirla senza alcun emolumento, ma quando saranno obbligati di eseguirle in pievi o provincie diverse, godranno dell'istesso onorario del quale godono i deputati in esercizio. Per non aumentare l'oggetto della spesa, dovranno in questo caso le commissioni darsi a quelli che sono di giro a meno che il troppo ristretto numero del Comitato non permetta di staccare dei membri del suo corpo.

E la presente deliberazione è stata arrestata da tutti, eccettuato un solo deputato.

GIUBEGA, *presidente;* VALERI, *segretario,*

Del detto giorno 8 maggio 1790.
(Alla sera).

Il Presidente e Deputati essendosi resi alla sala dell'Assemblea, dopo aver letta e considerata la memoria presentata dal Signor Antonio Benedetti d'Evisa, e le osservazioni fatte sopra di quella del Signor Anton Martino Ceccaldi, Commissario delegato per assistere all'Assemblea della municipalità della provincia di Vico, intese le opinioni di diversi deputati, il Comitato Superiore ha dichiarato e dichiara nulla ed illegale l'elezione della nuova municipalità della Comunità d'Evisa, per non essersi osservate le disposizioni del regolamento dell'Assemblea Nazionale; ordina al Podestà e Padri del Comune che erano per l'avanti in esercizio, di convocare una nuova assemblea e frattanto continueranno nell'esercizio delle loro funzioni. Il Comitato Superiore invita inoltre il Signor Martino Ceccaldi, Commissario delegato, di vegliare al buon ordine ed alla tranquillità della detta assemblea, senza ledere in modo alcuno la libertà dei suffragi.

GIUBEGA, presidente; VALERI, segretario.

Sessione del 9 maggio 1790.
(Alle ore quattro della sera).

Il Comitato Superiore, dopo aver intesa l'istanza della Comunità di Popolasca, pieve di Giovellina, tendente ad aver a titolo di prestanza qualche soccorso per provvedere allo stato d'indigenza, in cui attualmente trovasi quel popolo, dopo aver comunicata la loro memoria alla Commissione intermediaria di Bastia, e ricevute le osservazioni e la risposta della commissione medesima alla sua lettera del 7 maggio corrente; avuto al tutto matura considerazione, dopo essersi intese le opinioni di diversi deputati, ha decretato:

Che il Tesoriere generale della cassa della nazione sia autorizzato di somministrare agli Ufficiali municipali della suddetta Comunità, o sia alla persona che sarà autorizzata d'una procura per parte di quella, a somministrare a titolo di prestito 300 lire de' denari della cassa della Provincia, colla promessa e sicurtà idonea di restituire la detta somma al mese di agosto prossimo; e non essendovi attualmente danaro della Provincia, il Tesoriere suddetto sia autorizzato di obbligarsi al nome della Provincia in favore di chi fornirà una quantità di biada corrispondente al valore di dette 300 lire, per pagarle all'epoca fissata.

VALERI, *segretario*.

Sessione del 10 maggio 1790.
(Alle ore nove della mattina).

Il Signor Presidente e li Signori Deputati essendosi resi alla solita sala, si sono presentati gli Ufficiali municipali e procuratore del comune della Comunità del Poggio di Venaco, unitamente agli Ufficiali municipali vecchi stati chiamati per il nostro decreto del 7 maggio, ed essendo stati intesi in contestazione, esaminati li processi verbali rispettivi di elezione, intese le opinioni de' Signori Deputati,

Il Comitato Superiore ha confermato e conferma l'elezione stata fatta li 27 del mese di marzo ultimo, colla quale sono stati nominati li Signori Francesco Maria Guglielmi, per Prefetto, Matteo Leonelli e Giuseppe Antonio Giorgetti, per Padri del comune; ordina inoltre agli Ufficiali municipali vecchi di consegnarli tutte le ordinanze e scritture appartenenti alla municipalità, e fa loro inibizione di poter continuare l'esercizio delle antiche loro funzioni.

GIUBEGA, *presidente;* VALERI, *segretario.*

Del detto giorno 10 maggio 1790.
(*Alle ore dieci della mattina*).

Il Comitato Superiore, sulla memoria stata presentata dalli Signori Domenico Giacobbi, prefetto; Gian Stefano Giacobbi e Gian Battista Battesti, Padri del Comune, contro li Signori Antonio Fabiani, Giuseppe Tommasi e Marco Maria Mariani, ultimamente nominati, dopo aver intese le parti contradittoriamente e le rispettive ragioni da essi addotte, ha dichiarato e dichiara valida e legittima l'elezione della nuova municipalità della Comunità del Luco, pieve di Venaco, nelle persone dei Signori Domenico Giacobbi, per prefetto, Giovan Stefano Giacobbi e Gian Battista Battesti, Padri del Comune; ordina che i medesimi saranno mantenuti e conservati nell'esercizio delle loro ragioni, dichiara nulla ed illegale l'assemblea e l'elezione dei 18 aprile, nella quale furono nominati li Signori Antonio Fabiani, Giuseppe Tommasi e Marco Maria Mariani, a' quali fa espressa inibizione d'ingerirsi in modo alcuno nella municipalità suddetta.

GIUBEGA, *presidente;* VALERI, *segretario.*

Sessione del detto giorno 10 maggio 1790.

(Alle ore undici della mattina).

Il Signor Presidente e li Signori Deputati essendosi resi nella sala solita, istruiti che fra Don Francesco e Antonio Mario fratelli Poggi, della Rebbia di Bozio, erano insorte delle questioni delle controversie ed in seguito delle minacce e delle vie di fatto, avendo citati essi due fratelli a comparire nanti questo tribunale, ed essendo stato il Signor Belgodere concessionato di sentire li due fratelli, conoscere l'oggetto delle loro discordie, e di proporre i mezzi che avrebbe creduto più efficaci per la loro riconciliazione, dopo di aver inteso il rapporto d'esso Signor Belgodere, e ciò che a viva voce è stato dai surriferiti Don Francesco ed Antonio Mario Poggi, quali essendosi prestati alle insinuazioni e consigli di esso Signor Rapportatore, hanno in presenza del Comitato convenuto volontariamente d'una reciproca dimenticanza e perdono delle ingiurie che possono essersi fatte reciprocamente, colla promessa di vivere in avvenir fra di loro da buoni fratelli; e per maggior sicurezza della presente promessa si sono obbligati di dare per sicurtà e garante della loro convenzione il nominato Orso Matteo Danesi, comune cugino germano, quale sicurtà dovrà esser prestata dinanti la municipalità del detto luogo della Rebbia.

In ordine alle loro pretensioni civili per la successione del loro fratello il fu Felice Carlo è stato convenuto che l'Antonio dovrà dirigere le sue azioni dinanti il giudice ordinario di questa Giurisdizione, e che fra ore ventiquattro il Don Francesco restituirà il fucile all'Antonio stato tolto al figlio di esso.

Per ciò che riguarda il danno occasionato in un mantice di Stazzona che si attribuisce al prenominato Don Francesco o sia a quelli della sua famiglia, debbano questi alla richiesta dell'Antonio giurare dinanti la municipalità di non avere nè direttamente nè indirettamente causato il detto danno, e ricusando di giurare, saranno obbligati di pagarne il danno secondo la liquidazione che ne sarà fatta da esperti eletti di consenso.

Ordina il Comitato Superiore che copia della presente deliberazione sarà rimessa alla municipalità di Rebbia, acciò debba farla eseguire.

GIUBEGA, *presidente;* VALERI, *segretario.*

Sessione degli 11 maggio 1790.

(*Alle ore nove della mattina*).

Il Signor Presidente e li Signori Deputati essendosi resi alla sala dell'Assemblea si sono presentati li Signori canonico Fieschi e Antonio Mariano Bianchi, come due deputati della provincia di Vico, quali sono stati ammessi e ricevuti come membri di questo Comitato, e come tali goderanno de' diritti e prerogative dei quali godono e devono godere gli altri deputati. Quali Signor Fieschi e Bianchi, conformemente alla deliberazione del due marzo ultimo hanno promesso e giurato di non rivelare nè propalare tutto ciò che sarà proposto, discusso e deliberato nelle sessioni di questa Assemblea, ed osservare in questa parte le leggi del segreto.

GIUBEGA, *presidente;* VALERI, *segretario.*

Del detto giorno 11 maggio 1790.

(Alle ore dieci della mattina).

Il Comitato Superiore avendo intese le rappresentazioni state fatte al Signor Belgodere in nome della municipalità di Vico, colle quali si rinnovano le premure di avere la permissione di poter smacchiare le terre enunciate nella memoria presentata al Congresso in Orezza, insieme quella di veder presto riempita la commissione stata data ai Signori Ornano, Grimaldi e Benedetti, dopo essersi intese le opinioni de' Signori Deputati, è stato decretato che li surriferiti Signori Commissari, a' quali dovrà riunirsi il Signor Ferdinando Gentili, di Calcatoggio, si porteranno sollecitamente sopra del luogo, dove raccoglieranno tutti gli schiarimenti e le nozioni necessarie, e sentiranno le ragioni rispettive delle parti, impiegheranno il loro zelo ed il loro credito per cercare di portarle ad una onesta concordia, conoscere l'estensione dei territori delle comunità pretendenti, ed i loro rispettivi bisogni territoriali, e di tutto regolare un processo verbale per rimettersi a questo Comitato assieme con la manifestazione del loro sentimento. Dichiara il Comitato, che l'assenza di uno de' quattro non impedirà il riempimento della commissione.

GIUBEGA, *presidente;* VALERI, *segretario.*

Del detto giorno 11 maggio 1790.
(*Alle ore undici della mattina*).

Il Comitato Superiore avendo letto e considerato la memoria presentata questa mattina dal Signor Antonio Martino Pietri e Antonio Alessandri, relativamente al decreto stato fatto il giorno de' cinque corrente, che annulla l'elezione della municipalità della Piana, e alla nominazione stata fatta del Signor Benedetti, membro di questo Comitato, per vegliare al buon ordine della nuova assemblea, contenendo questa memoria delle espressioni ingiuriose al suddetto Commissario, insieme una mancanza di rispetto a questo tribunale per parte di qualche deputato, è stato osservato che gli autori di questa memoria meritano una punizione proporzionata al loro mancamento; dopo di che, essendosi intese tutte le diverse opinioni, è stato decretato:

Che saranno cassate dalla memoria tutte l'espressioni che possono essere insultanti per il Signor Benedetti, che li Signori Antonio Martino Pietri e Antonio Alessandri saranno obbligati di deporre in atti di questo tribunale una scrittura colla quale dichiarino di riconoscere per uomo onesto il predetto Signor Benedetti; ordina inoltre il Comitato Superiore che essi Signori Pietri ed Alessandri si renderanno prigionieri in questo castello di Corte per lo spazio di tre giorni, purchè dentro li tre giorni facciano presentare la dichiarazione ordinata.

Immediatamente essendosi presentati alla sala dell'Assemblea essi Signori Pietri e Alessandri, dopo che è stato loro fatta lettura del di sopra rapportato decreto, hanno dichiarato concordemente che loro non hanno fatto attenzione all'espressioni ingiuriose che possano contenersi nella memoria, giacchè è stata composta e scritta da altri, e non hanno fatto che apporre la loro sottoscrizione; che essi dichiarano di riconoscere il Signor Benedetti per un uomo probo ed onesto e lo pregano di dimenticare le espressioni che possono aver provocato il suo sdegno; che la loro intenzione non è stata di mancare in modo alcuno di rispetto a questo Comitato Superiore a cui protestano tutto l'ossequio e la venerazione possibile ed implorano la sua clemenza.

Il Comitato Superiore, dopo aver inteso il Signor Benedetti che si chiama soddisfatto di questa dichiarazione, ed intese le sue istanze, [ordina] che li Signori Pietri ed Alessandri siano esenti dalla prigionia alla quale erano stati condannati; è stato per questa parte circoscritto il decreto, ed ingiunto a essi Signori Pietri ed Alessandri di esser più circospetti nel sottoscrivere le memorie.

GIUBEGA, presidente.

Sessione del 14 maggio 1790.

I Signori canonico Fieschi, Anton Mariano Bianchi, Anton Francesco Casanova e Saverio Matra, membri di questo Superior Comitato in esercizio nel turno incominciato il giorno dei dodeci del corrente, essendosi resi alla sala dell'Assemblea si sono presentati i Signori abbate Bonaccorsi, deputato del giro, ed il Signor Anfriani Colonna, che rimpiazza il Signor Lorenzo Giubega, stato per esso di servizio nei quindici scorsi giorni, hanno i detti Signori deputati unanimemente convenuto d'invitare il Signor Giantommaso Arrighi a continuare l'esercizio fino all'arrivo d'altri deputati di giro, o dopo il di lui intervento, essendosi trovato il più avanzato in età, è stato determinato che avrebbe presieduto come decano ed in detta qualità avrebbe sottoscritto le deliberazioni che si sarebbero prese, fintantochè si procedesse alla nomina d'un presidente.

Dopo di che lo stesso Signor Decano ha detto che non essendosi ancor reso a questa residenza del Superior Comitato alcun segretario del giro, conveniva nominare uno per farne provvisoriamente le veci. In seguito di che è stato unanimemente eletto il Signor Pier Domenico Salvini, impiegato nella segreteria di questo Comitato, a far le veci di segretario e sottoscrivere unitamente al presidente o a chi lo rappresenta tutte le deliberazioni e lettere che si spediranno dallo stesso Comitato. E dopo che il Signor Salvini ha prestato il suo giuramento di bene e fedelmente riempire le funzioni di detta carica, è stato ammesso all'esercizio della medesima.

GIANTOMMASO D'ARRIGHI, *decano*; SALVINI, *pro-segretario*.

Sessione dei 15 maggio 1790.

I Signori decano e Deputati nominati nella sessione di ier essendosi resi nella sala dell'Assemblea, si sono presentati i Signori pievano Bonelli, pievano Oletta, Raffaelli di Tralonca e Grimaldi di Caccia, tutti quattro deputati e commissionati dall'adunanza generale dei membri del Comitato nel Convento d'Orezza, a trasportarsi all'Isola Rossa per ivi esaminare la condotta del Signor Arena attaccato in vari punti dal Signor Feliciano Leoni di Santa Reparata, in una rappresentanza da esso fatta all'adunanza di Orezza, ed anche dal Signor Giubega, nel tempo stesso. Il Signor Raffaelli ha fatto lettura d'una memoria giustificativa del Signor Arena che poi ha depositato su questo scagno. Oltre all'approvare egli le ragioni con cui in detta memoria il Signor Arena difende la sua condotta, le ha corroborate di più con degli schiarimenti e buone riflessioni. Gli altri tre Commissari hanno applaudito e il Signor pievano Bonelli ha posto sullo scagno un attestato dei municipali e delle milizie di Belgodere che protestano di non aver mai avuto ordine dal Signor Arena di arrestare in passando per la loro Comunità il Signor Giubega che aveva fatto di questo un capo d'accusa contro il Signor Arena.

Il conto che i detti quattro Signori hanno reso della loro commissione è stato d'una piena soddisfazione del Comitato Superiore. Questo è rimasto ben contento del Signor Arena, salvo quelle cose che dovranno esser trattate nell'Assemblea e Amministrazione del Dipartimento e di Distretto; raccomanda al detto Signore di batter sempre la gloriosa carriera di buon patriotto e di cittadino zelante, di travagliare costantemente al buon ordine e alla tranquillità della Balagna, di promuovervi con ardore il dovuto attaccamento alla nuova Costituzione e alla Nazione, di cui per una felice adozione, abbiamo l'onore e la fortuna di far parte, e di avvertire subito questo Comitato di tutte le insurrezioni che potessero farvisi contro la quiete e la sicurezza dei cittadini e tanto più contro l'onore dell'Assemblea Nazionale e l'osservanza de' suoi decreti.

È dispiaciuto però al Comitato di avere scoperto che passino delle animosità tra i Signori Giubega e Arena; desidera che questi Signori si riconciliino per occuparsi poi unitamente al maggior vantaggio della Patria che ha bisogno e a cui possono giovare assai coi loro talenti e col loro credito.

A questo effetto ha deliberato che sia loro comunicata copia di tutto questo, accompagnata anche da una lettera di persuasione a ciascuno di essi. Questo passo poi riguardo al Signor Arena servirà di più per attestargli la soddisfazione provata da questo Comitato Superiore nel conto che egli da nella sua memoria, e i Signori Commissari a bocca hanno dato della sua condotta ; e conoscendo ancora che la riconciliazione di detti Signori sarà difficile a ottenere senza un abboccamento, ha incombenzato i Signori abbate Bonaccorsi e Carl'Antonio Anfriani-Colonna di concertarlo in maniera che possa aversi l'intento.

Giantommaso d'Arrighi, *decano;* Salvini, *pro-segretario.*

Del detto giorno 15 maggio 1790.

I detti Signori Decano e Deputati qui sopra denominati continuando ad essere uniti in detta sala dell'Assemblea, il Signor Decano ha detto che non vedendosi comparire alcun deputato di giro della provincia di Bastia, e trovandosi qui il Signor Carlo Grimaldi, potrebbe pregarsi a restare in esercizio in luogo e vece del Signor Galletti.

La mozione essendo stata unanimemente approvata e lo stesso Signor Decano avendo tanto in proprio nome che a quello degli altri deputati presenti invitato il Signor Grimaldi a restar seco loro per esercitare le funzioni di deputato di giro, ha questi accettato osservando però che il Signor Galletti avrebbe dovuto rappresentarlo nei quindici giorni che cadeva l'esercizio del primo turno, ed a questa condizione è stato lo stesso Signor Grimaldi d'unanime consenso di tutto il Comitato ricevuto ed ammesso in luogo e vece del Signor Galletti.

Giantommaso d'Arrighi, *decano;* Salvini, *pro-segretario.*

Sessione del 17 maggio 1790.

(Alle ore undici della mattina).

I Signori Decano e Deputati qui sopra denominati essendosi resi alla sala dell'Assemblea, qualcheduno di essi ha detto che essendo arrivati quasi alla metà del turno, e non vedendo comparire altri deputati di giro, avrebbe creduto conveniente di nominare fra essi presenti un presidente. Dopo di che, la matteria posta in deliberazione, è stato unanimemente convenuto per l'affermativa, ed essendosi proceduto alla nomina di un presidente, l'unanimità de' suffragi è stata per Signor canonico Fieschi, che però resta lo stesso nominato ed eletto, siccome la presente Assemblea lo nomina ed elegge per suo presidente per godere in tutto il tempo del presente turno di tutti i diritti e prerogative inerenti alla detta carica.

Canonico GIAN BATTISTA FIESCHI, *presidente*;
SALVINI, *pro-segretario*.

Del detto giorno 17 maggio 1790.

I Signori Presidente e Deputati essendosi resi alla sala dell'Assemblea si sono presentati i Signori Bartolommeo Arrighi e compagni, sedicenti maire e municipali di questa città di Corte, supplicando questo Comitato a finire le controversie che sono insorte sulla legittimità della loro elezione a cagione d'un altro capo di municipalità che si dice formato nella stessa città, e nello stesso giorno hanno rappresentato che questa divisione nella città di Corte produce delle conseguenze troppo disgraziose, e che perciò era necessarissimo che il Comitato vedesse di toglierla giudicando quale di queste due municipalità sia la legittima,

Dopo di che posta la materia in deliberazione, il Comitato per rimediare a questo disordine ha deliberato d'invitare per domani mattina, alle ore dieci i detti Signori, ed i Signori abbate Montera e compagni, sedicente pure maire e municipali di detta città, a presentarsi in questa sala di riunione per allegare le ragioni che hanno di erigersi gli uni e gli altri in corpo di municipalità; appoggiandosi esso Comitato alla deliberazione presa nel Congresso Generale d'Orezza i 14 aprile prossimo passato, è nell'intenzione di terminare questa controversia con una decisione provvisoria fino all'Assemblea del Dipartimento. Non opererebbe secondo le leggi sue costituzionali se non si occupasse al buon ordine e alla tranquillità di tutta l'Isola in cui la città di Corte merita una particolare considerazione, e non conviene perciò lasciarla più lungamente nelle divisioni e nei disordini che indi ne nascono.

La presente deliberazione essendo passata alla pluralità dei suffragi, è stato arrestato che sarà comunicata ai detti Signori.

FIESCHI, *presidente*.

Sessione del 18 maggio 1790.

I Signori Presidente e Deputati essendosi resi nella sala dell'Assemblea, il Signor Presidente ha fatto far lettura d'una memoria indirizzata dalla municipalità di Vico, composta dei Signori Mercurio Colonna, maire, e compagni, municipali, in nome della sua Comunità e delle altre circonvicine, in cui si espone che il Signor Grimaldi di Niolo, trovandosi attualmente in Bastia, non è a portata di prontamente riempire la commissione onde è stato incaricato nella deliberazione dei 18 aprile scorso nel Congresso d'Orezza, unitamente al Signor Antonio Ornano, per procedere alla visita ed inspezione oculare dei terreni occupati dai Greci, e che il riempimento della medesima non soffrirebbe dilazione come pure che i Signori Benedetti e Gentili stati posteriormente aggiunti a detta Commissione non potranno felicemente riuscirvi, siasi per essere il primo figlio di concessionari, e l'altro per avere delle attenenze di parentela in alcuna di dette comunità interessate.

La materia messa in deliberazione è stato unanimemente arrestato che si nomini altri due commissari che siano in stato di riunirsi prontamente al detto Signor Antonio Ornano per l'esecuzione della riferita commissione. Dopo di che sono stati con tutti i suffragi eletti e nominati a tal effetto i Signori Girolamo Pozzodiborgo, d'Alata, e dottor Albertini, di Casaglione; determinando definitivamente questo Superior Comitato che ritrovandosi questi tre ultimi Signori nominati sul posto pei venticinque del corrente mese di maggio, possano consumare la loro operazione senza l'intervento degli altri Commissari precedentemente nominati, ai quali però dovrà prontamente spedirsi copia della presente deliberazione; quale il Signor canonico Fieschi, presidente, avendo per delicatezza ricusato di sottoscrivere, lo sarà dal Signor Giantommaso Arrighi, decano, e Salvini, pro-segretario.

GIANTOMMASO D'ARRIGHI, *decano*; SALVINI, *pro-segretario*.

Del detto giorno 18 maggio 1790.

(Alle ore quattro della sera).

I Signori Presidente e Deputati essendosi resi alla sala dell'Assemblea, il Signor Presidente ha detto che il Signor abbate Montera e compagni chiamati per comparire per questa mattina nanti questo Superior Comitato per render ragione e giustificare perchè si erigono in corpo di municipalità della città di Corte, come dalla deliberazione d'ieri sera, alla quale ecc., hanno risposto con una memoria di cui è stata fatta lettura, che intendevano che continuasse la commissione de' Signori Gaffori e Colonna Leca, nominati nel Congresso Generale d'Orezza, per prendere conoscenza delle controversie insorte in questa città riguardo alla formazione delle nuove municipalità.

Intese le opinioni di diversi deputati, è stato alla pluralità de' suffragi deliberato che la commissione di detti Signori si continuasse, e che intanto sarebbe stata loro scritta lettera dal Presidente per invitarli ad accelerare le loro operazioni in modo che ne abbiano reso conto a tutto il giorno ventiquattro del corrente mese di maggio.

L'Assemblea ha inoltre deliberato di aggiungere a questi due Commissari il Signor abbate Giuseppe Maria Bonaccorsi, specificando inoltre che in caso d'assenza o di rifiuto d'alcuno di detti tre Commissari, due soli potranno adempire la commissione, onde vengono incaricati. Avuto il loro rapporto, il Comitato Superiore prenderà quelle determinazioni che crederà più opportune.

Canonico FIESCHI, *presidente*; SALVINI, *pro-segretario*.

Sessione dei 19 maggio 1790.

Il Signor Presidente ed i Signori Deputati essendosi resi alla sala dell'Assemblea, si è presentato il Signor Giubega, membro di questo Superior Comitato, ed ha esposto aver avuto conoscenza d'una lettera scritta da questo Comitato al Signor Visconte de Barrin li 17 del corrente a riguardo della distribuzione di alcuni fucili in diverse pievi e comunità della provincia di Calvi, e dei disturbi cagionati da questa distribuzione; benchè non sia espresso il di lui nome, tuttavia ha egli aggiunto che essendo questione di fucili che in numero di centoventi erano stati dal detto Signor Generale ad esso accordati per distribuirli sulla richiesta dei rispettivi Ufficiali municipali, ha giustificato con una supplica di tre di dette Comunità della quale è stata fatta lettura, che la richiesta è stata ad esso effettivamente fatta dagli Uffiziali municipali, e che su questa avea rimesso un proporzionato numero de' fucili suddetti ai capitani delle guardie nazionali delle stesse Comunità per esser distribuiti a volontà e discrezione dei medesimi; che però richiedeva detto Signor Giubega che lo stesso Superior Comitato scrivesse altra lettera al surriferito Signor General de Barrin, con cui si riparasse alla cattiva opinione che potesse egli aver concepita del distributore o di chi s'intendesse per tale.

Ha aggiunto inoltre il Signor Giubega che protesta tutta la sua sensibilità a questo Superior Comitato per la pena che si è dato d'occuparsi della di lui riconciliazione col Signor Arena, nominando i Signori Bonaccorsi e Carl'Antonio Colonna Anfriani, membri di questo Comitato, per fissare un abboccamento fra i medesimi in loro presenza in quel luogo che avrebbero creduto conveniente, e procurare la riunione de'loro animi giusta la deliberazione de'quindici del corrente, di cui eragli stata comunicata copia; che ha tutta la stima pei riferiti Signori Deputati, ma che, senza far loro torto, non credeva la loro mediazione troppo efficace in questa parte, dichiarando non aver confidenza in essi.

Dopo di che il Signor Giubega essendosi ritirato e la materia messa in deliberazione, è stato alla pluralità de' suffragi arrestato che il Signor Presidente avrebbe scritto altra lettera al mentovato Signor Generale, per indurlo a non formare alcun giudizio in pregiudizio del Signor Giubega, per cagione dei disturbi che si erano enunciati nella prima sulla distribuzione di detti fucili, lo scopo di questa non essendo stato di ferire direttamente nè indirettamente alcuno, ma principalmente di pregarlo ad accordare ancora quella quantità di fucili che potrà maggiore, per evitare in molti la pena d'esserne privi, e la gelosia di vederne ad altri.

Ed a riguardo del di lui rifiuto della mediazione deliberata nei Signori abbate Bonaccorsi e Colonna Anfriani, uno dei Deputati ha detto che credeva conveniente che tutto il presente Comitato si trasportasse al Convento di Caccia, ed ivi invitasse ad intervenire i riferiti Signori Giubega ed Arena, ed in questa guisa si sarebbe potuto ripromettere della progettata riconciliazione.

Dopo di che è stato alla pluralità dei suffragi deliberato che il Comitato Superiore si sarebbe nel giorno di domani trasportato in corpo per l'oggetto sopra enunciato al Convento di Caccia, giusta la rapportata mozione, e per risolvere sopra vari altri riclami di detta pieve; ben inteso però che dopo cinque giorni si ritirerà a questa residenza.

Canonico FIESCHI, *presidente*; SALVINI, *pro-segretario*.

COSTITUZIONE DEL COMITATO SUPERIORE
IN BASTIA

L'anno mille settecento novanta, li dieci nove maggio, alle ore dieci della mattina, nella casa della Nazione in Bastia,

Li Signori Barbaggi, Varese, Galletti, Donsimoni, pievano Franceschi, Grimaldi di Niolo, Giordani, Cagnano per il Signor Gigli, Tiburzio Morati, Santo Dominici, abbate Marinetti, membri del Comitato Superiore di Corsica e deputati al medesimo, per servire nel primo turno, e li Signori Poggi e Savelli, segretari, l'ultimo per il Signor abbate Falcucci, sapendo che l'oggetto della deliberazione fatta in Orezza per la permanenza del Comitato nella città di Corte era fondato sul motivo primieramente di rendere ai Signori Deputati delle provincie oltremontane maggior comodo per la loro riunione, ed in seguito per ristabilire in quella città le differenze della municipalità, e ridurre le guardie nazionali nella perfetta loro azione ed esercizio, onde vedendo mancate queste due essenziali operazioni, viene di necessaria conseguenza a cessare il vero motivo della suddetta deliberazione, e si rende inutile la continuazione della permanenza del Comitato nella città di Corte;

Che il prossimo arrivo delli Signori Generali de Paoli e

Duca de Biron richiederebbe per parte del Comitato Superiore delle pubbliche gioiali dimostrazioni all'epoca del loro sbarco in questa Capitale, e che ritrovandosene lontano sarebbe impossibile che potesse far effettuare le suddette doverose testimonianze ;

Che nelle attuali circostanze, credendo essere di maggior utile e decoro della nazione la permanenza del Comitato in questa città ed in conformità della deliberazione in cui è stato creato il medesimo Comitato, tanto per non scostarsi dalla solita residenza del primo Presidente, il Signor Clemente de Paoli, di cui ne è stato precedentemente preso il consenso e parere, e li di cui consigli e lumi sono sempre troppo necessari in tutte le operazioni del Comitato, come per il suddetto dovere di ritrovarsi presenti al prossimo arrivo dei prelodati Signori Generale de Paoli e Duca de Biron, hanno perciò li Signori Deputati sopradescritti, dopo la più matura considerazione, stabilito e decretato, siccome per la presente deliberazione stabiliscono e decretano di voler ripigliare il loro servizio nel presente turno in questa capitale, in cui presentemente si costituiscono per veri e legittimi rappresentanti del Comitato Superiore di Corsica, senza che la mancanza di alcuni pochi membri del suddetto turno possa distruggere l'attuale deliberazione, per essere essi deliberanti il maggior numero;

Che questi pochi Signori Deputati assenti saranno invitati per mezzo dei Signori Segretari con una lettera di rendersi ove la pluralità ha stimato fondatamente di stabilirsi ; che copia della presente deliberazione sarà comunicata tanto a loro, che a quei Signori Deputati che potranno ritrovarsi nella città di Corte, i quali hanno di già finito il loro servizio; che finalmente sarà ingiunto ai Signori Boccard e Salvini, ambedue scrivani allo scagno della nazione, di doversi subito restituire in questa capitale, e far seco condurre l'Archivio del Comitato, ed in mancanza di conformarvisi, gli saranno cessati i loro appuntamenti, e considerati come licenziati dagli scagni della nazione.

Fatto ed arrestato l'anno, mese, giorno ed ora suddetti e tutti li deliberanti hanno sottoscritto.

Sottoscritti: BARBAGGI, VARESE, pievano FRANCESCHI, GRIMALDI da Niolo, CAGNANO, DONSIMONI, EUGENIO GIORDANI, GALLETTI, MORATI, SAVELLI, *segretario*, POGGI, *segretario*.

(Suivent les signatures autographes).

Sessione del 20 maggio 1790.
(*Al dopo pranzo*).

Li Signori Deputati descritti nel processo verbale d'ieri essendosi resi alla solita sala di riunione, vari de' detti Signori hanno osservato che avanti di trattare di alcuni affari dovevasi procedere alla nomina, secondo il solito, di un Presidente in secondo, alla qual mozione hanno tutti detti Signori Deputati aderito, e dopo d'avere preso posto, si è venuto alla nomina suddetta, e raccolti i voti, si sono ritrovati in favore del Signor Gaetano Varese, il quale resta eletto per Presidente come sopra, per godere di tutti quei diritti e prerogative, di cui goder deve il Presidente in secondo del Comitato Superiore; e detto Signor Varese, dopo d'aver espressi i sentimenti di sua gratitudine per la scelta della quale viene onorato, ha presieduto all'Assemblea, e tutti i deliberanti hanno sottoscritto.

(Suivent les signatures autographes; ce sont les mêmes que plus haut).

Sessione del detto giorno 20 maggio 1790.

Il Signor Presidente ha rappresentato che l'imminente arrivo dei Signori Generale de Paoli e Duca de Biron meriterebbe che il Comitato dovesse proporre una qualche pubblica dimostrazione per soggetti cotanto interessanti al bene, alla tranquillità ed all'interesse medesimo della Corsica; che un'illuminazione con qualche ordinata simetria sarebbe la più propria per non aggravare la nazione di gran spese, attesa la scarsezza del numerario in cui trovasi la cassa della provincia.

Messa la pratica in deliberazione, tutti li suddetti Signori Deputati hanno unanimemente applaudito alla mozione del Signor Presidente, ed è stato arrestato che tanto all'arrivo del Signor Generale Paoli, come a quello del Signor Duca di Biron, e venendo assieme o separati, sarà fatta illuminazione con simetria nella facciata della casa della nazione, secondo l'economia e direzione, che a tal oggetto hanno appoggiata alli Signori Presidente Varese, Barbaggi e Cagnano, ai quali sarà anticipato dal Signor Tesoriere Generale di Corsica la somma di franchi seicento per provvedere alle prime spese di detta illuminazione, mediante un mandato che sarà spedito colla sottoscrizione del Signor Presidente e di uno dei Signori Segretari, per poi in seguito dai detti Signori incaricati di tal commissione essere presentato al Comitato un conto esatto della spesa totale di detta illuminazione, e dal medesimo arrestato e deliberato in seguito il restante del pagamento.

VARESE, *presidente* ; POGGI, *segretario*.

Sessione del detto giorno 20 maggio 1790.

Il Signor Presidente viene di rimettere una memoria del corpo municipale e consiglio della comunità di Corbara, con un decreto fatto da questo Comitato Superiore nella sua residenza in Orezza, sotto li 18 dello scaduto aprile, e finalmente varie ragioni presentate dalla sedicente municipalità di Pigna in seguito di detto decreto; ed ha detto che questa memoria, decreto ed altro meritano l'attenzione del Comitato onde ovviare i disordini ed inconvenienti che possono a tal oggetto arrivare in quel popolo.

Posta la materia in deliberazione, ed intesi gli avvisi de' diversi Signori Deputati, è stato arrestato che il villaggio di Pigna debba senz'alcuna innovazione riconoscere la municipalità di Corbara, con cui *ab immemorabili* ha fatto corpo, senza potere la sedicente municipalità di Pigna, nè direttamente nè indirettamente esercitare alcuna funzione, e ciò sino alla formazione del Dipartimento, nanti del quale saranno discusse più ampiamente le pretensioni e le ragioni che detto villaggio di Pigna crede di avere per costituire una nuova municipalità.

VARESE, *presidente*; POGGI, *segretario*.

Sessione del 21 maggio 1790.
(*Alla mattina*).

Il Signor Presidente e li Signori Deputati, essendosi resi alla sala di riunione, il Signor Grimaldi di Niolo, uno dei detti membri, ha presa la parola dicendo, che per una deliberazione dell'Assemblea unita in Orezza fu incaricato, unitamente al Signor Ornano, di rendersi nella provincia di Vico per comporre varie scissure insorte in quelle parti, e specialmente fra la comunità di Cargese con detta provincia; che la mancanza in quel tempo del Signor Ornano per qualche suo legittimo impedimento, distolse l'effetto della suddetta commissione, e che al momento in cui si sarebbe potuto unire con detto suo Signore confratello, essendo caduto il suo turno di servizio, ha stimato di rendersi in questa città in cui crede la sua presenza di maggior utile al bene della Patria, alla quale egli si dichiara perfettamente consacrato; che finalmente ha creduto suo preciso dovere di renderne informato il Comitato per mezzo della presente mozione, che espone alla censura del medesimo.

Intesa da tutti i Signori Deputati la mozione suddetta, e prestataci la dovuta considerazione, è stato unanimemente dichiarato che le operazioni del Signor Grimaldi non possono essere in modo alcuno criticate, riconoscendole anzi guidate da quei sentimenti patriottici de' quali è ripieno; che l'inosservanza della commissione affidatagli proveniva appunto dalle surriferite circostanze, e non da mancanza di zelo di cui è affatto incapace; che nell'attuale occasione, non regnando più in quelle parti la precisa premura che vi era per l'avanti, il Comitato stima inutile il di lui incomodo, tanto più che la sua presenza in questa città non manca d'esser utile e necessaria agli importanti affari del Comitato.

VARESE, *presidente;* POGGI, *segretario.*

Ce jour 22 Mai 1790
(au matin),

Le Comité Supérieur de Corse assemblé, Monsieur le Président a dit que la Garde Nationale de Lyon, en convoquant toutes celles du Royaume pour former une Confédération, vient de donner la preuve la plus éclatante de patriotisme ;

Que le corps d'officiers de la Garde Nationale de Bastia ayant délibéré d'envoyer une députation à cette Assemblée, il serait convenable que les représentants de toute la Corse les autorisassent de lui témoigner les sentiments de fraternité dont les habitants de cette île sont pénétrés.

Sur quoi, la matière mise en délibération, le Comité Supérieur a arrêté que Messieurs les officiers de la Garde Natiouale de Bastia, députés à Lyon, seront chargés de porter à cette Assemblée, l'hommage du sentiment dont la Corse est pénétrée pour ces braves et généreux citoyens armés pour l'établissement d'une Constitution aussi honorable à l'humanité que glorieuse pour l'Empire ;

Que Messieurs les Députés seront également chargés d'adhérer à tout ce qui sera délibéré non seulement au nom de la Garde Nationale de Bastia, mais encore au nom de toutes les gardes nationales de Corse, dont le regret est de n'avoir pas reçu assez à temps l'avis de la Garde Nationale de Lyon pour y députer également, mais que le Comité Supérieur de Corse, composé des Députés de tous les Districts, représente et se fait une gloire de représenter dans une circonstance où il s'agit de constater cette uniformité de sentiments et d'adhésion aux décrets de l'Assemblée Nationale, de reconnaissance pour les représentants de cet auguste Sénat, et d'amour et de respect pour un Souverain le modèle des Rois, comme ses sujets sont aujourd'hui l'exemple de l'union.

De tout quoi il a été dressé procès-verbal dont expédition collationnée et munie du sceau du Comité Supérieur sera remise à Messieurs les Députés de la Garde Nationale de Bastia, pour leur servir de procuration et pouvoir se qualifier à l'objet mentionné, les représentants de l'isle de Corse.

Fait à Bastia, l'an, mois et jour que dessus.

VARESE, président; POGGI, secrétaire.

Sessione del detto giorno 22 maggio 1790.
(Alla mattina).

Il Signor Presidente e i Signori Deputati essendosi resi nella solita sala di unione, il Signor Presidente ha detto che siasi per le contravvenzioni, siasi per altri motivi, le Dogane dell'Isola sono in un considerevole sbilancio; che questo forma un oggetto di somma considerazione; che gl'interessi della nazione dovrebbero richiamare l'attenzione del Comitato, non mai per ledere i diritti dei Dominii, ma per consolidarne i vantaggi; che conosce il Comitato Superiore abbastanza penetrato per la venerazione dei decreti dell'augusta Assemblea Nazionale, ma che non crederebbe di andare contro i medesimi, quando nelle attuali circostanze lo stesso Comitato Superiore, stabilito per mantenere e provvedere al bene dell'Isola, si fosse determinato di stabilire nelle Dogane della stessa dei soggetti di probità conosciuta, affinchè questi colla loro vigilanza togliessero gli abusi, impedissero i monopoli e le contravvenzioni, e proteggessero l'esatta percezione del pubblico numerario; che questo espediente nè si oppone nè tende all'abolizione di alcuno stabilimento tanto particolare che generale, ma è un necessario provvedimento sino alla formazione del Dipartimento.

Dopo di che la materia presa in considerazione, ed intese le osservazioni di vari membri, il Comitato Superiore applaudendo alla proposizione del Signor Presidente, ha decretato che in tutte le Dogane dell'Isola siano stabiliti dei soggetti che si chiameranno *Custodi* sino alla formazione del Dipartimento; che questi medesimi custodi dovranno occuparsi della conoscenza di tutto ciò che riguarda l'entrata e la spesa della Dogana, a cui sono addetti; che di tutto ciò che in quella accade alla giornata ne formeranno uno stato esatto, per poi ogni quindici giorni renderne informato il Comitato Superiore; che le guardie delle respettive Dogane gli obbediranno intieramente, e che conoscendo essi dell'inobbedienza, infedeltà o trascuraggine nelle dette guardie possano provvigionalmente sostituirne dell'altre, fino a che su i processi che ne avranno dirizzati al Comitato, non venga da quello meglio provveduto; che i ricevitori dovranno intieramente conformarsi a queste disposizioni, andando di concerto con detti Custodi in tutto ciò che riguarda gl'interessi delle Dogane rispettive constatando ogni quindici giorni i loro conti e perseguitando le contravvenzioni che dovranno formare il principal oggetto di detti Custodi.

Dopo di che, essendosi proceduto alla nomina dei medesimi Custodi per la Dogana di Bastia, la scelta è stata rimessa alla prudenza della municipalità; per quella dell'Isola Rossa è stato nominato il Signor Bruno Odiardi, per quella di San Fiorenzo, il Signor Pietro Gentile, per quella di Rogliano, il Signor abbate Santini di Tomino; per quella di Cervione, il Signor Giuseppe Maria Virgitti, riservandosi di provvedere ugualmente per le altre dogane dell'Isola; ai quali soggetti nominati sarà spedita copia del presente decreto munita col sigillo del Comitato Superiore, che loro servirà di commissione.

VARESE, *presidente*; POGGI, *segretario*.

Nel giorno del 23 non vi è stata veruna sessione, attesa la solennità della Pentecoste.

Sessione del 24 maggio 1790.

Il Signor Presidente e Deputati essendosi resi alla sala della riunione, il Signor Presidente ha detto che l'omicidio seguito nella Comunità di Carcheto merita il più pronto provvedimento del Comitato stabilito principalmente a mantenere il buon ordine ed a perseguitare i delinquenti; che per reprimere prontamente il seguito delle conseguenze che seco potrebbe portare il delitto commesso, e rendere a quegli abitanti la calma e la tranquillità, il mezzo più valevole sarebbe quello di sorprendere l'uccisore; che conoscendo egli la disinvoltura e lo zelo patriottico delli Signori Pietro Felice Cristofari, tenente colonnello della Guardia nazionale di Orezza, e Orso Pietro Emanuelli, maggiore della detta Guardia, il Comitato potrebbe incaricare li medesimi di portarsi prontamente e segretamente, con quella truppa del loro corpo che stimeranno necessaria e della loro confidenza, nella Comunità di Carcheto, e colà prendere tutte le misure e precauzioni possibili di aver nelle mani il nominato Angelo Maria Stefani, detto Tambone, di detto paese di Carcheto, per poi condurlo a questo Comitato, dal quale sarà rimesso alla giustizia per subire la pena meritata per il delitto di cui può esser convinto reo.

Dopo di che la materia presa in considerazione, il Comitato Superiore applaudendo alla proposizione del Signor Presidente, ha decretato che li Signori Cristofari ed Emanuelli debbano riunir quella truppa che crederanno necessaria per arrestare ed avere nelle mani il nominato Angelo Maria Stefani, detto Tambone, della Comunità di Carcheto; che copia della presente sia rimessa immediatamente alli detti Signori Cristofari ed Emanuelli, acciò possa servir loro di commissione e d'istruzione.

Varese, *presidente*; Poggi, *segretario*.

Sessione del 25 maggio 1790.
(*Alla mattina*).

Il Signor Presidente e Deputati essendosi resi alla solita sala di riunione, il Signor Presidente ha detto che molti membri riclamano l'affrancamento della posta per tutte le lettere che gli possono essere spedite dal Comitato; che crederebbe egli troppo giusto il loro riclamo, e che perciò crederebbe necessario che il Comitato dovesse prendere qualche espediente per il rinfrancamento di dette lettere.

Dopo di che, li Signori membri del Comitato hanno riconosciuto giustissimo che tutte le lettere del Comitato debbano pervenir loro franche, e che per effettuare questo affrancamento il Signor Presidente si compiacerà di concertarne il miglior mezzo col Direttore della Posta.

Varese, *presidente*; Poggi, *segretario*.

Del detto giorno 25 maggio 1790.
(*Alla mattina*).

Sulle rappresentanze portate a questo Comitato dalla comunità di Moltifao di Caccia, il Comitato Superiore avendo riconosciuta l'irregolarità della nuova municipalità di quel villaggio, per essersi a quella proceduto contro i decreti dell'Assemblea Nazionale, e contro il decreto dello stesso Comitato, non essendo una parte del popolo concorsa all'Assemblea della detta municipalità, ha ordinato che la stessa municipalità (sedicente) sia come non fatta; che frattanto gli antichi ufficiali di quella municipalità continueranno nelle loro funzioni fino all'Assemblea del Dipartimento, nanti la quale saranno meglio riconosciute le ragioni, e prese in seguito quelle deliberazioni che saranno riconosciute più giuste.

VARESE, *presidente*; POGGI, *segretario*.

Sessione del 26 maggio 1790.
(Alla mattina).

Il Signor Presidente e Deputati essendosi resi alla solita sala di riunione, si sono presentati li Signori canonico Fieschi, ex-presidente, Grimaldi di Caccia, Bianchi, Seta, Marcantoni, Casanova, Gian Tommaso d'Arrighi, arrivati li venti tre del corrente, e nel giorno d'oggi li Signori Anfriani Colonna e abbate Bonaccorsi, arrivati li 25, come membri del presente turno e come tali dopo di essere stati ricevuti, il Signor Presidente, ha detto che l'arrivo delli Signori Generali Duca de Biron e Paoli si crede prossimo; che sarebbe bene che il Comitato Superiore rappresentante la Nazione fosse numeroso in quell'occasione; che vi sono ancora molti affari, i quali richiedono tutta l'attenzione del Comitato Superiore; che perciò crederebbe egli che il Comitato nelle attuali circostanze non dovesse restringersi soltanto ai membri di turno, chè potrebbero essere ugualmente invitati anche gli altri membri, acciò possano trovarsi presenti all'arrivo dei prelodati Signori Generali, e che durante la loro dimora possano esser ammessi al corpo ugualmente che quelli di turno.

Depo di che, la materia presa in considerazione, ed intese anche le osservazioni di vari membri, il Comitato Superiore applaudendo alla proposizione del Signor Presidente, ha determinato che tutti i membri del Comitato che devono seguire nel loro turno, debbano essere prevenuti con una lettera invitatoria della positiva necessità della loro riunione al corpo nelle attuali circostanze; che anche quelli che non sono di turno saranno ugualmente invitati di disporsi a venire in questa capitale per ritrovarsi presenti all'arrivo de' Signori Generali, e che durante la loro dimora saranno considerati di corpo, ed avranno la medesima voce in tutte le deliberazioni, come quelli di turno.

Carlo Grimaldi, di Caccia; de Casanova, di Venaco; Marcantoni; Canonico Fieschi; Abbate Giuseppe Maria Buonaccorsi; de Bianchi; Seta; Giantommaso Arrighi; Varese, *presidente*; Poggi, *segretario*.

Sessione del 27 maggio 1790.
(Alla mattina).

I Signori Presidente e Deputati essendosi resi alla sala di riunione, il Signor Presidente ha detto che sarebbe stato della prudenza del Comitato di rivedere il Registro venuto ieri dalla città di Corte, per riconoscere le deliberazioni state fatte in quella residenza; che l'Assemblea avendo annuito troppo favorevolmente alla proposizione del Signor Presidente, il Signor Poggi, segretario, ha proceduto alla lettura di dette deliberazioni; che fra le stesse è stata rimarcata quella fatta li 8 del corrente mese, fissando a ciascheduno dei membri in esercizio quattro franchi al giorno, da prendersi sulla cassa della Provincia; che il Signor Presidente avendo richiamato l'attenzione del Comitato alla considerazione non solo di detta deliberazione, ma di tutte le altre che l'hanno preceduta e seguita, ha detto che le dette deliberazioni sembrano tutte infette di nullità, perchè contrarie all'intenzione dell'Assemblea Generale constitutiva del Comitato, nella quale fu stabilito che i membri componenti lo stesso dovessero essere a loro proprie spese e superare sempre in ciaschedun giro più dei due terzi dei membri che dovevano comporlo a turno; che la contravvenzione ai principi constituzionali fa decadere per se stessa tutte le operazioni, e le rende affatto nulle e irregolari;

Che l'esistenza di quella principalmente, la quale fissa quattro franchi al giorno a ciaschedun membro, difformerebbe troppo notabilmente questo corpo che deve essere nella più gloriosa intenzione di corrispondere alla confidenza del pubblico con tutte le prove del più vero patriottismo, non per l'interesse o vantaggio particolare, ma soltanto per il ben comune; che perciò avrebbe egli creduto fosse della prudenza del Comitato di seriamente riflettere tanto alle surriferite ragioni, come a quelle che diedero luogo nel Congresso di Orezza di trasportare nella città di Corte, per il comodo dei paesi oltramontani, e per altre ragioni politiche in quel punto di vista, la residenza del Comitato; quali ragioni essendo state mancate, alterate e tergiversate in più maniere, dopo di aver determinata la maggior parte del Comitato a ricondurre la vera sua costituzionale residenza in questa capitale, dovrebbe medesimamente determinarlo a prendere quei saggi provvedimenti di modificazione e correzione per la nullità di tutte le suddette deliberazioni, e per non lasciar nel registro delle memorie che ponno oscurare la gloria e la purità dei sentimenti di questo corpo, che deve pregiarsi del buon successo di tutte le di lui operazioni, onde incontrarne l'applauso ed il vantaggio comune.

Dopo di che la materia presa nella più seria considerazione, tutti i membri hanno unanimemente protestato l'intiera loro conformità agli articoli costituzionali del Comitato Superiore, dichiarando che qualunque loro incomodo, spesa e disagio è abbastanza ricompensato quando può essere di qualche vantaggio alla patria; che perciò, attese le irregolarità, contravvenzioni costituzionali e mancanza del numero completo dei membri componenti il turno nella città di Corte, hanno decretato che tutte le deliberazioni portate nel registro durante la presidenza in quella città, siano come non fatte nè registrate, a riserva di qualcheduna di quelle che dopo la più matura considerazione del Comitato potranno meritare la di lui approvazione, saranno queste nuovamente registrate.

E sarà la presente deliberazione sottoscritta da tutti i membri qua presenti.

BARBAGGI, MONTI, GALLETTI, GRIMALDI di Caccia, MARCANTONI, GIORDANI, CARACCIOLI, pievan FRANCESCHI, ROCCA, Abbate POLI, COLONNA DE LECA, GRIMALDI da Niolo, canonico FIESCHI, abbate GIUSEPPE MARIA BUONACCORSI, CAGNANO, DE BIANCHI, DONSIMONI, MARINETTI, GIANTOMMASO D'ARRIGHI, SETA, RAFFAELLI, ANTONSANTI TAVERA, abbate PAOLI, NOBILI SAVELLI; VARESE, *presidente;* POGGI, *segretario.*

Del detto giorno 27 maggio 1790.
(Alla sera).

Il Signor Presidente ed i Signori Deputati essendosi riuniti nella solita sala, si sono presentati i Signori abbati Giuseppe Maria Poli e Francesco Maria Paoli, i quali sono stati ricevuti come membri del Comitato Superiore per la Giurisdizione di Vico, a far il turno che viene d'incominciare, quali Signori Abbati, unitamente alli Signori canonico Fieschi, Bianchi, Vincentello Colonna e Rocca, altri deputati della detta provincia di Vico, hanno presentato per segretario della detta Giurisdizione, conformemente alla deliberazione constitutiva del Comitato presa nell'Assemblea Generale, il Signor avvocato Francesco Antonio Bandiera.

Dopo di che il Signor Varese, presidente, ha invitato il Comitato ad occuparsi nella riconoscenza di quelle deliberazioni, che in seguito della deliberazione di questa mane si crederanno poco degne di essere inscritte sul Registro del Comitato Superiore.

Presa in considerazione la proposizione, il Comitato Superiore, dopo di aver accettato per segretario il detto Signor Bandiera, si è occupato seriamente alla riconoscenza delle dette deliberazioni state fatte nella residenza della città di Corte, ad ha arrestato che tutte le dette deliberazioni siano riconosciute e legittimamente sanzionate, come se fossero nuovamente trascritte, in virtù della deliberazione di questo giorno, ad esclusione della seconda dei quattro maggio, e quella delli otto di detto mese, quali ha nuovamente dichiarate nulle, insussistenti, irregolari e contrarie al decoro ed alla costituzione del Comitato Superiore. È stato altresì decretato che per quella dei diecinove maggio, ne sarà sospesa la decisione sino ad una più ampia cognizione da prendersi.

VARESE, *presidente;* POGGI, *segretario.*

Sessione del 28 maggio 1790.

(Alla mattina).

Il Signor Presidente avendo invitato il Comitato della sua attenzione sulli riclami della comunità della Porta d'Ampugnani, ha detto che, sebbene quella comunità sia ben contenta dell'elezioni della nuova municipalità, non trova però bene che alcuni particolari, che furono ammessi a quell'Assemblea, possano tirare a conseguenza la loro ammissione nelle assemblee particolari, non avendo le qualità necessarie per esser cittadini attivi; che intanto furono ammessi in quell'Assemblea senza riconoscere la loro attività in quanto che si procedè dal popolo alla nomina di quella municipalità senza il dovuto rigore.

Dopo di che chiamate le parti, ed al momento in cui il Comitato Superiore andava a decretare sopra le loro questioni, in presenza del medesimo, si sono accomodate, e non vi è stato luogo ad alcuna deliberazione.

VARESE, *presidente;* POGGI, *segretario.*

Sessione del 29 maggio 1790.

(Alla mattina).

Li Signori Presidente e Deputati, essendosi resi alla solita sala di riunione, il Signor Presidente ha detto, che tutte le deliberazioni e buone misure che il Comitato possa prendere per assicurare la tranquillità pubblica e costringere gli aggiudicatari al pagamento, saranno sempre inutili, fintanto che sarà mancante di forza onde far eseguire le sue deliberazioni; che gli aggiudicatari malgrado tutti gli avvisi sollecitudini e minaccie, non pagano; che i delitti si moltiplicano e i delinquenti impunemente passeggiano senza timore di alcuna giustizia; che tutte le migliori intenzioni del Comitato Superiore, stabilito principalmente per reprimere e provvedere a tutto ciò che può perturbare la quiete, il buon ordine e la tranquillità, vengono defraudate, nè producono quel buon effetto che nelle attuali circostanze l'aspettativa del pubblico ne sollecita e ne attende; che in questo stato di cose avrebbe egli creduto che la miglior operazione del Comitato Superiore fosse quella di occuparsi alla formazione di un corpo di truppa pagata e dipendente dagli ordini dello stesso Comitato; che coll'attività di questo corpo il Comitato Superiore avrebbe fatto meglio rispettare ed eseguire i decreti dell'augusta Assemblea Nazionale, e le stesse di lui deliberazioni; avrebbe arrestato i delitti perseguitando i delinquenti, avrebbe obbligati gli aggiudicatari al pagamento dei loro debiti ed avrebbe finalmente fatto sparire tutto ciò che si oppone alla tranquillità ed al buon ordine; che per formare lo stipendio di questo corpo, attesa l'esausta situazione della cassa della nazione, si sarebbe potuto domandare ai Signori suddelegati generali di quest'Isola un'ordinanza della somma anticipata di settemila franchi sulla cassa civile, sei mila dei quali per servire alla formazione di truppa e gli altri mille, fra le seicento lire decretate nella deliberazione del venti maggio 1790, ed il restante per le giornali spese occorrenti al servizio del Comitato.

Dopo di che, la pratica messa in deliberazione e intesi gli avvisi di diversi Signori Deputati, il Comitato Superiore conoscendo troppo necessaria la leva di una truppa pagata e dipendente da' suoi ordini, ed aderendo pienamente alla mozione del Signor Presidente, ha decretato che i Signori suddelegati generali saranno invitati a spedire immediatamente un'ordinanza di settemila franchi da prendersi sopra la cassa civile, e da impiegarsi conforme la mozione suddetta del Signor Presidente; quale somma sarà pagata e depositata a mani del Signor abbate Marinetti, uno dei membri di questo Comitato, mediante la sottoscrizione ed aquito, tanto del medesimo, che dei Signori Presidente e Segretario, per la quale somma anticipata ne sarà rimborsata la detta cassa civile colla prima riscossione, che mediante l'attività di questo corpo, il Comitato Superiore farà rientrare a mani del Tesoriere Generale della Provincia.

VARESE, *presidente*; POGGI, *segretario*.

Nel giorno 30 non vi è stata veruna sessione, attesa la solennità della domenica.

Sessione del 31 maggio 1790.
(Alla mattina).

Li Signori Presidente e Deputati essendosi resi nella solita sala di riunione, è stato per parte di vari dei detti Signori osservato che in virtù della deliberazione presa avanti ieri, dovevasi procedere ad un piano per la leva della truppa stabilita, e dipendente dagli ordini immediati del Comitato Superiore.

Posta la materia in deliberazione, e dopo le più serie riflessioni dell'Assemblea, sono stati arrestati i seguenti articoli, quali dovranno servir d'istruzione alla Commissione che va a nominarsi.

Art. 1. — Sarà fatta una leva di duegento uomini, ad ognuno de' quali si darà soldi sedici al giorno.

Art. 2. — Vi sarà un Capo-Squadra ogni 19 uomini, a cui sarà dato soldi venti al giorno.

Art. 3. — La scelta di questa truppa sarà rimessa all'arbitrio di quei membri del Comitato che saranno in appresso nominati per formare la suddetta Commissione, essendo però incaricati di prendere gli uomini ripartitamente in diverse pievi.

Art. 4. — La Commissione sarà regolata dal Comitato Superiore, siasi per la muta dei Signori Commissari, qualora il caso lo richiederà, o che per incomodo i Signori Commissari richiederanno di essere rilevati, come per diminuire il numero dei duegento uomini, allorchè saranno minori i bisogni, e di sopprimerlo affatto, quando le circostanze l'esigeranno.

Art. 5. — La Commissione dovrà giornalmente informare il Comitato Superiore di tutte le sue operazioni, e domandargli i lumi e schiarimenti necessari nelle opportunità dei casi.

Art. 6. — Questa Commissione sarà ambulante e composta di quattro soggetti, il più attempato dei quali ne sarà il presidente, e questi dovranno servire senz'alcun onorario, conforme agli articoli costituzionali del Comitato Superiore, i di cui membri si fanno sempre un pregio di venerare, posponendo ogni loro disagio ed interesse, allorchè può contribuire al ben della patria. Ed a tal oggetto sono stati nominati i Signori Barbaggi, Colonna de Leca, colonnello della Guardia Nazionale di Vico, Carlo Grimaldi di Caccia, Donsimoni.

Art. 7. — La Commissione ambulante sarà incaricata di ristabilire il buon ordine in tutte le pievi, di far perseguitare i rei degli omicidi e di altri delitti, d'invigilare alla piena esecuzione dei decreti dell'augusta Assemblea Nazionale, di arrestare i mal intenzionati e perturbatori della pubblica tranquillità, di costringere tutti gli aggiudicatari, sicurtà e tesorieri, e far rimettere il danaro a mani del Tesoriere Generale dell'Isola in Bastia, e di verificare le case occupate pel servizio del Re, costatando l'epoca in cui sono state rilasciate. Pei quali oggetti, il Comitato Superiore conferisce alla sua suddetta Commissione tutta l'autorità opportuna e necessaria tale e quale compete allo stesso Superior Comitato.

Art. 8. — Allorchè la Commissione si troverà nel caso d'aver bisogno d'una forza maggiore per qualunque interessante operazione, potrà domandare quel rinforzo che giudicherà necessario, alle rispettive guardie nazionali delle pievi ove detta Commissione si ritroverà.

Art. 9. — Questa truppa sarà pagata di tre in tre giorni dopo che ne sarà fatta la rivista da uno dei Commissari almeno e dal decano della Commissione, ed i ruoli di detta rivista inviati al Comitato Superiore per essere approvati e confermati.

Art. 10. — La Commissione dovrà mettersi in marcia al più presto possibile per non trascurare di vantaggio una cotanto necessaria operazione, e potrà prendere nello scagno il Signor Boccard, uno degli scrivani stato a tal oggetto nominato per servire di pro-segretario.

Art. 11. — Sarà richiesta al Signor Visconte de Barrin per mezzo d'una lettera la munizione necessaria a detta truppa.

Ed è stata la presente deliberazione approvata e sottoscritta dai Signori Presidente e Segretario per avere la sua piena esecuzione.

Varese, *presidente;* Poggi, *segretario.*

Sessione del 1₀ giugno 1790.
(Alla mattina).

Li Signori Presidente e Deputati essendosi resi nel luogo solito, si è presentato il Signor Carabelli di Fozzano, Giurisdizione di Sartene, il quale ha richiesto di esser ammesso in qualità di membro del Comitato Superiore, ed a tal oggetto ha presentato un processo verbale della sua pieve.

Esaminato il detto processo verbale da tutti i diversi Signori Deputati, e questo trovato in regola, è stato ammesso il suddetto Signor Carabelli e per essere considerato come vero e legittimo membro del Comitato Superiore, e per rappresentare la Giurisdizione di Sartene, e per godere di quei privilegi, diritti e prerogative annesse alla detta qualità, al quale, avanti di assistere ad alcuna deliberazione, è stata precedentemente fatta lettura del solito giuramento; e dopo di averlo nelle dovute forme prestato a mani del Signor Presidente, ed in presenza di tutta l'Assemblea, ha preso seggio nella medesima, ed ha sottoscritto con li Signori Presidente e Segretario.

Carabelli ; Varese, presidente; Poggi, segretario.

Sessione del 2 giugno 1790.
(Alla mattina).

I Signori Presidente e Deputati essendosi resi nella solita sala di riunione, il Signor Tavera, uno dei membri di questo

Comitato, avendo richiesta la parola, ha detto che, avendo preso comunicazione d'una deliberazione in Orezza sotto il 20 aprile ultimo, e pubblicata in Corte, con cui viene applaudita la condotta del Signor Gafforj, che nella sua qualità di comandante avea, dicesi, saputo reprimere la cattiva intenzione di alcuni abitanti di Corte, tacciandoli di voler sorprendere la cittadella ed impadronirsi de' magazzini del Re, il detto Signor Tavera ha richiamato l'attenzione di tutti i membri di questo Comitato, ai quali ha fatto osservare che l'esposizione del Signor Gafforj non essendo stata appoggiata da alcuna prova, non poteva formare l'oggetto di quella deliberazione, con la quale alcuni cittadini di Corte vengono accusati di sediziosi e mal affezionati alla Costituzione, contro l'evidenza dei fatti, dei quali questo Comitato è bene informato;

Che è noto a tutta la Corsica che gran numero di quei cittadini imitando la condotta delle principali città di Francia, e specialmente quella di Bastia, vollero erigersi nel mese di gennaro trascorso in milizia nazionale per sostenere quella medesima Costituzione della quale vengono accusati di voler essere violatori, e che il Podestà di Corte, appoggiato alle forze di quel comandante, commise delle pubbliche violenze impiegando la bandiera rossa, ed abusando in quel modo della sua autorità, ad effetto d'impedire l'erezione di quella milizia civica; che qualche vie di fatto hanno meritato lo sdegno de' buoni patriotti, i quali hanno veduto in quell'impedimento un'interruzione tutt'affatto contraria al mantenimento della libertà procurataci colla felice nuova Costituzione dell'Impero francese;

Che il Signor Gafforj, o mal informato delle rette mire di quelli che volevano le milizie, o ingannato da quelli che non le desideravano, è stato sicuramente in errore quando ha fatto l'esposto che ha dato forsi luogo alla deliberazione di Orezza; che esposizioni di questo genere non possono lasciarsi sussistere senza approfondirle colla più scrupolosa attenzione, affinchè si conoscano d'onde hanno avuto principio queste vaghe imputazioni tendenti a mettere i buoni cittadini e riconosciuti buoni patriotti nel discredito e nelle inquietudini senza fine; che sarebbe necessario di occuparsi del contenuto di detta deliberazione, tanto per quello che riguarda i fatti menzionati nell'esposto, quanto sulle persone accusate d'insubordinazione e di perfide intenzioni, affinchè restino palesi le mire di coloro, che con l'accuse mal fondate incolpano gl'innocenti, e quelli che con le vie di fatto manifestano delle intenzioni tendenti a distruggere la Costituzione e ad all'armare i cittadini.

Dopo di che la mozione suddetta presa nella più seria considerazione, ed avendo intesi i diversi avvisi de' Signori Deputati, è stato unanimemente decretato che la suddetta deliberazione dei 20 dello scorso aprile sarà annullata, soppressa e cassata dal Registro, per non essere stata fatta nè a tenore dell'esposto del Signor Gafforj, nè conforme alla determinazione del Congresso di Orezza, una gran parte di cui trovasi qua presente, e dichiara non averne inteso fare pubblicamente alcuna lettura, nè averne avuta conoscenza.

> FRANCESCHI, pievano; BARBAGGI, GRIMALDI da Niolo, MARCANTONI, DONSIMONI, DE GIAFFERRI, SETA, MARINETTI, CAGNANO, TAVERA, COLONNA DE LECA, PAOLI, abbate POLI, RAFFAELLI, CARABELLI, pievano TURCHINI, TIBERJ, GIANTOMMASO D'ARRIGHI, GIUSEPPE OTTAVIO NOBILI SAVELLI, VARESE, *presidente*, POGGI, *segretario*.

Sessione del 4 giugno 1790.
(*Alla mattina*).

Li Signori Presidente e Deputati essendosi resi nel luogo solito, si sono presentati li Signori Ornano, Gabrielli, Nicolai, Giafferri, Ferrandi, Tiberj. pievano Bonelli, Ferrandini, Ottaviani, pievano Turchini, oltre gli altri Signori deputati descritti nelle precedenti deliberazioni, tutti membri di questo Superior Comitato, per servire al secondo turno, ed avanti d'entrare nella discussione d'alcun affare, il Signor Presidente ha detto che, essendo finiti li quindici giorni di sua presidenza, doveasi procedere alla nomina d'un suo successore; alla qual mozione avendo tutti i Signori Deputati aderito, si è proceduto alla nomina suddetta, e raccolti i suffragi, si sono ritrovati in favore del Signor Nobili Savelli, il quale resta eletto per presidente di questo turno, per godere di tutti quei diritti e prerogative delle quali goder deve il presidente in secondo del Comitato Superiore. E detto Signor Savelli dopo d'avere espressi i sentimenti di sua gratitudine per la scelta della quale viene onorato, ha preseduto all'Assemblea, e tutti i deliberanti hanno sottoscritto.

(Suivent les signatures de tous les membres présents).

VARESE, *presidente*; POGGI, *segretario*.

Del detto giorno 4 giugno 1790.

Il Comitato Superiore unito, vari dei Signori Deputati hanno detto che i principali oggetti dell'istruzione del medesimo, sono di far eseguire con esattezza i decreti dell'augusto Senato Nazionale, e sostenere con ogni sforzo la Costituzione, di far ristabilire e mantenere la pubblica quiete nell'Isola, e di procurare la riscossione dei denari delle sovvenzioni, costringendo gli aggiudicatari debitori al pagamento, all'effetto di che devono impiegarsi tutti i mezzi più opportuni, onde rendersi degni della confidenza ed aspettativa del pubblico.

Che in un decreto dell'Assemblea Nazionale dei 20 aprile 1790, sanzionato da Sua Maestà, all'art. 2° vedesi espressamente dichiarato che gli amministratori contabili, tesorieri o ricevitori degli antichi paesi di Stati, che non hanno ancora reso conto dell'amministrazione degli affari di ciascheduna provincia, o maneggio dei pubblici affari, non potranno avanti il saldo dei loro conti esser eletti membri dell'Amministrazione del Dipartimento, nè del Distretto;

Che non vi può correre dubbio sopra l'applicazione di questa disposizione, siasi verso gli aggiudicatari della sovvenzione siasi verso i tesorieri delle provincie, siasi finalmente verso le sicurtà, che gli uni e gli altri hanno indispensabilmente dovuto fornire;

Che fu per una mera particolare munificenza del sovrano alla richiesta dell'Assemblea degli Stati di Corsica dell'anno 1777, che quest'Isola è stata ammessa al pagamento della sovvenzione in natura dei frutti, onde le imposizioni hanno piuttosto avvantaggiato gli aggiudicatari di quello che loro sia ridondato di pregiudizio; quindi è certissimo che se molti di essi sono in ritardo, ed altri abbino versato delle somme a mani dei rispettivi tesorieri provinciali, senza che vari di quest'ultimi abbino fatto passare il danaro nella cassa del tesoriere generale, devesi reprimere questa doppia negligenza troppo perniciosa e di sommo interesse allo Stato.

Dopo di che, essendosi il Comitato Superiore occupato su di detta nazione colla più seria e matura riflessione, viste e lette le lettere patenti del Re sopra il decreto dell'Assemblea

Nazionale, che contiene diverse disposizioni relative all'Amministrazione del Dipartimento e de' Distretti, esaminato il 2º articolo di detto decreto, portante che gli amministratori contabili, tesorieri o ricevitori degli antichi paesi di Stati, i quali non hanno ancora reso il loro conto sopra l'amministrazione degli affari di ciascheduna provincia, o del maneggio dei denari pubblici, non potranno avanti il saldo de' loro conti, esser eletti membri dell'Amministrazione del Dipartimento nè del Distretto,

È stato unanimemente decretato di dichiarare in virtù ed a tenore del surriferito 2º articolo del detto decreto, e per l'esatta ed intiera esecuzione del medesimo, siccome per la presente deliberazione il Comitato Superiore dichiara, che tutti gli aggiudicatari della sovvenzione, tesorieri, sicurtà e ricevitori dei denari pubblici di qualunque genere, i quali non giustificano d'aver reso conto esatto della loro gestione, aggiudicazione e maneggio di denari pubblici, non potranno essere in modo alcuno eletti membri dell'Amministrazione del Dipartimento, nè dei Distretti, ed a tal effetto s'ingiunge a tutte le municipalità dell'Isola di non ammetterli nel catalogo dei cittadini attivi, che devono assistere alle primarie ed elementari assemblee dei cantoni, se non dopo la presentazione degli atti giustificativi che dovranno essere per gli aggiudicatari e per le sicurtà una quittanza del Tesoriere particolare di ciascheduna provincia, portante il saldo di tutto l'arretrato del loro debito; e per i tesorieri delle provincie una dichiarazione del Tesoriere Generale d'aver esattamente versato nella cassa i denari pervenuti alle loro mani; quali dichiarazioni però l'istesso Tesoriere Generale non potrà accordare se non che dopo d'averne comunicati gli atti autentici al Comitato Superiore per la di lui contabilità.

E sarà la presente deliberazione impressa ed affissa in

tutte le comunità dell'Isola per essere eseguita secondo la sua forma e tenore.

Fatto in Bastia, capitale dell'Isola di Corsica, questo giorno 4 giugno mille settecento novanta, nella casa della Nazione; ed hanno tutti i membri presenti del Comitato sottoscritto.

(Suivent les signatures de tous les membres présents).

Sessione dell' 8 giugno 1790.
(Alla mattina).

Il Comitato Superiore indefessamente occupato ed intento a riempire i veri oggetti della sua instituzione, ha osservato che la base fondamentale del nuovo sistema consiste nella buona organizzazione delle municipalità, dalle quali dipende l'esecuzione di tutti gli altri stabilimenti che devono perfezionare e consolidare la grand'opera della Constituzione: siccome viene parimente insinuato dal Signor Generale De Paoli nel seguente paragrafo di una sua lettera dei 18 del trascorso maggio: « Il tempo è troppo prezioso, non bisogna perderne per leggieri motivi; a noi conviene che presto siano formate le municipalità dell'Isola, ed i Signori Commissari diano principio al loro travaglio, acciò presto possa darsi la mano alla formazione delle Amministrazioni dei Distretti, e poi all'altra più interessante del Dipartimento; »

Che vedesi con sommo rammarico finora conculcare questo indispensabile principio nell'Isola, mentre in molte comunità non si è per anche effettuata una cotanto necessaria operazione, e in altre si sono formate delle doppie municipalità coi più scandolosi raggiri, cabale e fazioni, che lacerano il seno della patria, e per cui nel tempo della sua rigenerazione felice gl'ingrati suoi figli le riaprono con mani sacrileghe le tante piaghe da essa ricevute nei diversi tempi di tirannia, di guerra, di anarchìa e di schiavitù ;

Che simili procedure sono tanto contrarie ai decreti dell'augusta Assemblea Nazionale, quanto opposte al buon successo e godimento di quella felicità, che attendersi deve dalla nuova Costituzione, e che cagionano altresì la maggior parte dei torbidi che oggi giorno infettano la Corsica, e che alimentando le malnate speranze e gli empi disegni dei perfidi aristocratici, danno luogo alle loro oscure insidiose operazioni ;

Che le primarie ed elementari assemblee per la formazione del Dipartimento e dei Distretti vengono ritardate dalla difformità ed incongruenza della maggior parte delle municipalità di Corsica, e che se pure si dovrà procedere alle dette assemblee senza dare precedentemente la dovuta regolare consistenza ai cardini della Costituzione, che sono le municipalità, ne succederanno tutte le pessime conseguenze, che sogliono manifestarsi in un edifizio senza fondamento ;

Che questa finalmente è una delle più importanti operazioni che interessar deve l'attenzione del Comitato Superiore stabilito principalmente a far eseguire con la più scrupolosa esattezza e puntualità i decreti dell'augusto Senato Nazionale.

Dopo di che, presa in considerazione con tutto il dovuto riflesso la proposizione suddetta, è stato di unanime consenso da tutti i deliberanti decretato che in tutte le comunità, nelle quali finora non si è proceduto all'elezione del nuovo corpo municipale, debbano senza altro ritardo gli uffiziali municipali far intimare l'assemblea nelle loro rispettive comunità, fra il termine di giorni tre dopo aver ricevuta la presente, e spirati gli otto giorni, far procedere alla nomina suddetta in conformità dei decreti dell'Assemblea Nazionale. Ed in mancanza saranno gl'istessi municipali responsabili in loro proprio e privato nome di detta negligenza, e riguardati come rei di lesa nazione per l'insubordinazione verso i suddetti augusti decreti nazionali. Quando mai abbisognassero all'effetto suddetto della man forte, potranno indirizzarsi ai rispettivi Commissari stati dal Comitato Superiore nominati, o alle guardie nazionali più vicine; avvertendo che qualunque si presenterà armato tanto a dette assemblee che alle primarie dei cantoni, non potrà dare il suo suffragio.

E sarà il presente manifesto impresso ed affisso in tutte le comunità dell'Isola, per esser eseguito secondo la sua forma e tenore. E tutti i deliberanti hanno sottoscritto.

> LIMPERANI, FERRANDI, VARESE, BARBAGGI, pievano FRANCESCHI, TIBERI, MORATI, NICOLAI, DE GIAFFERRI, NATALI, FERRANDINI, CARABELLI, GABRIELLI, GENTILI, OTTAVIANI, BONELLI, pievano, ORNANO, abbate POLI di Guagno, D'ARRIGHI, RAFFAELLI, DE QUENZA, AGOSTINI, COLONNA DE LECA, DONSIMONI, MARINETTI, abbate PAOLI, TAVERA, RENUCCI, GRIMALDI da Niolo, NOBILI SAVELLI, *presidente*; POGGI, *segretario*.

Sessione dell'11 giugno 1790.
(*Alla mattina*).

Il Comitato Superiore unito nel luogo solito, il Signor Presidente ha detto che in virtù tanto delle lamente state portate dal Reverendo Padre Guardiano del Convento di San Francesco di Corte, quanto alle lagnanze del Signor abbate Montera, sedicente *maire* di Corte, nelle quali rappresenta che una delle nuove municipalità si era messa in esercizio delle sue funzioni, e che aveva a tal oggetto chiesto man forte alla truppa regolata, e preso forzatamente l'inventario nel suddetto Convento, come per altri torbidi, che i detti due corpi municipali eretti in quella città potrebbero cagionare, era essenziale di provvedervi quanto prima, affine di prevenire qualunque disordine ;

Presa in considerazione la suddetta mozione del Signor Presidente, è stato unanimemente deliberato che in virtù del decreto dell'Assemblea Nazionale del 30 marzo, anno corrente, al 3º articolo, ove dice che l'Assemblee del Dipartimento saranno quelle che pronunzieranno sopra tutte le questioni insorte relativamente alla formazione delle nuove municipalità, ed a tenore del manifesto emanato da questo Comitato in data dell' 8 mese corrente su tal proposito, che le due municipalità restino sospese fino alla decisione del Dipartimento, e resti in questo frattempo in esercizio l'antica municipalità, annullando l'inventario preso in detto Convento di San Francesco, e qualunque altro atto fatto, e che potrebbe farsi sino alla decisione suddetta.

NOBILE SAVELLI, *presidente*; POGGI, *segretario*.

Sessione del detto giorno 11 giugno 1790

Sulla rappresentanza de' Signori abbate Poli, abbate Paoli, Ornano, Colonna de Leca, Rocca, Belgodere, Ottaviani e Tavera, tutti deputati del di là da' monti e membri di questo Superior Comitato, dicendo, dopo d'aver presa conoscenza dell'estraordinaria deputazione dei quattro soggetti nominati dall'Assemblea d'Ajaccio nel giorno nove del trascorso aprile ad oggetto di raggiungere il Signor General Paoli, che li Signori della città d'Ajaccio si sono autorizzati riunire in detta città tutti i rappresentanti delle provincie oltremontane, gran parte dei quali non si sono prestati al loro invito giustamente per essere stato contradittorio alle intenzioni del Comitato Superiore di Corsica, manifestate nell'Assemblea d'Orezza, non dovevano sotto qualunque pretesto procedere alla nomina di alcuna deputazione rappresentante le dette provincie oltremontane; che le mire indirette di molti di quei cittadini d'Ajaccio non hanno incontrato l'applauso di tutti i popoli oltremontani, presso de' quali si rende sospetta la suddetta deputazione e meritevole d'eccezione; che l'incontro del Signor General De Paoli, di cui detta deputazione si finge l'oggetto, non è che degno in questa parte della comune approvazione, e per cui d'unanime senso profondamente vi aderiscono; l'autorità però conferta dalla sopraccennata deputazione d'Ajaccio di rappresentare tutto il di là da' monti è il vero oggetto dell'opposizione de' suddetti rappresentanti, e che invece intendono di aderire alla deputazione del Comitato Generale fatta nell'ultima Assemblea in questa città.

Su di che il Comitato Superiore essendosi seriamente occupato, ha unanimemente applaudito ed aderito alle opposizioni suddette, ed in conseguenza ha deliberato che la suddetta opposizione sarà registrata nel Registro delle deliberazioni.

Tavera, abbate Paoli, Colonna de Leca, Gabrielli, Ornano, Belgodere, Ottaviani, Nobili-Savelli, *presidente;* Poggi, *segretario.*

Sessione del 12 giugno 1790.
(*Alla mattina*).

Il Comitato Superiore riunito nel luogo solito, il Signor Presidente ha proposto che gli oggetti che devono di preferenza occupare in questa sessione l'Assemblea, sono le nuove turbolenze che si manifestano nel Fiumorbo ed in Orezza; che le cose sono ridotte ad un punto che esigono un pronto rimedio, ma per conoscere il più efficace, è tutt'affatto necessario di ritrovarsi nei rispettivi luoghi ove regnano i suddetti disordini per avere quegli schiarimenti e quelle verificazioni di fatto che possono suggerire il vero mezzo, onde conciliare gli animi divisi; che una Commissione in Fiumorbo e l'altra in Orezza di soggetti animati da sentimenti pacifici ed imparziali potrebbero riempire questi cotanto importanti oggetti; che quando questo espediente piacesse al Comitato, si potrebbe procedere alla nomina dei Commissari che devono formare le suddette due Commissioni, da prendersi anche fuori dei membri dello stesso Comitato, e fra quei buoni e zelanti patriotti conosciuti capaci per una simile operazione, purchè in ciascheduna Commissione però vi sia sempre almeno un deputato del Comitato Superiore che ne sarà il Presidente.

Dopo di che la materia posta in deliberazione ed avendo tutti i Signori Deputati pienamente aderito alle saggie proposizioni del Signor Presidente, è stato decretato che siano nominati quattro soggetti per la Commissione di Fiumorbo, e tre per quella di Orezza; ed essendosi proceduto alla suddetta nomina, l'unanimità dei suffragi si è ritrovata per Fiumorbo a favore dei Signori Don Martino de Quenza, Ferrandi,

Donsimoni e Tiberj; e per quella d'Orezza a favore dei Signori Tavera, Luigi Ciavaldini e Francesco Scata; che l'istruzione di detti Signori Commissari dovrà esser quella di rendersi quanto prima nei rispettivi suddetti luoghi con una truppa, cioè per Fiumorbo di sessanta uomini, e per Orezza di venti, autorizzando quest'ultima Commissione a chiedere man forte ogni qual volta lo crederà necessario, procurando detti Signori Commissari in ogni loro operazione di dimostrare tutto lo spirito d'imparzialità, indifferenza e buon patriottismo di cui sono ripieni, prendere un'esatta informazione delle turbolenze attuali, esaminare quali possano essere i mezzi più efficaci per farle cessare, impiegare di preferenza tutte le vie della dolcezza e moderazione per stabilirvi la tranquillità, e quando mai questi mezzi blandi e pacifici non avessero alcun buon effetto, ricorrere in tal caso agli imperiosi sino a far arrestare due o tre persone d'ogni partito e farle condurre in ostaggio nelle carceri di questa città. Finalmente il Comitato Superiore persuaso dello zelo e dei lumi dei suddetti Signori Commissari nominati, se ne rapporta intieramente alla loro prudenza pel buon esito della commissione affidatagli.

Nobili Savelli, *presidente*; Poggi, *segretario*.

Sessione del 14 giugno 1790.
(Alla mattina).

Il Comitato Superiore riunito nel solito luogo, i Signori Deputati di Vico hanno esposto che dopo la riunione della Corsica alla monarchia francese, nella città di Vico era solita dimorarsi una guarnigione di truppa regolata;

Che questa essendosi ultimamente ritirata, rimane in abbandono il pubblico Palazzo ove solevano alloggiare gli ufficiali, il quale ora è custodito da un semplice particolare;

Che sembrerebbe molto più convenevole che questo pubblico monumento fosse alla custodia della municipalità per maggiormente conservare gli effetti pubblici che devono essere rinchiusi in detto palazzo.

Quindi presa in considerazione da tutti i Signori Deputati la suddetta proposizione, è stato decretato che il palazzo suddetto sarà di subito abbandonato da qualsivoglia persona che ne abbia l'ingerenza, e che la municipalità di cui il Signor Mercurio Colonna ne è il maire, per essere stata quella riconosciuta per legittima da questo Superior Comitato, debba prendere un'esatto inventario di tutti i mobili esistenti nel suddetto palazzo, e fare in seguito invigilare dalla Guardia Nazionale, di cui il Signor Vincentello Colonna de Leca è il Colonnello, alla conservazione tanto di detti effetti inventariati, che del pubblico palazzo medesimo.

NOBILI SAVELLI, *presidente;* POGGI, *segretario.*

Sessione del 18 giugno 1790.
(*Alla mattina*).

Il Comitato Superiore unito nel luogo solito, si sono presentati li Signori Renucci, arciprete Sebastiani e abbate Marinetti per il Signor pievano Turchini, oltre gli altri deputati; ed avanti d'entrare in alcuna discussione, il Signor Presidente ha detto che essendo finiti li quindici giorni di sua presidenza, dovevasi procedere alla nomina d'un suo successore; alla qual mozione avendo tutti i Signori Deputati aderito, si è proceduto alla nomina suddetta, e raccolti i suffragi, si sono ritrovati in favore del Signor Belgodere, il quale resta eletto per presidente di questo turno, per godere di tutti quei diritti e prerogative delle quali deve godere il presidente in secondo del Superior Comitato, e detto Signor Belgodere, dopo d'aver espressi i sentimenti di sua gratitudine per la scelta della quale viene onorato, ha preseduto all'Assemblea e tutti i deliberanti hanno sottoscritto.

NOBILI SAVELLI, *presidente*; POGGI, *segretario*.

Sessione del 19 giugno 1790.
(Alla mattina).

Il Comitato Superiore riunito nel luogo solito, si è presentato il Signor Giannandrea Mattei del paese di Centuri di Capo Corso, richiedendo che sia fatto diritto sull'esposto da lui presentato fin dal nove del corrente mese, ed a tenore delle sue rappresentanze.

Posta la pratica in deliberazione, esaminata la supplica del suddetto Signor Mattei ed il decreto sotto della medesima di questo Superior Comitato, in data del suddetto giorno nove del corrente mese, in cui veniva ingiunto ai nominati Pietro Pietri, Leonetto Simonpietri, Angiolo Francesco Bartolommei, Francesco Maria Rogliano, di risponderci fra otto giorni, statagli debitamente presentata dall'usciere della stessa comunità, è stato decretato dopo la più matura considerazione ed intesi i diversi avvisi dei Signori Deputati che la supplica di questi ultimi presentata agli uffiziali municipali di Centuri, come offensiva alla riputazione ed all'onore del suddetto Signor Mattei, sarà lacerata dal pubblico usciere della comunità di Centuri nel primo giorno festivo alla porta della Chiesa Parrocchiale, al sortir della messa, ed in faccia a tutto il popolo, a qual oggetto viene autorizzato il suddetto usciere per mezzo della presente deliberazione di cui gliene sarà rimessa copia autentica, alla diligenza del suddetto Signor Mattei.

   BELGODERE, *presidente*; POGGI, *segretario*.

Del detto giorno 19 giugno 1790.
(*Al dopo pranzo*).

Il Comitato Superiore essendo riunito nella solita sala, è stata fatta lettura d'una lettera del Signor Anton Leonardo Monti di Palasca, in seguito della commissione che gli era stata data da questo Superior Comitato di trasportarsi nella comunità d'Olmi e Cappella, pieve di Giussani, per sedare le differenze che vi erano fra alcuni particolari, e non essendogli riuscito di acquietarla amichevolmente, ha proposto a questo Comitato che se mai volesse continuargli l'istessa commissione, sarebbe necessario di dare gli ordini alla Guardia Nazionale di Caccia per assisterlo a questa operazione, essendo la meno sospetta alle parti.

In considerazione di che il Comitato Superiore, dopo aver inteso il parere dei membri, ha deliberato:

1° Che l'affare della Comunità di Olmi e Cappella nella pieve di Giussani è degno della pubblica considerazione, e che frattanto vengano spediti ventidue uomini sotto la direzione del Signor Carli, capo di questa squadra, quali si trasporteranno immediatamente nel paese di Palasca, ed ivi consegneranno copia di questa deliberazione al Signor Giambattista Leoni, uno dei membri di questo Comitato, il quale viene pregato di trasportarsi nel paese di Giussani, detto

Olmi e Cappella, in compagnia del Signor Anton Leonardo Monti, Tenente Colonnello della Guardia Nazionale di Balagna, ed ivi unitamente procurare tutti i mezzi amichevoli di quietare le dissensioni di quel paese, e se mai non gli riuscisse questa operazione amichevolmente, è autorizzato di domandare manforte dagli ufficiali municipali di Caccia, quali dovranno accordargli tutta quella Guardia Nazionale che domanderanno del loro paese.

2° Che non essendovi detto Signor Leoni, o non potendo eseguire la suddetta commissione per impedimento di quella di Monticello, o per qualunque altra causa, è autorizzato esso Signor Monti a trasportarsi solo nella pieve di Giussani per agire in conformità della presente istruzione, egualmente che se vi fosse esso Signor Leoni.

3° Che se mai non riuscisse di quietare ed accomodare le indicate differenze per le vie della dolcezza, si prega il Signor Monti a fare in maniera di avere nelle mani due ostaggi per parte, e questi mandarli sotto gli ordini del nostro distaccamento ben custoditi a questo Comitato Superiore.

4° Il Signor Carli si conformerà intieramente alle disposizioni che gli verranno comunicate dal Signor Leoni e dal Signor Monti.

BELGODERE, *presidente*; VALERI, *segretario*.

Sessione del 21 giugno 1790.

(*Alle ore nove della mattina*).

Il Comitato Superiore unito nel luogo solito, si sono presentati li Signori Poli e Santolini di Campoloro con una memoria tendente ad ottenere la conservazione di tutti li loro dritti di cittadini attivi, atteso il saldo de' loro conti fatti alla presenza del Signor Intendente, ad eccezione d'una piccola partita per la quale il Signor Intendente ne avea rinviata la decisione alli primi Stati per l'aggiudicazione della pieve del Campoloro, della quale il Signor Santolini era aggiudicatario, ed il Signor Poli sicurtà.

Intesi i pareri dei Signori Deputati, è stato deliberato che li Signori Poli e Santolini della pieve di Campoloro, avendo esibito il saldo de' loro conti al Signor Intendente, ed essendo stati trovati da esso in regola ad esclusione d'una partita in controversia, per la quale erano stati dal medesimo rinviati ai primi Stati, li Signori suddetti godranno in conseguenza de' privilegi di cittadini attivi, non opponendosi questo caso nè ai decreti decreti dell'Assemblea Nazionale, nè al manifesto del Comitato Superiore, rinviando sempre le parti al Dipartimento per la partita in questione.

BELGODERE, *presidente;* POGGI, *segretario;*
VALERI, *segretario.*

Del detto giorno 21 giugno 1790.
(*Dopo pranzo*).

Il Comitato Superiore espressamente riunito, attese le rappresentanze del Signor Pietro Marchetti, anziano Padre della Comunità del Castellare di Casinca, per un disordine arrivato in detto paese colla morte di persone e altre ferite, per lo che ne richiede un pronto ed efficace rimedio, acciò non possano maggiormente propagarsi degli altri inconvenienti; che una Commissione spedita prontamente in quel paese, composta di due o tre soggetti animati da uno spirito pacifico ed imparziale potrebbe soltanto stabilire il buon ordine e la tranquillità di cui quella Comunità tanto abbisogna nelle attuali circostanze.

Su di che, essendosi intesi gli avvisi dei Signori Deputati, è stato deliberato che i Signori Colonna de Leca, Giafferri e Carabelli, membri di questo Superior Comitato, si trasporteranno prontamente nella suddetta comunità del Castellare di Casinca, accompagnati da dodici uomini per loro scorta, che potranno prendere in questa città di particolare loro confidenza, essendo altresì autorizzati di chiedere dalle rispettive guardie nazionali più vicine quella manforte che giudicheranno necessaria a nome di questo Superior Comitato: Procurando detti Signori Commissari di dimostrare tutta l'indifferenza e buon patriottismo di cui sono ripieni, prenderanno un'esatta informazione dei disordini accaduti, cercando d'indagarne il motivo e gli autori per far cessare le effervescenze che intorbidano la tranquillità di quel paese, impiegheranno primieramente a tal oggetto tutte le vie di dolcezza e di moderazione, e nel caso di non potervi con queste riuscire, impiegheranno la forza, facendo arrestare i colpevoli e fautori del disordine, oppure prenderanno due o tre ostaggi per ogni parte, quali faranno condurre in questa città per essere in appresso dal Comitato Superiore prese quelle deliberazioni che saranno giudicate più convenevoli.

BELGODERE, *presidente;* POGGI, *segretario;*
BIADELLI, *segretario;* VALERI, *segretario.*

Del detto giorno 21 giugno 1790.
(*Al dopo pranzo*).

Vista e letta la rappresentanza fatta dal nominato Martino Jacquet, e la risposta degli Ufficiali Municipali di Rutali, il

Comitato Superiore, dopo aver inteso il parere de' Signori Deputati, ha deliberato che il detto Martino Jacquet resterà in possesso della concessione della foresta di Stella e terreni annessi, a condizione di depositare a mani del Reverendo Parroco di Rutali il terratico dei terreni suddetti, che si trovano attualmente sementati, e questo ad evitare gl'inconvenienti che ne potrebbero insorgere: Ingiungendo agli ufficiali municipali d'impedire qualunque disordine che potesse nascere per parte degli abitanti di detta comunità di Rutali, acciò non venga disturbato il pacifico possesso dei beni, dei quali il detto Jacqnet è stato finora mantenuto, salvo alla detta comunità di Rutali di provvedersi nanti del tribunale competente per le sue ragioni e pretensioni; e per ciò che riguarda li danni ed interessi riclamati dal suddetto Jacquet, il Comitato Superiore lo rinvia a provvedersi nanti chi di ragione.

BELGODERE, *presidente;* POGGI, *segretario;*
BIADELLI, *segretario* ; VALERI, *segretario.*

Sessione del 22 giugno 1790.
(*Alla mattina*).

Sulle questioni insorte fra li Signori Ottaviani e Carabelli per l'ammissione in qualità di Deputati al Comitato Superiore, inteso il rapporto del Signor Varese, a cui era stato detto rapporto confidato, è stato decretato che senza arrestarsi alle opposizioni vicendevoli dei suddetti Signori Ottaviani e Carabelli, potranno i medesimi essere membri di questo Superior Comitato.

BELGODERE, *presidente;* POGGI, *segretario;* ecc.

Sessione del 25 giugno 1790
(Alla mattina).

Sull'esposto delli Signori Pietro Orsini, Matteo Franceschi, Martino Orsini, Carlo Francesco Poletti, Ufficiali della Guardia Nazionale di Lunghignano, il Comitato Superiore, presa la materia in considerazione, ha ordinato che li soldati arruolati e scritti in una compagnia o sia processo di comunità, non potranno scriversi ed arruolarsi in un'altra a tenore dell'articolo quarto della deliberazione presa da questo Superior Comitato li 15 maggio ultimo portante: « Chi sarà scritto nel ruolo d'una compagnia non potrà scriversi in un'altra. »

Per ciò che riguarda la disubbedienza e le armi, il Comitato Superiore ordina che la lettera degli ufficiali della Guardia Nazionale sarà comunicata affinchè vi rispondano fra il termine di otto giorni.

     BELGODERE, *presidente*; POGGI, *segretario*;
     VALERI, *segretario*.

Sessione del 26 giugno 1790.
(Alla mattina).

Li Signori Deputati essendosi resi alla solita sala, per parte di uno de' membri di questo Comitato è stato detto che i torbidi che inquietano in varie parti dell'Isola cominciano a farsi prepotenti e cercano d'insinuare delle opinioni contrarie al bene generale della Provincia ed alla Costituzione, ed oltre di opporsi ai decreti dell'Assemblea Nazionale, cercano di attentare alla vita de' cittadini;

Che ad effetto di impedire i disordini che ne potrebbero nascere, sarebbe necessario di nominare una Commissione di ricerche, incaricata d'informarsi di tutte le turbolenze, disunioni, attruppamenti, riunioni notturne capaci ad intorbidare la pace, e di tutto prendere le dovute informazioni e farne in seguito il rapporto al Comitato Superiore.

Essendo la materia stata posta in deliberazione, ed intesi i pareri de' Signori Deputati, è stato unanimemente deliberato che sarà stabilita una Commissione di ricerche, la quale sarà autorizzata di prendere tutte le informazioni e conoscenze necessarie di tutti gli attruppamenti, riunioni notturne e discorsi tendenti a sollevare il popolo, ed opporsi alla Costituzione, dare provvigionalmente tutti gli ordini opportuni per ristabilire la quiete, chiamare a quest'effetto quelle persone che stimeranno, ed in caso di disubbidienza dimandare manforte e farli arrestare.

In seguito, essendo stato proposto quali erano i soggetti che dovevano caricarsi della detta commissione, sono stati nominati alla pluralità de' suffragi li Signori Barbaggi, arciprete Sebastiani e Gio. Tommaso Arrighi, i quali ci hanno promesso d'incaricarsi della suddetta commissione con tutto lo zelo di cui sono capaci.

BELGODERE, *presidente;* POGGI, *segretario,* ecc.

Sessione del 28 giugno 1790.

(Alla mattina).

Il Comitato Superiore riunito, vari dei Signori Deputati hanno detto che si è sparsa voce in questa città che per parte del Signor Cannelli figlio, nella qualità di procuratore del Signor Cattaneo, avvocato generale al Consiglio Superiore di Corsica, si sii presentata memoria nanti detto Consiglio contro il Signor Coster, procuratore generale, ripiena di fatti insussistenti, ed opposta all'onestà per troppo nota del Signori Coster; che sebbene non sia dell'assoluta competenza di questo Comitato Superiore l'internarsi sopra tali oggetti, tuttavia per i riguardi che si devono ad un così degno Magistrato, che tanto per il suo zelo ed attaccamento dimostrato per la pronta esecuzione della nuova Costituzione, quanto per essersi meritata in ogni tempo la confidenza e stima della nazione, erano di parere che il Comitato rendendo omaggio alla verità, dovesse scrivere lettere al Signor Custode de' Sigilli per dimostrargli il dispiacere che ha avuto nell'intendere che sia stato ingiustamente attaccato.

Dopo di che, posta la materia in deliberazione, e inteso l'avviso de' Signori Deputati, è stato unanimemente deliberato che si debba prendere esatta conoscenza di detta memoria; a qual oggetto sono stati nominati li Signori Colonna de Leca e Poggi, per leggerla, esaminarla e farne il dovuto rapporto al primo giorno, per esser inseguito stabilito dal Comitato Superiore ciò che sarà riputato convenevole.

Belgodere, presidente; Poggi, segretario;
Biadelli, segretario.

Sessione del 29 giugno 1790.
(Alla mattina).

Il Comitato Superiore riunito, in seguito della deliberazione fatta nella sessione del giorno di ieri, i Signori Colonna de Leca e Poggi, hanno fatto il loro rapporto, ed avendo ricosciuto che la memoria presentata dal Signor Cannelli, procuratore del detto Signor Cattaneo, contiene de' fatti veramente insussistenti ed ingiuriosi all'onestà e buona riputazione di cui ha goduto e gode il Signor Coster, procuratore generale a questo Consiglio Superiore di Corsica;

Dopo di che, posta la materia in deliberazione, è stato deliberato di unanime consenso di estendere il progetto di una lettera da scriversi al Signor Custode de' Sigilli, ed intesane da tutti la lettura, è stata questa intieramente approvata, e decretato che sarà inviata al medesimo, e che copia della medesima sarà inscritta nel Registro della corrispondenza di questo Comitato Superiore.

BELGODERE, *presidente*; POGGI, *segretario*; BIADELLI, *segretario*.

Del detto giorno 29 giugno 1790.
(*Alla mattina*).

Sulle rappresentanze state fatte da diversi cittadini attivi della comunità di Santo Nicolao di Moriani, intesa la risposta fatta dai nuovi uffiziali municipali di detta comunità, visto il processo verbale d'elezione, ove non apparisce alcuna opposizione fatta da detti cittadini, la materia posta in deliberazione, il Comitato Superiore ha ordinato che provvisoriamente il detto processo verbale d'elezione de' nuovi uffiziali municipali sarà eseguito secondo la sua forma e tenore, in conseguenza che i detti uffiziali municipali eserciteranno le funzioni annesse alla loro carica ecc., salvo ai detti di provvedersi, se vorranno nanti il Dipartimento della Corsica, subito che verrà fatto.

BELGODERE, *presidente*; POGGI, *segretario*; BIADELLI, *segretario*.

Del detto giorno 29 giugno 1790.
(*Alla mattina*).

Sulle rappresentanze state fatte dagli uffiziali componenti le quattro compagnie della milizia di Calenzana, vista la supplica, le sommazioni e risposte, il Comitato Superiore ha deliberato che le milizie, qualunque sieno, debbano provvisoriamente tutte restare e continuare fino a che non venga definitivamente decise dallo stesso Comitato Superiore; ordina inoltre che tutte le dette milizie saranno tenute d'ubbidire agli ordini che verranno dati dagli uffiziali municipali di Calenzana pel mantenimento del buon ordine e per l'esecuzione dei decreti dell'Assemblea Nazionale.

BELGODERE, *presidente* ; POGGI, *segretario* ;
BIADELLI, *segretario*.

Session du 30 Juin 1790.

Le Comité Supérieur de Corse réuni, M. le Président a dit que l'Assemblée Nationale, en convoquant une députation de tous les corps de troupes réglées et des Gardes nationales du Royaume à Paris, pour former une Confédération Générale, vient de donner la preuve la plus éclatante de patriotisme.

Que les corps des Gardes nationales du district de Bastia, ayant reçu assez à temps ledit décret, a pu procéder avec toutes les formalités requises à la nomination de six deputés,

Que le Comité Supérieur, composé des députés de tous les districts, représente et doit se faire gloire de représenter dans une circostance où il s'agit de constater cette uniformité de sentiments et d'adhésion aux décrets de l'Assemblée Nationale, de reconnaissance pour les représentants de cet auguste Sénat, et d'amour et de respect pour un souverain modèle des Rois ;

Que dans cette circonstance aussi glorieuse le Comité Supérieur devrait suppléer à l'impossibilité dans laquelle se trouvent les différents districts et nommer ses députés pour l'exécution du susdit décret à cause de son retard.

Sur quoi la matière mise en délibération, le Comité Supérieur, avec la pluralité presque unanime des suffrages, a arrêté que, joint à MM. les députés des Gardes nationales du district de Bastia, seront réunis ceux des autres districts, et à cet effet les membres de chaque district invités à proposer les sujets les plus prompts à remplir cette commission, et à l'instant les dits membres ont nommé Castelli, lieutenant-colonel ; Arena, capitaine ; Segni, capitaine, pour le district de l'Ile Rousse ; MM. Montera, lieutenant-colonel, Arrighi de Casanova, capitaine, pour le district de Corte ; MM. Ciavaldini, colonel, et Casabianca, colonel à la suite, pour le district de la Porta d'Ampugnani ; MM. Ruffini, colonel, et vicomte de Casabianca, colonel, pour le district de Cervione ; MM. Colonna de Leca, Rocca, lieutenant-colonel ; Belgodere, colonel honoraire, pour le district de Vico ; MM. Morati, colonel et Campocasso, capitaine, pour le district d'Oletta. Laquelle nomination a été agrée et approuvée par le Comité Supérieur et MM. lesdits députés chargés de présenter à cettte Assemblée l'hommage des sentiments dont la Corse entière est pénétrée pour l'établissement d'une Constitution aussi honorable à l'humanité que glorieuse pour l'Empire français, et d'adhérer à tout ce qui sera déliberé en ladite assemblée.

Il a été en outre décrété que dans le cas où MM. les Députés n'arrivassent pas à Toulon dans toute la journée du cinq juillet prochain, pour être dans le cas de se rendre le douze dudit mois à Paris, époque fixée pour l'enregistrement de tous les députés qui doivent composer ladite assemblée, l'objet de leur commission ne pouvant pas différemment avoir lieu, seront tenus de s'en retourner en Corse sans retard.

De tout quoi il a été dressé proces-verbal, dont expédition collationnée sera délivrée, munie du sceau du Comité Supérieur et sera remise à MM. les dits Députés pour leur servir de procuration et pouvoir se qualifier à l'objet mentionné pour les véritables représentants des Gardes nationales de Corse.

Fait à Bastia, à l'hôtel de la Nation, l'an, mois et jour susdits.

Belgodere, président; Poggi, secrétaire; Biadelli, secrétaire.

Sessione dei 30 giugno 1790.
(Alla mattina).

Il Comitato Superiore riunito nella solita sala, vista la supplica stata presentata dal Signor de Casabianca contro il Signor Luigi de Matra, accusato di aver occupato il forte d'Aleria e di tenervi in quello gente armata, inteso detto Signor Matra, è stato per ora decretato che detto forte sia guardato da quelle Guardie che lo stesso Comitato eleggerà, e che il detto Signor Matra debba immediatamente evacuarlo e far ritirare gli armati che vi tiene, ed in caso di resistenza saranno detto Signor Matra ed i suoi fautori dichiarati rei di lesa nazione, ed a tale oggetto perseguitati ed arrestati per fargli subire quelle pene imposte dai decreti dell'Assemblea Nazionale.

BELGODERE, *presidente*; POGGI, *segretario*;
BIADELLI, *segretario*.

Sessione del 3 luglio 1790.
(Alla mattina)

Il Comitato Superiore riunito, il Signor Presidente ha detto che, essendo spirati i quindici giorni della sua presidenza, dovevasi, avanti di procedere alla discussione di alcun affare, nominare un suo successore; alla qual mozione avendo tutti i Signori Deputati aderito, si è venuto alla nomina suddetta, e raccolti i suffragi, si sono ritrovati tutti in favore del Signor Varese, il quale resta eletto per presidente di turno, per godere di tutti quei privilegi e prerogative annesse alla detta carica, e detto Signor Varese, dopo di aver presentati i rispetti della sua gratitudine per la distinzione di cui viene onorato, ha preseduto in detta qualità all'Assemblea, e tutti i deliberanti hanno sottoscritto.

D'ARRIGHI, ANGELO LUIGI DE PETRICONI, BARBAGGI, MARINETTI, NOBILI SAVELLI, DE GIAFFERRI, SEBASTIANI, arciprete, ROCCA, pievano, TURCHINI, pievano, OLETTA, ORNANO, COLONNA DE LECA, TAVERA, VARESE, BELGODERE, *presidente*; POGGI, *segretario*; BIADELLI, *segretario*.

Sessione del 3 luglio 1790.
(Alla mattina).

Il Comitato Superiore riunito ha deliberato che sarà registrata l'opposizione stata fatta dalli Signori Tavera, Ornano e Carabelli, ed in seguito della deliberazione stata fatta nella sessione del trenta giugno, non debbasi prendere il danaro dalla cassa della nazione, e che i loro rispettivi Distretti non sieno obbligati a soggiacere alla spesa che faranno i Deputati eletti nella detta sessione.

Ha parimente deliberato che sarà registrata la protesta che fanno li Signori Deputati de' Distretti di Bastia, Nebbio, Ampugnani, Balagna, Aleria e Corti, di che non sii preso alcun danaro dalla cassa della nazione, e che sia a carico soltanto de' rispettivi Distretti di pagare i Deputati che avranno legalmente eletti in conformità del decreto stato fatto dall'Assemblea Nazionale per la nuova confederazione, che verrà fatta a Parigi, li 14 del corrente.

Varese, presidente; Poggi, segretario;
Biadelli, segretario.

Sessione del 5 luglio 1790.
(Alla mattina).

Sull'esposto del Signor De la Rosata, ricevitore de' domini in Cervione, attuale proprietario e possessore del beneficio di San Gavino e San Marcello di Belgodere in Balagna, e come meglio dall'atto di investitura a cui ecc., che ci ha fatto sentire che i particolari non vogliono pagare la decima solita ed accostumata, e che gli ufficiali municipali di detto luogo, invece di tener la mano acciò venghi pagata e soddisfatta secondo il solito, in conformità de' decreti dell'Assemblea Nazionale, anzi abbiano sollecitate delle deliberazioni contrarie alla giustizia ed al buon ordine, e che ricusino di tener la mano per obbligare ed astringere diversi contribuibili a pagare la loro porzione;

Posta la materia in deliberazione, è stato ordinato che i Signori Buonaventura Leoni, prefetto, Giuseppe Marchesi, Giacomo Andrea Marchesi, Giuseppe Quercioli, Paolo Maria Leoni e compagni, ufficiali municipali di Belgodere, tengano la mano a far pagare la metà delle decime spettanti al detto Signor La Rosata, in conformità de' decreti dell'Assemblea Nazionale, e fino a che non sarà da questa altrimenti provveduto, e che frattanto se mai le dette decime non fossero pagate per incuria de' detti ufficiali municipali, ne saranno responsevoli di tutto in conformità de' decreti dell'Assemblea Nazionale. Ha decretato inoltre il Comitato Superiore che la presente deliberazione sarà inviata e trasmessa ai detti Signori ufficiali municipali di Belgodere, acciò debbano conformarvisi.

VARESE, *presidente*; POGGI, *segretario*;
BIADELLI, *segretario*.

Sessione del 6 luglio 1790.

(Alla mattina).

Il Comitato Superiore unito, è stato osservato per parte di vari de' Signori Deputati che molti cittadini permettendosi di dare una sinistra interpretazione ai decreti dell'Assemblea Nazionale, ricusano di pagare le decime ecclesiastiche, ed il ventesimo della sovvenzione in natura, contro la chiara disposizione dei suddetti decreti, e specialmente di quelli dei 26 settembre 1789, 14 e 20 aprile e 12 giugno 1790; che uno dei principali oggetti dell'istituzione del Superior Comitato è quello di far eseguire con esattezza i decreti dell'Augusto Senato nazionale, e distruggere tutti i sotterfugi che potrebbero opporsi all'esatta e scrupolosa osservanza de' medesimi;

Che il rifiuto di queste contribuzioni, il pagamento delle quali deve esser continuato sino a che non venga differentemente stabilito sul modo definitivo della percezione, sarebbe un attentato manifesto a quella felice Costituzione, alla quale tutti i buoni cittadini di Corsica hanno prima d'ora aderito con trasporti della maggior riconoscenza, e promesso con reiterati giuramenti di mantenere ed osservare.

Dopo di che, presa in considerazione con tutto il dovuto riflesso la proposizione suddetta, è stato deliberato d'unanime consenso che tanto le decime, primizie ed altro relativamente al ceto ecclesiastico, come la sovvenzione in natura, dovranno senza alcuna dilazione esser pagate da tutti i contribuibili soggetti a queste imposizioni, sotto le pene portate nei suddetti decreti dell'Assemblea Nazionale, ed a tal oggetto s'invitano tutte le rispettive municipalità dell'Isola, di tener la mano per esatta esecuzione del presente manifesto, quale sarà stampato ed affisso in tutte le Comunità per esser eseguito secondo la sua forma e tenore.

VARESE, *presidente ;* POGGI, *segretario ;*
BIADELLI, *segretario.*

Sessione del 7 luglio 1790.
(Alla mattina).

Si sono presentati li Signori Colonelli Achille Morati e Luigi Ciavaldini, il primo della Guardia Nazionale di Nebbio, ed il secondo della pieve d'Orezza, i quali hanno posto sotto gli occhi del Comitato Superiore una protesta, ed è la seguente:
« Essendosi veduta un'ordinanza dei Signori Suddelegati ge-
» nerali, colla quale si ordina al Tesoriere della cassa nazio-
» nale di Corsica di pagare coi fondi provenienti dalla sov-
» venzione lire sei mila al Signor Sebastiano Viale per
» rimborsarlo di simile somma che egli ha avanzata ai de-
» putati della guardia municipale del Distretto di Bastia, che
» sono andati alla Confederazione Generale di Parigi, ed
» avutasi certa notizia di un'altra ordinanza di lire tre mila
» per l'istesso effetto, li sottoscritti, a nome dei loro rispettivi
» Distretti, fanno osservare alli Signori Le Changeur e Cadet
» che essi arbitrariamente ed illegalmente hanno fatta la
» suddetta ordinanza, mentre a tenore delle deliberazioni
» della Guardia Nazionale di Parigi, li Deputati delle guardie
» nazionali di tutti i Dipartimenti della monarchia francese
» dovevano andare a Parigi a spese e carico de' loro rispettivi
» Distretti, e senz'un ordine espresso del corpo amministrativo
» del Dipartimento di Corsica, o di chi ne fa provvisoriamente
» le veci, li Signori Suddelegati non poteano rilasciare al-
» cun'ordinanza; che perciò li sottoscritti domandano che
» essi Signori Suddelegati generali ritirino immediatamente
» le ordinanze che hanno fatte per le somme state prese in
» prestito per la spedizione dei Deputati della Guardia Na-
» zionale del Distretto di Bastia, e qualsivoglia altro Distretto,

» sospendendone la totale esecuzione, altrimenti saranno essi
» responsabili delle somme che saranno pagate per le sud-
» dette loro ordinanze, e da essi personalmente saranno ri-
» petute; siccome ancora intimano al Tesoriere della Cassa
» Nazionale di non eseguire in alcun conto le nominate ordi-
» nanze, altrimenti sarà obbligato a rimettere del suo proprio
» il danaro che per queste medesime ordinanze sarà estratto
» dalla pubblica cassa.

» E parimente protestano contro l'abuso che tanto li sud-
» detti Signori Suddelegati che il Tesoriere Generale hanno
» fatto o faranno del loro potere, li quali in alcun tempo non
» potranno allegare d'aver operato con buona fede, e senza
» essere ammoniti, ne gli sarà abbonata alcuna scusa. E per-
» chè il pubblico interesse della Cassa Nazionale sia maggior-
» mente assicurato, domandano che la presente protesta sia
» inserita nei Registri di questo Superior Comitato, e spedita
» copia ai Suddelegati Generali e Teroriere Generale, acciò
» entrino immediatamente in mora, che altrimenti facendo
» il tutto sarà a loro carico e pericolo, senza che mai, e in
» alcun tempo, possino pretendere che qualunque somma
» che essi pagheranno, o faranno pagare, possi essergli am-
» messa, che tanto hanno protestato e protestano. »

Dopo di che, presa la materia in considerazione, ed intesi gli avvisi de' diversi Signori Deputati, è stata alla pluralità de'suffragi approvata la suddetta protesta, per avere il suo pieno effetto e vigore, come deliberazione del corpo, e che copia della medesima sarà spedita ai Signori Suddelegati Generali ed al Signor Tesoriere Generale, acciò vi si debbano conformare.

Varese, presidente; Poggi, segretario;
Biadelli, <i>segretario.</i></div>

Sessione del 12 luglio 1790.

Il Comitato Superiore unito al Signor Presidente ha detto che i disordini che si manifestano nella città dell'Algajola stati annunciati tanto da varie relazioni particolari, come da lettera di quella municipalità medesima, devono occupare l'attenzione del Comitato, essendo che le circostanze sono ridotte ad un punto che esigono un pronto rimedio.

Dopo di che, presa in considerazione la materia suddetta, è stato d'unanime consenso deliberato che i Signori Leoni e Anfriani, membri di questo Superior Comitato, stati a tal oggetto eletti, saranno invitati di trasportarsi nella città dell'Algajola, con quel numero di truppe nazionali delle provincie neutrali ed indifferenti, che stimeranno necessaria; che detti Signori Commissari, dopo d'aver presi tutti gli schiarimenti tanto di ciò che è accaduto riguardo all'omicidio, che riguardo a tuttociò che può intorbidare la quiete di quella città, cercheranno con tutta la moderazione e spirito d'imparzialità da' buoni patriotti d'esaminare quali possino essere i mezzi più efficaci per far cessare ogni turbolenza, e ristabilire in quella città la pace e la concordia fra i cittadini che finalmente dovranno colà dimorare fino che stimeranno necessario colla suddetta truppa, e lasciarvi, se la giudicano opportuno, quel numero di truppa che il buon ordine esigerà; e se gli fosse impedito l'ingresso da qualunque siasi, i detti Signori Commissari dovranno subito ritirarsi con protestare che quelli che lo impediranno, saranno risponsabili d'ogni evento, ed informare mediante un processo verbale d'ogni loro operazione il Comitato Superiore.

VARESE, *presidente*; POGGI, *segretario*;
VALERI, *segretario*.

Del detto giorno 12 luglio 1790.

Il Comitato Superiore unito, vari de' Signori Deputati hanno osservato che una delle sedicenti nuove municipalità di Corte, nonostante le deliberazioni di questo Superior Comitato, pretende di volerne esercitare le funzioni, e specialmente ricevere il giuramento nel giorno quattordici del corrente, stato stabilito dai decreti dell'Assemblea Nazionale; che una simile pretensione è contraria alle savie disposizioni del Comitato Superiore, ed è un vero disprezzo delle intenzioni del medesimo, e perciò dovrebbesi prendere un pronto rimedio in simile emergente circostanza per prevenire qualunque inconveniente che sopra tutto potrebbe accadere in un giorno così memorabile.

Presa in considerazione con tutto il dovuto riflesso la proposizione suddetta, è stato d'unanime consenso deliberato di prevenire tutti i buoni cittadini e guardie nazionali, tanto della città di Corte che dei luoghi circonvicini, a non riconoscere altra municipalità che l'antica stata dal Comitato Superiore dichiarata interinamente per esercitare le funzioni sino a che non venga deciso sulle differenze delle dette due nuove municipalità; facendo noto che tutte le operazioni fatte o che potranno farsi in contrario alle deliberazioni di questo Superior Comitato saranno nulle e di niun valore, dichiarando risponsevoli e garanti d'ogni inconveniente o disordino coloro che direttamente o indirettamente vi si opporranno. Ha inoltre deliberato che copia autentica della presente deliberazione sarà spedita all'antica municipalità di Corte per essere affissa nei luoghi pubblici e consueti, affinchè nessuno possa allegarne causa d'ignoranza, e che vi si debbano conformare dichiarando tutti i contravventori per veri perturbatori della pubblica tranquillità e per tali essere perseguitati e denunziati all'Assemblea Nazionale.

VARESE, *presidente*; POGGI, *segretario*;
 VALERI, *segretario*.

Sessione dei 13 luglio 1790.

Il Comitato Superiore riunito, è stata fatta lettura d'una lettera del Signor Lepidi del 9 corrente e risponsiva d'altra scrittagli dal Comitato Superiore li 3 di questo mese colla quale apparisce che col mezzo di due espressi spediti d'Aleria, ha fatto sapere agli armati che in quello ritrovansi, la deliberazione del medesimo Comitato dei 30 giugno tendente ad evacuare immediatamente il detto forte sotto pena d'esser perseguitati ed arrestati come rei di lesa nazione; li detti armati, ricusando d'ubbidire, si sono invece chiusi nel detto forte, facendo intendere che non volevano abbandonarlo.

Alcuni Signori Deputati, inteso il tenore di detta lettera, hanno detto che la detenzione del forte d'Aleria era uno degl'importanti oggetti che occupar doveva questo Comitato Superiore, affine di fare una volta porre ad esecuzione le deliberazioni che s'erano prese per assicurare il pubblico riposo e per punire i particolari;

Che simile resistenza procede dal Signor Luigi Matra, come quello che, chiamato a presentarsi nanti il Comitato Superiore, ha confessato di avere posti detti armati nel forte e di pagarli a sue spese ;

Che vie più denotasi la detta resistenza subito che il Signor Matra ha avuta notizia della detta deliberazione dei 30 giugno, e che nullameno facendone un disprezzo ha continuato a tenere e spesare li detti armati ;

Che tale disprezzo vedesi fatto contro le deliberazioni del Comitato Superiore, ma altresì contro i decreti dell'Assemblea Nazionale che vietano ai particolari l'occupazione delle fortezze, essendo queste direttamente sotto la direzione e custodia de' rappresentanti del Re;

Che non ignorandosi li pochi beni di fortuna, de' quali è fornito il detto Sig. Matra, vi è tutto il fondamento di credere che il danaro pel pagamento di detti armati si contribuisca da altri che cercano di fomentare delle guerre civili nell'Isola;

Che va aumentandosi un tal sospetto su le notizie che il Comitato Superiore viene di ricevere col mezzo di una lettera rimessale, in cui leggesi che il detto forte in oggi è divenuto l'asilo dei fuggitivi e dei assassini;

Che a simili notizie si unisce la relazione fatta nanti di questo Comitato Soperiore di essersi veduti diversi fuochi nel Convento di Zuani, ove il detto Signor Matra si era ritirato con gente armata, ed in compagnia dei pretesi assassini del fu Signor Vincentello Colonna, e detti fuochi corrispondenti con altri fatti nel detto forte, per lo che ben si ravvisa che il detto Signor Matra è stato l'autore dell'occupazione del detto forte, e che è quello, il quale vuole dar moto ad impedire la pubblica tranquillità.

Posta la materia in deliberazione ed intesi pareri di diversi Deputati, il Comitato Superiore ha unanimemente ordinato che la sua deliberazione del 30 giugno sarà eseguita secondo la sua forma e tenore. In conseguenza, attesa la disubbidienza commessa dal suddetto Signor Luigi Matra, per non aver fatto evacuare da suoi armati il detto forte d'Aleria, sarà arrestato e perseguitato, ed a tal effetto sarà richiesta manforte alla municipalità di Bastia, ove attualmente il detto Signor Matra ritrovasi per farlo arrestare e ritenere fino a che non venga eseguita la detta deliberazione.

VARESE, *presidente*; POGGI, *segretario*; VALERI, *segretario*.

Sessione del 16 luglio 1790.

Sulla rappresentanza portata a questo Comitato Superiore dalla comunità di Sorio relativamente alla nuova municipalità, il Comitato Superiore uniformandosi ai decreti dell'Assemblea Nazionale, ha rinviate tutte le contestazioni rapporto alla detta municipalità alla prossima assemblea del Dipartimento; frattanto ha decretato che gli antichi ufficiali municipali della detta comunità continueranno ad esercitare le loro funzioni.

Varese, presidente; Poggi, segretario;
Valeri, segretario.

Sessione del 17 luglio 1790.

Il Comitato Superiore unito, è stato osservato per parte di molti de' Signori Deputati che uno dei più importanti oggetti che occupar deve l'attenzione dell'Assemblea in questo giorno, è la continua desolazione in cui ritrovasi la città di Corte e gli eccessi che tuttavia vi si commettono, i quali sono ridotti ad un punto che la minima dilazione potrebbe esser perniciosa, e dar moto nell'Isola ad una guerra civile, forse premeditata dai perfidi aristocratici, nemici della Costituzione e della patria;
Che nell'Assemblea Generale tenuta in questa città e costitutiva di questo Superior Comitato, fu trattato su i mezzi

tendenti alla riconciliazione degli abitanti di Corte, e fu riguardato come indispensevole quello di chiamare il Signor Bartolommeo Arrighi, podestà di quel luogo, affinchè si presentasse nanti la provincia unita per discolparsi dei fatti che gli venivano imputati;

Che fin da quell'epoca il detto Signor Bartolommeo Arrighi principiò a dimostrare la sua poca inclinazione per il buon ordine e tranquillità della di lui patria, disprezzando l'invito di una tanto rispettabile unione di buoni e zelanti patriottti;

Che appena istituito il Comitato Superiore, vennero ben presto presentati dei reclami nanti del medesimo, relativamente ai disordini che s'accrescevano nella città di Corte, per cui fu resa nel giorno 30 dello scaduto marzo una deliberazione, nella quale vedonsi espresse tutte le premure di questo patriottico corpo, onde far cessare coi mezzi i più pacifici le occasioni che s'opponevano alla quiete di quella città e ristabilirvi il buon ordine;

Che malgrado tutte le suddette sollecitudini ed i buoni uffici di vari zelanti patriotti, non che di una deputatione composta dei medesimi membri di questo Superior Comitato espressamente inviata nella città di Corte, sentonsi invece con sommo rammarico conculcare i principj del buon governo e disprezzare le leggi;

Che v'era luogo a lusingarsi d'un pronto e sincero ristabilimento dell'unione in quella città, dopo che dal Signor Gafforj furon fatte nel Congresso di Orezza le più reiterate promesse d'impiegare tutto il suo credito per il buon successo suddetto, ma che adesso al contrario, odonsi commettere in quel paese degli eccessi e violenze maggiori, quando che nell'ultima emozione del dì 14 del corrente mese appariscono con sommo orrore dell'umanità essersi esercitate le barbarie le più mostruose con morte di persone e feriti, ed abbrucciamento di una casa, senza che da quel Governo sia stato portato alcun riparo additatogli in simili circostanze dai decreti dell'Assemblea Nazionale, e specialmente dell'uso della legge marziale alla quale dovevasi ricorrere per risparmiare il sangue, la morte dei cittadini e l'esercizio di tante tirannie;

Che tali eccessi non meritano di restare impuniti; che tutti i mezzi di dolcezza e moderazione essendo riusciti infruttuosi, dovevasi finalmente ricorrere agl'imperiosi per reprimere una volta la pertinacia dei perturbatori della pubblica quiete, tanto più che in detta città di Corte, per parte di alcuni cittadini vedonsi pur troppo manifestamente espresse le disposizioni in sostegno dell'aristocrazia, che cagiona ora un vero scandalo nell'Isola intiera; cosicchè tolto questo asilo ai mal intenzionati nemici della patria, vedrebbonsi ben presto propagare i frutti di quella felice Costituzione, alla quale i buoni cittadini hanno prima d'ora aderito coi trasporti della più viva riconoscenza, e giurato di voler inviolabilmente osservare.

Dopo di che, presa in considerazione con tutto il dovuto riflesso la pratica suddetta, ed intesi gli avvisi dei rispettivi Signori Deputati, è stato unanimemente deliberato, che sarà intimata una marcia generale di tutti i buoni patriotti, per rendersi nel giorno che sarà loro indicato con lettere particolari, nel luogo stabilito per la riunione, ed indi col mezzo della forza provvedere a tutto ciò che sarà necessario per distruggere le prepotenze, ostilità e vie di fatto che si praticano in detta città; che il Signor Barrin, comandante in capite le truppe regolate nell'Isola, sarà invitato con una copia della presente deliberazione, che gli sarà rimessa dai Signori Varese, Ferrandi, Raffaelli, e Ornano, membri di questo Superior Comitato, stati a tal oggetto nominati, a dare gli ordini i più precisi e meno equivoci alla truppa regolata che trovasi di guarnigione nella città di Corte, di doversi tenere nella più esatta neutralità durante le operazioni che si faranno col mezzo di detta marcia generale; che non sia permesso alle truppe regolate di poter ricoverare alcun cittadino nella fortezza ; e coloro i quali vi possino presentemente essere, debbano di subito allontanarsi; in caso diverso, tanto il suddetto Signor Barrin, in mancanza di dare gli ordini i più pronti e chiari su tal oggetto, come i rispettivi comandanti, e le truppe medesime non eseguendoli, saranno riguardati come complici dei disordini di quella città, ed in conseguenza risponsevoli d'ogni inconveniente; che a tal effetto, e per l'esecuzione di tutto quanto soprà, sarà altresi inviata copia della presente deliberazione al Signor Generale Gafforj, ed al Signor comandante del Reggimento Salis, acciò non possano allegarne ignoranza, e che vi si debbano intieramente conformare. E tutti i deliberanti hanno sottoscritto.

> FRANCESCHI, pievano; DE GIAFFERRI, OTTAVIANI di Viggiano; GENTILE, NICOLAI, FILIPPI, AGOSTINI, ANGELI, GIORDANI, GRIMALDI di Niolo, DE CASANOVA, DONSIMONI, TAVERA, DOMINICI, pievan BONELLI, ORNANO, SEBASTIANI, arciprete; SETA, pievano TURCHINI, RAFFAELLI, BARBAGGI, CARLO GRIMALDI di Caccia; FERRANDI, ARRIGHI, BELGODERE, NOBILI SAVELLI; VARESE, *presidente;* POGGI, *segretario;* VALERI, *segretario;* SAVELLI, *segretario.*

[Il y a ici deux demi-pages en blanc dans l'original; peut-être manque-t-il une délibération].

Sessione del 19 luglio 1790.

Il Comitato Superiore riunito, si è presentato il Signor Marc'Aurelio Peretti con un processo verbale, richiedendo d'esser ammesso per membro di questo corpo. E dopo di tal richiesta essendosi i Signori Deputati occupati alla riconoscenza del suddetto processo verbale, quale essendo stato riconosciuto fatto nelle debite forme, è stato deliberato che il suddetto Signor Peretti sarà ammesso e riguardato come vero e legittimo membro del Superior Comitato, e dopo di aver prestato il solito giuramento, ha preso luogo nell'Assemblea. In seguito il Signor Presidente ha detto, che essendo spirati i quindici giorni di sua presidenza, dovevasi venire all'elezione d'un suo successore, alla qual mozione avendo tutti i Signori Deputati aderito, si è proceduto alla suddetta nomina, e raccolti i suffragi, si sono ritrovati tutti in favore del Signor Gian Tommaso Arrighi, il quale resta legittimamente eletto per Presidente, e come tale goder deve di tutti i diritti e prerogative de'quali hanno goduto i suoi antecessori. E detto Signor Arrighi, dopo di aver testimoniata la sua riconoscenza per la carica di cui è stato onorato, ha preseduto all'Assemblea.

Dopo di che detto Signor Presidente ha presa immediatamente la parola, dicendo, che sarebbe convenevole di testimoniare ai Signori Deputati del Comune all'Assemblea Nazionale i sentimenti di riconoscenza onde tutti i buoni patriotti di quest'Isola sono penetrati dello zelo e attività con cui si sono adoprati nanti di quell'augusto Senato, ed in favore della provincia; che essendo arrivato in questa città il Signor Cesari Rocca, uno de'detti Signori Deputati, gli si doveva col mezzo di una deputazione testimoniare i dovuti ringraziamenti, e che al Signor Saliceti, altro Deputato assente, dovevasi scrivere lettera annunciandogli i medesimi sentimenti.

Su di cui avendo tutti i Signori Deputati unanimemente aderito, sono stati nominati i Signori Arciprete Sebastiani, Ornano, Gentili, Barbaggi e Tavera per complimentare il Signor Cesari Rocca, ed assicurarlo dei sentimenti i più grati per parte di questo Comitato Superiore, rappresentante il Comune di tutta l'Isola di Corsica. È stato altresì deliberato che sarà scritta lettera al Signor Saliceti, altro Deputato, facendogli parte degl'istessi sentimenti a suo riguardo. E tutti i deliberanti hanno sottoscritto.

VARESE, *presidente*; POGGI, *segretario*.

Del detto giorno 19 luglio 1790.

Il Comitato Superiore unito, molti dei Signori Deputati hanno osservato che sarebbe conveniente nelle attuali circostanze in cui la provincia tutta deve unirsi per la formazione del Dipartimento, di togliere qualunque apparecchio di forze nell'interno dell'Isola e lasciare la piena libertà ai popoli di nominare nelle prossime assemblee i soggetti secondo le proprie inclinazioni, essendo tale lo spirito dei decreti dell'Assemblea nazionale, i quali devono essere eseguiti colla più esatta osservanza;

Che la truppa regolata la quale trovasi di guarnigione nella città di Corte continua a dare della gelosia ai buoni patriotti, vedendo alimentate in detta città le mire dei nemici della Costituzione e della libertà, e nel tempo stesso togliere alle città marittime quella necessaria difesa per cui le truppe regolate sono espressamente destinate;

Che le ragioni tanto politiche che economiche della nazione esigono che tutte le dette città marittime dell'Isola debbano essere occupate dalle truppe regolate, non avendo oggi giorno a temere le incursioni d'altri nemici dell'Impero francese, a cui la Corsica trovasi gloriosamente aggregata, se non che per parte delle nazioni straniere, e non mai dai popoli dell'Interiore dell'Isola da cui è stata con sommo giubilo abbracciata la nuova Costituzione e coi trasporti della più viva riconoscenza;

Che molte città marittime dell'Isola sono sprovviste della necessaria guarnigione, ed in tal caso il Reggimento Salis che trovasi nella città di Corte, potrebbe riempire tutti questi oggetti di tanta importanza;

Che basterebbe in detta città sino a che non vengano delle altre truppe in Corsica, una sola compagnia del Reggimento Salis, guardando in tutte le occasioni la più esatta neutralità per la vigilanza tanto della fortezza, come per la conservazione di tutti i mobili ed attrezzi militari, ed il restante del suddetto Reggimento dovrebbe esser diviso nelle rispettive città marittime dell'Isola.

Dopo di che, presa con tutta la considerazione e dovuto riflesso la mozione suddetta, ed intesi i diversi pareri dei Signori Deputati, è stato d'unanime consenso deliberato che nella città di Corte non vi debba per ora rimanere che una sola compagnia del Reggimento Salis, essendo sufficiente per conservare la fortezza e gli utensili militari che possono in quella esistere; che il restante del detto Reggimento dovrà rendersi in questa città per essere distribuito in tutte le suddette città marittime, secondo il bisogno e l'urgenza dei casi; che il Signor Barrin comandante in capite le truppe dell'Isola, a cui sarà presentata copia della presente deliberazione dai Signori Varese, Gentile, Ornano e Ferrandi, membri di questo Superior Comitato, stati a tal oggetto nominati, sarà invitato di dare immediatamente gli ordini i più precisi e secondare le mire di questo patriottico corpo, affinchè vengano intieramente eseguite; che in mancanza di tutto quanto sopra, sarà detto Signor Barrin risponsevole di ogni e qualunque evento.

ARRIGHI, presidente; POGGI, segretario;
SAVELLI, segretario.

Sessione del 20 luglio 1790.

Il Comitato Superiore unito, è stato osservato per parte del Signor Poggi, membro e segretario dello stesso Comitato, tanto a di lui nome che a quello degli altri membri segretari di lui confratelli, che nell'istituzione del Comitato, non furono punto individuate le prerogative dei segretari per quello nominati; che sarebbe stato necessario perciò che il Comitato Superiore dichiarasse con una deliberazione ciò che fu omesso nella detta Costituzione, cioè che i Signori segretari sono stati e saranno sempre considerati come tutti gli altri membri che compongono il corpo, che per conseguenza debbano godere della voce deliberativa e di tutti gli onori e privilegi ugualmente che gli altri membri.

La qual mozione del detto Signor Poggi essendo stata presa in considerazione, per acclamazione di tutta l'Assemblea è stato riconosciuto cosa giusta che il Comitato Superiore tutto unito ha unanimemente deliberato, che i Signori Segretari, fin dalla loro origine, devono essere considerati come membri del corpo, e per conseguenza rivestiti ugualmente che tutti gli altri membri che compongono il Comitato Superiore.

    Arrighi, *presidente*; Poggi, *segretario*;
    Biadelli, *segretario*; Valeri, *segretario*; Luporsi, *segretario*.

Sessione del 21 luglio 1790.

I Signori Deputati essendosi riuniti, è stato osservato da alcuni membri che i due uomini, che ciascuno è obbligato di condurre, non sono mai pagati, e che li boni che i Signori Presidenti sottoscrivono, restano senza esecuzione, onde sarebbe necessario di provvedere a che questi fossero prontamente soddisfatti.

Dopo di che, la materia messa in deliberazione, è stato arrestato che tutti i boni che i Signori Deputati hanno ricevuto durante i loro turni, per li due uomini che sono obbligati di portare, come anche quello esistente a mani del Sig. Antonio Gentili, membro di questo Superior Comitato, saranno pagati dal Sig. Abbate Marinetti, sopra l'ordinanza del Sig. Intendente, e sopra il residuo che possa essere a sue mani dei denari già ritirati dal Tesoriere generale, sarà tenuto di pagare il bono che ha fatto il Signor Abbate Marinetti, il quale è invitato a sollecitarne immediatamente il rimborso.

    Arrighi, *presidente*; Valeri, *segretario*.

Sessione del 22 luglio 1790.

Il Comitato Superiore unito, si sono presentati i Signori Belgodere, Casabianca, Morati e Panattieri, deputati straordinari all'Assemblea Nazionale, il primo de' quali ha richiesto la parola al Signor Presidente, ed essendogli stata accordata, ha pronunciato un discorso del tenore seguente.

« Signori, l'Assemblea dei rappresentanti della nostra Isola
» tenuta in questa città nello scorso febbraio, ci onorò d'una
» commissione, che ci lusinghiamo di avere eseguita coeren-
» temente ai voti dei nostri committenti. Lo zelo il più sin-
» cero, il più puro per gl'interessi della comune Patria, è
» stato la nostra guida; il conto che vi rendiamo della no-
» stra condotta, e la vostra approvazione sarà il più bello
» attestato del patriottismo di cui siamo infiammati, e della
» divozione che professiamo ai voleri de' nostri cittadini.

» La nostra missione portava d'invitare il ben amato Ge-
» nerale de Paoli a restituirsi prontamente in Corsica e di
» pregarlo a farsi capo e precederci nella nostra presenta-
» zione all'Assemblea Nazionale ed al Re: alla prima per
» dimostrarle la riconoscenza del popolo Corso e la di lui
» ferma adesione ad ogni suo decreto; all'ultimo per ringra-
» ziarlo dell'accettazione accordata a quello che forma della
» nostra Patria una parte indivisibile dell'Impero libero dei
» Francesi. Noi non abbiamo bisogno di giustificarci sulla
» prima parte del nostro mandato. L'Eroe da tutti sospirato
» è già in Corsica; il solo amor della Patria ne lo condusse
» e noi abbiamo avuto la bella sorte d'accompagnarlo; non
» ci resta su di ciò che a rallegrarci della prosperità che ci
» prepara il possesso d'un tanto cittadino illuminato e scevro

» d'ogni privato interesse, che tutto abbandonò, che tutto
» pospose alla gloria ed al bene de' suoi concittadini. Voi lo
» ascoltate continuamente, o Signori, voi siete testimonj
» della solidità de' suoi principj e della sua costanza in so-
» stenerli; voi già lo vedete porli in esecuzione con esattezza
» in un Governo libero da esso solo fondato sulle ruine della
» più crudele anarchia. Tutte le nazioni rendono omaggio
» alle sue virtù; noi siamo stati spettatori dell'entusiasmo
» che egli ha eccitato in tutti i cuori. Gli augusti rappre-
» sentanti del popolo francese ci confermano ne' nostri senti-
» menti riconoscendo colla maggior autenticità i meriti di
» Paoli e l'ingiustizia del Ministro che lo avea tradito. Il capo
» del potere esecutivo disapprovò tacitamente la condotta del
» suo antecessore, e Parigi, Lione, Tournon, Valenza, Aix,
» Marsiglia e Tolone rimbombarono nel nostro passaggio del
» nome glorioso del nostro Eroe; il popolo correva in folla
» per ammirarlo, per conoscere i suoi tratti, per consolarsi
» colle sue dolci risposte a tanti omaggi, a tanti complimenti
» che ad ogni passo si moltiplicavano avanti a lui.

» La voce pubblica li avrà già informati del modo con cui
» espressimo all'Assemblea Nazionale l'adesione della Corsica
» a' suoi decreti, e la nostra riconoscenza per l'unione della
» Patria all'Impero francese, ma nessuno più di noi può farvi
» testimonianza della generosità, degli applausi, e del tra-
» sporto con cui sono stati universalmente accolti i voti dei
» Corsi. In vece di compartirci un beneficio, sembrava che i
» generosi Francesi credessero di riceverlo nella nostra ag-
» gregazione. I Francesi sono veramente liberi; la costanza
» con cui da noi si seppe resistere alla lunga oppressione,
» forma presso di essi tutto il nostro merito. Se ebbimo un
» giorno ragione d'aborrire il loro governo e di riguardare
» come nostri nemici i loro agenti, meriteremmo adesso l'ese-
» crazione del genere umano se non c'affrettassimo di far
» sparire fin la memoria dell'antica distinzione fra il nome

» Corso e francese. Mentre voi, o Signori, non trascurerete
» veruna occasione per render generale la cognizione della
» differenza che passa fra gli antichi e moderni Francesi, noi
» ci faremo un dovere il più preciso di essere gli apostoli
» delle virtù, che abbiamo vedute in Francia nel patriottismo
» che li domina, del coraggio con cui si antepone la libertà
» a qualunque pericolo, a qualunque disastro, della genero-
» sità con cui siamo stati accolti, e della venerazione, con
» cui colà si pronucia il nome corso.

» Contenti d'aver soddisfatto presso di voi, o Signori al
» nostro dovere, noi ci riserviamo di rinnovare un più accu-
» rato dettaglio di quanto abbiamo avuto l'onore d'esporvi,
» alla prima adunanza de' Rappresentanti destinati dalla
» legge ad esprimere i voti generali del Dipartimento, e far
» conoscere così al pubblico colla maggior esattezza non solo
» la nostra condotta, ma ancora tutto ciò che è arrivato nel
» corso della gloriosa commissione di cui fummo onorati. »

In seguito di ciò, il Signor Presidente gli ha risposto
quanto in appresso:

« Signori, il Comitato Superiore ha inteso con soddisfa-
» zione il conto che gli avete reso della commissione di cui
» foste onorati nel mese trascorso di febbraio dall'Assemblea
» Generale di Corsica.

» Avendo esattamente riempite le intenzioni de' vostri com-
» mittenti verso dell'Assemblea Nazionale, del Re e del no-
» stro Eroe Cittadino il General De Paoli, voi vi siete resi
» degni e meritevoli della pubblica soddisfazione.

» I vostri disagi e incomodi, li avete trovati compensati nel
» vostro patriottismo e nella dolce consolazione della compa-
» gnia di colui che fu l'oggetto de' comuni voti.

» Le città di Francia hanno voluto moltiplicare le marche
» di considerazione per un vero difensore della libertà, e
» l'epoca della vostra missione diviene la più memorevole in
» questa Isola, nell'averci ricondotto l'Eroe della nostra
» Patria.

» Questi sono i sentimenti del Comitato Superiore, che a
» nome di tutti i suoi Rappresentanti ho l'onore di annun-
» ciarvi. »

Dopo di che, per parte di vari membri dell'Assemblea è stato osservato che, attesa l'esattezza con cui i suddetti Signori Deputati straordinari aveano adempito la loro commissione, dovevasi accordar loro una pubblica testimonianza di soddisfazione, e che il mezzo più opportuno sarebbe stato quello di permettergli d'assistere a tutte le sessioni del Comitato Superiore, ed avervi voce deliberativa, ed anche rendere col mezzo delle stampe palese la presente deliberazione.

Alla qual mozione avendo tutta l'Assemblea pienamente ed a viva voce aderito, è stato deliberato che tanto il discorso pronunciato dal Signor Belgodere, uno de' detti Deputati straordinari, quanto la risposta del Signor Presidente ai medesimi, saranno inscritti nella presente sessione per essere inscritti nel registro delle deliberazioni;

Che i Signori Belgodere, Casabianca, Morati e Panattieri, in segno di quella generale soddisfazione per l'esattezza e patriottismo con cui si sono adoprati nella loro commissione, potranno assistere a tutte le sessioni del Comitato Superiore e godere di quei diritti e prerogative delle quali godono i rispettivi membri del medesimo corpo;

Che la presente deliberazione sarà stampata ed inviata in tutte le Comunità dell'Isola per rendere sempre più palese la soddisfazione del Comitato Superiore verso de' suddetti Signori Belgodere, Casabianca, Morati e Panattieri.

Fatto in Bastia questo giorno ventidue luglio mille settecento novanta, nella sala della nazione.

ARRIGHI, *presidente;* POGGI, *segretario;*
VALERI, *segretario.*

Sessione del 22 luglio 1790.

(*Alle ore nove della mattina*).

Il Signor Presidente e li Signori Deputati essendosi resi alla solita sala, molti de' Signori Deputati hanno fatto osservare che i disordini e le turbolenze che continuano ad intorbidare la quiete della città di Corte contribuiscono ancora a funestare la pace d'una parte dell'Isola, e però sarebbe giusto di porvi un pronto rimedio.

Dopo di che, la materia presa in considerazione, è stato deliberato che sarà nominata una Commissione di cinque membri del Comitato Superiore, i quali alla testa di 500 uomini si porteranno in quella città per calmare i torbidi, ristabilire la quiete, farvi osservare la legge e garantire da qualunque inconveniente la partenza del Reggimento Salis da quella città, ed a quest'effetto si procederà per mezzo dello scrutinio a questa elezione.

Essendosi in seguito proceduto allo scrutinio e fattone l'apertura, si è trovato che la pluralità è caduta nelle persone de' Signori Grimaldi di Niolo, Ferrandi, Ornano, Donsimoni e Tavera, i quali hanno ricevuta l'istruzione in conseguenza.

LIMPERANI, *decano*; VALERI, *segretario*.

Sessione del 23 luglio 1790.

(Alle ore nove della mattina).

I Signori Deputati essendosi resi alla solita sala, è stato osservato che nella città di Corte volesse ristabilirsi la tranquillità, avendo spedita una deputazione al Signor General Paoli, promettendo di vivere d'ora in avanti come veri cittadini, sottomettendosi alla legge ed alla Costituzione, e per conseguenza pare che divenga inutile di far marciare il corpo di 500 uomini agli ordini della Commissione eletta per la deliberazione del 22 corrente, ma sarebbe stato bastante che li cinque Commissari nominati vi si trasportassero al più presto possibile per assicurare la pace, e stabilire la concordia fra gli abitanti di quella città, far eseguire i decreti dell'Assemblea Nazionale e stabilirvi il buon ordine, ed assicurare la partenza del Reggimento Salis senza alcuna molestia.

Ed essendo stata la materia presa in considerazione, è stato unanimemente deliberato che li suddetti Signori Commissari stati nominati si trasporteranno al più presto a Corte, dove arrivati, impiegheranno tutti i mezzi convenevoli per far rinascere l'armonia, l'unione e la pace in quella città, facendo osservare ed eseguire i decreti dell'Assemblea Nazionale, ed assicurare la libera partenza del Reggimento Salis con tutti i suoi effetti, e siccome nel loro passaggio a Corte potrebbero aver bisogno di truppa, sono autorizzati di prenderne quanto potrebbero averne di bisogno, per il decoro della Commissione, dirigendosi ai Colonnelli ed altri capi delle guardie nazionali di loro confidenza, portando seco il Signor Valeri, segretario di questo Comitato per assisterli nella loro commissione; ordina inoltre che tutte le rispettive municipalità dovranno dar manforte tutte le volte che le sarà richiesta, rimettendosi per tutte le cose suddette alli lumi, prudenza e zelo patriottico di cui li detti Signori Deputati hanno dato in tutti i tempi le prove più evidenti.

Sessione del 26 luglio 1790.

Il Comitato Superiore informato che il Signor Gafforj ritrovandosi nei mesi trascorsi in Parigi abbia rappresentato che i Corsi erano mal disposti contro la Francia, e che ne erano fomentati da quelli ritirati in Londra e in Toscana, che conveniva in conseguenza lasciarli sotto l'antica amministrazione ripromettendosi, qualora ne avesse avuto l'incarico, che sollecitò a gran forza, di mantenere la Corsica tranquilla, così che non avrebbe fatto alcun passo di quelli che si faceano nelle altre provincie della monarchia, a quali si sarebbe esposto colla forza e colla violenza;

Che con questo mezzo illecito ottenne le lettere di comandamento, sorprendendo così la buona fede e la religione del Ministero;

Che appena sbarcato in Bastia, si protestò altamente che chiunque avesse preteso di fare alcuna novità, siasi colla formazione de' Comitati siasi colla leva delle guardie nazionali, egli vi sarebbe andato addosso, e la forza si sarebbe posta in uso più d'una volta;

Che esso Signor Gafforj, persuaso che dal procedere avrebbe disgustato estremamente i buoni patriotti, fece distribuire dai magazzini del Re delle munizioni e delle armi in mano a tutti coloro che in tempo della conquista si rivoltarono contro la Patria e servirono di guida e di sostegno alle truppe del Re, il che avendo posto nella massima costernazione tutto il paese, gli amici della Costituzione furono nella giusta apprensione di veder altra volta piena la Torre di Tolone di vittime, e la piazza di San Nicolao bagnata di sangue degl'innocenti ;

Che avendo procurato d'armarsi imploravano da ogni parte soccorso e fin d'allora fecero pervenire ai piedi dell'Augusta Assemblea Nazionale i loro riclami e le loro lagnanze ;

Che a vista di ciò il Signor Gafforj si pose in campagna con duecento soldati e quelle compagnie del Reggimento Provinciale, che nei tempi infelici della Patria avean servito di satelliti del più barbaro dispotismo, ponendo la costernazione e il timore in tutti quei luoghi ove passava minacciando stragi e rovine a chiunque avesse osato di parlare di Comitati di milizie, o di far variare di un punto l'antico sistema ;

Che avendo appreso che nella città d'Ajaccio si era formata una guardia nazionale, vi si portò in fretta accompagnato da numerosa truppa svizzera e provinciale, s'introdusse in città come in aria di conquistatore, ordinò un'assemblea, fè schierare tutta la guarnigione e la truppa che seco aveva condotta, sedusse parte del popolo, e un'altra parte ne intimorì e pervenne così a far annullare la leva delle milizie che già si erano poste in attività ;

Che nel suo passaggio spedì una compagnia provinciale nella pieve di Vico, ove, oltre di aver impedito la formazione delle milizie, fece disarmare con indiscrezione quei buoni cittadini che aveano prese l'armi per sostenere la Costituzione, armi che furono poi distribuite ai suoi partitanti, e che doveano impiegarsi contro la libertà della sua patria ;

Che il suo progetto era d'introdursi nelle altre provincie del di là dai monti, ma avvedutosi che vi sarebbe stato respinto colla forza, misurando le sue e trovandole inferiori, prese il partito di ritornarsene in Corte ;

Che da colà passò in Alesani ove a forza di minaccie e di maneggi strappò una promessa in scritto dalle municipalità di quella pieve, di non fare milizie, promessa dalla quale, siccome fatta per timore e colla violenza, si credettero dispensati, così che fecero poco dopo la leva delle loro Guardie Nazionali;

Che arrivato in Cervione con un seguito di truppa, praticò nella sua entrata ciò che per imporne avea usato in Ajaccio, che non solo non volle riconoscere la leva delle milizie che pose in divisione, ma ordinò un'assemblea degli ufficiali municipali della pieve per farla improvare, ed avendo questi dimostrato della fermezza, ricorse alla forza, fece pubblicare la legge marziale, e le armi alla mano obbligò molti a restituire le armi che aveano prese per la difesa della comune libertà, armi che fece rompere pubblicamente sopra un'ancudine per intimorire i paesani circonvicini che erano disposti a seguitare un tal esempio;

Che lo stesso Signor Gafforj fece arrestare e imprigionare due ufficiali municipali del villaggio di Santa Lucia, i quali non aveano altro delitto che quello di aver preseduto all'Assemblea della formazione delle milizie della loro comunità;

Che volea egli portarsi in Bastia, in Calvi e nella Balagna, ma istruite queste della condotta antipatriottica del Signor Gafforj, e riguardandolo come l'inimico della nazione, li fecero sentire che non solo lo avrebbero ricevuto, ma l'avrebbero anzi scacciato dai loro contorni a costo del loro sangue e della loro vita;

Che ridottosi in Corte, ivi fece commettere tutte le possibili violenze contro una parte del popolo, che aveva contro sua voglia formate le milizie, milizie che non volle mai riconoscere, e che disprezzò in mille guise;

Che alla sua sollecitazione si sono armati e sostenuti i Fabbiani in Balagna e i Boccheciampe nel Nebbio, a' quali faceva passare delle munizioni e co' quali era in una scandalosa corrispondenza, che ha poi prodotti tanti disordini, e ove si è medesimamente sparso il sangue de' patriotti;

Che lo stesso ha praticato nel villaggio dell'Oreto ove furnì dei fucilieri suoi partitanti per opprimere così quella parte del popolo che era per la Costituzione; che è sua opera la sorpresa fatta dal Signor Matra, suo cugino germano, del forte d'Aleria che è stato poi il rifugio degli assassini e dei proscritti, e per cui si è resistito con un positivo disprezzo agli ordini replicati che il Comitato Superiore avea dato perchè fosse lasciato libero, sorpresa che ha dato dei fondati sospetti ai buoni patriotti di qualche secreto maneggio colla Repubblica di Genova;

Che il Gallone, perseguitato dalla giustizia e abbastanza celebre per i suoi assassinii e per le sue iniquità commesse contro tanti zelanti patriotti, portossi in Corte con un seguito d'armati per offrire al Signor Gafforj i suoi servizi, lo accolse con tutti i contrassegni d'amicizia e di soddisfazione, quando la sua qualità di commandante dovea imporle l'obligo di arrestarlo e rimetterlo a mani della giustizia;

Che essendosi fatta in Corte una doppia municipalità, ha voluto il Signor Gafforj ostinatamente contro i decreti dell'Assemblea Nazionale e l'ordini più rigorosi del Comitato Superiore, riconoscere e riproteggere quella che era del suo partito perchè ritrovavasi alla testa della medesima il di lui cugino il Signor Bartolommeo Arrighi, che avea fatto sempre agire a suo talento;

Che Corte, in una parola, era il ricettacolo di tutti i sediziosi, di tutti i malviventi e di tutti gli antipatriotti dell'Isola, giacchè ritrovavano sotto la protezione del Signor Gafforj rifugio e sostegno, e a' quali si promettevano impieghi e avanzamenti;

Che colà si leggevano l'istruzioni e le lettere incendiarie che il Buttafoco, suo genero, ne scrivea da Parigi, e che si faceano poscia circolare nell'Isola per riscaldare gli spiriti e eccitarli medesimamente sotto il manto di una religione a una rivolta;

Che i preparativi che avea formati nella cittadella di Corte, le disposizioni militari fatte nell'esteriore della città, contro della quale più d'una volta indirizzati i cannoni annunziavano abbastanza l'animo suo determinato a commettere ogni ostilità contro i difensori della Costituzione;

Che ai soli maneggi del Signor Gafforj si devono le dissensioni, le amicizie e i torbidi insorti in Corsica, i quali voleano perpetuarsi per intordidare l'elezioni primarie, e impedire così la perfetta organizzazione del Dipartimento e dei Distretti, preparazioni che devono formare la regenerazione del paese, e assicurare per sempre alla Corsica la sua libertà;

Che il popolo allarmato di questi fatti richiedeva a forza che si fosse proceduto con tutto rigore contro quest'inimico della Patria, ma il Comitato, usando della più grande moderazione, volle impiegare i mezzi di dolcezza invitandolo a trasportarsi in Orezza, ove il Comitato si era intieramente riunito;

Che fu qui che il Signor Gafforj fece maggiormente scorgere la sua perfidia; al luogo di venire solo con piena confidenza in braccio ai suoi nazionali, conforme avea promesso, comparve con armi e armati; in un momento si videro intorno più di duecento persone coll'armi alla mano, le quali aveano già formato il disegno di sacrificarne quei buoni patriotti del Comitato che là si erano riuniti per ricondurre gli spiriti alla quiete, all'unione e alla pace, disegno che, per buona sorte della Patria, non ebbe luogo, perchè vi fu fra loro uno che ne intese l'orrore, e ne prevenne in tempo, fatto che non saprebbe negare il Signor Gafforj, perchè ne fu convinto;

Che ciò non ostante, il Comitato Superiore lo accolse nel suo seno, sperando di ridurlo nella buona strada; e che esso Signor Gafforj promise e giurò ubbidienza al Comitato, e di combinar con esso alla tranquillità del paese e alla formazione delle milizie, indusse con queste lusinghe il Comitato di ritirarsi in Corte, ma tosto che vi arrivò continuando nelle solite pratiche, e la libertà delle deliberazioni essendo soffocata dalla forza, fu necessitato a ritornare in Bastia;

Che esso Signor Gafforj ha raddoppiato tutti i suoi sforzi in Corte per opprimere per ogni verso gli abitanti pacifici, che aveano sin dal principio della rivoluzione dimostrati i sentimenti più puri di patriottismo; che per ultimo ha fatto formare da una parte del popolo ingannato una milizia opposta alla prima;

Che non vi è stato orrore che non sia stato commesso sotto i suoi occhi, e sotto quelli della guarnigione che era colà ai suoi ordini; strapazzi, insulti, incendj, omicidj e stragi, tutto accordava alla giornata in quel paese; li ordini e gli avvisi del Comitato Superiore, di cui sono ripieni i registri, erano colà ricevuti con disprezzo;

Che lo sdegno pubblico non soffriva più freno ed il popolo da ogni parte minacciava di accorrere alla distruzione di quel luogo d'orrore;

Che il Comitato Superiore era sul punto di marciare a quella volta, quando essendo fortunatamente arrivato il Signor General De Paoli, informatosi delle rigorose vicende di Corte, impiegò tutto il suo credito e la sua influenza, e col suo spirito conciliatore di pace, cercò di far sospendere ogni atto ostile, e una marcia numerosa che già era in moto, nel che riuscì felicemente, giacchè i buoni patriotti, quantunque oppressi e al momento di sacrificare chi li avea sin allora perseguitati, sospesero a tal autorevole interposizione ogni progetto;

Che il Signor Gafforj si vide allora fuor di potere di resistere ulteriormente a una nazione giustamente indegnata, e prevalendosi del favore del prefato Signor General De Paoli, portossi in questa città senza pericolo di esser trucidato dagli abitanti che lo aveano in orrore, il che sarebbe accaduto, se ciò avesse commesso in qualunque altro paese della Francia;

Che il Comitato era disposto a procedere regolarmente contro di esso Signor Gafforj per fargli così sentire tutto il peso delle mancanze che avea commesse alla sua patria, e dell'abuso che avea fatto della confidenza e comando che il Re e il ministero ingannato le aveano accordati; ma per secondare le più benigne insinuazioni di chi puote su lo spirito dei Corsi per togliere il fomento ai disordini, si è limitato il Comitato Superiore, con unanime parere di tutti i membri che lo compongono, di arrestarlo per ora nella sua abitazione;

In conseguenza ha ordinato ed ordina che esso Signor Gafforj sarà detenuto nella sua abitazione sino a che li sia altrimenti ordinato in contrario, e che a questo effetto una guardia nazionale dovrà rimanere alla sua porta per impedirle l'uscita.

Ed è stata la presente deliberazione sottoscritta da tutti i membri del Comitato e dai suoi segretari.

    Pievan BONELLI, PANATTIERI, GENTILE, BARBAGGI, ANGELI, PERETTI, SEBASTIANI, DOMINICI, FRANCESCHI pievano, BELGODERE DE BAGNAJA, PIETRINI, pievano NICOLAI, COLONNA DE LECA, OTTAVIANI, MARINETTI, CAGNANO, ROCCA, DONSIMONI, VARESE, DE GIAFFERRI, abbate BUONACCORSI, MORATI, LIMPERANI, *decano*; POGGI, *segretario*; VALERI, *segretario*; BIADELLI, *segretario*.

Sessione del 27 luglio 1790.

Il Comitato Superiore essendosi riunito ed avendo presa comunicazione di una lettera indirizzatale questa mane dal Signor Gafforj, il di cui tenore è il seguente :

» Messieurs, allorchè mi preparavo a renderli li miei doveri mi sono veduto arrestato ; mi esamino e trovo la mia anima senza rimproveri a farsi. Se il bene della Patria richiedesse dei sacrificj, tutto farei per il bene, se perciò stimassero ch'io dovessi imbarcarmi per lasciar gli spiriti liberi d'ogni soggezione, e trovar così io la mia tranquillità che ho perduta da molto tempo, e non riavrò in Patria che allorchè il Dipartimento sarà formato, e la tranquillità stabilita, abbenchè io possi assicurare che mai ho dato ombra di sospetto ben fondato.

Ho l'onore d'essere col più ossequioso rispetto,

Di loro Signori,

Umilissimo e Devotissimo Servitore,
Sottoscritto: GAFFORJ.

Intesi l'avvisi de' membri che lo compongono, prestandosi anche alle benigne insinuazioni del Signor Generale De Paoli, che si è interposto in favore del Signor Gafforj, ha aderito di permettere l'imbarco per Francia colla condizione di non ritornare in Corsica, sino a nuovi ordini del Comitato Superiore e del Dipartimento, allorquando sarà in attività, e a questo effetto le sarà scritta la lettera del tenore seguente :

» Bastia, 27 luglio 1790.

» Il Comitato Superiore, Signore, ha intesa questa mattina la lettura d'una sua lettera senza data. Egli acconsente che possa imbarcarsi per lasciare gli spiriti liberi, e non ritornare in Patria, senonchè dopo la formazione del Dipartimento e totale ristabilimento della pubblica tranquillità, conforme alla sua richiesta:

» Siamo con perfetta considerazione, Signore,

» Devotissimi ed obbligatissimi Servitori.

» Pei rappresentanti del Comitato Superiore:
» *Sottoscritti*: Limperani, *decano*; Poggi, Biadelli, e Valeri, *segretari*. »

Ed è stata la presente deliberazione sottoscritta da tutti i membri del Comitato e dai suoi segretari.

Barbaggi, Morati, De Giafferri, abbate Buonaccorsi, Gentile, Belgodere, Varese, Rocca, Pietrini, Limperani, *decano;* Poggi, *segretario.*

Sessione del 2 agosto 1790.

Il Comitato Superiore essendosi riunito, un membro di esso ha detto che conveniva che il Comitato s'occupasse a dare un provvedimento sull'attentato commesso in Portovecchio sulla fine del mese d'aprile prossimo passato dal Signor Giulio Rocca Serra e compagni contro le truppe del Re;

Che era ciò tanto più necessario quanto il Signor Rocca Serra e compagni, lungi d'aver resi gli effetti del comandante, le armi e le provvisioni che avevano indiscretamente prese alla truppa, trionfarono nella loro iniquità, e il Signor Rocca Serra medesimamente si ritrovava sotto gli occhi del Comitato Superiore in Bastia;

Che il processo verbale dirizzato dalla municipalità di Portovecchio il 24 aprile dimostrava andantemente tutto l'orrore di questo basso attentato che compromette d'una maniera troppo scandalosa il decoro della nazione Corsa;

Che i vincoli di fraternità che ci riuniscono con tutti i Francesi vengono così infranti, i decreti dell'Assemblea Nazionale disprezzati e i buoni patriotti compromessi;

Su di che intesi gli avvisi di diversi Deputati, la materia dibattuta e posta in deliberazione, il Comitato Superiore, vista la lettera del Signor   Comandante il distaccamento di Portovecchio, scritta al Signor De Barrin, comandante in capite di quest'Isola de' 25 aprile prossimo passato, altra lettera del prefato Signor De Barrin scritta a questo Comitato del 1° maggio prossimo passato, egualmente che il processo verbale della municipalità di Portovecchio di sopra enunciato, ha arrestato che il Signor Giulio Rocca Serra, come l'autore primario degl'attentati commessi in Portovecchio la notte dei 23 ai 24 aprile, dovrà fra tre giorni a contare da quello della significazione della presente, rimettere a mani dei vecchi ufficiali municipali di Portovecchio l'armi, gli effetti e le provvisioni siasi del comandante che della truppa scacciata prese dai malviventi che lo seguitavano, secondo lo stato che sarà annesso alla presente; e nel caso che più non esistano, il valore dei medesimi secondo la liquidazione che ne sarà fatta sommariamente dai suddetti Signori Ufficiali Municipali vecchi di Portovecchio, per cui vi sarà astretto anche per presa di corpo; e a quest'effetto sono invitati tutti i comandanti delle guardie nazionali e regolate a prestare la necessaria manforte subito che le sarà richiesta dalla suddetta vecchia Municipalità, che sola deve agire e considerarsi legittima coll'interdizione alla nuova illegalmente fatta di agire in cosa benchè minima, sotto pena di essere perseguitati come disturbatrice della pubblica tranquillità, e ribelle agli ordini del Comitato Superiore.

È stato pure arrestato che lo stesso distaccamento di trenta uomini sarà rimandato nella stazione ordinaria di Portovecchio per starvi in guarnigione come vi era per l'avanti, e a quest'effetto i Signori Panattieri e Peretti dovranno ritirarsi dal Signor De Barrin per concertare i mezzi di spedire la detta guarnigione: Riservandosi il Comitato Superiore a prendere contro detto Signor Rocca Serra e consoci per gli attentati e violenze commesse quei provvedimenti che crederà confacenti.

ARRIGHI, *presidente;* VALERI, *segretario.*

Sessione del detto giorno 2 agosto 1790.

Il Signor Presidente e Signori membri del Comitato essendosi riuniti, uno di essi ha detto che erano pur troppo note le divisioni e disordini che regnano disgraziatamente nel villaggio di Fozzano e nella sua pieve, in seguito dell'assassinio commesso nella persona del Signor Vincentello Colonna di Sullacarò; che queste dissensioni obbligando i due partiti a restare con l'armi alla mano, impediscono la formazione delle municipalità e anderanno ad impedire le elezioni primarie degli elettori; che è della prudenza del Comitato Superiore di prendere in considerazione un oggetto così interessante per la pubblica tranquillità, tanto più necessario quanto che s'impedisce alla giustizia medesima incaricata dell'istruzione del processo criminale di proseguire le operazioni, giacchè i testimoni sul timore di essere sacrificati ricusino di portarsi in Ajaccio;

Che al soprappiù sono inevitabili delle dolorose conseguenze, se la prudenza del Comitato Superiore non prende i mezzi per apportarvi un pronto riparo.

Su di che intesi gli avvisi di diversi Deputati, la materia dibattuta e posta in deliberazione, il Comitato Superiore ha arrestato che sarà spedito nella pieve di Viggiano il Signor Marc'Aurelio Ferretti, membro di questo Comitato e Commissario a quest'effetto nominato, con un distaccamento di cento uomini del Reggimento Provinciale, il quale Commissario di concerto ed unitamente al Signor Gio. Paolo Durazzi, antico podestà di Fozzano, darà gli ordini necessari per ricondurre la calma e tranquillità in quel paese e pieve, concertare i mezzi per impedire ulteriori disordini, dare esecuzione ai decreti che potrebbero emanarsi dalla giustizia reale d'Ajaccio e rendere così libere le elezioni degli ufficiali municipali ed elettori; che farà postare il detto distaccamento in quelle case che si crederanno le più proprie, osservando di aggravare il meno che sarà possibile gli abitanti;

Che avendo bisogno i Commissari del Re del detto distaccamento, il suddetto Commissario procurerà loro necessaria manforte; che dovranno istruire esattamente il Comitato Superiore delle operazioni che avran fatte per prendere a seconda delle circostanze quegli ordini e schiarimenti al caso opportuni;

Che il Comandante del distaccamento non farà fare alcun movimento alla sua truppa che secondo gli ordini in iscritto del detto Commissario, quali non potranno eccedere i poteri contenuti nella presente deliberazione;

Che al soprappiù tutte le municipalità, guardie nazionali e regolate saranno tenute di far eseguire il contenuto nella presente deliberazione, e a questo effetto è stato arrestato che il Signor Panattieri dovrà ritirarsi presso il Signor De

Barrin, Comandante in capite di quest'Isola, per concertare i mezzi acciò sia prontamente fatta la spedizione del suddetto distaccamento.

ARRIGHI, *presidente*; VALERI, *segretario*.

Del detto giorno 2 agosto 1790.

Il Comitato Superiore essendosi riunito nella solita sala, si è presentato il Signor Carabelli, uno de' suoi membri, dicendo che era stata contro di lui presentata una memoria ad istanza di varie persone a quella segnate, sotto nome di uomini e popolo della pieve di Viggiano, colla quale attaccano direttamente il di lui onore; che il suo decoro e quello del Comitato Superiore ne sarebbe leso se restasse impunita una simile calunnia, la quale memoria, oltre di vedervisi sottoscritte varie persone, che non hanno mai avuto alcun'esistenza, vi sono dei nomi raddoppiati, e che vi è tutto il fondamento di credere che questa sia stata fatta da qualche suo nemico, il quale ha messe molte sottoscrizioni immaginarie e senza che le persone che vi si trovano segnate ne abbino avuta la minima conoscenza, ed in appoggio ha prodotto dei certificati coi quali vari (i di cui nomi sono segnati alla detta memoria) dichiarano non averla mai sottoscritta; ha concluso in conseguenza che la detta memoria debba essere pubblicamente lacerata nella sala del Comitato Superiore, ed i segnati alla detta memoria dichiarati infami e calunniatori.

Dopo di che essendosi il detto Signor Carabelli ritirato, e la materia posta in deliberazione, intesi i pareri dei Signori Deputati, è stato unanimemente deliberato che la memoria presentata al Comitato Superiore sotto il nome di uomini e popolo delle Comunità della pieve di Viggiano sarà lacerata nella sala del Comitato Superiore, dichiarando infami e calunniatori i sottoscritti alla medesima, avendo il Signor Carabelli dato sempre nel tempo del suo esercizio come membro del Comitato Superiore, prove non equivoche del suo zelo per la pubblica quiete e tranquillità nelle commissioni delle quali è stato incaricato dal Comitato Superiore.

Arrighi, *presidente;* Valeri, *segretario.*

Del detto giorno 2 agosto 1790.

Li Signori Presidente e Deputati essendosi resi nella sala dell'Assemblea, il Signor Presidente ha detto che questo Comitato non riempirà gli oggetti dei quali deve occuparsi, che le sue premure saranno inutili ed i suoi ordini senza esecuzione, finchè mancherà di mezzi per provvedere alle spese le più urgenti; che bisogna pagare i pedoni, bisogna pagare i fucilieri che sono al seguito dei Deputati, che bisogna quando marciano per il servizio pubblico i deputati, provvederli di cavalcatura per il loro equipaggio e per le loro provviste; che spesso nelle marcie lunghe e di molti giorni non è possibile che le milizie possano sostenersi a proprie spese e senza un soccorso pubblico; la maggior parte dei fucilieri, ancorchè animati dalla miglior volontà, sono forzati di retrocedere senza poter arrivare al luogo a cui sono stati destinati;

Che l'Assemblea Generale di Bastia, il Comitato Superiore, il Congresso Generale di Orezza, penetrati da questa verità, hanno deliberato di astringere gli aggiudicatari della sovvenzione che devono più di un mezzo milione; ma tutte queste savie deliberazioni rimangono senza esecuzione, e gl'inconvenienti si moltiplicano, giacchè non si può nemmeno provvedere agli oggetti più importanti, senza dei quali la riunione di questo corpo sarà molto dispendiosa per gl'individui che lo compongono, e di niuna utilità alla causa pubblica.

In appresso essendosi intese le opinioni di varj Deputati, e la materia posta in deliberazione, è stato decretato come in appresso, cioè:

Art. 1. — Saranno nominati per questo importantissimo oggetto due o più persone illuminate, imparziali e di credito per ciascuna Giurisdizione, siano o non siano membri del Comitato.

Art. 2. — Queste persone, le proporranno in loro anima e coscienza i membri del Comitato delle rispettive Giurisdizioni, che si deve supporre ne abbiano cognizione più di qualunque estraneo.

Art. 3. — Fatta la nomina, dovrà prima di tutto darsi ai due detti Commissarj uno stato esatto di quanto debbano gli aggiudicatarj della loro Giurisdizione.

Art. 4. — I Commissarj, subito avuto lo stato del debito degli aggiudicatarj della loro Giurisdizione, faranno loro sentire che paghino quanto devono alla nazione.

Art. 5. — Generalmente si costringeranno a pagare senza indulgenza e senza gran dilazione quello che devono da tutto il mese di settembre 1789 innanzi.

Art. 6. — In caso di morosità e di resistenza per parte di qualche aggiudicatario, i due Commissarj potranno perfino farlo arrestare e condurre in queste prigioni di Bastia, o in altre prigioni sicure.

Art. 7. — A quest'effetto si serviranno i Commissarj delle truppe civiche e regolate, a loro giudizio, e i capi di esse saranno obbligati a prestarle alle dimande de' Commissarj.

Art. 8. — La gente che i Commissarj impiegheranno o per mettere nella casa degli aggiudicatarj, o per arrestarli, e condurli in prigione, sarà a spese degli aggiudicatarj medesimi, ammeno che i Commissari non ne trovino che si contentino di servire gratis, o pure, che il Comitato Superiore non trovi delle ragioni per discaricarne in parte o in tutto gli aggiudicatarj.

Art. 9. — La paga si fissa a soldi sedici al giorno per ogni soldato, venti al caporale e ventiquattro al sargente, tutto moneta di Francia e da prendersi sopra quello che verrà coatto.

Art. 10. — Dovranno essere ben potenti i motivi, perchè i Commissarj recedano qualche poco dal prescritto nell'articolo 5; anzi questo non lo faranno senza prima istruire di tutto il Comitato Superiore e conformemente alla sua risposta.

Art. 11. — I Commissarj, in caso di bisogno, s'indirizzeranno anche alle sigortà degli aggiudicatarj, co' quali sono obbligati *in solidum*.

Art. 12. — Il denaro dovranno gli aggiudicatarj versarlo a mani dei tesorieri delle rispettive Giurisdizioni, purchè il Comitato non abbia in qualche Giurisdizione delle ragioni per farlo corrispondere piuttosto ai due Commissarj o immediatamente al Tesoriere Generale.

Art. 13. — In molti luoghi gli aggiudicatarj non hanno percepito il ventesimo, particolarmente dopo il settembre 1789; i Commissarj prenderanno nelle loro rispettive giurisdizioni un'esatta cognizione di questi disordini, ne istruiranno il Comitato Superiore e manifesteranno il loro sentimento sulla maniera di prontamente e facilmente porvi rimedio.

Art. 14. — I Commissarj costringeranno ancora quei tesorieri che troveranno non avere intieramente versate a mani del Tesoriere Generale le somme, che già gli sono state pagate dagli aggiudicatarj.

Art. 15. — Intimeranno pure ai detti tesorieri particolari di non fare alcun pagamento senza un mandato del Comitato Superiore sotto la pena che facendo diversamente, non gli sarà tenuto conto de' pagamenti.

Art. 16. — I Commissarj non si occuperanno che degli aggiudicatarj della Giurisdizione nella quale sono stati nominati; in caso di bisogno però potranno i Commissarj di diverse Giurisdizioni aiutarsi insieme.

Art. 17. — I due Commissarj di una Giurisdizione opereranno sempre di concerto. Tutti poi in generale si occuperanno della loro commissione con attività e prontezza, e insieme con prudenza, vedendo di regolarsi secondo le circostanze ordinariamente diverse, in cui si troveranno gli aggiudicatarj delle rispettive giurisdizioni. Daranno ancora di tempo in tempo conto al Comitato Superiore come passino le cose.

Art. 18. — I Commissarj nominati per la Giurisdizione di Bastia sono i Signori Galletti e Grimaldi di Caccia, Cagnano e Domenico Marinetti; per quella di Nebbio, i Signori Gentile Antonio e Pietro Saliceti; per quella della Porta, i Signori Arciprete Sebastiani, Valeri e Giafferri, questo ultimo per le sole pievi di Tavagna e Moriani; per Calvi e Balagna, i Signori Belgodere, Amfriani e Panattieri; per Vico, i Signori Vincentello Colonna e Domenico Antonio Versini; per Sartene, i Signori Marc'Aurelio Peretti e Giulio Cesare Ottaviani; per Ajaccio, i Signori Gabrielli, Ornano e Tavera; per Capo Corso, i Signori Ferrandini e Nicolai; per Corte i Signori Grimaldi di Niolo e Raffaelli; per Aleria, i Signori Ferrandi e Tiberj.

Art. 19. — A questi Commissarj sarà prontamente data o spedita copia della presente deliberazione, affinchè si mettano subito a operare, e questi articoli serviranno loro d'istruzione.

Abrighi, *presidente;* Valeri, *segretario.*

Del detto giorno 2 agosto 1790.

Il Comitato Superiore, sulla mozione del Signor Panattieri, ha arrestato che sarà nominato un Commissario per settimana affine di fare una volta al giorno la visita alli prigionieri per esaminare se quelli che sono detenuti per ordine del Comitato Superiore sono trattati con quella discrezione e umanità che conviene. E a quest'effetto è stato nominato per il primo turno il Signor abbate Marinetti.

ARRIGHI, *presidente*; VALERI, *segretario*.

Del detto giorno 2 agosto 1790.

Il Comitato Superiore essendosi riunito, un membro di esso ha detto che l'umanità riclamava in favore di un disgraziato di Oletta, il quale in un movimento di pazzia constatata dal processo avea ammazzata una donna, per quale fatto languiva dopo molto tempo nel profondo di una carcere incatenato; che era della giustizia del Comitato di prendere nella più grande considerazione un oggetto così interessante per l'umanità, tanto più che la lunga e dolorosa prigionia sofferta da quest'infelice parea sufficiente per punire un uomo che non avea avuto alcuna colpa nell'omicidio successo, giacchè la ragione non regolava in quel momento le sue operazioni.

Su di che la materia dibattuta e posta in deliberazione, il Comitato Superiore unanimemente ha arrestato che il Signor Panattieri si ritirerà immediatamente presso il presidente del Consiglio Superiore per farle sentire tutta la parte che prende in favore di questo sventurato, e il desiderio che dimostra di vederlo posto in libertà; che in conseguenza sarà pregato di riunire al più presto possibile la compagnia, esporle i sentimenti del Comitato Superiore, e compiacersi di farle parte di quanto avranno determinato, rimettendosi al soprappiù alla prudenza del suddetto Consiglio Superiore.

ARRIGHI, *presidente*; VALERI, *segretario*.

Sessione del 3 agosto 1790.

Il Comitato Superiore unito nella solita sala, il Signor Presidente ha detto che, essendo finiti li quindici giorni di sua presidenza, doveasi procedere alla nomina d'un successore; al che avendo tutti aderito, si è proceduto alla nomina suddetta, e raccolti i suffragi, si sono trovati in favore del Signor Barbaggi, il quale resta eletto per presidente per godere di tutti quei diritti, de' quali deve godere il presidente in secondo del Superior Comitato, e detto Signor Barbaggi, dopo aver fatto conoscere la più viva riconoscenza per la scelta della quale viene onorato, ha presa la piazza che il presidente suole occupare.

ARRIGHI, *presidente*; VALERI, *segretario*.

Sessione del 3 agosto 1790.

Il Comitato Superiore essendosi riunito, è stato osservato dal Signor avvocato Panattieri, uno de' suoi membri, che in tutte le parti della Corsica si vendea il sale a mezzo soldo la libbra, quando nella città di Calvi continuava a pagarsi a un soldo e un liaro, con notabilissimo aggravio degli abitanti e delle pievi e paesi circonvicini; che era necessario di rimediare a questo abuso e mettere quel magazzino sul piede degli altri dell'Isola.

Su di che la materia posta in deliberazione, la proposizione del Signor Panattieri è stata generalmente applaudita, e in conseguenza è stato arrestato che lo stesso Signor Panattieri si ritirerà presso i Signori Suddelegati generali per concertare con essi i mezzi, affinchè si spediscano incessantemente in Calvi gli ordini al Commesso incaricato di quel magazzino per conformarvisi.

BARBAGGI, *presidente*; VALERI, *segretario*.

Sessione dei 4 agosto 1790.
(*Alla mattina*).

Il Comitato Superiore riunito, intesa la lettura di una memoria degl'impiegati allo scagno della nazione, che sollecitano il pagamento di tre mesi scaduti de' loro appuntamenti facendo osservare l'estensione dei travagli straordinari, che hanno fatto con zelo ed attività dopo lo stabilimento di questo Comitato Superiore, e riportandosi alla di lui saggezza per prenderli in considerazione;

Intesi i pareri dei Signori Deputati, ha unanimemente deliberato che il Tesoriere generale sarà incaricato di trovare ad imprestanza sia dalla cassa militare, sia in altre parti, la somma di cinquanta luigi per deliberarla al capo dei detti impiegati sotto la di lui chitanza, ad essere distribuita a ciascuno di essi a misura degli appuntamenti che godono.

Il Comitato Superiore prendendo poi in considerazione i travagli straordinari che con tutto lo zelo e l'impegno hanno fatto e fanno i detti impiegati per il servizio della nazione, quanto trova giusto che venga loro data una marca della sua soddisfazione, altrettanto vede in questo momento lo stato deplorabile della cassa della provincia che non può sopportare alcuna spesa, e si riserva perciò di provvederci alla prossima rientrata de' suoi fondi, e d'averci riguardo all'Assemblea del Dipartimento.

BARBAGGI, *presidente*; VALERI, *segretario*.

Sessione del 5 agosto 1790.

Il Comitato Superiore riunito, fattasi presentare la sua deliberazione dei 22 maggio prossimo passato concernente la dogana, e in seguito della riserva in essa fatta, ha nominato e nomina per invigilare a quella di Calvi il Signor Domenico Ceccaldi, ed a quest'effetto ordina che le sia immediatamente spedita la commissione ed i regolamenti necessari per porli in esercizio.

BARBAGGI, *presidente*; VALERI, *segretario*.

Sessione del 6 agosto 1790.
(Alla mattina).

Il Comitato Superiore riunito, il Signor Presidente ha fatto far lettura dell'esame subito dal Signor Videau nelle carceri di questa città; ha proposto in seguito di far per ora slargare il detto Signor Videau, assegnandoli per arresto tutta la città di Bastia, e mediante una buona e valida sicurtà di presentarsi nanti del Comitato Superiore tutte le volte che ne sarà richiesto ;

Posta la pratica in deliberazione ed intesi gli avvisi de' Signori Deputati, è stata la mozione suddetta unanimemente approvata ed ordinatane l'esecuzione e che la presente sarà notificata al suddetto Signor Videau.

BARBAGGI, *presidente*; POGGI, *segretario*.

Sessione del 7 agosto 1790.

(*Alla mattina*).

Il Comitato Superiore essendosi riunito, il Signor Presidente ha detto che il Signor Matra domandava ad esser liberato dalle prigioni, ed essendo stata la deliberazione del Comitato Superiore eseguita, ritrovandosi il forte libero, ha proposto di far per ora slargare il detto Matra assegnandoli per arresto tutta la città di Bastia, e mediante una buona e valida sicurtà di presentarsi nanti del Comitato Superiore tutte le volte che ne sarà richiesto.

Posta la materia in deliberazione ed intesi gli avvisi de' Signori Deputati, è stata la mozione unanimemente approvata, ed ordinatane l'esecuzione ; e sarà la presente significata al Signor Matra.

BARBAGGI, *presidente*; POGGI, *segretario*.

Sessione del 7 agosto 1790.

(Alle ore cinque della sera).

Il Comitato Superiore essendosi riunito nella solita sala, il Signor Presidente ha detto che il Signor Antonio Martino Calendini domanda di esser liberato dalle prigioni, ed offre di dare una sicurtà di presentarsi ogni mattina alla sala del Comitato Superiore e di non partire da Bastia senza l'ordine del medesimo; e la proposizione suddetta presa in considerazione, intesi gli avvisi da' Signori Deputati,

Il Comitato Superiore ha deliberato che egli sortirà dalle prigioni dando avanti buona e valida sicurtà di non sortire di Bastia e di presentarsi tutte le mattine alla sala del Comitato Superiore; al qual effetto la presente deliberazione sarà significata al detto Antonio Martino Calendini.

BARBAGGI, *presidente;* POGGI, *segretario.*

Sessione del 9 agosto 1790.

Il Comitato superiore riunito avendo lette e prese in considerazione le due deliberazioni del 2 agosto presente mese, una sopra il fatto accaduto in Portovecchio sul fine del mese di aprile prossimo passato, e l'altra relativa alla memoria presentata contro il Signor Carabelli; intesi i pareri de' Signori Deputati, è stato unanimemente deliberato che le dette due deliberazioni siano nulle e di nessun effetto, per essere stata sorpresa la religione del Presidente e Segretario che li han segnate, e per essere affatto contrarie all'intenzione del Comitato Superiore, non avendone detto segretario fatta in modo alcuno l'estensiva, e che si è verificato essere stata fatta da un soggetto che non ne aveva alcuna incombenza.

Ed inerendo alle intenzioni dello stesso Comitato riguardo al fatto di Portovecchio, ha ordinato che tutti gli effetti appartenenti alla truppa ed al comandante saranno immediatamente restituiti, ed i mancanti saranno pagati, in tutto conforme alla nota stata rimessa dal Signor De Barrin.

E riguardo al fatto concernente il Signor Carabelli, ha ordinato che la memoria presentata a questo corpo contro di esso sia lacerata e riguardata come non avvenuta.

Belgodere de Bagnaja, de Giafferri, Fieschi, Paoli, Rocca, Morati, Pietrini Pievano, Arrighi, Marinetti, Tiberj, Angelo Luigi de Petriconi, de Benedetti, Varese, Barbaggi, presidente; Poggi, segretario.

Sessione del 10 agosto 1790.

Il Comitato Superiore unito, intese le questioni insorte fra varj particolari della Comunità d'Evisa, pieve di Sevindentro, per violenza arrivata in detta Comunità; esaminati i rispettivi processi verbali, è stato deliberato che la vecchia municipalità debba costruire un esatto processo verbale de' fatti arrivati, e informarne di subito il Comitato Superiore, e frattanto costando la verità dei due ratti, debba perseguitare i rei, e farli condurre dalle carceri d'Ajaccio, acciò la giustizia possa fare il suo corso contro di loro.

Barbaggi, presidente; Poggi, segretario.

Sessione del 10 agosto 1790.
(*Alla mattina*).

Il Comitato Superiore riunito, il Signor Presidente ha presentato una lettera del Signor General De Paoli portante la preghiera di far slargare dalle prigioni il Signor Bartolommeo Arrighi, il quale si era portato in questa città a sua insinuazione, ed assegnarli per arresto la città della Bastia, per quel tempo che sarà giudicato espediente.

Posta la pratica in deliberazione e intesi gli avvisi dei Signori Deputati, è stata la mozione suddetta unanimemente approvata, mediante che il suddetto Signor Arrighi debba dare una buona e valida sicurtà di non sortire dalla cittadella, e di presentarsi tutte le mattine alla sala del Comitato Superiore, al qual effetto la presente deliberazione gli sarà significata.

BARBAGGI, *presidente*; POGGI, *segretario*.

Sessione del 14 agosto 1790.
(*Alla mattina*).

Il Comitato Superiore riunito, visto il ricorso del Padre Don Ambrogio Celio, procuratore della Certosa di Pisa in Toscana; vista la risposta degli ufficiali municipali del Poggio d'Oletta, ed altre scritture reciprocamente prodotte, avuta sopra di quelle la debita e matura considerazione, inteso il parere di ciascun Deputato, ha unanimemente deliberato che le partite di denaro dovute dal curato del Poggio d'Oletta, e state a di lui mani sequestrate dagli ufficiali municipali di detta Comunità, saranno alla significazione della presente deliberate e rimesse al detto Reverendo Celio, procuratore della suddetta Certosa, e che l'ordinanza del Signor Intendente del 26 giugno 1789, sarà eseguita secondo la sua forma.

BARBAGGI, *presidente*; POGGI, *segretario*.

Sessione del 17 agosto 1790.
(*Alla mattina*).

Il Comitato Superiore unito, visto il ricorso del Signor Luigi de la Rosata, vista la risposta degli ufficiali municipali di Belgodere di Balagna ed altre scritture prodotte in appoggio del suddetto ricorso, inteso il rapporto del Sig. Varese, uno dei membri di questo Superior Comitato stato a tal effetto nominato per rapportore, avuta sopra di tutto ciò la debita e matura considerazione, ed intesi gli avvisi dei Signori Deputati, è stato unanimemente deliberato che il depositario della detta comunità di Belgodere nominato dal prefetto e procuratori del Comune, rilascierà al Signor Luigi della Rosata li terratici, decime ed altro, come pacifico possessore dei Beneficj di San Gavino e San Marcello immediatamente dopo la significazione della presente: Ingiunge agli ufficiali municipali di detta Comunità di far pagare tutto quello che non è a tenore dei decreti dell'Assemblea Nazionale, i quali vogliono che per tutto l'anno corrente dette percezioni continuino sul piede antico: Ingiunge finalmente al prefetto e procuratori del Comune suddetti di doversi presentare fra il termine di giorni sei nanti del Comitato Superiore per sentire l'ulteriori sue deliberazioni.

BARBAGGI, *presidente*; POGGI, *segretario*.

Del detto giorno 17 agosto 1790.
(*Al dopo pranzo*).

Il Comitato Superiore riunito, il Signor Presidente ha presentato una stampa avente per titolo: *Osservazioni su diversi punti della condotta de' Signori Peretti e Buttafuoco, deputati all'Assemblea Nazionale,* mal presentate nell'Isola, datate da Parigi de' 22 luglio 1790, sottoscritto coi nomi di Carlo Peretti e Matteo Buttafuoco; ha richiesto che ne fosse fatta lettura per essere in seguito deliberato ciò che ne sarebbe stato giudicato convenevole;

Che questa stampa contiene molte falsità relative alla patriottica condotta del Comitato Superiore, sempre animato nelle sue operazioni del bene della Patria e dal profondo rispetto per le leggi e per la Costituzione;

Che nella medesima stampa i fatti sono trasgiversati, le massime mal applicate, e che tutto annuncia le più maligne intenzioni per mantenere la Corsica nel disordine, ed impedirgli di godere di quella felice Costituzione, alla quale i buoni cittadini aspirano da lungo tempo, ed indurre il popolo a disubbidirgli, a non riconoscere il Comitato Superiore, e precipitarlo così ne' funesti orrori dell'anarchia.

Posta la pratica in deliberazione ed intesi gli avvisi dei Signori Deputati, è stato unanimemente ordinato che la suddetta stampa, essendo ritrovata ripiena di sentimenti sediziosi, maligni ed ingiusti verso dei buoni patriotti, del Comitato Superiore, della città di Bastia e dei Deputati de' Comuni all'Assemblea Nazionale, sarà in pena e biasimo degli autori lacerata ed abbruciata per mano dell'esecutore dell'alta giustizia nella pubblica piazza della Terranova, ed in faccia al Palazzo della Nazione.

È stato altresi deliberato che la presente sarà stampata ed inviata in tutte le Comunità dell'Isola. E tutti i deliberanti hanno sottoscritto.

Angelo Luigi de Petriconi, Carlo de Giafferri, Filippi, Arrighi, Morati, Cagnano, Varese, Rocca, Marinetti. Belgodere de Bagnaja, Donsimoni, Nicolai, Barbaggi, *presidente*; Poggi, *segretario*; Biadelli, *segretario*.

Sessione del 21 agosto 1790.

(Alla mattina).

Il Comitato Superiore unito, è stata fatta lettura di processi verbali, memorie, suppliche e risposte presentate a questo Comitato sopra il fatto accaduto in Oletta e Poggio di Nebbio contro li Signori Boccheciampe ed altri stati arrestati per ordine dei Signori ufficiali municipali d'Oletta in S. Fiorenzo, ed in appresso trasportati nelle carceri di questa cittadella.

E dopo la detta lettura, alcuni deputati hanno detto che non conveniva lasciar languire più lungamente nelle carceri quelli che dal processo verbale non apparivano sospetti, e che gli altri che la municipalità pretendeva sospetti del delitto, dovesse per la terza volta ordinarsi agli ufficiali municipali d'Oletta di denunciarli alla Giustizia Reale per far decidere o la loro reità o loro innocenza.

Posta la materia in deliberazione, ed intesi gli avvisi di tutti i Deputati, è stato unanimemente deliberato che li Signori Matteo Boccheciampe, abate Carli, abate Graziani, Carlo Graziani, Luigi Lorenzetti e Giovanni Cocchetti saranno rimessi in libertà, dando questi sicurtà di presentarsi ad ogni ordine del Comitato Superiore. E riguardo agli altri prigionieri d'Oletta e Poggio, ordina agli ufficiali municipali d'Oletta di denunciarli alla Giustizia Reale senz'altro ritardo; e ricusandosi dalli detti ufficiali municipali di fare la detta denuncia, si riserva di provvedere.

BARBAGGI, *presidente*; POGGI, *segretario*;
BIADELLI, *segretario*.

Sessione del 22 agosto 1790.
(*Alla mattina*).

Il Comitato Superiore riunito, il Signor Presidente ha detto che, essendo spirati i quindici giorni di sua presidenza, doveasi procedere alla nomina d'un successore, ed avendo proceduto alla nomina suddetta, è stato d'unanime consenso confermato il Signor Barbaggi.

E tutti i deliberanti hanno sottoscritto.

DONSIMONI, ROCCA, MARINETTI, ARRIGHI, BELGODERE DE BAGNAJA, MORATI, POGGI, *segretario*.

Sessione del 23 agosto 1790.

Il Comitato Superiore unito, si è occupato dell'affare del Signor Casanova d'Arracciani. Vista la di lui memoria, esaminato il processo verbale della municipalità di Sartene ed altre memorie state reciprocamente prodotte, avuta sopra di tutto ciò la debita e matura considerazione, ed intesi gli avvisi dei Signori Deputati, è stato unanimemente deliberato che la sentenza resa dalla municipalità di Sartene sia dichiarata nulla e di niun valore, e come se fatta non fosse, per essere la suddetta municipalità composta di sei soggetti, ed in detta sentenza non averci interloquito che soli tre ufficiali municipali, avendo fatto concorrere al giudicio della medesima due soggetti estranei, senza che apparisca alcun impedimento nè ricusa del restante del corpo municipale, nè autorità del medesimo di nominare alcun surrogato.

È stato altresì deliberato che la suddetta municipalità non debba dare alcun'esecuzione alla detta sentenza, e che la presente deliberazione le sarà significata, acciò vi si debba conformare.

BARBAGGI, *presidente*; POGGI, *segretario*.

Sessione del 24 agosto 1790.

Il Comitato Superiore unito, è stata fatta lettura del requisitorio del Signor Luccioni, procuratore del Comune di Bonifacio, del processo verbale di ammissione di due ufficiali municipali, e d'un notabile, e di quelli che erano stati eletti da questo Comitato per invigilare all'esigenza de' diritti della Dogana in detta Comunità, e di tutte le suppliche e memorie state presentate ad instanza de' Deputati eletti nel detto processo verbale, e delli detti due ufficiali municipali e notabile.

E dopo la detta lettura, il Signor Presidente ha detto che l'insurrezione arrivata nella detta città di Bonifacio dovea essere uno degl'oggetti i più importanti che occupar dovesse questo Comitato;

Che conveniva rinvenire i mezzi onde impedire gli ulteriori inconvenienti perturbativi del pubblico riposo de' cittadini componenti la detta città, e che uno de' mezzi tendenti ad ottenere il bramato intento era quello di far comparire nanti questo Comitato Superiore il Procuratore del Comune, ed il Signor Andrea Vincenzo Portafax per dare da se medesimi contezza della loro condotta, e per sentire l'istruzioni ed ordine del medesimo Comitato;

Che per vie più assicurare il Comitato Superiore della verità de' fatti esposti nel detto processo verbale e nelle dette rispettive memorie, si poteva prendere l'espediente di spedire in detta città un Commissario incaricato di sedare intieramente la detta insurrezione;

Che attese le cariche di Vice-Console di Spagna e Napoli, e di Procuratore del Re nel Signor avvocato Brandi, incompatibili con la commissione che il Comitato l'avea accordata, si poteva autorizzare il detto Commissario d'informarsi e e riconoscere quali sarebbero li soggetti degni della pubblica confidenza, e capaci di vegliare alla pronta e fedele esigenza de' detti diritti.

Posta la materia in deliberazione, ed inteso il parere di tutti li Deputati, il Comitato Superiore ha unanimemente aderito alla detta mozione; in conseguenza ha eletto per Commissario il Signor Varese, membro di questo Comitato Superiore, autorizzandolo di ordinare ai detti Signori Procuratore del Comune e Portafax di portarsi di subito in questa città nanti di questo Comitato Superiore, ed a riconciliare e sedare la detta insurrezione, valendosi de' suoi talenti e del suo zelo patriottico di cui è ripieno; ed a tal effetto le dà anche tutte le facoltà necessarie per richiedere quella manforte che l'abbisognerà alli Signori ufficiali municipali della detta Comunità.

Inoltre l'autorizza di prendere le debite informazioni tanto de' fatti esposti nelli detti processo verbale e memoria, quanto de' soggetti degni della pubblica confidenza, e capaci ad esercitare la commissione che lo stesso Comitato l'attribuirà per invigilare sopra la condotta de' ricevitori dei diritti della Dogana per loro totale esigenza, e di tutto farne il rapporto al Comitato Superiore che si riserva di deliberare ad ordinare ciò che sarà di ragione.

BARBAGGI, *presidente* ; POGGI, *segretario*.

Sessione del 24 agosto 1790.

Il Comitato Superiore unito, si è fatta lettura d'una lettera del canonico Cristinaccie di Vico, risponsiva ad altra scrittale da questo Superior Comitato, ove risulta la ricusa di presentarsi in questa città per sentire gli ordini dell'istesso Comitato. Il Signor Presidente ha detto che la detta ricusa è del tutto punibile, e perchè il detto canonico è stato più volte accusato, e perchè ha dato sempre a divedere di non voler riconoscere il Comitario Superiore, e per essersi opposto alle deliberazioni del detto Comitato, tutte tendenti ad assicurare la pubblica tranquillità della comunità di Vico ;

Che intanto conveniva scrivere lettera al vescovo di Sagona per invitarlo ad ammuoverlo dalla carica di vicario generale ed inoltre d'ingiungere al detto canonico Cristinaccie di dover fra tre giorni senza ulteriore dilazione partire e portarsi in questa città nanti questo Superior Comitato, ed in caso di nuova disubbidienza punirlo e denunciarlo al nuovo Dipartimento che verrà fatto, per delinquente e per un cittadino immeritevole della pubblica confidenza.

Dopo di che, posta la materia in deliberazione, intesi i pareri de' diversi Deputati, è stato unanimemente aderito alla detta mozione, e si è deliberato che si scriverà lettera al Signor vescovo di Sagona per invitarlo a ritirare le lettere patenti di vicariato, che le ha attribuite, ordinando siccome ordina al detto canonico Cristinaccie di comparire nanti di questo Comitato Superiore fra quattro giorni, altrimenti sarà punito e denunciato al nuovo Dipartimento, subito che verrà fatto, per un cittadino delinquente ed immeritevole della pubblica confidenza.

Barbaggi, presidente; Poggi, segretario.

Sessione del 31 agosto 1790.

Il Comitato Superiore riunito, il Signor Presidente ha proposto che la situazione de' prigionieri d'Oletta meritava qualche provvigione avanti lo scioglimento del medesimo da questa città; che la lunghezza del processo di quella municipalità, l'insalubrità delle carceri, la critica stagione e molte altre riflessioni reclamavano dall'umanità de' Signori del Comitato un atto della loro propria e solita clemenza.

Posta la pratica in deliberazione, intesi i pareri de' Signori Deputati ed avuta sopra la mozione suddetta la debita e matura considerazione, è stato d'unanime consenso decretato che tutti i prigionieri di detta comunità d'Oletta siano slargati e posti in libertà per restare nella città di Bastia e mediante una buona e valida sicurtà, che a tal oggetto dovranno i medesimi produrre agli atti del segretariato di questo Comitato Superiore, di presentarsi ogni qual volta verranno richiesti, e non allontanarsi da questa città senza ulteriori permissioni, sotto pena di essere riguardati come infrattori e perturbatori della pubblica quiete, e per tali essere perseguitati secondo le disposizioni delle leggi.

Barbaggi, presidente; Poggi, segretario.

Sessione del 2 settembre 1790.

Il Comitato Superiore riunito in casa del Signor Presidente, sono comparsi li Signori Anton Martino Ciaccaldi ed Antonio Benedetti, della comunità d'Evisa, stati chiamati a dover comparire, i quali essendosi presentati, e non essendo intervenuto la parte avversa, stata egualmente chiamata per essere intesa contradittoriamente; ed essendo il Comitato Superiore sulla partenza per rendersi in Orezza, ed avendo terminate le sue sessioni, ha tramandato i suddetti Signori Anton Martino Ceccaldi e Antonio Benedetti a presentarsi al Congresso del Convento d'Orezza, ove si riserva di deliberare definitivamente sopra le questioni di dette parti; e frattanto ha dato atto ai comparenti suddetti della loro adesione agli ordini del Comitato unitamente alla protesta che i medesimi fanno dei loro danni ed interessi contro la parte avversa mancante.

BARBAGGI, *presidente;* POGGI, *segretario.*

Sessione del 7 settembre 1790.

Il Comitato Superiore riunito nel Convento d'Orezza, si sono intese contradittoriamente le parti sui diversi reclami della comunità d'Evisa stati fatti nanti di questo Superior Comitato in Bastia, e per cui si era riservata la conoscenza e decisione in questo luogo, attesa l'imminente sua partenza da Bastia. Esaminati tutti i documenti presentati reciprocamente, intesi i pareri de' Signori Deputati, e sopra il tutto avuta la più matura considerazione, è stato di unanime consenso deliberato che le parti suddette riguardo alle contestazioni della municipalità, sono rinviate nanti il nuovo Dipartimento, che verrà in breve ad essere formato; atteso i danni ed interessi riclamati per parte del Signor Anton Martino Colonna Ciaccaldi, dovrà egli incamminarsi nanti i giudici ordinari; e che frattanto sia restituita al detto Signor Anton Martino la pistola in questione, salve le ragioni del Signor Francesco Antonio Ciaccaldi, da far valere nanti i tribunali competenti.

BARBAGGI, *presidente*, POGGI, *segretario*.

Del detto giorno 7 settembre 1790.

Il Comitato Superiore, intese le contestazioni vertente fra i due pretesi prefetti stati nominati nella comunità di Appieto; letti i processi verbali reciprochi di elezione ed altri documenti relativi, avuta sopra di ciò la matura considerazione, dopo di aver intesi i pareri dei Signori Deputati, è stato deliberato che i suddetti due pretesi prefetti stati eletti in detta comunità debbano provvedersi nanti del Dipartimento che va a formarsi, per la riconoscenza della legalità o illegalità dell'uno e dell'altro de' medesimi; che frattanto alcuno di essi non debba esercitare le funzioni di prefetto, quali saranno interinamente supplite dal primo degli ufficiali municipali, come quello a cui competono in mancanza del prefetto, conformemente ai decreti dell'Assemblea Nazionale.

BARBAGGI, *presidente;* POGGI, *segretario;*
SAVELLI, *segretario*.

Questo registro resta finito, unitamente alle sessioni del Comitato Superiore, mediante la formazione del Dipartimento, in conformità della sua istituzione, colla registrazione della seguente lettera stata scritta dal Signor Generale De Paoli, presidente dell'Assemblea Elettorale del Dipartimento, e l'originale della medesima resterà nei fofogliazzi della corrispondenza.

« Signor Presidente del Comitato Superiore,

» Il foglio di cui è stata fatta lettura in vostro nome e del Comitato Superiore a quest'Assemblea nella sessione di questa sera, ha svegliato negli animi di tutti gli Elettori il più vivo e giusto senso dei patriottici importanti servizi resi dal Comitato alla nazione in tempo così difficile; e l'Assemblea ha unanimemente decretato che i ringraziamenti dei rappresentanti della Patria siano l'onorevole premio dovuto alla vostra attività e zelo, e che io attesti in di lei nome nella maniera la più solenne a Voi, e per il vostro canale a tutti i membri del Comitato la pubblica riconoscenza e gratitudine.

» Nell'adempire a quest'incarico, ho la soddisfazione di unire a quelli dell'Assemblea i miei particolari sentimenti, e pieno di stima ho l'onore, Signor Presidente ecc.

Vostro devotissimo servitore.
PASQUALE DE PAOLI.

Convento di Orezza, li 24 settembre 1790.

Fine delle operazioni del Comitato Superiore di Corsica.

Convento di Orezza, li 24 settembre 1790.

BARBAGGI, *presidente;* POGGI, *segretario.*

TABLE DES MATIÈRES

1790.

Session du 2 Mars. — Clément Paoli premier président du Comité; Giuseppe Barbaggi deuxième président . pag.	1-2
2 Mars. — Les membres du Comité jurent de ne rien divulguer des délibérations.	2-3
2 Mars. — Commissaires nommés pour aller rétablir l'ordre à Calvi ; leurs instructions.	3 à 5
3 Mars.—Projet de circulaire pour informer les populations de la formation du Comité Supérieur	5-6
3 Mars. — Commissaires nommés pour aller rétablir l'ordre à Corte . . , ... , ...	6-7
4 Mars. — Dispositions prises afin de pourvoir aux dépenses du Comité.	7 à 9
5 Mars. — Explications données par les députés de Ghisoni sur la formation de trois Compagnies	9-10
6 Mars. — Délibération relative à certains troubles survenus à Vico	11-12
6 Mars.—Délibération relative à la nomination des Municipalités . . . . , ...	12-13
6 Mars. — Délibération relative à un assassinat commis à Vescovato	13-14
6 Mars. — Délibération relative à la pépinière de Calvi .	14
7 Mars. — Délibération relative à la conduite du sieur Lebel, directeur de la douane de Bastia.	14-15
7 Mars. — Délibération relative à l'arrivée prochaine du général Paoli	15-16

— 228 —

8 Mars. — Admission et serment d'Eugenio Giordani, membre du Comité Supérieur . . . . , . pag. 16-17

8 Mars. — Le Comité décide qu'il demandera au général de Barrin d'empêcher l'exportation des grains. 17-18

9 Mars. — Défense sera faite aux podestats majeurs et aux officiers municipaux du Cap-Corse de se réunir sans autorisation. 18-19

9 Mars. — Le Comité décide que le général Barrin sera invité à mettre une garnison dans le fort d'Aleria. . . 19-20

10 Mars. — Délibération relative à l'instruction du procès des frères Fabiani de Santa Reparata 20-21

11 Mars. — Délibération annulant le discours prononcé par Belgodere à la clôture des Etats de 1777 et la lettre des députés des Douze aux Commissaires du Roi 21-22

11 Mars. — Réunion du Comité sans délibération 22

12 Mars. — Délibération relative à l'inventaire des biens des Couvents. . . . . 22 à 24

13 Mars. — Délibération pour demander le maintien en Corse du régiment du Maine 24-25

13 Mars. — Le Comité décide que le général Barrin sera invité à envoyer un détachement de 25 hommes au moins dans les juridictions d'Aleria, de la Porta et de Vico. . 25-26

14 Mars. — Délibération relative à formation des milices de Calenzana en compagnies . . . . 26 à 29

16 Mars. — Délibération relative à l'instruction du procès des frères Fabiani de Santa Reparata 30-31

16 Mars. — Délibération relative à la nomination des Commissaires pour chaque piève 31-32

19 Mars. — Arrivée et prestation de serment des membres du Comité Supérieur qui doivent servir au second tour. Antonio Gentili, président . . . . . , ... 32-33

20 Mars. — Annulation de l'assemblée tenue à Vallecalle par la podestat . . . . , ... 34

22 Mars. — Réunion du Comité sans délibération 35

23 Mars. — Arrivée et prestation de serment de Maria Ferrandini 35

24 Mars. — Délibéraration relative à l'instruction du procès des frères Fabiani de Santa Reparata 36

25 Mars. — Varese e Gio. Paolo Natali prêtent serment . . 37

27 Mars. — Délibération relative à conservation des biens meubles appartenant à la nation 37-38

29 Mars. — Réunion du Comité sans délibération 38

30 Mars. — Délibération relative aux troubles survenus à Corte à cause de la nomination d'une double municipalité. 39 à 42

31 Mars. — Délibération relative à une lettre séditieuse adressée aux membres du Comité Supérieur. . . pag.   42-43

31 Mars. — Délibération relative aux frais nécessités par le transport du Comité Supérieur à Orezza   44

10 Avril. — Nomination d'une Commission qui continuera à siéger à Bastia.   45

12 Avril. — Procès-Verbal de la réunion des membres du Comité Général au Couvent d'Orezza. Liste des membres présents. Examen des procès-verbaux d'élection ; Barbaggi, président . . . .   46 à 49

13 Avril. — Nomination d'une Commission chargée d'examiner s'il est nécessaire d'organiser une force armée .   49 à 51

13 Avril. — Nomination d'une Commission chargée d'examiner les rapports sur les élections des municipalités.   51-52

14 Avril. — Délibération relative aux pouvoirs des députés d'Ajaccio. Le Comité général décide qu'ils seront admis et que le Deçà et le Delà des monts seront représentés par un nombre égal de députés . . . . . .   52 à 54

14 Avril. — Délibération relative aux pouvoirs des Commissaires du Roi. Le Comité général décide qu'il se chargera lui-même provisoirement de trancher les différends occasionnés par la nomination des municipalités, et qu'une commission se rendra à la Porta pour rétablir l'ordre dans cette Commune . . . .   54 à 56

15 Avril. — Le Comité général décide l'organisation d'une force armée de 300 gardes nationales. Mesures prises à ce sujet . . . .   57 à 60

15 Avril. — Délibération relative à la conduite des frères Leoni de Santa Reparata.   60-61

16 Avril. — Le Comité général décide que toutes les réclamations au sujet de l'élection des municipalités seront portées devant lui, et que pour la plus grande commodité des provinces, il fixera son séjour à Corte. . . .   61-63

16 Avril. — Délibération relative à un Fabiani de Calenzana   63-64

16 Avril. — Commissaires nommés pour assurer l'ordre dans la Commune de Monticello.   64

17 Avril. — Délibération suspendant le départ des Commissaires nommés pour se rendre à la Porta.   65

17 Avril. — Réunion du Comité Général sans délibération .   66

18 Avril. — Antonio Ornano nommé président du Comité Général   66

18 Avril. — Délibération relative aux contestations entre la Commune de Vico et la Colonie de Cargese.   67-68

18 Avril. — Délibération relative aux troubles de Corte. pag.   68-69

18 Avril. — Le Conseil Général décide que provisoirement il ne sera levé aucune force armée. Les députés de Bastia s'opposent au transférement de la résidence du Comité Général à Corte   69-70

18 Avril. — Délibération relative à un différend survenu entre la Commune de Corbara et le village de Pigna . .   70-71

18 Avril. — Délibération interdisant à toute personne de se présenter en armes au Couvent d'Orezza ou sur la place voisine   71-72

19 Avril. — Félicitations votées au Général Gaffori sur la proposition de Giubega   72-73

19 Avril. — Nomination d'une Commission d'initiative pour proposer au Comité Général les moyens les plus propres à assurer l'union en Corse.   73-74

20 Avril. — Nomination d'une Commission qui devra se rendre à Bastia pour rétablir la concorde entre les habitants et le régiment du Maine   74-75

20 Avril. — Délibération en faveur du capitaine Colonna Ceccaldi, accusé par les officiers municipaux de la Porta.   75

20 Avril. — Délibération autorisant le président du Comité à rénumérer les services rendus par les secrétaires Boccard et Salvini   76

20 Avril. — Commission nommée pour se rendre à l'Ile-Rousse afin d'y rétablir la paix et d'examiner les faits reprochés à Arena.   76-77

20 Avril. — Délibération relative à certains actes d'insubordination signalés au Comité général par le général Gaffori.   77-78

20 Avril. — Clôture de la session du Comité général. Motion de Belgodere approuvée   78-81

28 Avril. — Session du Comité Supérieur dans le couvent de Saint-François à Corte. Communication relative à l'attaque de Saint-Florent. Délibération à ce sujet. . .   82-83

29 Avril. — Délibération relative à certains troubles survenus dans la commune de Piana   83-84

29 Avril. — Communication relative au parricide Lorenzo Salvatori, accueilli à l'Ile-Rousse par Arena ; délibération à ce sujet.   84-85

30 Avril. — Admission provisoire du sieur Benedetti comme député de la piève de Sevinfuori   85-86

1er Mai. — Les officiers de la garde nationale de Corte demandent à veiller à la sûreté du Comité ; délibération à ce sujet.   86-87

3 Mai. — Giubega nommé président du Comité . . . pag.	87-88
4 Mai. — Mesures prises par le Comité pour réprimer les troubles du Fiumorbo	88-89
4 Mai. — Le Comité vote des félicitations au général Gaffori.	90
5 Mai. — Délibération déclarant nulle l'élection de la municipalité de Piana faite dans l'assemblée du 4 avril . .	91-92
5 Mai — Le Comité tient ses séances dans la salle de la justice royale à Corte. Il décide la levée d'une force armée pour réprimer les troubles du Fiumorbo. . . .	92-93
7 Mai. — Le Comité reconnaît la nécessité de contraindre par la force au paiement les adjudicataires de la subvention. Dispositions prises à ce sujet	94-97
8 Mai. — Délibération déclarant que les membres du Comité seront payés quand ils seront de service pour le second tour. Dispositions prises à ce sujet	98-99
8 Mai. — Délibération déclarant nulle l'élection de la nouvelle municipalité d'Evisa	100
9 Mai. — Délibération autorisant le prêt de 300 francs par la caisse de la province à la commune de Popolasca .	100-101
10 Mai. — Délibération confirmant l'élection de la municipalité de Poggio-di-Venaco.	101-102
10 Mai. — Délibération confirmant l'élection de la municipalité de Luco, piève de Venaco	102
10 Mai. — Délibération relative à des contestations survenues entre les frères Poggi, de la Rebbia di Bozio .	103-104
11 Mai. — Admission du chanoine Fieschi et Bianchi, députés de la piève de Vico.	104
11 Mai. — Délibération relative à des réclamations présentées par la municipalité de Vico	105
11 Mai. — Délibération relative à un mémoire injurieux présenté contre Benedetti, membre du Comité, par les sieurs Antonio Martino Pietri et Antonio Alessandri .	106-107
14 Mai. — Réunion des membres du Comité dont le tour commençait le 12 mai ; Giantommaso d'Arrighi, doyen d'âge ; Salvini, nommé pro-secrétaire	107-108
15 Mai. — Le Comité approuve un mémoire justificatif d'Arena et regrette sa brouille avec Giubega	108-110
15 Mai. — Délibération invitant le sieur Carlo Grimaldi à siéger en attendant l'arrivée du sieur Galletti	110
17 Mai. — Le chanoine Fieschi nommé président	111
17 Mai. — Délibération invitant les deux municipalités de Corte à se présenter devant le Comité pour mettre fin au désordre.	111-112
18 Mai. — Délibération modifiant la commission nommée	

pour examiner les différends survenus entre la commune de Vico et les Grecs de Cargese . . . . . pag. 112-113

18 Mai. — Délibération relative aux troubles de Corte occasionnés par la nomination de deux municipalités. . . 114

19 Mai. — Délibération relative à une distribution de fusils en Balagne. Le Comité décide qu'il se transportera à Caccia pour essayer de réconcilier Giubega et Arena .

19 Mai. — Le Comité Supérieur se réinstalle à Bastia ; raisons de ce changement de résidence . . . .

20 Mai. — Gaetano Varese nommé président du Comité. . 119

20 Mai. — Dispositions prises par le Comité pour fêter l'arrivée du général Paoli et du duc de Biron 120

20 Mai. — Délibération enjoignant au village de Pigna de reconnaître la municipalité de Corbara 121

21 Mai. — Délibération approuvant la conduite du sieur Grimaldi de Niolo. 121-122

22 Mai. — Délibération autorisant les délégués de la garde nationale de Bastia à représenter la Corse entière à la fédération de Lyon 123-124

22 Mai. — Délibération réglant l'organisation des douanes en Corse ; nomination des *Custodi* 124-125

24 Mai. — Mesures prises pour s'emparer de la personne d'Angelo Maria Stefani, dit Tambone, de Carcheto, coupable d'homicide. 126-127

25 Mai. — Délibération déclarant que les lettres expédiées par le Comité à ses membres jouiront de la franchise . 127

25 Mai. — Délibération annulant l'élection de la municipalité de Moltifao 127-128

26 Mai. — Le Comité décide que tous ses membres seront invités à se rendre à Bastia pour assister à l'arrivée du Général Paoli et du duc de Biron. 128-129

27 Mai. — Délibération annulant en principe toutes les délibérations prises par le Comité résidant à Corte, sauf quelques-unes qui pourront être conservées ; raison de cette décision 129-131

27 Mai. — Délibération sanctionnant les délibérations prises par le Comité siégeant à Corte, sauf la seconde délibération du 4 mai et celle du 8 mai 132

28 Mai. — Délibération relative à quelques différends survenus à la Porta d'Ampugnani 133

29 Mai. — Le Comité décide qu'un emprunt sera fait à la caisse civile pour l'organisation d'une force armée . . 133 à 135

31 Mai. — Règlement pour l'organisation et le fonctionnement de la force armée . . . . 135 à 137.

— 233 —

1er Juin. — Admission du sieur Carabelli comme député de Sartene . . . . pag. 138
2 Juin. — Délibération prise contre le général Gaffori cassant celle du 20 avril 138-140
4 Juin. — Arrivée des députés qui doivent servir au second tour ; Nobili-Savelli nommé président 141
4 Juin. — Délibération prise contre les adjudicataires de la subvention, les trésoriers, etc., qui n'ont pas encore rendu leurs comptes. 141-144
5 Juin. — Délibération prescrivant aux communes retardataires de procéder au plus tôt à la formation de leurs municipalités 144-146
11 Juin. — Délibération suspendant les deux municipalités de Corte et remettant en fonctions l'ancienne municipalité. 146-147
11 Juin. — Délibération approuvant l'opposition faite par plusieurs membres du Comité, à l'assemblée des députés du Delà des monts convoqués à Ajaccio 147-148
12 Juin. — Nomination de deux commissions pour rétablir la paix dans le Fiumorbo et à Orezza 149-150
13 Juin. — Délibération prise pour la conservation du *palazzo pubblico* de Vico et des meubles qu'il contient . . 150-151
18 Juin. — Nomination de Belgodere comme président du Comité pour le tour suivant. 151-152
19 Juin. — Délibération prise en faveur de Giannandrea Mattei contre ses calomniateurs 152-153
19 Juin. — Délibération prescrivant l'envoi d'une force armée de 22 hommes pour rétablir la tranquillité dans la commune d'Olmi-Cappella 153-154
21 Juin. — Délibération rendant aux sieurs Poli et Santolini, qui ont réglé leurs comptes, la jouissance des droits de citoyens actifs. 154-155
21 Juin. — Délibération prescrivant l'envoi d'une force armée de 12 hommes pour rétablir l'ordre dans la commune de Castellàre di Casinca. 155-156
21 Juin. — Délibération maintenant le sieur Jacquet en possession de la forêt de Stella 156-157
22 Juin. — Délibération admettant deux concurrents, Ottaviani et Carabelli, comme membres du Conseil Supérieur. 157
25 Juin. — Délibération relative à la garde nationale de Lunghignano 158
26 Juin. — Nomination d'un Comité de recherches ; attributions de ce Comité 158-159
28 Juin. — Délibération prise en faveur du procureur général Coster 159-160

29 Juin. — Délibération prise en faveur du même . . pag. 160-161
29 Juin. — Délibération confirmant dans ses fonctions la municipalité de San Nicolao di Moriani 161
29 Juin. — Délibération maintenant en exercice les quatre compagnies de Calenzana 162
30 Juin. — Nomination d'officiers de la garde nationale pour se rendre à Paris à la fête de la fédération 162-164
30 Juin. — Délibération enjoignant au sieur Luigi Matra d'évacuer le fort d'Aleria. 164-165
3 Juillet. — Nomination du sieur Varese, comme président pour le tour suivant. 165
3 Juillet. — Délibération mettant à la charge des différents districts les dépenses qui seront faites par les officiers nommés dans la séance du 30 juin. 166
5 Juillet. — Délibération prise en faveur du sieur de La Rosata. 166-167
6 Juillet. — Délibération prescrivant le paiement des dîmes ecclésiastiques. 167-168
7 Juillet. — Délibération confirmant celle du 3 juillet relative aux dépenses des officiers délégués à Paris . . . 169-170
12 Juillet. — Délibération sur les mesures à prendre pour rétablir l'ordre à l'Algajola 171
12 Juillet. — Délibération déclarant que l'ancienne municipalité de Corte est la seule légitime 172-173
13 Juillet. — Délibération déclarant que le sieur Luigi Matra, ayant refusé d'évacuer le fort d'Aleria, sera arrêté . . 173-174
16 Juillet. — Délibération maintenant en fonctions l'ancienne municipalité de Sorio 175
17 Juillet. — Délibération décidant que l'ordre sera rétabli par la force à Corte. 176-178
19 Juillet. — Admission du sieur Marc'Aurelio Peretti comme membre du Comité. Gian Tommaso Arrighi élu député pour le tour suivant. Félicitations votées à Cesari Rocca et à Saliceti 179-180
19 Juillet. — Délibération par laquelle il est demandé au général Barrin de ne laisser à Corte qu'une compagnie du régiment Salis, et de répartir les autres dans les villes maritimes de la Corse. 180-182
20 Juillet. — Délibération accordant voix délibérative aux secrétaires du Comité. 182-183
21 Juillet. — Délibération sur le paiement de certains bons. 183
22 Juillet. — Les députés extraordinaires à l'Assemblée nationale reçus par le Comité. Discours de Belgodere ; félicitations votées aux députés 184-187
22 Juillet. — Nomination de cinq commissaires qui devront

se transporter à Corte avec 500 hommes pour mettre fin aux troubles de cette ville. . . . . pag.	188
23 Juillet. — Les habitants de Corte ayant promis de vivre en paix, le Comité décide que les Commissaires se rendront seuls à Corte sans force armée	189-190
26 Juillet. — Délibération énumérant tous les reproches faits au général Gaffori. Le Comité décide que le général sera provisoirement détenu dans sa propre maison . .	190-196
27 Juillet. — Communication d'une lettre du général Gaffori. Le Comité l'autorise à s'embarquer pour la France . .	197-198
2 Août. — Délibération prise contre le sieur Giulio Rocca-Serra, de Portovecchio, coupable d'attentat envers les troupes du Roi	198-200
2 Août. — Délibération prise pour le rétablissement de l'ordre dans le village de Fozzano.	200-202
2 Août. — Délibération prise en faveur du sieur Carabelli, membre du Comité, contre ses calomniateurs	202-203
2 Août. — Nomination de Commissaires chargés de contraindre au paiement les adjudicataires de la subvention.	203-206
2 Août. — Nomination d'un Commissaire pour veiller au bien-être des prisonniers détenus par ordre du Comité Supérieur	207
2 Août. — Le Comité décide qu'il interviendra auprès du Conseil Supérieur en faveur d'un malheureux fou d'Orezza, coupable de meurtre.	207-208
3 Août. — Barbaggi nommé président du Comité pour le tour suivant.	208
4 Août. — Délibération demandant que le prix du sel soit abaissé à Calvi	208-209
4 Août. — Délibération relative au paiement des appointements dûs aux employés des bureaux du Comité . .	209-210
5 Août. — Délibération nommant le sieur Domenico Ceccaldi à la douane de Calvi	210
6 Août. — Délibération décidant que le sieur Vidau sera remis en liberté sous caution	210-211
7 Août. — Délibération décidant que sieur Luigi Matra sera remis en liberté sous caution	211
7 Août. — Délibération décidant que le sieur Antonio Martino Calendini sera remis en liberté sous caution . . .	212
9 Août.—Délibération prescrivant que les effets enlevés aux troupes du Roi à Portovecchio soient rendus et justifiant le sieur Carabelli des calomnies dirigées contre lui . .	212-213
10 Août. — Délibération relative aux troubles survenus dans la commune d'Evisa	213

10 Août. — Le Comité décide, à la prière du général Paoli, que le sieur Bartolommeo Arrighi sortira de prison et sera interné dans la ville de Bastia . . . . . . pag. 214

14 Août. — Délibération prise en faveur du P. Don Ambroggio Celio, procureur de la Chartreuse de Pise . . 214-215

17 Août. — Délibération prise en faveur du sieur Luigi de La Rosata contre les officiers municipaux de Belgodere. 215

17 Août. — Le Comité décide qu'un mémoire signé Peretti et Buttafoco et justifiant la conduite de ces deux députés, sera déchiré et brûlé sur la place publique de Terranova 216-217

21 Août. — Délibération décidant que les sieurs Matteo Boccheciampe, Carli, Graziani, Lorenzetti et Cocchetti seront mis en liberté sous caution 217-218

22 Août. — Barbaggi maintenu dans les fonctions de président pour le tour suivant 218

23 Août. — Le Comité casse une délibération prise par la municipalité de Sartène au sujet du sieur Casanova d'Aracciani. 218-219

24 Août. — Délibération relative aux troubles survenus à Bonifacio. 219-221

24 Août. — Le Comité décide qu'une lettre sera écrite à l'évêque de Sagone pour l'inviter à retirer les fonctions de vicaire général au chanoine Cristinacce, rebelle aux ordres du Comité Supérieur 221-222

31 Août. — Délibération décidant que les prisonniers d'Oletta seront mis en liberté sous caution 222

2 Septembre. — Le Comité décide que les sieurs Anton Martino Ceccaldi et Antonio Benedetti se présenteront au congrès d'Orezza 223

7 Septembre. — Le Comité Supérieur réuni à Orezza, décide que les sieurs Anton Martino Colonna-Ceccaldi et Antonio Benedetti seront renvoyés devant le Département qui sera prochainement nommé 223-224

7 Septembre. — Le Comité renvoi devant le Département les deux maires nommés dans la commune d'Appieto, et charge des fonctions de Maire le premier officier municipal 224

Fin des Séances du Comité. — Lettre du général Paoli remerciant le Comité Supérieur du zèle qu'il a déployé au service de la Nation 225

TABLE DES NOMS PROPRES

A

Agostini Pietro Francesco, 32, 37, 46.
Albertini, pievano, 80.
Albertini Paolo Giovanni, 32.
D'Albertini Don Giacomo, 80, 113.
Alessandri Antonio, 106, 107.
Angeli, 1, 46, 50, 56, 74, 87.
D'Angeli Carlo, 80, 82, 88, 89, 92, 97.

Arena, 5, 76, 77, 84, 85, 108, 109, 116, 163.
Arrighi, 46, 68.
Arrighi Bartolommeo, 111, 176, 193, 214.
Arrighi de Casanova, 163.
D'Arrighi Gio: Tommaso, 6, 39, 81, 87, 92, 97, 107, 128, 159, 179.

B

Bandiera Francesco Antonio, 132.
Barbaggi, 1, 2, 46, 49, 66, 68, 74, 81, 117, 120, 136, 159, 180, 208, 218.
Barbaggi Giuseppe, 33.
Barrin, général, 7, 14, 17, 19, 25, 26, 31, 32, 39, 40, 42, 67, 75, 115, 137, 177, 181, 182, 202.
Bartolomei Francesco, 152.
Battesti Gian Battista, 102.
Battini Guglielmo, 52, 59, 80.
Belgodere, colonel, 163.
Belgodere, député extraordinaire, 184, 187.

Belgodere de Bagnaja, 21, 22.
Belgodere de Belgodere, 81, 87, 90, 91. 92, 97, 103, 105, 147, 151, 206.
Belgodere Lodovico, 47, 51, 53, 56, 65, 78, 80
Benedetti Antonio, d'Evisa, 100. 223, 224.
de Benedetti Antonio Francesco, 47, 56, 81, 85, 86, 91, 92, 97, 105, 106, 107, 113.
Benedetti Gio: Quilico, 32, 51.
de Benedetti Pasquale Antonio, 80.

— 238 —

de Benielli Marc'Ariotto Luigi, 52, 53. 80.
Bettini, 52, 59.
Biadelli, 45, 75.
Bianchi, 52, 59, 80.
Bianchi Antonio Mariano, 104, 107, 128.
Biron (duc de), 118, 120, 128.
Boccard, 76, 118.
Boccheciampe, 74, 80.
Boccheciampe (les), 192, 217.

Bonaccorsi (l'abbé), 1, 21, 32, 46, 51, 64, 80, 107, 110. 114, 115, 128.
Bonaparte Giuseppe, 52, 53, 59, 74, 81.
Bonelli, pievano, 33, 46, 51, 77, 108, 109, 141.
Brandi Romani, 9, 10.
Brandi, avocat, 220.
Bruni, 52, 59, 80.
Buttafuoco, député, 193, 216.
Buttafuoco Gio : Sebastiano, 80.

C

Cadet, 169.
Cagnano, 45, 46; 68, 70, 74, 117, 120, 206.
Calendini Antonio Martino, 212.
Campocasso, capitaine, 163.
Cannelli, 160, 161.
Carabelli, 138, 156, 157, 165, 202, 212, 213.
Caraccioli, 1, 46.
Carli, 153, 154.
Carli (l'abbé), 217.
de Casabianca, 19, 20, 164.
Casabianca (le comte de), 80.
Casabianca (vicomte de), colonel, 163.
Casabianca, colonel, 163.
Casabianca, député extraordinaire, 184, 187.
Casabianca Gian Quilico, 74, 80.
Casalta Cosimo, 74, 80.
Casanova, 1, 46.
Casanova d'Aracciani, 218.
de Casanova, 81.
Casanova Antonio, 48, 59, 68, 80.
Casanova Francesco, 85, 107, 128.
Castelli, lieutenant-colonel, 163.
Cattaneo (avocat général), 160, 161.
Ceccaldi Ant. Martino, 100, 223, 224.

Ceccaldi Domenico, 210.
Celio Don Ambrogio, 214, 215.
Cesari Giorgio, 33.
Cesari Rocca, député, 179, 180.
Ciavaldini Luigi, colonel, 72, 80, 149, 163, 169.
Cocchetti Giovanni, 217.
Colle Pietro, 81.
Colonna Anfriani, 46, 51, 107, 110, 115, 128, 171, 206.
Colonna de Leca Vincentello, 11, 47, 56, 69, 74, 80, 114, 136, 147, 149, 156, 160, 206.
Colonna de Leca, lieutenant-colonel, 163.
Colonna Ceccaldi, 75.
Colonna Mercurio, 112, 251.
Colonna Paolo Agostino d'Istria, 52, 59, 80.
Colonna Vincentello, 174, 200.
Costa Antonio, 84, 85.
Coster, procureur général, 160, 161.
Coti (l'abbé), 52, 59, 80.
Cristofari Pietro Felice, 126.
Cristofini Ambrogio, 81.
Cristinacce, chanoine, 221 222.

D

Danesi Orso Matteo, 103.
Dominici Santo, 46, 117.

Donsimoni Matteo, 81, 88, 92, 117. 136, 149, 188.
Durazzi, Gian Paolo, 201.

E

Emanuelli, 80.

Emanuelli Orso Pietro, 126.

F

Fabiani, de Calenzana, 63.
Fabiani (les), 20, 21, 30, 36, 60, 192.
Fabiani Antonio, 102.
Fabiani Orso Giacomo, 81.
Falcucci, 2.
Falcucci (l'abbé), 11.
Ferrandi (le docteur), 42, 46.
Ferrandi Marc'Antonio, 33, 80, 88, 92, 97 141, 149, 177, 206.
Ferrandini Domenico Maria, 33, 35, 46, 50, 81, 97, 141, 181, 188, 206.

Fieschi, chanoine, 104, 107, 111, 128.
Filippi, 46.
Filippi Agostino, 32.
Filippi Filippo, 32.
Filippi Giacomo Antonio, 81, 87, 97.
Forli Paolo Battista, 81.
de Franceschi, pievano, 1, 14, 25, 45, 46, 74, 81, 117.
Franceschi Matteo, 158.
Frediani, 92.

G

Gabrielli, 48, 81, 141, 206.
de Gafforj Francesco, général, 49, 69, 72, 73, 74, 77, 78, 90, 114, 139, 140, 178, 190, 196, 197.
Galletti, 1, 5, 46.
Galletti Simone, 11, 110, 117, 206.
Gallone, bandit, 193.
Gambini, 6.

Gautier, trésorier, 44.
Gavini Dionisio, 81.
Gentile Pietro, 125.
Gentile Ferdinando, 105, 113.
Gentile Antonio, 4, 33, 42, 46, 49, 50, 74, 80, 83, 87, 97, 180, 181, 182, 206.
Giacobbi Domenico, 102.
Giacobbi Gian Stefano, 102.

Giafferri Carlo Francesco, 83, 46, 141, 156. 206.
GigliGiuseppe Maria, 1, 46, 80, 117.
Giordani, 1, 46.
Giordani Eugenio, 17, 80, 117.
Giorgetti Giuseppe Antonio, 102.
Giubega Antonio, 1, 12, 14. 46, 49, 50, 72, 73, 74, 82, 97, 107, 108, 109, 116.
Giudicelli Anton Pietro, 84.

Graziani (l'abbé), 217.
Graziani Carlo, 217.
Grazietti, docteur, 32.
Grimaldi da Niolo, 81, 84, 105, 113, 117, 121, 122, 188, 206.
Grimaldi Carlo, 1, 7, 46, 51, 80, 110, 128, 136, 206.
Grimaldi Francesco, 56, 77, 97, 108.
Grimaldi Luciano, 32, 46, 50, 68.
Guglielmi, 102.

J

Jacquet, 156. 157.

L

La Tour, grenadier, 13.
Leandri Carlo Felice, 32.
Lebel, 15.
Le Changeur, 169.
Leonelli Matteo, 102.
Leoni, 30, 46, 80, 171.
Leoni Bonaventura, 60, 108, 167.

Leoni Giambattista, 153, 154.
Leoni Paolo Maria, 167.
Limperani Matteo, 7, 33, 35, 46, 47, 48, 49, 72, 74, 80.
Lorenzetti Luigi, 217.
Luccioni, 219.

M

Marcantoni Angelo Matteo, 80, 88, 92, 128.
Marchesi Giuseppe, 167.
Marchetti Pietro, 155.
Mariani Marco Maria, 102.
Marinetti (l'abbé). 27, 32, 36, 45, 46, 68, 70, 74, 80, 117, 135, 151, 182, 206, 207.
Martelli Giulio Francesco, 9.
Masseria, 52, 81.

Matra Antonio, 80.
Matra Luigi, 19, 20, 164, 173, 174, 193, 211,
Matra Saverio, 1, 14, 21, 46, 51, 72, 81, 82, 107.
Mattei, 54, 55.
Mattei Giannandrea, 152.
Montera (l'abbé), 39, 112, 114, 146, 147.
Montera, lieutenant-colonel, 163.

Monti Anton Leonardo, 153, 154.
Morati, député extraordinaire, 184, 187.
Morati Tiburzio, 1, 2, 46, 117.
Murati Achille, colonel, 163, 169.

N

Natali, 1, 46.
Natali Gio : Paolo, 33, 37.
Nicolai Rocco, 33, 46, 80, 141, 206
Nobili Savelli Giuseppe, 80, 141.

O

Odiardi Bruno, 125.
Oletta, pievano, 46, 68, 74, 77, 80, 108.
Ornano Antonio, 48, 49, 66, 68, 97, 105, 113, 122, 141, 147, 165, 177, 180, 181, 188, 206.
Orsini Martino, 158.
Orsini Pietro, 158.
Ottavi Bonaventura, 9, 10.
Ottaviani Giulio Cesare, 48, 51, 59, 80, 141, 147, 157, 206.

P

Panattieri, 184, 187, 200, 201, 206, 208, 209.
Paoli Clemente, 2, 118.
Paoli Francesco Maria (abbé), 132, 147.
Paoli Pasquale, 16, 117, 118, 120, 128, 197, 214.
Peretti, député, 216.
Peretti Germano, 9.
Petriconi (comte de), 13, 17, 42, 54, 74, 83.
Petriconi Angelo Luigi, 45, 46, 88, 97.
Petrignani Scata Cecco, 80.
Piazza Giuseppe Antonio, 32.
Pietri Antonio Martino, 106, 107.
Pietri Pietro, 152.
Pietrini, pievano, 46, 87, 90.
Pietrini Paolo, 80.
Podestà, 9.
Poggi, secrétaire, 1, 45, 74, 117, 160, 182.
Poggi Antonio Mario, 103.
Poggi Don Francesco, 103.
Poletti Carlo Francesco, 158.
Poli, de Campoloro, 154, 155.
Poli Giacomo Nicoroso, 80.
Poli Giuseppe Maria (abbé), 132, 147.
Ponte, 54, 55.
Portafax Andrea Vincenzo, 220.
Pozzodiborgo Girolamo, 52, 53, 59, 73, 74, 80, 113.

R

Raffaelli Francesco, 33, 47, 50, 77, 81, 177.
Raffalli Gian Francesco, 81, 108.
Renucci, 46, 151.
Rocca, lieutenant-colonel, 163.
Rocca Nicolò, 11, 74, 80, 147.

Rocca Serra Giulio, 198, 199.
Rogliano Francesco Maria, 152.
Romani, 9, 10.
Rosata (de la), 166, 167, 215.
Ruffini, colonel, 163.

S

Saint-Martin, major, 13.
Salelli Simone, 180.
Saliceti, député, 180.
Saliceti Francesco, 32.
Saliceti Pietro, 206.
Salvatori Lorenzo, 84.
Salvini, 76, 108, 148.
Sangiovanni Cangione, 80.
Santini, évêque de Nebbio, 54.
Santini, abbé, 125.
Santolini, de Campoloro, 154, 155.
Sarrola Nicodemo, 48, 81.

Savelli, secrétaire, 1, 4, 46, 49, 50, 64, 73, 74, 117.
Scata, 149.
Sebastiani, archiprêtre, 1, 46, 50, 54, 56, 62, 73, 74, 151, 159, 180, 206.
Segni, capitaine, 163.
Seta Giuseppe Maria, 52, 59, 80, 90, 92, 97, 128.
Simoni, 46.
Simonpietri Leonetto, 152.
Sobrini, 52, 59.
Stefani Angelo Maria, 126.
Subrini Francesco, 80.

T

Tambone, (V. Stefani Angelo Maria), 126.
Tavera Anton Santo, 48, 51, 80, 82, 87, 92, 97, 138, 139, 147, 149, 165, 180, 188, 206.

Tiberj Angelo Felice, 34, 46, 97, 141, 149, 206.
Tommasi Giuseppe, 102.
Turchini, pievano, 1, 46, 141, 151.

V

Valery Sebastiano, 97, 206.
Varese Gaetano, 1, 15, 24, 25, 36, 37, 45, 46, 68, 70, 73, 74, 117, 119, 120, 132, 157, 165, 177, 181, 215, 220.

Versini Domenico Antonio, 47, 49, 74, 80, 91, 97, 206.
Viale Sebastiano, 97, 206.
Vidau, 210.
Vinciguerra Alessandro, 84.
Virgitti Giuseppe Maria, 125.

www.ingramcontent.com/pod-product-compliance
Lightning Source LLC
Chambersburg PA
CBHW070545230426
43665CB00014B/1821